Stuttgarter Kleiner Kommentar
– Neues Testament 1 –

Stuttgarter Kleiner Kommentar
– Neues Testament 1 –

Herausgegeben von
Paul-Gerhard Müller

Meinrad Limbeck

Matthäus-Evangelium

Verlag Katholisches Bibelwerk GmbH, Stuttgart

CIP-Titelaufnahme der Deutschen Bibliothek

Stuttgarter Kleiner Kommentar. –
Stuttgart: Verl. Kath. Bibelwerk
   Abt. teilw. hrsg. von Gabriele Miller u. Alfons Musterle
Neues Testament / hrsg. von Paul-Gerhard Müller.
NE: Müller, Paul-Gerhard [Hrsg.]; Miller, Gabriele [Hrsg.]
[N.F.], 1. Limbeck, Meinrad: Matthäus-Evangelium. –
2. Aufl. – 1988

Limbeck, Meinrad:
Matthäus-Evangelium / Meinrad Limbeck. – 2. Aufl.
Stuttgart: Verl. Kath. Bibelwerk, 1988.
   (Stuttgarter Kleiner Kommentar:
   Neues Testament; (N.F.], 1)
   ISBN 3-460-15311-3

ISBN 3-460-15311-3
© 1986 Verlag Katholisches Bibelwerk GmbH, Stuttgart
Druck: Wilhelm Röck, Weinsberg

Inhaltsverzeichnis

VERZEICHNIS DER EXKURSE

ERSTER TEIL

Einleitung

1. Verfasserfrage

Das im folgenden ausgelegte Evangelium steht am Anfang des Neuen Testaments, obgleich es keineswegs das älteste Evangelium ist. Doch sein Einfluß auf die christliche Theologie und das gottesdienstliche Leben war von Anfang an bedeutend größer als der des Markus- oder Lukasevangeliums. Es ist in griechischer Sprache verfaßt und soll nach einer Mitteilung des Bischofs Papias von Hierapolis (um 130) von dem Apostel Matthäus, dem Zöllner (vgl. Mt 10,3), verfaßt worden sein, der die Worte Jesu in hebräischer Sprache zusammengestellt habe.

Diese Angabe wird heute freilich von den meisten (katholischen und evangelischen) Exegeten bezweifelt, da nicht nur der gute griechische Stil unseres Evangeliums, sondern auch dessen offensichtliche Abhängigkeit vom Markusevangelium (s. u.) gegen die Annahme spricht, es könnte sich bei ihm lediglich um die Übersetzung eines ursprünglich eigenständigen hebräischen Werkes handeln. Viel wahrscheinlicher ist es, daß unser Evangelium von einem (sonst unbekannten) Judenchristen der zweiten Generation verfaßt wurde. Nur eine solche Annahme vermag die große Vertrautheit mit der frühjüdischen Theologie zu erklären, von der fast jede Seite unseres Evangeliums zeugt.

Unter Berücksichtigung dieses Vorbehalts wird der Verfasser unseres Evangeliums auch in der folgenden Auslegung *Matthäus* genannt.

2. Abfassungsort und -zeit

Als Abfassungsort des Matthäusevangeliums dürfte am ehesten Antiochien in Syrien – nach Rom und Alexandrien die drittgrößte Stadt des römischen Reichs – in Frage kommen. Mehrere Gründe sprechen dafür:

»Die christliche Gemeinde entstand durch christlich-hellenistische Flüchtlinge nach der Stephanusverfolgung in Jerusalem, hatte guten Kontakt mit der Muttergemeinde, nahm aber auch zeitig Nichtjuden (Griechen) in ihre Reihen auf und wurde ein großes Missionszentrum (Apg 11,19–26). Das erklärt die verschiedenen Gruppen in ihr: nach Jerusalem orientierte Judenchristen (vgl. Gal 2,12), für die Mission aufgeschlossene Hellenisten, im ganzen ein Christentum, das wie Petrus eine gemäßigte Haltung einnahm, doch betont das Bekenntnis zu Jesus Christus pflegte (vgl. Apg 11,26). Auch die Gemeindestruktur unter Leitung von ›Propheten und Lehrern‹ (Apg 13,1–3) entspricht dem inneren Befund des Matthäusevangeliums. Ein Einfluß von Paulus und seiner Theologie ist nicht zu erkennen. Das deckt sich mit der Tatsache, daß Paulus nach einer Anfangszeit in Antiochien (Apg 11,25 f.) und dem antiochenischen Zwischenfall (Gal 2,11–14) wenig Kontakt mit der Gemeinde hatte« (R. *Schnackenburg*, 9).

Da mit dem Zusatz zum Gleichnis vom Hochzeitsmahl (22,7) auf die Zerstörung Jerusalems 70 n. Chr. angespielt wird, muß das Matthäusevangelium *nach* 70 entstanden sein. Berücksichtigt man dazuhin die Entwicklung der Gemeindeverhältnisse, wie sie etwa 18,15–18 deutlich wird, sowie die im Evangelium erkennbare Distanz zum Judentum, legt sich die Abfassung des Evangeliums zwischen 80 und 100 n. Chr. nahe.

3. Adressaten

Das Matthäusevangelium wurde für eine Gemeinde verfaßt, die offensichtlich zu einem großen Teil aus Judenchristen bestand: Jüdische Sitten und Einrichtungen müssen – im Unterschied zum Markusevangelium – ebensowenig erklärt werden wie hebräische Ausdrücke (vgl. Mt 15,2 f. mit Mk 7,2 f.; Mk 14,12 mit Mt 26,17 sowie Mt 23,5.24.27 bzw. 5,22; 27,6), während umgekehrt bestimmte Wendungen wie »das Himmelreich« (3,2; 4,17; 5,3.10 u. ö.), »euer Vater in den Himmeln« (5,16.45; 6,1.9; 7,11 u. ö.) oder »eure Gerechtigkeit« (5,6.10.20; 6,1.33 u. ö.) und bestimmte Fragestellungen (vgl. Mt 19,3 mit Mk 10,2; Mt 22,36 mit Mk 12,28) sich nur im Zusammenhang mit der Sprache und dem Denken des *palästinischen Judentums* erklären lassen.

Vor allem aber sind es gerade die zentralen Themen der *jüdischen* Theologie, die auch im Mittelpunkt *dieses* Evangeliums stehen: die Gültigkeit und die Interpretation der Tora, d. h. des Gesetzes (Mt 5,17–48; 12,1–21; 22,34–40), die Gerechtigkeit (3,15; 5,20; 6,1 u. ö.), die Königsherrschaft Gottes (13,24–50; 18,23–35; 22,2–14), die rechte Frömmigkeit (6,1–18; 23,5–18), das göttliche Gericht (5,25 f.; 7,21–23; 8,12 f. u. ö.).

Dies macht nun allerdings auch die besondere Schwierigkeit dieses Evangeliums aus: Viele Zusammenhänge, Fragestellungen und Anspielungen, die für *juden*christliche Leser aufgrund ihrer Erziehung in den Traditionen Israels selbstverständlich waren, können von uns erst nach einem langsamen Sich-hineinfinden in die Gedankenwelt des palästinischen Judentums der Zeitenwende wirklich begriffen und verstanden werden.

4. Literarische Eigenart

Vergleicht man das Matthäusevangelium mit dem früher entstandenen Markusevangelium, so fällt neben dem durchweg besseren griechischen Stil vor allem die Tatsache auf, daß unser Evangelium weit mehr und weit umfangreichere Reden Jesu enthält (vgl. 5 – 7; 10; 13; 18; 23 – 25).

Fast unwidersprochen ist die Annahme, daß der Verfasser des Matthäusevangeliums bereits das Markusevangelium kannte und dieses seinem eigenen Werk zugrunde legte. Nur so ist es beispielsweise erklärbar, daß in den Kapiteln 3 – 4; 12 – 28 der Stoff in genau derselben Reihenfolge angeordnet ist wie im Markusevangelium und daß oft sogar der Wortlaut fast völlig übereinstimmt (vgl. Mt 15,32–39 mit Mk 8,1–10; Mt 16,24–28 mit Mk 8,34–9,1). Da aber der Text des Matthäusevangeliums deutlich ein späteres Stadium erkennen läßt (vgl. Mt 13,1 mit Mk 4,1; Mt 19,1 mit Mk 10,1; Mt 21,42 f. mit Mk 12,10 f.), muß das Markusevangelium dem Verfasser des Matthäusevangeliums vorgelegen haben. Das umgekehrte Verhältnis kommt nicht in Frage.

Neben dem Markusevangelium stand dem Verfasser des Matthäusevangeliums die sogenannte *Logienquelle* (Spruchquelle) zur Verfügung, die auch dem Verfasser des Lukasevangeliums bekannt war (vgl. dazu ausführlich: *D. Zeller,* Kommentar zur Logienquelle, SKK/NT 21!). Und schließlich verfügte der Autor unseres Evangeliums auch noch über ein reiches Repertoire an Sonderüberlieferung, der wir etwa die sogenannte Kindheitsgeschichte, aber auch weitere Worte und Gleichnisse Jesu verdanken, die Matthäus mit Vorliebe zu größeren Redekompositionen zusammenfügte.

Dieser literarische Befund, wonach Matthäus wenigstens zwei Quellen benützte, die uns auch sonst bekannt sind, erleichtert es uns festzustellen, worauf Matthäus – im Unterschied zum Markusevangelium und der Spruchquelle – Wert legte: was ihm erwähnenswert erschien und was er glaubte, übergehen zu können; wo er sich gedrängt fühlte, seine Vorlagen zu verdeutlichen oder gar zu korrigieren; wo er es für nötig fand, weiteres »Material« nachzuschieben und einzufügen...

Aus diesem Grund wird die folgende Auslegung des Matthäusevangeliums nie ohne fortwährende Berücksichtigung seiner beiden Vorlagen geschehen – *und* verständlich sein!

5. Theologische Eigenart

Versucht man, das durchgehende Anliegen des Matthäusevangeliums auf einen kurzen Nenner zu bringen, so bietet sich folgende Bestimmung an:

In positiver Auseinandersetzung mit dem pharisäischen Judentum des ausgehenden 1. Jahrhunderts *um das Erbe Israels* soll die Botschaft Jesu und die Botschaft von Jesus, dem Christus, aufs neue zur Sprache gebracht werden.

Es waren mehrere Gründe, die Matthäus veranlaßten, gerade deshalb sein Evangelium zu verfassen:

a) Die Geschichte Israels war für Matthäus in Jesus an ihr *Ziel* gekommen (1,1–17), da dieser von Maria geborene und der Christus genannte Jesus (1,16) nicht nur der von Mose verheißene endzeitliche Prophet war (vgl. 1,18–2,23), sondern vor allem *Gottes* Sohn, der Immanuel (vgl. 1,20–23; 27,54) – und damit zugleich die vollendete Verkörperung des wahren Israel (4,1–11). Positiv ausgedrückt bedeutete dies für Matthäus:

b) Mit Jesus hat sich – zunächst für Israel (10,5; 15,24), dann für alle Völker (28,19f.) – eine *neue* Lebensmöglichkeit aufgetan: In Gemeinschaft mit ihm (vgl. 12,49f.) bei der Erfüllung des Willens Gottes weiter zu gehen, als es bisher gefordert (und üblich) war (5,21–48), und so Jesu Botschaft: »Das Himmelreich ist da!« (4,17) in die Tat umzusetzen.

c) Die Katastrophe, die im Jahr 70 n. Chr. über das jüdische Volk hereingebrochen war, war für Matthäus ein unübersehbares Zeichen dafür, daß ein jeder, der Jesu Botschaft vom Himmelreich – und den darin zu Wort kommenden unbedingten *Heils*willen Gottes für die Gegenwart (vgl. 5,44f.; 9,13; 13,30 u. ö.) – verwirft, damit rechnen muß, auch von Gott verworfen zu werden (vgl. 21,43; 22,7; 23,34–38).

Diese Tatsache hatte für Matthäus deshalb eine derart existentielle Bedeutung, weil es ja nur dadurch »zur Kirche Jesu Christi« gekommen war, daß Menschen in Israel trotz aller Anfechtung bereit gewesen waren, Jesus auf seinem Weg der »größeren Gerechtigkeit« zu folgen (vgl. 16,13–23). Allein dadurch ließ sich ihre Existenz neben bzw. nach Israel rechfertigen (vgl. 21,43: »Darum sage ich euch: Das Reich Gottes wird euch weggenommen und einem Volk gegeben, das die erwarteten Früchte bringt!«).

Aus diesem Grunde wurde Matthäus nicht müde, seiner Gemeinde – sei es in Form von »Jüngerbelehrungen« (5–7; 10; 18 u. ö.), sei es in Form der von ihm berichteten Auseinandersetzungen Jesu mit den »Schriftgelehrten und Pharisäern« (9,1–17; 12,1–36; 23 u. ö.) – vor Augen zu führen, was es bedeutet, von *Jesus* belehrt (23,10; 28,20) den Willen des Vaters *vollkommen* (5,48; 19,21) zu erfüllen. Denn auch im Leben derjenigen, die die Einladung »zum Hochzeitsmahl« bereits annahmen, ist das *letzte* Wort noch keineswegs gesprochen (vgl. neben 22,11–14 auch 5,25f.; 6,14f.; 7,21–23 u. ö.).

d) Das Himmelreich ist für Matthäus – im Unterschied zu Markus – kein Geheimnis, das dem einzelnen nur »gegeben«

werden kann, vielmehr sind für ihn »die Geheimnisse des Himmelreichs: durchaus verstehbar – sofern der einzelne wirklich zu sehen
und zu hören vermag (vgl. Mt 13,10–17 im Unterschied zu Mk
4,11 f.21–23!).

Hier liegt der eigentliche Grund für den »lehrhaften Stil« unseres Evangelisten, für sein Bemühen, Jesu Botschaft im Zusammenhang und auf dem Hintergrund der Geschichte Israels einsichtig zu
machen (vgl. die vielen Schriftzitate!). Wer nicht blind ist – daran
gibt es für Matthäus keinen Zweifel –, wird erkennen, daß Gott in
Jesu Leben und Wirken seine früheren Worte »erfüllte«, d.h.
einlöste und aufrichtete (s. S. 57 f.).

e) Dennoch geht es Matthäus letztlich nicht um irgendwelche
(tieferen oder höheren) Einsichten, um Gnosis, ja nicht einmal nur
um das Bekenntnis zu Jesus, dem Christus (vgl. 7,21 f.!), sondern
um das rechte *Tun* (vgl. 7,23–27; 25,31–46). Und auch darin
bewahrte Matthäus noch einmal das Erbe Israels.

6. Gliederung

Matthäus hält sich bei seiner Darstellung des Evangeliums von
Jesus Christus weithin an den Aufbau des Markusevangeliums,
setzt dabei jedoch bewußt eigene Akzente:

1,1 – 2,23   Jesus – die verkörperte Treue Gottes.
             In Jesus, dem Immanuel, findet Israels Geschichte
             ihre Vollendung. Gott erweist sich endgültig als ein
             »Gott-mit-uns«.

3,1 – 4,11   Jesus – der wahre Sohn Gottes.
             Jesus bewährt sich durch seinen Gehorsam gegen-
             über Gottes Willen als Gottes *Sohn*.

4,12 – 9,34 Das Himmelreich ist da!
             Die Tatsache, daß von nun an Gottes Sohn mit uns
             lebt, bedeutet nicht nur, daß wir bei der Erfüllung
             des Willens Gottes viel weiter gehen können, als es
             bisher möglich war. Sie bedeutet auch, daß uns
             seitdem Gott als der, »der Barmherzigkeit will und
             nicht Opfer«, viel näher gekommen und erfahrbarer
             geworden ist.

9,35 – 12,50 »Ach, daß doch mein Volk auf mich hörte...!«
(Ps 81,14).
Wüßten wir, was wir eigentlich wollen – unsere Zeit
könnte besser aussehen.

13,1 – 16,12 Der Same ist gesät.
Ob wir es wahrhaben wollen oder nicht: Bei all
unserem Tun entscheiden wir auch darüber, ob das
Himmelreich in unserer Welt vor-kommt oder nicht.

16,13 – 20,34 Die Kirche des Christus Jesus.
Menschen, die bereit sind, sich *von Jesus* sagen zu
lassen, was der Wille Gottes ist.

21,1 – 25,46 Das entscheidende Ende.
Es genügt nicht, berufen zu sein. Es genügt nicht
einmal, die Einladung angenommen zu haben. Entscheidend ist, wie wir am Ende vor Gott »aussehen«!

26,1 – 28,20 Jesus-Immanuel – die Zukunft Israels und der Welt.
Indem Jesus sein Leben »zur Vergebung der Sün-
den« hingab, erwies sich seine Liebe stärker als alle
Ablehnung und Feindschaft. Darin, nur darin liegt
unsere Zukunft.

7. Zur nachfolgenden Auslegung

Die nachfolgende Auslegung des Matthäusevangeliums steht ohne
Zweifel in Gefahr, durch ihre Seitenzahl den Rahmen eines *kleinen*
Kommentars zu sprengen. Deshalb sei es erlaubt, diese Ausnahme
wenigstens in Kürze zu begründen (zum Grundsätzlichen vgl.
SKK/NT 2, S. 14 f.): Kein anderer Evangelist bemühte sich so sehr
wie Matthäus, das Evangelium von Jesus Christus einsichtig und
nachvollziehbar zu machen; denn offensichtlich glaubte er, daß
solche Einsicht durchaus vermittelbar sei, wenn man Jesu Leben
und Wirken nicht nur im Zusammenhang mit der Glaubensge-
schichte seines Volkes sieht, sondern zugleich auch als eine Antwort auf die Fragen hört, die zu seiner Zeit und in seinem Volk
»um Gottes willen« bedacht und diskutiert wurden.
Beides aber dürfte den Lesern, an die sich diese Kommentar-
Reihe wendet, in der Regel nicht geläufig sein.

Nun kann man gewiß der Auffassung sein, daß *die Botschaft Jesu* auch ohne Kenntnis des Alten Testaments und der theologischen Diskussion des Frühjudentums zu verstehen sei (und sein müsse). Doch gilt dies für das *Matthäusevangelium* gewiß nicht! Im Gegenteil. Vieles, was *dieses* Evangelium uns gerade heute an Hilfreichem sagen könnte, bleibt nur deshalb ungehört, weil uns das oftmals verborgen bleibt, was für die Leser dieses Evangeliums – *Juden*christen vor allem! – Seite für Seite mitschwang. Und umgekehrt: Manches von dem, was wir mit Hilfe dieses Evangeliums zu begründen gewohnt sind, würde seine (blockierende) Selbstverständlichkeit verlieren, wenn es uns gelänge, diese Texte mit den »Ohren und Herzen« ihrer ersten Leser aufzunehmen.

Nun lehrt aber die Erfahrung, daß das Verständnis einer Auslegung, die sich bewußt nicht an Fachleute, sondern an »interessierte« Laien wendet, nicht dadurch gesichert werden kann, daß noch zusätzliche Bibelstellen genannt werden, die der einzelne in dem jeweiligen Zusammenhang ebenfalls noch lesen und bedenken sollte. Oft hat der Leser eines solchen Kommentars eben keine Vollbibel zur Hand, oder es bedeutete für ihn ein zu langsames Vorankommen, wenn er jedesmal die angegebenen Stellen heraussuchen müßte.

Ohne Kenntnis all dieser *Texte,* die der Verfasser unseres Evangeliums ganz selbstverständlich »im Hinterkopf« hatte, verliert jedoch gerade dieses Evangelium nicht nur seinen Reiz, sondern seine ganze Überzeugungskraft. Schließlich wollte Matthäus die Leser seines Werkes nicht nur zum Glauben bewegen, sondern *belehren* und dadurch in die Lage versetzen, »das Evangelium vom Reich« zu *verstehen;* denn nur dann – so war er überzeugt – hat »der Böse« keine Chance (vgl. 13,19)!

Damit hängt nun allerdings noch eine weitere Schwierigkeit zusammen:

Da Matthäus weniger an den Glauben als viel mehr an das Denken appelliert, setzt das Verständnis *seines* Evangeliums in weit höherem Maße, als es beim Markusevangelium der Fall war, die genaue Beobachtung des *Textes* und das Mitdenken des Lesers voraus – weshalb die Beschäftigung mit dem Matthäusevangelium in der Regel mehr Geduld und Anstrengung verlangt. Oft läßt sich eben nur durch einen genauen Textvergleich (mit Hilfe des Markus- oder Lukasevangeliums) erkennen, weshalb dieses Wort oder jenes Wunder für Matthäus wichtig war, und oft ist es nötig, einen *längeren* Abschnitt aus Israels Glaubensentwicklung zur Kenntnis zu nehmen, um verstehen zu können, weshalb Matthäus gerade zu dieser oder jener theologischen Aussage kam.

Aus all diesen Gründen möge der Leser dieses Kommentars nicht nur den außergewöhnlichen Umfang des Buches nachsehen, sondern auch bei manchen theologischen »Umwegen« die Geduld nicht verlieren, die für ein sachgerechtes Verständnis dieses Evangeliums nötig schienen. *Beidem* liegt die Überzeugung zugrunde, daß es sich auch heute noch lohnt, genauer darauf zu achten, wie Matthäus den Menschen seiner Zeit einsichtig machen wollte, welche Chance uns Menschen durch das Evangelium Jesu Christi gegeben ist.

ZWEITER TEIL

Kommentar

I. Jesus – die verkörperte Treue Gottes
(1,1 – 2,23)

Selbst derjenige, der ganz fraglos im christlichen Glauben herangewachsen ist und darin seine religiöse Heimat gefunden hat, kann heute nicht mehr davon absehen, daß das Christentum keineswegs die einzige Religion in dieser Welt ist, die zu einem sinnvollen, verantworteten Leben führt. Millionen von Menschen beweisen, daß auch das Judentum oder der Islam, der Hinduismus oder der Buddhismus überzeugende Antworten auf die großen Lebensfragen bieten. So aber ist es keineswegs mehr selbstverständlich, Christ zu sein. Im Gegenteil! Auch der »traditionelle« Christ wird sich irgendwann einmal selbst fragen (lassen) müssen: Was spricht letztlich dafür, den Schritt in das Christentum zu tun – oder in ihm zu verbleiben? Gibt es etwas, was das Christentum den anderen Religionen und Weltanschauungen *voraus* hat?

Nicht erst wir fragen so. Bereits Matthäus hatte sich dieser Frage zu stellen; denn schließlich hatten sich zumindest die Gläubigen aus dem Judentum nicht ihres überlieferten, *väterlichen* Glaubens zu schämen. Auf sie traf in keiner Weise zu, was Paulus den Christen in Korinth schreiben konnte: »Als ihr noch Heiden wart, zog es euch, wie ihr wißt, mit unwiderstehlicher Gewalt zu den stummen Götzen« (1 Kor 12,2). Nein, ihr, der Juden und Judenchristen, Gott war von jeher »der Gott Abrahams, der Gott Isaaks und der Gott Jakobs« (Ex 3,15). Ihr Gott war der, der von sich durch den Propheten Hosea gesagt hatte: »Als Israel jung war, gewann ich ihn lieb, ich rief meinen Sohn aus Ägypten« (Hos 11,1).

Weshalb sollte es auf einmal nicht mehr genügen, der Gemeinschaft derer anzugehören, die bemüht waren, *wie die Väter* dem Wort und den Weisungen *ihres* Gottes zu gehorchen? Weshalb sollte man diese Gemeinschaft verlassen und denen sich anschließen, die sich an die Person Jesu von Nazaret banden, um so *die Kirche Jesu Christi* zu bilden (vgl. Mt 16,18. – S. 204 f.)? Was hatte denn das (beginnende) Christentum den anderen Religionen voraus?

Diese grundlegende, alles weitere entscheidende Frage beantwortet Matthäus gleich zu Beginn seines Evangeliums mit Hilfe des sogenannten Stammbaums Jesu.

1. Der Stammbaum Jesu (1,1–17)

Das Matthäusevangelium ist nicht das einzige, das einen »Stammbaum« Jesu enthält. Auch im Lukasevangelium (3,23–38) begegnet uns eine derartige »Ahnentafel« Jesu – freilich nicht gleich zu Beginn des Evangeliums und auch in einem anderen Aufbau. Ein kurzer Vergleich dieser beiden Genealogien kann uns helfen, das genauer zu erfassen, was Matthäus mit *seinem* Stammbaum Jesu zum Ausdruck bringen wollte.

Beide Stammbäume nennen die wichtigsten Vorfahren Jesu: Abraham und David, und auch in der Aufzählung der Vorfahren zwischen Abraham und David herrscht – bis auf zwei Ausnahmen – noch Übereinstimmung (vgl. Mt 1,2–6 mit Lk 3,31–34). Dann freilich weichen die beiden Stammbäume völlig voneinander ab, und »es ist nicht möglich, die Ahnenlisten des Mt und Lk zu harmonisieren« (*P.-G. Müller,* Lukas-Evangelium. SKK/NT 3, S. 50). Wir müssen also annehmen, daß wir in den beiden Stammbäumen Jesu keine »Familienüberlieferung« aus dem Hause Jesu, sondern kunstvolle Kompositionen aus der Urchristenheit vor uns haben (worauf auch die Tatsache hinweist, daß beiden Genealogien das Siebener-Schema zugrunde liegt: Der lukanische Stammbaum umfaßt 11 × 7 Generationen, der matthäische Stammbaum 3 × 14, d.h. 3 × 2 × 7 Geschlechter; s. dazu unten S. 22).

Anders als Matthäus geht Lukas bei den Vorfahren Jesu über Abraham hinaus *zurück bis auf Adam,* »den Sohn Gottes« (Lk 3,38). Der Grund, weshalb Lukas die Linie der Vorfahren Jesu so weit zurückverfolgte, wird klar, bedenkt man, daß er *sein* Evangelium vor allem für Heidenchristen schrieb (vgl. *P.-G. Müller,* S. 19), die sich ja *nicht* einfach als *Abrahamskinder* verstehen konnten. Für sie, die Heidenchristen, war wichtig: »Jesus ist nicht nur der Messias der Juden, sondern darüber hinaus auch der Heiland der ganzen Welt. In ihm werden alle Völker der Erde gesegnet« (*J. Ernst,* Das Evangelium nach Lukas, Regensburg 1977, S. 155).

Lukas fügte Jesu »Ahnentafel« also in sein Evangelium ein, um mit ihrer Hilfe eine abstrakte Wahrheit anschaulich zu machen, die für ihn aus theologischen Gründen von großer Wichtigkeit war. Ein Blick auf das Geschlechtsregister Jesu sollte allen vor Beginn des öffentlichen Wirkens Jesu klarmachen: Dieser Jesus, von dem nun so viel Erstaunliches zu berichten sein wird, ist einer der vielen *Adamskinder!* Er steht – bei aller Besonderheit seiner Empfängnis und Geburt (Lk 1,26–38; 2,1–20) – in einem schöpfungsmäßigen Zusammenhang mit *allen* Menschen.

Das aber bedeutet: Lukas verwandte Jesu Stammbaum zur Illustration!

Nicht anders ist es beim Matthäusevangelium. Auch den Evangelisten Matthäus leitete ein ganz bestimmtes theologisches Anliegen, als er sein Evangelium mit dem Stammbaum Jesu *eröffnete.* Auch er wollte mit Hilfe von Jesu Stammbaum »eine abstrakte Wahrheit anschaulich machen«. Worauf es ihm dabei ankam, können wir relativ leicht erkennen, wenn wir die Besonderheiten *seiner* »Ahnentafel« Jesu nun etwas näher betrachten:

Als erstes fällt die symmetrische Einteilung der Geschichte Israels von Abraham bis Jesus ins Auge, auf die Matthäus ausdrücklich aufmerksam macht:

»Im ganzen sind es also von Abraham bis David vierzehn Generationen, von David bis zur Babylonischen Gefangenschaft vierzehn Generationen und von der Babylonischen Gefangenschaft bis zu Christus vierzehn Generationen.«
(Mt 1,17)

Eine derartige Einteilung der Geschichte Israels finden wir nur bei Matthäus – und nur an dieser Stelle am Ende des Stammbaums Jesu. Diese Tatsache ist deshalb so auffällig, weil ja auch dem Evangelisten aus den Geschichtsbüchern Israels bekannt war, daß die Zeitepochen, die er derart symmetrisch zusammenfaßte, in Wirklichkeit sehr ungleich gewesen waren. (Zwischen David und dem babylonischen Exil lagen ca. 400 Jahre, zwischen dem Exil und der Geburt Jesu ca. 600 Jahre.) Wenn Matthäus die Epochen der Geschichte Israels trotzdem einander derart anglich, dann konnte er damit nur *ein* Ziel verfolgen:

Dem Leser des Stammbaums Jesu sollte bewußt werden, daß die mit Abraham beginnende Geschichte Israels mit ihren sehr unterschiedlich hellen und dunklen Zeiten, mit ihren Höhen und Tiefen kein ungeordneter, planloser Ablauf von Zufälligkeiten, sondern eine planvoll geführte Geschichte war, an deren *Ende* Jesus als der Messias steht. Er ist offenkundig das *Ziel* der Geschichte des Hauses David.

Von primärer Bedeutung ist also der in der Zahlensymmetrie ausgedrückte Gedanke des *planvollen Geschichtsverlaufs,* nicht die konkrete Zahl der Geschlechter innerhalb der drei Epochen.

Die Zahl 14 könnte sich aus verschiedenen Gründen angeboten haben:
a) Von Abraham bis David werden bereits im Alten Testament 14 Geschlechter gezählt (vgl. 1 Chr 1,34 + 2,1–15);
b) 14 ist die Verdoppelung der ›heiligen‹ Zahl 7;
c) die hebräischen Buchstaben des Wortes David, die zugleich Zahlzeichen sind, ergeben die Summe 14 (dwd = 4 + 6 + 4).

Vergleicht man den matthäischen mit dem lukanischen Stammbaum Jesu, fällt nun aber noch ein weiteres auf: Matthäus nennt neben den Männern auch noch vier Frauen: Tamar, Rahab, Rut und »die (Frau) des Urija« (1,3.5.6).

Auch *diese* Frauen müssen von Matthäus mit einer bestimmten Absicht genannt worden sein; denn wäre es nicht naheliegender gewesen, hier einige der *großen* Frauen aus der Geschichte Israels zu nennen – Sara etwa oder Rebekka, Lea oder Rahel? Weshalb nannte Matthäus statt dieser »Mütter Israels« – Tamar, Rahab, Rut und »die des Urija«?

Die Antwort auf diese Frage fällt nicht schwer, wenn man sich

vor Augen hält, daß diese vier Frauen für das frühe Judentum *Heidinnen* waren:
Rahab und Rut sind schon in den Heiligen Schriften Israels Heidinnen (vgl. Jos 2,1; 6,25; Rut 1,4.22; 2,2.6.21). Aber auch Tamar galt zur Zeit Jesu als Heidin. So heißt es beispielsweise in dem im 2. Jh. v. Chr. entstandenen Jubiläenbuch:

> »Und im 45. Jubiläum und in der zweiten Jahrwoche, im zweiten Jahr nahm Juda für Er, seinen Erstgeborenen, eine Frau *aus den Töchtern Arams,* und ihr Name war Tamar.«
> (Jub 49,1; vgl. dagegen Gen 38,7)

Und wenn Batseba, die Mutter Salomos, nicht mit ihrem eigenen Namen genannt wird, wenn Matthäus sie vielmehr als »die (Frau) des Urija« bezeichnet, dann wird auch sie damit als (ursprüngliche oder zeitweilige) Heidin charakterisiert; denn die Frau mußte bei der Heirat jeweils die Religion ihres Mannes annehmen. Urija aber war als Hetiter (vgl. 2 Sam 11,3) ein Heide.

Dadurch, daß Matthäus gerade diese vier Frauen in Jesu Stammbaum erwähnte, lenkte er den Blick seiner Leser gleich zu Beginn auf einen weiteren wichtigen Gesichtspunkt, den es zu beachten gilt, wenn man verstehen will, weshalb *Juden und Heiden* sich denen anschließen sollten, die sich an die Person Jesu von Nazaret banden, um so *seine* Kirche zu bilden (s. S. 20):

Die auf Jesus zulaufende Geschichte Israels war immer auch für die Heiden offen. Es wäre daher zu wenig, würde man in Jesus nur den Messias, den endzeitlichen König Israels aus dem Hause David sehen. Er ist auch der Nachkomme jenes Abraham, dem Gott verheißen hatte: »Durch dich sollen alle Geschlechter der Erde Segen erlangen« (Gen 12,3).

2. Keine endlose Geschichte (1,18–25)

»Der Stammbaum (Jesu) dient dem Nachweis, daß Jesus der Erbe der Verheißungen ist, die an Abraham und David ergingen.« So oder ähnlich kann man immer wieder lesen, wenn man fragt, was denn der Sinn der Genealogie Jesu am Beginn des Matthäusevangeliums sei. Den *matthäischen* Stammbaum Jesu *so* zu verstehen, gäbe es gewiß gute Gründe, wenn er uns in einem der

Paulusbriefe oder in der Apostelgeschichte begegnen würde; denn für Paulus und Lukas war der Gedanke sehr wichtig, daß Jesus der *Erbe der Verheißungen* ist bzw. daß Gott in Jesus seine früheren Verheißungen eingelöst hat.

So schreibt beispielsweise Paulus in seinem Brief an die Gemeinde in Galatien:

> »Abraham und seinem Nachkommen wurden die Verheißungen zugesprochen. Es heißt nicht: ›und den Nachkommen‹, als wären viele gemeint, sondern es wird nur von einem gesprochen: und deinem Nachkommen; das aber ist Christus.«
> (Gal 3,16)

Mit ähnlichen Worten schildert Lukas die Predigt des Apostels Paulus in der Synagoge von Antiochien in Pisidien. Beim Rückblick auf die Geschichte Israels sagt hier Paulus:

> »Nachdem Gott Saul verworfen hatte, erhob er David zu ihrem König, von dem er bezeugte: Ich habe David, den Sohn des Isai, als einen Mann nach meinem Herzen gefunden, der alles, was ich will, vollbringen wird. Aus seinem Geschlecht hat Gott dem Volk Israel, der Verheißung gemäß, Jesus als Retter geschickt.«
> (Apg 13,22 f.)

Nun dürfen wir aber nicht vergessen, daß den Christen, für die Matthäus sein Evangelium ursprünglich schrieb, sowohl die Briefe des Apostels Paulus als auch die Apostelgeschichte *noch nicht* bekannt waren. Wir können also nicht einfach voraussetzen, daß sie bei ihrer Lektüre des Matthäusevangeliums auch schon alle die Vorstellungen und Gedanken – wie etwa den Gedanken der *Verheißung und Erfüllung* – parat hatten, die uns heute aus der paulinischen oder lukanischen Theologie geläufig sind.

Wenn wir daher versuchen, uns in die Situation der *ersten Leser* des Matthäusevangeliums zurückzuversetzen, so daß wir uns bei der Deutung des Stammbaums Jesu auf das Matthäusevangelium beschränken, dann wird die oben zitierte Deutung sehr unwahrscheinlich; denn an keiner Stelle seines Evangeliums erinnert Matthäus seine Leser an irgendeine göttliche *Verheißung*, die in Jesus Christus ihre Erfüllung gefunden hätte. Im Unterschied zu den paulinischen und lukanischen Schriften, in denen uns das Hauptwort »Verheißung« 20mal bzw. 9mal und das Zeitwort »verheißen« 2mal bzw. 1mal begegnen, gebraucht Matthäus weder »Verheißung« noch »verheißen« (zum matthäischen Verständnis der *Schrifterfüllung* s. S. 57 f.). Wir werden *sein* Verständnis des Stammbaums Jesu also wohl in einer anderen Richtung suchen müssen – und Matthäus gibt uns genügend Hinweise darauf, wie er den Stammbaum Jesu verstanden haben möchte.

Da ist bereits die Überschrift V. 1, die er der Geschlechterfolge von Abraham bis Jesus Christus (VV. 2–16) voranstellte und die wir normalerweise als »Stammbaum Jesu Christi, des Sohnes Davids, des Sohnes Abrahams« übersetzt finden. Diese Übersetzung der griechischen Worte *biblos geneseōs Jēsou Christou* trifft nun allerdings kaum das, was Matthäus mit den ersten Worten seines Evangeliums ausdrücken wollte. Er entlehnte sie nämlich *seiner* Heiligen Schrift – unserem Alten Testament –, und dort bedeuten sie: »Die Schrift der Entstehung von...«, d.h. »die Entstehungsgeschichte von...«. So heißt es beispielsweise in der griechischen Übersetzung des Buches Genesis als Überschrift zur Paradiesesgeschichte:

»Das ist die Entstehungsgeschichte von Himmel und Erde...«.
(Gen 2,4 LXX)

Das heißt: Eine Erzählung oder eine Geschlechterliste, die mit der Formel *biblos geneseōs* eingeleitet wird, soll zeigen, wie Dinge oder Menschen entstanden sind bzw. wie es von bestimmten Menschen aus zu diesem oder jenem gekommen ist.

Wenn also Matthäus der Genealogie von Abraham bis Jesus Christus (VV. 2–16) die Überschrift gibt: »Schrift der Entstehung Jesu Christi...«, d.h. »Die Entstehungsgeschichte Jesu Christi« (V. 1), dann macht er schon damit darauf aufmerksam, daß es ihm im folgenden darum geht, »wie es zu Jesus Christus gekommen ist«. *Geschichtliche Abläufe,* nicht Verheißungen stehen ihm vor Augen.

Infolgedessen ist es nur logisch, wenn Matthäus die Genealogie Jesu mit der Feststellung abschließt: »Im ganzen sind es also von Abraham bis David vierzehn Generationen...« (V. 17).

Matthäus spricht mit Hilfe der Ahnenliste Jesu von *Geschichte* – so wie er es in seiner Heiligen Schrift oftmals vorgebildet fand (am eindrucksvollsten in den ersten neun Kapiteln der sogenannten

Chronikbücher: Hier wird an die ganze Geschichte von Adam bis David nur in Form von Geschlechtsregistern und Familienlisten erinnert [1 Chr 1,1–9,44]; vgl. ferner Gen 10,1–32; 11,10–32 u. ö.).

Erst jetzt sind wir in der Lage, völlig zu begreifen, weshalb Matthäus sein Evangelium mit einer in sich geordneten (V. 17!) Genealogie eröffnet, die mit Abraham beginnt und mit Jesus, »der der Christus (der Messias) genannt wird«, abschließt. Das bedeutet nicht mehr und nicht weniger als:

Die Geschichte, die damit begann, daß Gott dem Abraham versprach: »Durch dich sollen alle Geschlechter der Erde Segen erlangen« (Gen 12,3) – diese Geschichte hat *jetzt* ihr (vorläufiges) Ziel erreicht. Das ist für Matthäus der entscheidende Grund, weshalb es *auch* in der Geschichte des auserwählten Volkes nicht einfach wie bisher weitergehen kann. Wir verstehen das ganze Matthäusevangelium nicht, wenn wir diesen Ausgangspunkt des Evangelisten übersehen.

Weshalb es sich bei dieser Aussage nicht um eine (gar antijüdische!) »Übertreibung« handelt, begründet Matthäus mit der folgenden Erzählung »von der Entstehung (*nicht:* Geburt!) Jesu Christi« (V. 18. – Matthäus verwendet hier das gleiche Wort wie V. 1 [*genesis*], das »Entstehen, Ursprung, Abkunft; Dasein; Werden«, aber *nie* »Geburt« [so die *Einheitsübersetzung*] bedeutet.).

Freilich, ehe wir uns diesem neuen Abschnitt zuwenden, sollten wir noch zwei grundsätzliche Dinge bedenken:

Von der Schwierigkeit, sichtbar zu machen, daß Jesus der Messias ist

Wir Christen haben uns daran gewöhnt, Jesus als den Messias, d.h. (auf griechisch) den Christus, zu bezeichnen. Und so haben wir auch keine Schwierigkeiten, wenn wir am Ende der matthäischen Genealogie lesen:

> »Jakob war der Vater von Josef, dem Mann Marias; von ihr wurde Jesus geboren, der der Christus (der Messias) genannt wird.«
> (Mt 1,16)

Nein, unser Herz schlägt nicht mehr schneller, wenn wir Jesus vor aller Welt als den Messias – oder wie wir lieber sagen: den »Erlöser« – bekennen; denn diese Tatsache gewinnt in unseren Augen zumeist erst im Blick auf unseren Tod, das göttliche Gericht und das ewige Leben eine wirkliche Bedeutung.

Freilich, dieses *unser* Messiasverständnis ist nicht mehr das der Menschen in Palästina zur Zeit Jesu. Wenn wir von Jesus als dem Messias sprechen, reden wir von etwas ganz anderem als von dem, was viele Juden um die Zeitenwende erwarteten und erhofften, wenn sie an den Messias dachten. Der Messias – das war kein Heilbringer für den Augenblick des Todes und für die Ewigkeit! Er würde das Heil Israels in *dieser* Weltzeit wirken (s. dazu SKK/NT 2, S. 18 f.; 82 ff.; 114 f.)! Deshalb beten viele Juden ja bis zum heutigen Tag dreimal täglich:

> »Den Sproß Davids, deines Knechtes, laß bald sprossen und erhebe seine Macht in deinem Heil, denn auf dein Heil hoffen wir jeden Tag. Gepriesen seist du, Ewiger, der das Heil sprossen läßt.«
> (Aus dem sog. Achtzehn-Gebet)

Daß sich diese *irdischen* Hoffnungen mit dem Wirken des Messias verknüpften, wußte auch Jesus. Deshalb verbot er Petrus und den anderen Jüngern, ihn in der Öffentlichkeit als Messias zu bekennen (Mt 16,20). Daß diese *irdischen* Hoffnungen unlösbar mit der Person des Messias verbunden waren – das wußten aber auch die ersten Christen (kamen sie doch zumeist noch aus dem Judentum!). Und trotzdem wagten sie es, Jesus als den Messias zu verkünden, obgleich sie ja sehen und zugeben mußten, daß Jesus all das nicht erreicht hatte, was man allgemein vom Messias erwartete!

Wie begründeten sie dieses ihr so unwahrscheinliches Bekenntnis: »Jesus von Nazaret ist der Messias!«?

Nun, sie begründeten es *auch* mit der Geschichte von Jesu Kindheit. Wer verstehen will, weshalb dieser Jesus von Nazaret trotz aller *möglichen* Bedenken und Einwände der Messias ist, muß bis zu seiner Kindheit, ja *bis zum Anfang seines Lebens zurückgehen.*

Das aber bedeutet doch: Auch die »Kindheitsgeschichten«, die uns im Matthäus- und Lukasevangelium überliefert werden, wollen nicht einfach unsere Neugierde befriedigen. Sie wurden vielmehr erzählt und aufgeschrieben, um gerade etwas von dem spürbar werden zu lassen, was man Jesu Leben zunächst *nicht* ansehen kann (vgl. auch *P.-G. Müller,* S. 29 f.; SKK/NT 2, S. 22 f.). Nur wenn wir uns dessen bewußt bleiben, laufen wir nicht Gefahr, das *Bild* mißzuverstehen, das Matthäus im folgenden von Jesu Kindheit entwirft.

Erst Ostern machte es möglich, von Weihnachten zu erzählen

Es gehört nicht viel Phantasie dazu, sich klarzumachen, daß Jesu Jünger ihren Herrn nach Ostern in einem völlig neuen Licht sahen. Er dürfte für sie zwar auch schon vor Ostern der größte aller bisherigen Propheten gewesen sein, und allem Anschein nach kannten sie keinen anderen Lehrer in Israel, der so hinreißend von Gott erzählen und so vertrauenerweckend für Gott werben konnte wie eben er (vgl. Mk 1,22 f.). Aber Jesus blieb doch immer einer von ihnen! Man wußte, daß er aus Nazaret stammte, wo er groß geworden war, und man kannte dort auch seine Familie: seine Mutter, seine Brüder und seine Schwestern (Mk 3,31 f.; 6,1.3).

Durch sein Ende war Jesus ihnen dann allerdings doch auf einmal sehr fremd geworden (vgl. Mk 14,50 ff.); denn da schienen plötzlich seine Gegner recht zu bekommen, die ihm nie hatten glauben wollen, daß Gott ihn – gerade ihn! – als seinen Propheten gesandt habe. Hatten sie sich also doch in Jesus getäuscht?

Gewiß, diese Zweifel hatten bald ein Ende. Nachdem der vom Grab Auferstandene vielen von ihnen nochmals begegnet war (1 Kor 15,5–8), wußten sie: Gott hatte Jesus *nicht* verlassen! Jesus hatte in all seinem Tun und Reden recht gehabt. Deshalb hatte Gott ihn jetzt auch vor ihren Augen gerechtfertigt! Doch damit war das Kapitel »Jesus von Nazaret« für die Jünger Jesu nicht einfach abgeschlossen. Sie konnten sich jetzt nicht mehr nur mit der Feststellung zufrieden geben: »Also haben wir uns doch nicht getäuscht, als wir ihm nachfolgten!« Nun stellten sich ihnen *neue* Fragen:

Was bedeutete es, daß Gott diesen Jesus aus dem Tode erweckt und zu sich »in den Himmel« erhöht hatte? Weshalb gerade ihn – und nicht einen der früheren Propheten? Wer war dieser Jesus eigentlich gewesen? Und was bedeutete es, daß dieser Jesus von nun an bei Gott lebt?

Vielleicht verstehen wir es jetzt besser, daß die Jünger Jesu in dieser Situation sich mit einem ganz neuen *und* ganz *gezielten* Interesse ihrer Heiligen Schrift zuwandten: Konnte sie ihnen eine Antwort auf diese Fragen geben? Konnte sie ihnen sagen, wer dieser Jesus *im Grunde* gewesen war und was sein Leben, sein Sterben und seine Auferweckung durch Gott in Wahrheit bedeutete?

Diese Fragen, die wohl nicht nur die ersten Jünger im Blick auf den von Gott auferweckten Jesus bewegten, sind die eigentlichen Ursachen, weshalb wir in den Evangelien – aber auch in den übrigen Schriften des Neuen Testaments – immer wieder Hinweise auf die Heilige Schrift Israels finden: Das Geheimnis Jesu – in dem noch weit mehr »steckte« als sie alle zunächst gedacht und geglaubt hatten –, das Geheimnis Jesu erschloß sich den Jüngern immer mehr, je konsequenter sie es im Zusammenhang und auf dem Hintergrund der Geschichte Isreals betrachteten (s. auch S. 54 f.).

Wer war dieser Jesus gewesen, den Gott als Ersten aus dem Tod erweckt hatte? – Je länger die Gemeinde der Jünger Jesu darüber nachdachte, um so klarer wurde ihr, daß dies wohl nicht nur mit *einem* bestimmten Ereignis im Leben Jesu zusammenhängen konnte. Schließlich hatten auch schon vor Jesus Propheten die Treue zu ihrem gottgegebenen Auftrag mit dem Leben bezahlt (vgl. SKK/NT 2, S. 109–111: Der leidende Gerechte). Und hatten nicht auch die Könige Israels bereits in Gottes Namen hören dürfen: »Mein Sohn bist du. Heute habe ich dich gezeugt« (Ps 2,7)? Und dennoch hatte Gott keinen der Könige und keinen der Propheten und keinen der vielen Gerechten vor diesem Jesus aus dem Tode erweckt! Weshalb dann gerade ihn? Wer war er *im Grunde* gewesen?

So tasteten sich die Jünger immer weiter zurück – über den Zeitpunkt der Auferweckung (vgl. Röm 1,4), über den Zeitpunkt der Taufe Jesu (Mk 1,9 ff.) hinaus *zurück* bis zum Beginn seines Lebens, seines Werdens. Auf diese Weise brachte Ostern die ersten Christen dazu, auch vom Anfang des Lebens dieses Jesus, »der der Christus (der Messias) genannt wird« (Mt 1,16), zu sprechen.

Die Geschichte, die damit begann, daß Gott dem Abraham versprach: »Durch dich sollen alle Geschlechter der Erde Segen erlangen« (Gen 12,3) – diese Geschichte hat (nach dem Beginn unseres Evangeliums) *jetzt* in Jesus Christus ihr Ziel erreicht (s. S. 26). Nicht als ob für Matthäus damit die Geschichte Isreals zu Ende wäre! Es soll in ihr *weitergehen* – aber eben auf eine neue Weise.

Weshalb dem so ist, versucht Matthäus mit der Erzählung »von der Entstehung Jesu Christi« (1,18–25) deutlich zu machen. Um sie ganz verstehen zu können, müssen wir uns allerdings zuerst noch etwas *bewußt* machen, was für »jüdische Ohren und Herzen« zur Zeit unseres Evangelisten *selbstverständlich* war.

Mose I und II

So gewiß Israel in Abraham seinen Vater verehrte – der für das Volk *maßgebende* Mann war immer *Mose:* Mit ihm hatte das Volk seine Freiheit gewonnen (Ex 12,1 – 18,27), durch ihn hatte es die Gebote Gottes empfangen (Ex 20,1 – 23,33). *Er* hatte im Namen des Volkes den Bund mit Gott geschlossen (Ex 24,3–8), er hatte Israel vor der Vernichtung durch Gottes Zorn bewahrt (Ex 32,7–14), und von ihm – und nicht von Abraham – galt:

> »Niemals wieder ist in Israel ein Prophet wie Mose aufgetreten. Ihn hat der Herr Auge in Auge berufen. Keiner ist ihm vergleichbar, wegen all der Zeichen und Wunder, die er in Ägypten im Auftrag des Herrn am Pharao, an seinem ganzen Hof und an seinem ganzen Land getan hat, wegen all der Beweise seiner starken Hand und wegen all der furchterregenden und großen Taten, die Mose vor den Augen von ganz Israel vollbracht hatte.«
> (Dtn 34,10–12)

Dieser Mose aber hatte Israel versprochen:

> »Einen Propheten wie mich wird dir der Herr, dein Gott, aus deiner Mitte, unter deinen Brüdern, erstehen lassen. Auf ihn sollt ihr hören.«
> (Dtn 18,15)

Es ist daher verständlich, daß das jüdische Volk für die Rettung am Ende der Zeiten nicht nur mit dem Messias, sondern auch mit dem von Mose verheißenen *Propheten,* mit einem *zweiten Mose,* rechnete (vgl. auch SKK/NT 2, S. 84).

So heißt es beispielsweise in einer sehr alten aramäischen Übersetzung zum Hohen Lied:

>»Die zwei Erlöser, die dich befreien werden, der Messias, Sohn Davids, und der Messias, Sohn Ephraims, *gleichen Mose und Aaron,* den Söhnen der Jochebed – zwei Gazellenzwillingen vergleichbar –, die durch ihre Verdienste das Volk des Hauses Israel durch vierzig Jahre in der Wüste führten (und ihm) das Manna, Wachteln und das Wasser vom Brunnen Mirjams (gaben).«
>(Targum zum Hohen Lied 4,5. – Zitiert nach: R. *Bloch,* Die Gestalt des Moses in der rabbinischen Tradition, in: Moses in Schrift und Überlieferung, Düsseldorf 1963, S. 95–171, hier: S. 160)

Die gleiche Vorstellung begegnet uns auch in einem rabbinischen Kommentar zu Kohelet:

>»R. Berakyah sagte im Namen von R. Yitzchak: Wie der erste Erlöser, so wird auch der letzte sein. Was (für eine Bewandtnis hat es mit) dem ersten Erlöser? Es steht geschrieben (Ex 4,20): ›Da nahm Mose sein Weib und seine Söhne und ließ sie auf einem Esel reiten.‹ So (wird es auch) mit dem letzten Erlöser (sein), wie geschrieben steht (Sach 9,9): ›Demütig reitet er auf einem Esel.‹ Was tat der erste Erlöser? Er ließ das Manna fallen, wie geschrieben steht (Ex 16,4): ›Siehe, ich lasse für euch Brot vom Himmel regnen.‹ So wird auch der letzte Erlöser Manna fallen lassen, wie geschrieben steht (Ps 72,16): ›Es wird ein Überfluß an Getreide sein im Lande.‹ Was (tat) der erste Erlöser? Er ließ den Brunnen emporsteigen. So wird auch der letzte Erlöser Wasser hervorquellen lassen, wie geschrieben steht (Joël 4,18): ›Eine Quelle wird hervorströmen aus dem Hause Yhwhs und das Tal von Shittim bewässern.‹«
>(Midrasch Rabbah Kohelet 1,9. – Zitiert nach R. *Bloch,* S. 161)

Auch wenn der Messias aus dem Hause David kommt, er wird *Mose* gleichen. Daran gab es für viele Juden zur Zeit unseres Evangelisten keinen Zweifel.

Es dürfte uns jetzt wohl nicht mehr schwerfallen, die sogenannte Kindheitsgeschichte unseres Evangeliums recht zu verstehen – zumal wenn wir daran denken, daß die Darstellungsweise, deren Matthäus sich hier bediente, über Jahrhunderte hinweg gebräuchlich *und* verständlich war:

Wenn beispielsweise ein Maler Christus – oder einen Heiligen –

in einer Menschengruppe kenntlich machen wollte, zögerte er nicht, die von ihm gezeichnete Gestalt mit einem Heiligenschein oder mit einem bestimmten Symbol – mit einer Lilie, einem Schwert o. ä. – zu versehen, obgleich alle Welt wußte, daß Jesus niemals einen »Heiligenschein« getragen und der betreffende Heilige sich niemals mit einer Lilie in der Hand gezeigt hatte. Und dennoch kam kein Mensch auf die Idee, den Maler »der Lüge« zu bezichtigen, weil er Jesus oder den Heiligen in dieser »unhistorischen« Weise gemalt hatte.

Oder denken wir an die Art und Weise, wie *Lukas* den Tod des Stephanus erzählt! Wenn er von ihm berichtet:

> »So steinigten sie Stephanus; er aber betete und rief: Herr Jesus, nimm meinen Geist auf! Dann sank er in die Knie und schrie laut: Herr, rechne ihnen diese Sünde nicht an! Nach diesen Worten starb er.«
> (Apg 7,59 f.)

– wer denkt da nicht sofort an die *lukanische* Schilderung des Kreuzestodes Jesu:

> »Sie kamen zur Schädelstätte; dort kreuzigten sie ihn und die Verbrecher, den einen rechts von ihm, den anderen links. Jesus aber betete: Vater, vergib ihnen, denn sie wissen nicht, was sie tun ... Und Jesus rief laut: Vater, in deine Hände lege ich meinen Geist. Nach diesen Worten hauchte er den Geist aus.«
> (Lk 23,33 f.46)

Indem Lukas den Tod des Stephanus nach dem Vorbild von Jesu Sterben erzählte, machte er sichtbar, daß Stephanus *in der Nachfolge Jesu* starb. Das aber bedeutet doch: Offensichtlich kommen wir gerade dann nicht ohne die Hilfe bekannter Vorbilder oder Symbole aus, wenn wir *das Wesentliche* im Leben eines Menschen sichtbar machen wollen.

Wenn wir uns jetzt daran erinnern, daß Matthäus in der nun folgenden Kindheitsgeschichte *die Anfänge im Leben des Jesus,* »der der Christus (der *Messias*) genannt wird«, erzählen wollte, dann dürfte es uns nicht mehr überraschen, daß auch er hier bewußt auf Vor-Bilder, auf Vorbilder des Messias, zurückgriff. Jeder, der diese seine Erzählung hörte, sollte sofort wissen: Hier wird nicht der Anfang eines »ganz normalen« Lebens geschildert.

Hier ist von einem besonderen Menschen – dem zweiten Mose – die Rede.

Wenn Matthäus nämlich davon erzählte, daß Josef des Kindes seiner Verlobten wegen in Sorge war, ja daß er sie, Maria, sogar wegschicken wollte, daß Gott ihm aber im Traum befahl, Maria ohne Angst zu sich zu nehmen (Mt 1,18–20), dann erinnerte das in doppelter Hinsicht an die Geschichte des Mose, so wie sie im 1. Jh. n. Chr. in Palästina erzählt wurde. Bei dem jüdischen Geschichtsschreiber Josephus Flavius lesen wir beispielsweise von Moses Vater:

»Amram, ein vornehmer Jude, war um sein Volk besorgt, da [nach dem Befehl des Pharao, alle hebräischen Knäblein in den Nil zu werfen] keine männliche Jugend mehr nachwuchs, und auch in Bezug auf sich selbst war er äußerst beängstigt, denn seine Gattin war schwanger. Und er rief Gott an und flehte zu ihm, er möge sich doch des Schicksals derjenigen erbarmen, die ihn bisher so treu verehrt hätten, und sie aus ihrer gegenwärtigen Not befreien, indem er den Ägyptern die Hoffnung auf gänzliche Vernichtung der Israeliten raube. Gott erbarmte sich seiner, erhörte sein Gebet, erschien ihm im Schlafe und ermahnte ihn, an der Zukunft nicht zu verzweifeln.«
(Jüdische Altertümer 2,9.3)

Von der *Verstoßung der* (zukünftigen) *Mutter* des Mose aber wußte eine rabbinische Erzählung zu berichten:

»Amram, der das Oberhaupt des Synedriums war zur Zeit, als Pharao anordnete: ›Jeder neugeborene Knabe... soll sterben‹, sagte: ›Die Israeliten zeugen umsonst (Kinder).‹ Sogleich hieß er Jochebed (aus dem Hause) gehen und versagte sich den Gebrauch des (ehelichen) Lagers. Er verstieß seine Frau, als sie im dritten Monat schwanger war. Alle (anderen) Israeliten begannen daraufhin (ebenfalls) ihre Frauen zu verstoßen. Da sagte seine Tochter zu ihm: ›Deine Anordnung ist härter als die des Pharao. Denn der Befehl Pharaos richtet sich nur gegen die Knaben, während der deine Knaben und Mädchen (in gleicher) Weise betrifft. (Noch dazu) ist Pharao ein Bösewicht, und es ist zweifelhaft, ob seinen Anordnungen Folge geleistet wird oder nicht. Du hingegen bist ein Gerechter [vgl. Mt 1,19!], und deine Anordnung wird (sicherlich) befolgt.‹ Darauf ließ er seine Frau zurückkommen, und alle (anderen) Israeliten nahmen (ebenfalls) ihre Frauen zurück.«
(Midrasch Rabbah Exodus 1,13. – Zitiert nach R. *Bloch*, S. 114)

Bedenken wir jetzt noch, daß Mirjam, die Schwester des Mose, nach einer weiteren Erzählung (*Pseudo-Philo,* Buch der biblischen Altertümer 9,10) sich aufgrund einer *nächtlichen Engelerscheinung* an ihren Vater wandte, wird die Ähnlichkeit zwischen den jüdischen Erzählungen und der matthäischen Darstellung (1,20) noch deutlicher.

»Wer war dieser Jesus gewesen, den Gott als Ersten aus dem Tod erweckt hatte? Wer war er *im Grunde* gewesen?« (s. S. 28 f.). Matthäus beantwortete diese Frage zunächst einmal damit, daß er »das Werden Jesu« (1,18) *im Stil der Mosegeburt* schilderte; denn auf diese Weise gab er den Lesern seines Evangeliums zu erkennen: In der Empfängnis Jesu hat sich – endlich! – die Hoffnung derer erfüllt, die schon lange den erwartet haben, von dem Mose gesagt hatte: »Einen Propheten wie mich wird dir der Herr, dein Gott, aus deiner Mitte, unter deinen Brüdern, erstehen lassen« (Dtn 18,15).

Freilich, die Empfängnis Jesu war nicht nur eine Parallele zu der des Mose. Sie unterschied sich von ihr auch in wichtigen Punkten.

Von der Eigenart der Empfängnis Jesu

Amram, der Vater des Mose, hatte *des Pharao wegen* seine schwangere Frau weggeschickt (s. S. 33) – Josef hingegen wollte Maria, seine Verlobte, entlassen, weil es sich zeigte, daß sie ein Kind erwartete, »noch bevor sie zusammengekommen waren« (V. 18). Schon am Ende der Genealogie Jesu hatte Matthäus dieses »Problem« vorbereitet, indem er schrieb:

> »Jakob war der Vater von Josef, dem Mann Marias; von ihr wurde Jesus geboren« (V. 16).

Josef war für Matthäus nur Jesu Adoptivvater. Wer war dann aber Jesu *wirklicher* Vater?

Diese Frage stellte sich nach unserem Evangelium auch Josef. Die Antwort, die Josef darauf im Traum bei Nacht durch einen Engel des Herrn erhält, ist ohne Zweifel auch die Antwort des Evangelisten auf die Fragen seiner Leser nach der Herkunft Jesu:

> »Das Kind, das Maria erwartet, ist vom Heiligen Geist« (V. 20).

Im Unterschied zu Josef genügt diese Antwort vielen Menschen heute allerdings nicht mehr; denn – so geben sie zu bedenken – Jesus ist ja keineswegs der einzige Große der Menschheitsgeschichte, von dem erzählt wird, ein Gott habe ihn gezeugt. Und sie verweisen beispielsweise auf die Erzählung von der Empfängnis und Geburt Buddhas:

»Und nach Verlauf der kalten Jahreszeit kam im Gefolge des Gestirns Vischakha der Monat Mai heran. Es war Frühling, die schönste der Jahreszeiten. Die Bäume standen in reichem Blätterschmuck, die herrlichsten Blüten zierten sie in Überfülle. Kälte, Hitze, Dunkelheit und Staub waren vergangen. Junger, weicher Rasen bedeckte den Boden.

Da ließ sich der Herr der drei Welten, der von allen Wesen verehrte Bodhisattwa, nach genauer Prüfung, zur richtigen Zeit aus dem Tushitahimmel herab. Es war am fünfzehnten Tag des Monats, und der Vollmond stand in Konjunktion mit dem Sternbild Puschja. Klar und bei vollem Bewußtsein ging er, als ein junger, weißer Elefant mit sechs Stoßzähnen, zur rechten Seite in den Leib seiner Mutter ein, als diese gerade Fasttage hielt. Sein Kopf war purpurfarben, die Reihe der Zähne blitzte wie Gold, und er war mit allen Körperteilen wie Gliedern wohl versehen und von vollkommenen Organen. Im Mutterleibe aber lag er immer auf der rechten und nie auf der linken Seite.

Die Königin Māyā war beseligt auf ihrem Lager eingeschlafen und träumte:

Ein Prachtelefant, strahlend wie Schnee und Silber, ist tänzelnden Schrittes und mit diamantfesten Gelenken in meinen Leib eingegangen. Sechs war die Zahl seiner Stoßzähne, schön waren seine Füße, anmutig der Rüssel und rosig der Kopf. Nie vorher habe ich etwas so Schönes gesehen und gehört, nie ähnliche Wonnen empfunden. Es war ein Gefühl körperlichen Glücks und gleichzeitiger Beseligung des Gemüts, daß ich wie in tiefste Versenkung entrückt war.«

(Zitiert nach: G. *Mensching*, Leben und Legende der Religionsstifter, Darmstadt o. J., S. 207)

Aber auch von dem römischen Kaiser Augustus wurde eine göttliche Zeugung erzählt. Der römische Geschichtsschreiber Gaius Suetonius Tranquillus (ca. 70–150 n. Chr.), der als Kanzleisekretär des Kaisers Hadrian (Regierungszeit 117–138) Zutritt zu allen Archiven hatte, berichtet nämlich in seinem Buch »Leben der Caesaren«:

»In den ›Theologischen Schriften‹ des Asklepiades von Mendes lese ich: Atia habe sich um Mitternacht zu einer feierlichen Zeremonie zu Ehren Apollos begeben, ihre Sänfte im Tempel abstellen lassen und sei dann, während die anderen Frauen nach Hause gingen, eingeschlafen. Darauf sei eine Schlange plötzlich zu ihr in die Sänfte gekrochen, habe sie aber bald darauf wieder verlassen. Bei ihrem Erwachen habe sie sich gereinigt, wie wenn ihr Mann mit ihr den Beischlaf vollzogen hätte. Sofort zeigte sich an ihrem Körper ein Fleck in Form einer Schlange, der nicht mehr zu entfernen war, so daß sie kein öffentliches Bad mehr besuchen konnte. Augustus sei neun Monate später geboren und deshalb für einen Sohn Apollos angesehen worden. Außerdem träumte Atia kurz vor der Niederkunft, ihre Eingeweide würden zu den Sternen emporgehoben und breiteten sich über den ganzen Umfang der Erde und des Himmels aus. Auch Augustus' Vater Octavius träumte, daß aus dem Schoß Atias der Strahlenkranz der Sonne aufgehe.«

(Divus Augustus, 94. – Übersetzung von *A. Lambert,* in: Die Bibliothek der Alten Welt, Artemis Verlag, Zürich 1955, S. 155)

Daß ein (großer) Mensch (einen) Gott zum Vater hat – diese Vorstellung ist also keineswegs auf das Christentum beschränkt. Wir begegnen ihr auch in der Umwelt des beginnenden Christentums. Messen wir nun aber nicht mit zweierlei Maß, wenn wir behaupten, allein der neutestamentlichen Erzählung liege eine wahre Begebenheit zugrunde, gegenüber allen anderen »Geburtslegenden« aber mit Origines einwenden: »*Das sind in Wahrheit Sagen,* und der einfache Antrieb, so etwas von Plato zu erdichten, war, daß man glaubte, ein Mann, der mit größerer Weisheit und Kraft als die Durchschnittsmenschen ausgestattet war, müsse auch aus höherem und göttlicherem Samen seinen leiblichen Ursprung haben« (Gegen Celsus, I.37)?

Wir würden es uns zu leicht machen, würden wir *nur deshalb* den neutestamentlichen Erzählungen bevorzugt Glauben schenken, weil in ihnen weder von einem phantastischen Elefanten noch von einer Schlange oder ähnlichem bei der Zeugung Jesu die Rede ist. Und doch führt uns *dieser* Unterschied auf die rechte Spur: Für die neutestamentlichen Berichte ist nicht der *biologische Vorgang* »des Werdens Jesu« (V. 18) von Bedeutung. Jesus ist nicht deshalb das Ziel der Geschichte Israels und der Grund einer *neuen* Gemeinschaft unter den Menschen, weil er auf eine außergewöhnliche Weise von Gott selbst gezeugt wurde! Darauf weist kein Geringerer als Kardinal *Joseph Ratzinger,* der Präfekt der Römischen Glaubenskongregation, ausdrücklich hin. Er schreibt nämlich:

»Die Empfängnis Jesu ist Neuschöpfung, nicht Zeugung durch Gott. Gott wird dadurch nicht etwa zum biologischen Vater Jesu, und das Neue Testament wie die kirchliche Theologie haben grundsätzlich nie in diesem Bericht bzw. in dem darin mitgeteilten Ereignis den Grund für das wahre Gottsein Jesu, für seine ›Gottessohnschaft‹, gesehen. Denn diese bedeutet ja nun gerade nicht, daß Jesus halb Gott, halb Mensch wäre, sondern für den Glauben war es immer grundlegend, daß Jesus *ganz* Gott und *ganz* Mensch ist. Sein Gottsein bedeutet nicht eine Subtraktion am Menschsein: dies war der Weg, den Arius und Apollinaris, die großen Irrlehrer der alten Kirche, verfolgten. Gegen sie wurde mit allem Nachdruck die ungebrochene Ganzheit des Menschseins Jesu verteidigt und damit die Umschmelzung des biblischen Berichts in den heidnischen Mythos des göttergezeugten Halbgotts gebannt. Die Gottessohnschaft Jesu beruht nach dem kirchlichen Glauben nicht darauf, daß Jesus keinen menschlichen Vater hatte; die Lehre vom Gottsein Jesu würde nicht angetastet, wenn Jesus aus einer normalen menschlichen Ehe hervorgegangen wäre. Denn die Gottessohnschaft, von der der Glaube spricht, ist kein biologisches, sondern ein ontologisches Faktum; kein Vorgang in der Zeit, sondern in Gottes Ewigkeit: Gott ist immer Vater, Sohn und Geist; die Empfängnis Jesu bedeutet nicht, daß ein neuer Gott-Sohn entsteht, sondern daß Gott als Sohn in dem Menschen Jesus das Geschöpf Mensch an sich zieht, so daß er selber Mensch ist.«
(*J. Ratzinger,* Einführung in das Christentum, Kösel-Verlag, München 1968, S. 225)

Allein darauf kommt es an: In Jesus hat sich der Gott, der seit Abraham mit seinem Volk war und der sich – beispielsweise (vgl. Jes 7,1–17) – zur Zeit des Königs Ahas seinem Volk in besonderer Weise als Hilfe und Schutz angeboten hatte, damit es angstlos auf alle falschen Bündnisse mit den Mächtigen in dieser Welt verzichte – in Jesus hat sich *dieser* Gott mit uns Menschen in letztmöglicher Weise und für immer vereint, um uns aus dem Verhängnis der Schuld und Sünde zu befreien. Deshalb soll das Kind Marias den Namen Jesus, d. h. *Jahwe-ist-Hilfe,* tragen, und deshalb dürfen wir Jesus auch den Immanuel, d. h. *Gott-ist-mit-uns,* nennen – so wie der Engel zu Josef sprach:

»Josef, Sohn Davids, fürchte dich nicht, Maria als deine Frau zu dir zu nehmen; denn das in ihr Gezeugte ist aus heiligem Geist. Sie wird aber einen Sohn gebären, und du sollst seinen Namen Jesus nennen; denn er wird sein Volk von seinen Sünden retten. Dies ganze aber ist geschehen, damit erfüllt werde, was vom Herrn durch den Propheten gesagt wurde:

›Siehe, die Jungfrau wird schwanger sein und einen Sohn gebären, und man wird seinen Namen Immanuel nennen‹, das heißt übersetzt: ›mit uns ist Gott‹« (1,20–23).

Jesus – die verkörperte Treue Gottes

Als Gott Abraham berief, versprach er ihm: »Ein Segen sollst du sein... Durch dich sollen alle Geschlechter der Erde Segen erlangen« (Gen 12,2 f.). Deshalb hatte Gott sein Volk nie mehr verlassen. Selbst wenn Israel ihm den Rücken kehrte, blieb Gott Israel treu, bis er sich jetzt in Jesus mit ihm in einer unvorstellbaren und nicht mehr überbietbaren Weise vermählt hatte. So hatte er es ja bereits durch den Propheten Hosea verheißen:

»Ich traue dich mir an auf ewig;
ich traue dich mir an
um den Brautpreis von Gerechtigkeit und Recht,
von Liebe und Erbarmen,
ich traue dich mir an
um Treue.«
(Hos 2,21 f.)

Was Gott durch den Propheten zugesagt hatte, hatte er jetzt eingelöst:

»Hört auf mich, ihr vom Haus Jakob,
und ihr alle, die vom Haus Israel noch übrig sind,
die mir aufgebürdet sind vom Mutterleib an,
die von mir getragen wurden,
seit sie den Schoß ihrer Mutter verließen.
Ich bleibe derselbe, so alt ihr auch werdet,
bis ihr grau werdet, will ich euch tragen.
Ich habe es getan,
und ich werde euch weiterhin tragen,
ich werde euch schleppen und retten.«
(Jes 46,3 f.)

So hat die Geschichte Israels in »Jesus Christus, dem Sohne Davids, dem Sohne Abrahams« (Mt 1,1) ihr Ziel erreicht. So ist für immer wahr geworden, was Gott dem Abraham versprochen hatte.

Den Mut, solches zu glauben, fanden die ersten Christen durch die Auferweckung Jesu aus dem Tod. Sie hatte ihnen die Augen dafür geöffnet, daß Gott in ganz besonderer Weise mit Jesus von Nazaret gewesen war – von Anfang an.

Das ist die Botschaft, mit der Matthäus sein Evangelium eröffnet. Sie bildet den Grund für alles weitere.

3. Die Anbetung der Magier (2,1–12)

Daß Gott selbst in Jesus von Nazaret gegenwärtig wurde – das zu glauben fällt verständlicherweise nicht leicht. Was sollte Gott zu einem *solchen* Schritt veranlaßt haben? Ist es nicht vermessen zu glauben, daß Gott an uns Menschen ein derartiges Interesse haben und daß er von einer solch tiefen Zuneigung zu uns bewegt werden sollte?

Eine ähnliche Frage hatte sich bereits Israel gestellt, als es an *seine* Auserwählung durch Gott dachte. Die Antwort darauf finden wir im Buch Deuteronomium:

»Nicht weil ihr zahlreicher als die anderen Völker wäret, hat euch der Herr ins Herz geschlossen und ausgewählt; ihr seid das kleinste unter allen Völkern. *Weil der Herr euch liebt* und weil er auf den Schwur achtet, den er euren Vätern geleistet hat, deshalb hat der Herr euch mit starker Hand herausgeführt und euch aus dem Sklavenhaus freigekauft, aus der Hand des Pharao, des Königs von Ägypten.«
(Dtn 7,7f.)

Zumindest im Licht des Alten Testaments ist es nicht undenkbar und unglaubhaft, daß Gott an uns Menschen Interesse hat, weil er uns liebt. Und dennoch – wenn Gott tatsächlich mit Jesus in einer so tiefen, unwiederholbaren Weise war, weshalb hatte sein Leben dann kein strahlenderes Ende genommen? Weshalb war Jesus dann trotzdem *gescheitert?*

Auf solche und ähnliche Fragen gibt das zweite Kapitel unseres Evangeliums eine erste Antwort.

Wir können zwar nicht mehr bei allen Einzelheiten dieses Kapitels eindeutig sagen, weshalb sie Matthäus in sein Evangelium aufgenommen hat. (Die wissenschaftliche Exegese nimmt an, daß Matthäus den größten Teil dieses Kapitels bereits in der Überlieferung vorfand.) Trotzdem kann kein Zweifel daran bestehen, was er mit ihm *insgesamt* zum Ausdruck bringen wollte; denn daß Matthäus mit der Erzählung von dem Besuch der Magier (2,1–12), der Flucht nach Ägypten (2,13–15), dem Kindermord in Betlehem (2,16–18) und der Rückkehr aus Ägypten (2,19–23) nur *historische* Ereignisse aus der Kindheit Jesu festhalten wollte, ist aus mehreren Gründen unwahrscheinlich:

1. Herodes war bekanntermaßen überaus mißtrauisch. Hätte er nun tatsächlich von Anfang an nach dem Leben des »neugeborenen Königs der Juden« (V. 2) getrachtet, hätte er sich wohl kaum nur darauf verlassen, daß ihm die – unbekannten! – Magier nachträglich Bericht erstatteten, wo er seinen »Nebenbuhler« treffen könnte.

2. Angesichts der unbestreitbaren Grausamkeit Herodes d. Gr. wäre der ihm V. 16–18 zur Last gelegte Kindermord zwar denkbar, doch wissen die außerbiblischen – Herodes keineswegs wohlgesonnen – jüdischen Quellen von einem solchen Massaker nichts. Der betlehemitische Kindermord ist eher als Parallele zu der durch den Pharao angeordneten Tötung der israelitischen Knäblein zu verstehen (s. u.).

3. Die Kindheitsgeschichte des Lukas (Lk 1–2) weiß weder etwas von einem Besuch der Magier in Betlehem noch etwas von einer Flucht nach Ägypten und einer *späteren* Niederlassung in Nazaret. Lukas setzt vielmehr voraus, daß Maria und Josef schon immer in Nazaret lebten (vgl. Lk 1,26f.56; 2,4.39).

Wir haben also gute Gründe anzunehmen, daß Matthäus auch mit dem zweiten Kapitel seines Evangeliums eine »abstrakte theologische Wahrheit anschaulich machen« wollte (s. S. 21).

»*Ein Stern geht in Jakob auf, ein Zepter erhebt sich in Israel!*« *(Num 24,17)*

Die Schilderung von dem Besuch der Magier und den daran anschließenden Ereignissen im Leben des neugeborenen Jesus erinnert noch einmal an die *Kindheit des Mose.* Von ihr berichtete nämlich Josephus Flavius:

> »Während sich die Unseren (d. h. die Juden in Ägypten) mit solchen Arbeiten (d. h. mit dem Bau von Pyramiden) befassen mußten, ereignete sich etwas, das bei den Ägyptern den Wunsch, uns zu vertilgen, noch reger machte. Einer von ihren Schriftkundigen – denn diese waren in der Vorhersage der Zukunft bewandert – weissagte dem König, es

werde um jene Zeit aus hebräischem Blut ein Knabe geboren werden, der, wenn er erwachsen sei, die Herrschaft der Ägypter vernichten, die Israeliten hingegen mächtig machen werde. An Tugend werde er besonders hervorragen, und sein Andenken werde ein ruhmvolles sein. Durch diesen Spruch wurde der König erschreckt, und er befahl, alle israelitischen Knaben gleich nach der Geburt in den Fluß zu werfen und zu töten. Die ägyptischen Geburtshelferinnen sollten genau erforschen, wann die hebräischen Frauen niederkommen würden, und die Geburt sorgsam überwachen.«
(Jüdische Altertümer 2,2.2)

Daß bei Matthäus *Magier* anstelle eines Schriftgelehrten die Geburt des Königskindes ankündigen, könnte verschiedene Gründe haben:
1. Der Seher Bileam, der von Balak, dem König der Moabiter, »aus dem Osten« geholt worden war, um die Israeliten auf ihrem Weg in das Gelobte Land zu verfluchen, konnte nach alttestamentlicher Erzählung diesen Auftrag nicht erfüllen; denn anstelle einer Verfluchung legte ihm Gott dreimal einen Segensspruch in den Mund. Das dritte dieser göttlichen Orakel begann folgendermaßen:

»Spruch Bileams, des Sohnes Beors,
Spruch des Mannes mit geschlossenem Auge,
Spruch dessen, der Gottesworte hört,
der die Gedanken des Höchsten kennt,
der eine Vision Schaddajs (= ein alter Gottesname) sieht,
der daliegt mit entschleierten Augen:
Ich sehe ihn, aber nicht jetzt,
ich erblicke ihn, aber nicht in der Nähe:
Ein Stern geht in Jakob auf,
ein Zepter erhebt sich in Israel.
Er zerschlägt Moab die Schläfen
und allen Söhnen Sets den Schädel.«
(Num 24,15–17)

Diese Weissagung deuteten viele auf den kommenden Messias. (So wandte beispielsweise Rabbi Aqiba Num 24,17 auf den Führer des 2. jüdischen Aufstandes gegen Rom [132–135 n. Chr.] an, indem er dessen ursprünglichen Namen Simon Bar Kosiba in *Bar Kokba = Sternensohn* umdeutete!) Nun war aber niemand mehr geeignet, den »Aufgang des Sternes« (Mt 2,2) anzukündigen, als

»*Magier* aus dem Osten« (Mt 2,1. – »*Magoi*« war ursprünglich Bezeichnung für die Angehörigen der persisch-medischen Priesterklasse; denn sie verstanden sich in besonderer Weise auf Stern- und Traumdeutung. Daher wurde dieser Begriff später auch auf die chaldäisch-babylonischen Sternkundigen und Astrologen übertragen.). Erst in späterer Zeit wurden diese *Magier* zu den *Drei Königen,* da die *drei* Gaben dieser Magier im Alten Testament als Königsgeschenke gelten (vgl. Jes 60,6; Hld 3,6).

2. Im Jahre 66 n. Chr. kamen tatsächlich *Magier* aus Persien mit dem König Tiridates auf Grund von Weissagungen durch die Sterne zum Kaiser Nero nach Neapel, um ihm als dem Weltenkönig zu huldigen. Danach kehrten sie auf anderem Weg wieder zurück. Dieses Ereignis könnte die Ausgestaltung unserer Erzählung Mt 2,1–12 (im Jahr ± 80 n. Chr.! s. S. 10) durchaus mitbeeinflußt haben.

3. Da Matthäus eindeutig von einem Einzelstern, nicht aber von einer Sternkonstellation spricht, dürfte es weniger wahrscheinlich sein, daß Mt 2,1–12 in Erinnerung an die sehr seltene »Jupiterkonjunktion«, d. h. die Konjunktion von »Jupiter und Saturn in den Fischen« im Jahr 7 v. Chr. erzählt wurde. (»Jupiter wurde als der Stern des Weltherrschers und das Sternbild der Fische als das Zeichen der Endzeit betrachtet; der Planet Saturn galt im Osten als der Stern Palästinas. Wenn Jupiter dem Saturn im Zeichen der Fische begegnet, so bedeutet das demzufolge: In Palästina wird in diesem Jahre der Herrscher der Endzeit erscheinen.« *E. Stauffer, Jesus – Gestalt und Geschichte,* Bern 1957, S. 35.) Sollte die Erwähnung der Magier Mt 2,1–12 nicht durch die Verheißung Num 24,17 veranlaßt worden sein (s. o.), könnte man eher noch daran denken, daß die sterndeutenden Magier deshalb anstelle des weissagenden Schriftgelehrten (bei der Geburt des Mose!) eingeführt wurden, weil nach antiker Meinung mit der Geburt eines jeden Menschen *ein Stern* am Himmel aufleuchtete, der bei seinem Tod wieder verschwand – und je berühmter der Mensch war, um so heller und unübersehbarer war sein Stern. (Durch einen solchen Stern soll auch den Sterndeutern des Königs Nimrod die Geburt Abrahams angezeigt worden sein!)

Wie dem auch sei – die Magier hatten für Matthäus eine klare, eigene Bedeutung: *Sie verkörpern das Heidentum,* das – wie später die Heidenchristen! – dem jüdischen Volk die Geburt *seines* Messias ankündet. Doch von Anfang an vermochte diese Kunde die nicht zu bewegen, auf die es vor allem angekommen wäre.

»So steht es bei dem Propheten...!«

Israels Theologen wußten Bescheid. Sie kannten ihre heiligen Schriften. Sie wußten daher nicht nur, wo der Messias geboren wird, sondern auch, welche Funktionen er nach Gottes Willen erfüllen soll:

> »Herodes ließ alle Hohenpriester und Schriftgelehrten zusammenkommen und erkundigte sich bei ihnen, wo der Messias geboren werden solle. Sie antworteten ihm: In Betlehem in Judäa; denn so steht es bei dem Propheten:
> ›Du Betlehem im Gebiet von Juda,
> bist keineswegs die unbedeutendste
> unter den führenden Städten von Juda;
> denn aus dir wird ein Fürst hervorgehen,
> der Hirt meines Volkes Israel‹.«
> (Mt 2,4–6)

Wenn wir jetzt allerdings die *alttestamentliche* Bibelstelle nachschlagen, die Matthäus offensichtlich im Auge hatte, müssen wir feststellen, daß unser Evangelist doch »etwas ungenau« zitierte; denn beim Propheten Micha lesen wir:

> »Aber du, Betlehem-Efrata,
> so klein unter den Gauen Judas,
> aus dir wird mir einer hervorgehen,
> der über Israel herrschen soll.
> Sein Ursprung liegt in ferner Vorzeit,
> in längst vergangenen Tagen.
> Darum gibt der Herr sie preis,
> bis die Gebärende einen Sohn geboren hat.
> Dann wird der Rest seiner Brüder heimkehren
> zu den Söhnen Israels.
> Er wird auftreten und ihr Hirt sein
> in der Kraft des Herrn,
> im hohen Namen Jahwes, seines Gottes.«
> (Mi 5,1–3)

Weshalb zitierte Matthäus diese Stelle *nicht ganz?* Und weshalb hielt er sich auch *nicht genau* an den biblischen Text? Manipulierte er die Heilige Schrift damit nicht in unverantwortlicher Weise? Um dieses Vorgehen des Evangelisten verstehen zu können, müssen wir uns zuvor doch noch etwas ausführlicher mit der jüdischen Bibelauslegung der damaligen Zeit beschäftigen.

Jüdische Bibelauslegung zur Zeit Jesu

Seit der Rückkehr aus dem Babylonischen Exil war es für das jüdische Volk klar, daß es auf *Gottes* Wort hören mußte, wenn es seine Zukunft nicht noch einmal verspielen wollte. Eines der beeindruckendsten Beispiele begegnet uns im Buch Nehemia, in dem das Leben in Jerusalem und Juda *nach* dem babylonischen Exil geschildert wird:

»Das ganze Volk versammelte sich geschlossen auf dem Platz vor dem Wassertor und bat den Schriftgelehrten Esra, das Buch mit dem Gesetz des Mose zu holen, das der Herr den Israeliten vorgeschrieben hat. Am ersten Tag des siebten Monats brachte der Priester Esra das Gesetz vor die Versammlung; zu ihr gehörten die Männer und die Frauen und alle, die das Gesetz verstehen konnten. Vom frühen Morgen bis zum Mittag las Esra auf dem Platz vor dem Wassertor den Männern und Frauen und denen, die es verstehen konnten, das Gesetz vor. Das ganze Volk lauschte auf das Buch des Gesetzes.
Der Statthalter Nehemia, der Priester und Schriftgelehrte Esra und die Leviten, die das Volk unterwiesen, sagten dann zum ganzen Volk: Heute ist ein heiliger Tag zu Ehren des Herrn, eures Gottes. Seid nicht traurig, und weint nicht! Alle Leute weinten nämlich, als sie die Worte des Gesetzes hörten. Dann sagte Esra zu ihnen: Nun geht, haltet ein festliches Mahl, und trinkt süßen Wein! Schickt auch denen etwas, die selbst nichts haben; denn heute ist ein heiliger Tag zur Ehre des Herrn. Macht euch keine Sorgen; denn die Freude am Herrn ist eure Stärke. Auch die Leviten beruhigten das ganze Volk und sagten: Seid still, denn dieser Tag ist heilig. Macht euch keine Sorgen! Da gingen alle Leute nach Hause, um zu essen und zu trinken und auch andern davon zu geben und um ein großes Freudenfest zu begehen; denn sie hatten die Worte verstanden, die man ihnen verkündet hatte.«
(Neh 8,1–3.9–12)

Seit dieser Zeit wurde es für das jüdische Volk immer selbstverständlicher, sein Leben im Licht seiner Heiligen Schrift zu betrachten und zu bedenken – und das keineswegs nur, um das eigene *private* Leben möglichst sinnvoll zu gestalten (s. S. 273f.), sondern auch, um seine *Geschichte* tiefer zu begreifen. Denn wie oft hatte Gott gerade den letzten seiner Propheten einen *Blick in die Tiefe der Geschichte* eröffnet. So konnte man beispielsweise beim Propheten Sacharja, der ebenfalls nach dem Exil aufgetreten war, lesen:

»Siehe, es kommt ein Tag für den Herrn, an dem man in deiner Mitte verteilt, was man bei dir erbeutet hat. Denn ich versammle alle Völker zum Krieg gegen Jerusalem. Die Stadt wird erobert, die Häuser werden geplündert, die Frauen geschändet. Die Hälfte der Stadt zieht in die Verbannung; aber der Rest des Volkes wird nicht aus der Stadt vertrieben. Doch dann wird der Herr hinausziehen und gegen diese Völker Krieg führen und kämpfen, wie nur er kämpft am Tag der Schlacht.

Seine Füße werden an jenem Tag auf dem Ölberg stehen, der im Osten gegenüber von Jerusalem liegt. Der Ölberg wird sich in der Mitte spalten, und es entsteht ein gewaltiges Tal von Osten nach Westen. Die eine Hälfte des Berges weicht nach Norden und die andere Hälfte nach Süden. Ihr aber werdet zum Tal meiner Berge fliehen; denn das Tal der Berge reicht bis zum Jasol. Ja, ihr werdet fliehen, wie ihr vor dem Erdbeben geflohen seid in den Tagen Usijas, des Königs von Juda. Dann wird der Herr, mein Gott, kommen und alle Heiligen mit ihm. An jenem Tag wird es kein Licht geben, sondern Kälte und Frost. Dann wird es einen Tag lang – er ist dem Herrn bekannt – weder Tag noch Nacht werden, sondern am Abend wird Licht sein. An jenem Tag wird aus Jerusalem lebendiges Wasser fließen, eine Hälfte zum Meer im Osten und eine Hälfte zum Meer im Westen; im Sommer und Winter wird es fließen. Dann wird der Herr König sein über die ganze Erde. An jenem Tag wird der Herr der einzige sein und sein Name der einzige. Das ganze Land von Geba bis Rimmon im Süden Jerusalems wird sich in eine Ebene verwandeln, Jerusalem aber wird hoch emporragen und an seinem Platz bleiben vom Benjamintor bis zum Ort des alten Tores, bis zum Ecktor, und vom Turm Hananel bis zu den Keltern des Königs. Man wird darin wohnen. Es wird keine Vernichtung mehr geben, und Jerusalem wird sicher sein.«
(Sach 14,1–11)

Der verborgene Sinn in Gottes Wort

Nicht immer sprachen die Propheten allerdings so klar von Israels weiterer Geschichte. Manchesmal bedurfte ihr Wort einer weiteren göttlichen Offenbarung, damit man es ganz verstehen konnte. Davon berichtet etwa der Prophet Daniel:

»Im ersten Jahr, nachdem Darius, der Sohn des Xerxes, aus dem Stamm der Meder, König über das Reich der Chaldäer geworden war, in diesem ersten Jahr seiner Herrschaft suchte ich, Daniel, in den Schriften die Zahl der Jahre zu ergründen, die Jerusalem nach dem Wort des Herrn an den Propheten Jeremia verwüstet sein sollte; es waren siebzig Jahre. Ich richtete mein Gesicht zu Gott, dem Herrn, um ihn mit Gebet und Flehen, bei Fasten in Sack und Asche, zu bitten ... Während ich noch redete und betete, meine Sünden und die Sünden meines Volkes Israel bekannte und meine Bitte für den heiligen Berg meines Gottes vor den Herrn, meinen Gott, brachte, während ich also noch mein Gebet sprach, da kam im Flug der Mann Gabriel, den ich früher in der Vision gesehen hatte; er kam um die Zeit des Abendopfers zu mir, redete mit mir und sagte: Daniel, ich bin *gesandt* worden, *um dir klare Einsicht zu geben.* Schon zu Beginn deines Gebets erging ein Gotteswort, und ich bin gekommen, um es dir zu verkünden; denn du bist (von Gott) geliebt. Achte also auf das Wort, und begreife die Vision! Siebzig Wochen sind für dein Volk und deine heilige Stadt bestimmt, bis der Frevel beendet ist, bis die Sünde versiegelt und die Schuld gesühnt ist, bis ewige Gerechtigkeit gebracht wird, bis Visionen und Weissagungen besiegelt werden und ein Hochheiliges gesalbt wird. Nun begreif und versteh: Von der Verkündigung des Wortes über die Rückführung des Volkes und den Wiederaufbau Jerusalems bis zur Ankunft eines Gesalbten, eines Fürsten, sind es sieben Wochen; und zweiundsechzig Wochen lang baut man die Stadt wieder auf mit ihren Plätzen und Gräben, obwohl es eine bedrängte Zeit sein wird. Nach den zweiundsechzig Wochen wird ein Gesalbter umgebracht, aber ohne (Richterspruch). Das Volk eines Fürsten, der kommen wird, bringt Verderben über die Stadt und das Heiligtum. Er findet sein Ende in der Flut; bis zum Ende werden Krieg und Verwüstung herrschen, wie es längst beschlossen ist. Vielen macht er den Bund schwer, eine Woche lang. In der Mitte dieser Woche setzt er den Schlachtopfern und Speiseopfern ein Ende. Oben auf dem Heiligtum wird ein unheilvoller Greuel stehen, bis das Verderben, das beschlossen ist, über den Verwüster kommt.«
(Dan 9,1–3.20–27)

Was Daniel hier in besonders eindrucksvoller Weise erlebt hatte, war in den Augen der jüdischen Frommen keine unerreichbare Ausnahme. Weil Gott Israel sein Wort gegeben hatte, »damit es dadurch lebe« (Lev 18,5; s. S. 273), konnte es keine Zeit geben, in der das göttliche Wort nichts mehr zu sagen hätte. Wer Gott inständig genug bat, konnte darauf hoffen, »im Gesetz und in den Propheten« jene entscheidenden Antworten und Weisungen zu finden, die ihm helfen würden, auch seine eigene Gegenwart und Zukunft tiefer zu verstehen.

Ein gutes Beispiel für diese Überzeugung finden wir in der Gemeinschaft jener Frommen, die sich seit der 2. Hälfte des 2. Jh. v. Chr. in Qumran, am Nord-West-Ende des Toten Meers, niedergelassen hatten. Es war für sie selbstverständlich, ihre besondere Situation – schließlich hatten sie sich aus dem öffentlichen Leben Israels zurückgezogen! – im Licht »des Gesetzes und der Propheten« zu sehen und zu verstehen. Sehr bewußt lautete eine ihrer Vorschriften:

»Und nicht soll an dem Ort, wo zehn Männer sind, einer fehlen, der im Gesetz forscht Tag und Nacht beständig, einer nach dem andern.«
(Gemeinderegel 1 QS 6,6 f.)

Nichts war wichtiger als die Auslegung des Wortes Gottes für die eigene Zeit und Situation.

Der Prophet Habakuk – neu gedeutet
Ein beeindruckendes Zeugnis für dieses Bemühen, das Wort der Bibel *für die eigene Zeit* auszulegen, bildet der qumranische Kommentar zum Propheten Habakuk. Zu Vers 5 des 1. Kapitels:

»Seht auf die Völker, schaut hin und erstarrt! Denn ich vollbringe in euren Tagen eine Tat – würde man euch davon erzählen, ihr glaubtet es nicht.«

Zu diesem Vers steht beispielsweise in der dort verfaßten »Auslegung des Buches Habakuk«:

»Die Deutung des Wortes bezieht sich auf die Abtrünnigen zusammen mit dem Mann der Lüge; denn nicht haben sie gehört auf die Worte des Lehrers der Gerechtigkeit aus dem Munde Gottes; (es bezieht sich auch) auf die Abtrünnigen von dem Neuen Bund; denn nicht haben sie dem Bund Gottes vertraut und haben entweiht seinen heiligen Namen. Und ebenso bezieht sich die Deutung des Wortes auf alle Abtrünnigen am Ende der Tage. Sie sind die Gewalttätigen am Bunde, die nicht glauben, wenn sie alles hören, das kommen wird über das letzte Geschlecht, aus dem Munde des Priesters, den Gott gegeben hat in die Mitte der Gemeinde, um zu deuten alle Worte seiner Knechte, der Propheten, durch die Gott verkündigt hat alles, was kommen wird über sein Volk und sein Land.«
(Habakuk-Midrasch 1 QpHab 2,1–10)

Wir dürften mit dieser Auslegung des biblischen Textes spätestens dann unsere Schwierigkeit haben, wenn wir den Bibeltext selbst zur Hand nehmen; denn dann erkennen wir sehr schnell, daß der Prophet Habakuk bei diesem Gotteswort an etwas ganz anderes dachte: an ein *heidnisches Volk,* durch das Gott sein Gericht vollzieht! Wenn dem aber so ist, hatte dann der Theologe von Qumran nicht viel mehr in den Text *hineingelesen,* als in ihm wirklich steht? Wollte der Prophet Habakuk tatsächlich auch all das vorhersagen, was die Leute von Qumran aus seinem Text heraushörten?

Nun, die Theologen Qumrans würden unseren Bedenken wohl entgegenhalten, daß es doch nicht nur darauf ankäme, was *der Prophet* sagen wollte. Schließlich käme durch ihn *Gott* zu Wort – und da Gott alle Zeit überschaut, weshalb sollte *Er* dann durch den Propheten nicht auch schon von Dingen sprechen können, die erst später in der Geschichte vor-kommen würden? Gewiß, der Prophet dürfte kaum geahnt haben, daß Gottes Blick viel weiter ging als der seinige. Aber das war ja kein Hindernis – wenigstens so lange nicht, wie sie beide »in die gleiche Richtung« blickten; denn dann konnte Gott einem Späteren – dem Lehrer der Gerechtigkeit in Qumran etwa – darüber hinaus offenbaren, was Ihm bei den früheren Worten des Propheten *letztlich* vor Augen stand.

Ein Beispiel aus unserem christlichen Glauben: Die Jünger des Propheten »Deuterojesaja« entdeckten im Blick auf ihren leidenden Meister – den Knecht Gottes –, daß Gott uns Menschen die Möglichkeit der *Stellvertretung* gewährt. Diese »unglaubliche« (Jes 53,1) Einsicht, die für sie ungeheuer wichtig war, brachten sie verständlicherweise »zu Papier« – so wie wir es heute Jes 52,13–53,12 lesen. Das heißt: Jes 52,13–53,12 ist zunächst von einem bestimmten Propheten in der Geschichte Israels die Rede. Könnte es nun nicht sein, daß den Jüngern des Propheten diese Erkenntnis (nicht nur, aber auch schon) *im Blick auf Jesus* gewährt wurde? Könnte es nicht sein, daß *Gottes* Blick damals, als er durch seinen Geist den Prophetenjüngern diese – auch für sie wichtige! – Erkenntnis schenkte, eben nicht nur auf den Propheten, sondern über ihn hinaus auch schon auf den Gekreuzigten gerichtet war? Dann aber würden wir dem Text Jes 52,13–53,12 *nicht* gerecht, wenn wir behaupteten, er würde *nur* von dem Schicksal des damaligen Propheten handeln!

Freilich, diese *seine* (weitergehende) Sicht konnte Gott erst später den Jüngern Jesu, den ersten Christen, offenbaren.

Wir werden den Leuten von Qumran also zunächst einmal zugeben müssen: Gottes Wort kann mehr beinhalten, als derjenige ahnte, der dieses Wort zuerst im Geiste Gottes, im Lichte Gottes, formulierte.

Exegese auf Abwegen?
Innerhalb »des Gesetzes und der Propheten« gibt es nun aber auch Stellen, die für die jeweilige Gegenwart allem Anschein nach nichts zu sagen haben. Wie soll man mit ihnen verfahren?

Da gab es nach jüdischem Verständnis mehrere Möglichkeiten: Entweder ging man über derartige »nichtssagende« Textteile einfach hinweg, oder man versuchte, ihnen dadurch einen *neuen* Sinn abzugewinnen, daß man sie aus ihrem ursprünglichen Zusammenhang löste bzw. sie in ihrer Schreibweise oder Aussprache ein wenig veränderte.

Ein gutes Beispiel dafür finden wir etwa dort, wo der Theologe von Qumran in seiner Auslegung des Propheten Habakuk die Stelle Hab 2,5f. zitiert. Betrachtet man *seinen* Bibeltext nämlich etwas genauer, so fällt auf, daß er einige

Wörter ein wenig *verändert,* so daß der »Bibeltext« nun besser auf seine Situation paßt! (Statt »und alle Völker versammelten sich bei ihm, und es scharten sich um ihn alle Nationen« heißt es in dem *uns* überlieferten Bibeltext: »wenn er [= der Hochmütige] auch alle Völker zusammentreibt und alle Nationen um sich vereinigt«!) *Sein* Zitat aus dem Buch des Propheten Habakuk lautet damit:

»Vielmehr wird Reichtum den hochmütigen Mann im Stich lassen, so daß er nicht Bestand hat; er, der seinen Rachen weit aufsperrt wie die Hölle und wie der Tod unersättlich ist. Und alle Völker versammelten sich bei ihm, und es scharten sich um ihn alle Nationen. Werden sie nicht alle ein Spottlied auf ihn anstimmen und in Rätselreden ihn verspotten und sagen: ›Wehe dem, der aufhäuft, was ihm nicht gehörte!‹? Wie lange belastet er sich mit Raub.«

Dazu schreibt der Exeget von Qumran:

»Seine Deutung bezieht sich auf den gottlosen Priester, der nach dem Namen der Wahrheit genannt wurde, als er sein Amt antrat. Aber als er zur Herrschaft gelangt war in Israel, erhob sich sein Herz, und er verließ Gott und handelte treulos gegen die Gebote um des Reichtums willen. Und er raubte und sammelte Reichtum von Männern der Gewalt, die sich gegen Gott empört haben. Und Reichtum von Völkern nahm er, so daß er die Sünde der Verschuldung auf sich häufte, und Wege von Greueln machte er in aller schmutzigen Unreinheit.«
(Habakuk-Midrasch 1 QpHab 8,8–13)

Wenn wir diese Auslegung etwas genauer betrachten, sehen wir, daß für sie nur ein Teil des Prophetentextes wichtig war. Wir erfahren nichts über die *Völker* und *Nationen,* die sich um den »hochmütigen Mann« scharten, noch erfahren wir, wer diejenigen sind, die *ein Spottlied anstimmen* und in *Rätselreden spotten.* Offensichtlich waren diese Angaben für den qumranischen Exegeten »nichtssagend«, so daß er sie ruhig übergehen konnte.

Für die zweite Möglichkeit, bei der dem biblischen Text dadurch ein *neuer* Sinn abgewonnen wird, daß man ihn *unabhängig* von seinem ursprünglichen Zusammenhang deutet – für diese Möglichkeit bietet die Auslegung der beiden folgenden Verse aus Habakuk ein gutes Beispiel. Das Zitat des qumranischen Theologen lautet:

> »[12]Zum Gericht hast du ihn bestimmt, und, (du) Fels, zu seinem Züchtiger hast du ihn bestellt. [13]Mit Augen, zu rein, um das Böse anzuschauen, und auf Plage magst du nicht blicken.«
> (Hab 1,12f.)

Wenn wir dieses Zitat mit dem Bibeltext vergleichen, müssen wir ein Doppeltes feststellen:

Vers 12 ist eigentlich der Schlußteil einer Frage, die sich auf das zuvor erwähnte »schreckliche Volk« bezieht, das *Gottes* Gericht verwirklicht.

Vers 13 hingegen ist der Anfang einer *neuen* Frage, die sich voll Erstaunen an Gott richtet und so weitergeht: »Warum siehst du also den Treulosen zu...?«!

Indem nun der Ausleger diese ursprünglich getrennten Verse zusammenzog und davon absah, daß sich der erste Teil seines Zitats auf ein fremdes Volk, der zweite Teil aber auf Gott bezieht, konnte er *beide* Verse – auf die Gemeinde von Qumran deuten! Seine Auslegung dieser beiden Verse lautet nämlich:

> »Die Deutung des Wortes ist, daß Gott sein Volk nicht vernichten wird durch die Hand der Völker, sondern in die Hand seiner Auserwählten legt Gott das Gericht über alle Völker, und durch ihre Züchtigung werden alle Frevler seines Volkes büßen, (nämlich durch diejenigen), die seine Gebote gehalten haben, als sie in der Trübsal waren. Denn das ist gemeint, wenn es heißt: Mit Augen, zu rein, um anzuschauen das Böse. Seine Deutung ist, daß sie nicht gehurt haben hinter ihren Augen her in der Zeit des Frevels.«
> (Habakuk-Midrasch 1 QpHab 5,3–8)

Gewiß, spätestens hier dürfte sich in uns wieder der Widerspruch regen: Kann man mit dem biblischen Text wirklich so »großzügig« umgehen? Ist eine solche Schriftauslegung nicht sehr willkürlich? Werden hier dem Propheten nicht Dinge unterschoben, die er nie und nimmer sagen wollte?

Zwei Arten von Schriftverständnis

Wir werden zugeben müssen, daß wir heute in unserer Exegese nicht mehr in dieser Weise mit den biblischen Texten umgehen können; denn wir fragen in der Regel: »Was wollte der biblische Verfasser *damals* sagen?«. Es ist für uns selbstverständlich geworden, die biblischen Texte »historisch-kritisch« auszulegen. Und selbst wenn wir zugeben, daß Gott durch den Propheten mehr sagen konnte – und vielleicht auch wollte –, als diesem selbst bewußt war, fühlen wir uns an den Wortlaut und an den Zusammenhang des Schrift*textes* gebunden. Jede andere Art von Bibelauslegung können wir – wenigstens zunächst – nur als recht willkürlich empfinden.

Und dennoch zeigen wir mit diesen unseren Vorbehalten und Einwänden gegen die frühjüdische Bibelauslegung nur, daß wir sie (immer noch) nicht verstanden haben. Denn es ging ihr eben nie um eine »historisch-kritische« Auslegung. Es ging ihr nicht primär darum, was der Prophet *einst* gesagt und gemeint hatte. Die Heilige Schrift war für sie vielmehr *ein Ganzes,* das gerade in seiner Gesamtheit für die stetige, noch immer während Geschichte Gottes mit seinem Volk Zeugnis gab. Deshalb konnte man keinen der Texte »isoliert« betrachten, und deshalb war kein Text *nur* an Gott oder *nur* an eine bestimmte Menschengruppe gerichtet. In der Gesamtheit der Geschichte konnte sich das biblische Wort mit den unterschiedlichsten Akzenten an die verschiedensten Adressaten richten. Auch deshalb konnte man in ihm immer wieder *neue* Zusammenhänge entdecken und *neue* Aussagen hören.

Eine moderne Parallele

Wenn wir jetzt immer noch Bedenken hätten; wenn wir der frühjüdischen Art der Bibelauslegung auch jetzt noch mit beträchtlicher Reserve gegenüberstünden, sollten wir einmal einem heutigen Autor zuhören:

In ihren Frankfurter *Poetik-Vorlesungen* schildert Christa Wolf, was es für sie bedeutete, als sie »ganz zufällig« bei der Lektüre der *Orestie* von Aischylos auf die Gestalt der *Kassandra* gestoßen war – wie sich für sie daraus ganz neue Einsichten erschlossen:

»Liebe A., es ist verhext: Seit ich begonnen habe – den Namen ›Kassandra‹ vor mir hertragend als eine Art Legitimations- und Losungswort – mich auf jene Bereiche einzulassen, in die er mich führt, scheint alles, was mir sonst begegnet, ›damit‹ zusammenzuhängen, bisher Getrenntes hat sich hinter meinem Rücken zusammengeschlossen, in vorher dunkle, unbewußte Räume fällt ein wenig Licht, darunter, davor (Orts- und Zeitbestimmungen fließen zusammen) sind, im Dämmer, weitere Räume zu ahnen, die Zeit, die uns bewußt ist, nur ein hauchschmaler heller Streif auf einem ungeheuren, größtenteils finsteren Körper. Mit der Erweiterung des Blick-Winkels, der Neueinstellung der Tiefenschärfe hat mein Seh-Raster, durch den ich unsere Zeit, uns alle, dich, mich selber wahrnehme, sich entschieden verändert, vergleichbar jener frühen entschiedenen Veränderung, die mein Denken, meine Sicht und mein Selbst-Gefühl und Selbst-Anspruch vor mehr als dreißig Jahren durch die erste befreiende und erhellende Bekanntschaft mit der marxistischen Theorie und Sehweise erfuhren. Wenn ich mir klarzumachen suche, was da geschieht und geschah, so ist es, auf den allgemeinsten Nenner gebracht, eine Erweiterung dessen, was für mich ›wirklich‹ ist; aber auch das Wesen, die innere Struktur, die Bewegung dieser Wirklichkeit hat sich verändert und verändert sich beinahe täglich weiter, es ist nicht zu beschreiben...«.
(*Chr. Wolf,* Voraussetzungen einer Erzählung: Kassandra, Sammlung Luchterhand 456, Darmstadt und Neuwied, [8]1984, S. 130f.)

Das aber bedeutet doch: Es ist offensichtlich möglich, zwischen Taten, Worten, Menschen und Geschichten, die auf den ersten Blick in keiner Beziehung zueinander stehen, *Zusammenhänge zu entdecken,* sobald man sie unter einem erweiterten Aspekt betrachtet. Es wäre also töricht, ihnen jeweils nur die Bedeutung zuzuerkennen, die sie an ihrer ursprünglichen Stelle »für sich allein« hatten.

Diese Erkenntnis bildet nun auch den Schlüssel für das Verständnis der jüdischen Bibelauslegung zur Zeit Jesu: Sie fragte nicht (nur) danach, welche Bedeutung ein bestimmtes Wort der Heiligen Schrift in vergangener Zeit einmal hatte. Sie versuchte vielmehr, die einzelnen Worte und Geschichten, die man »im Gesetz und in den Propheten« las, im Zusammenhang der gemeinsamen und fortwährenden Geschichte Gottes und Israels zu hören und zu verstehen. (Was für Christa

Wolf der Name »Kassandra« oder »die marxistische Theorie und Sehweise« war, war für sie etwa das Wort: »Höre, Israel! Jahwe, unser Gott, Jahwe ist einzig. Darum sollst du den Herrn, deinen Gott, lieben mit ganzem Herzen, mit ganzer Seele und mit ganzer Kraft!« [Dtn 6,4f.].)

Deshalb war es in den Augen der jüdischen Frommen keineswegs vermessen, die biblischen Texte unter einem erweiterten Aspekt auf die eigene Zeit auszulegen und anzuwenden, um dadurch deren oftmals noch verborgenen Sinn zu entdecken.

Jetzt dürfte es uns wohl nicht mehr schwerfallen zu verstehen, weshalb Matthäus so oft *Texte* aus seiner Heiligen Schrift, unserem Alten Testament, zitiert. So wie es für die Gemeinschaft von Qumran darum gegangen war, *ihre* Geschichte, die mit dem »Lehrer der Gerechtigkeit« ihren Anfang genommen hatte, mit Hilfe »des Gesetzes und der Propheten« tiefer zu begreifen, so ging es auch Matthäus darum, die Ereignisse um Jesus, durch die *seine* Gegenwart nicht weniger entscheidend geprägt wurde, nicht nur »für sich allein«, sondern im Zusammenhang mit der großen, noch immer währenden Geschichte Gottes mit seinem auserwählten Volk zu sehen, um dadurch ihren *vollen* Sinn erkennen zu können.

Deshalb kam es Matthäus aber auch nicht »auf die Buchstaben des Textes« an. Wichtig waren *die* Teile des biblischen Textes, die für die jeweiligen Ereignisse etwas zu sagen hatten. Und so konnte Matthäus jenen Text aus dem Propheten Micha (= Mt 2,6) einerseits *kürzen* und andererseits durch eine Anspielung auf ein Gotteswort an David (2 Sam 5,2) *erweitern,* ohne sich dadurch den Vorwurf seiner (theologischen) Gegner zuzuziehen, mit dem biblischen Text doch recht willkürlich und daher auch nicht sehr überzeugend umzugehen. Denn darin stimmten er *und* seine Gegner eben überein: Die Texte »des Gesetzes und der Propheten« gehören *zusammen.* Nur wenn wir sie im Zusammenhang hören und sehen, enthüllen sie uns ihre ganze Botschaft.

An *einem* Punkt unterschied sich Matthäus dann allerdings doch vom Schriftverständnis seiner jüdischen Zeitgenossen. Wir werden sehr bald darauf stoßen (s. S. 57). Zunächst kam es für ihn jedoch nur darauf an:

Die Hohenpriester und die Schriftgelehrten des Volkes, d. h. die für den jüdischen Glauben Maßgebenden, *können* aufgrund des Gesetzes und der Propheten Auskunft über den Messias geben (Mt 2,4–6). *Sie wissen Bescheid.*

Bescheid wissen allein genügt nicht!

Freilich, so mögen wir fragen: Wenn die Hohenpriester und die Schriftgelehrten über den Messias so gut Bescheid wußten, weshalb waren sie und Jesus dann trotzdem nicht zusammengekommen? Weshalb lehnten sie Jesus dann doch als *ihren* Messias ab?

Die erste Antwort auf diese Frage scheint einfach zu sein: Die Hohenpriester und Schriftgelehrten hatten deshalb von Beginn an keinen Zugang zu Jesus, weil sie sich durch ihr Wissen nicht hatten bewegen lassen. Es ist durchaus möglich, über Gott und seinen Gesalbten sehr genau Bescheid zu wissen und daher mit Hilfe der Schrift das richtig deuten zu können, was »die Heiden« auf den Weg brachte – und dennoch Christus viel ferner zu stehen als die Ratsuchenden. Denn nur von denjenigen, die sich auf den Weg machten, gilt:

> »Und der Stern, den sie hatten aufgehen sehen, zog vor ihnen her bis zu dem Ort, wo das Kind war; dort blieb er stehen... Sie gingen in das Haus und sahen das Kind und Maria, seine Mutter; da fielen sie nieder und huldigten ihm« (VV. 9–11).

Doch, so werden wir wohl weiter fragen, was war es denn nun wirklich gewesen, was die Hohenpriester und Schriftgelehrten davon abgehalten hatte, sich zu dem »Messias und Hirten Israels« auf den Weg zu machen?

Wiederum gibt Matthäus keine abstrakte Antwort (s. S. 21–23). So wie die Bibel die Frage: »Weshalb ist Gottes *gute* Schöpfung denn so *böse* geworden?« mit Hilfe der Erzählungen von Adam und Eva, von Kain und Abel und vom Turmbau zu Babel beantwortet, so erzählt Matthäus Jesu »Kindheitsgeschichte« *weiter*, um das vorweg anschaulich zu machen, was den Grund aller späteren Auseinandersetzungen zwischen Jesus und den Hohenpriestern und Schriftgelehrten ausmachte. (D. h., die »Kindheitsgeschichte« Jesu ist im Aufbau des Evangeliums mit der Stellung der Urgeschichte im Pentateuch, den Fünf Büchern Mose, vergleichbar!)

Noch einmal begegnen wir Motiven aus der »Vorgeschichte des Mose in Ägypten«.

4. Erinnerungen an Ägypten (2,12–23)

An »Mose in Ägypten« erinnert zunächst die Erzählung von der Flucht der Heiligen Familie nach Ägypten (VV. 13–15). Aber auch der zweimalige Hinweis auf Josef, der sich mit dem Kind und seiner Mutter auf den Weg machte, läßt an die Mosegeschichte denken; denn so steht im Buch Exodus geschrieben:

> »Der Herr sprach zu Mose in Midian: Mach dich auf, und kehr nach Ägypten zurück; denn alle, die dir nach dem Leben getrachtet haben, sind tot. Da holte Mose seine Frau und seine Söhne, setzte sie auf einen Esel und trat den Rückweg nach Ägypten an.«
> (Ex 4,19f.)

Schließlich ist auch der Beschluß des Königs Herodes, sich den gefährlichen Nebenbuhler durch die Ermordung der Neugeborenen vom Halse zu schaffen (V. 16 f.), »nichts Neues«; denn so hatte bereits Pharao auf die Kunde von der (bevorstehenden) Geburt des Mose reagiert (s. S. 40 f.).

Es ist nicht schwer zu erkennen, was diejenigen zum Ausdruck bringen wollten, die Jesu Kindheitsgeschichte in einer derart deutlichen Anlehnung an die Mose-Geschichte erzählten; denn nach dieser Darstellung reagierten die Mächtigen des jüdischen Volkes auf die Geburt des Messias *nicht anders als der ägyptische Pharaonenhof* auf die Botschaft, daß der Zeitpunkt gekommen sei, an dem Gott sein Volk befreien werde. Oder anders ausgedrückt: Es war die Angst davor, daß Gott in der allernächsten Zeit sein Volk durch den Messias, »den Fürst und Hirten des Volkes« (V. 6), tatsächlich befreien könnte, was die Führer des jüdischen Volkes von Anfang an zu (aktiven und passiven) Feinden gemacht hatte.

»Denn es sollte sich erfüllen...«

Das alles hatte Gott freilich nicht gehindert, im Leben Jesu von Beginn an seinen ewigen, d. h. *treuen* Willen zur Erfüllung zu bringen. Darauf kam es *Matthäus* vor allem an – und deshalb zitiert er in diesem zweiten Kapitel besonders häufig Schrifttexte (VV. 5 f.15.17 f.23).

Wir verstehen den Sinn dieser Schriftzitate noch besser, wenn wir darauf achten, daß Matthäus sich bei ihnen nun doch in auffälliger Weise von der jüdischen Schriftauslegung unterscheidet. Wir sahen (s. S. 44–52): Es war für das Judentum der Zeitenwende selbstverständlich, seine jeweilige Gegenwart im Licht des Gesetzes und der Propheten zu deuten, da es überzeugt war, daß Gott auch diese spätere Zeit schon im Blick hatte, als er durch die Propheten sprach. Dennoch finden wir in ihrer Schriftauslegung nie die Einleitungsformel: »Denn es sollte sich erfüllen, was der Herr durch den Propheten gesagt hat« (vgl. V. 15, ähnlich VV. 17.23; 4,14 u. ö.). Diese Formel finden wir nur im neutestamentlichen Schrifttum, vorab im Matthäusevangelium.

Wie müssen wir das verstehen? Zwingt diese Beobachtung nicht dazu, das früher gefällte Urteil zurückzunehmen, nach dem der Gedanke der »Erfüllung von göttlichen Verheißungen« unserem Evangelisten fremd sei (s. S. 24 f.)?

Gewiß nicht! Wenn nämlich Israels Theologen schon einmal die Wendung benützten: »Es *erfüllte* sich, was Gott *gesagt* hatte«, dann ging es ihnen nicht um irgendwelche Verheißungen, die sich erfüllt hatten – dann dachten sie nicht im Schema »Verheißung – Erfüllung«–, dann war für sie vielmehr nur wichtig, daß ein bestimmtes göttliches Wort *nicht mehr offen* stand: Gottes Wort war Gegenwart geworden!

Nachdem beispielsweise der König Salomo den Priester Abjatar aus dem Hause Eli ab- und an dessen Stelle den Priester Zadok am Jerusalemer Heiligtum eingesetzt hatte, stellt der biblische Erzähler fest:

> »So setzte Salomo Abjatar als Priester des Herrn ab und *erfüllte* das Wort, das der Herr über das Haus Eli in Schilo *gesprochen* hatte.« (1 Kön 2,27)

In ähnlicher Weise bekannte Salomo, als er bei der Einweihung des Tempels in Jerusalem das Volk segnete:

> »Gepriesen sei der Herr, der Gott Israels. Seine Hand hat *erfüllt,* was sein Mund meinem Vater David *gesagt* hat ... Aufgerichtet hat der Herr sein Wort, das er gesagt hatte, und ich habe mich aufgerichtet an der Stelle meines Vaters David.«
> (1 Kön 8,15.20. – Die *Einheitsübersetzung* ist hier sehr ungenau.)

»Denn es sollte sich erfüllen, was der Herr gesagt hat« (vgl. 1,22; 2,15.22) – das bedeutete für Matthäus also jedesmal: *In Jesu Leben hat Gott (von Anfang an!) sein Wort aufgerichtet.* Das ist der eigentliche Grund, weshalb wir es uns seit Jesu Geburt nicht mehr »leisten« können, an Jesus – an seiner Person und an seinem Volk – vorüberzugehen.

II. Jesus – der wahre Sohn Gottes (3,1 – 4,11)

1. Johannes der Täufer (3,1–12)

Mit dem Beginn des dritten Kapitels nimmt Matthäus seine
»Hauptvorlage«, das Markusevangelium, auf (s. S. 11 f.). Auch
für ihn bildet die Predigt Johannes' des Täufers den Auftakt für
das öffentliche Wirken Jesu (vgl. 3,1–12 mit Mk 1,1–8 sowie SKK/
NT 2, S. 17–21). Allerdings setzt Matthäus in seiner Schilderung
des Wirkens von Johannes dem Täufer etwas andere Akzente als
Markus.

Nur bei Jesus gibt es Sündenvergebung

Die Taufe des Johannes vermag in den Augen des Matthäus
keinerlei Sündenvergebung zu wirken; denn die Sündenvergebung
ist für ihn unlöslich an die Person Jesu gebunden (vgl. 1,21; 26,28
sowie S. 295 f.). Heißt es bei Markus:

> »So trat Johannes der Täufer in der Wüste auf und verkündigte Umkehr
> und Taufe zur Vergebung der Sünden.«
> (Mk 1,4; ähnlich Lk 3,3),

so schreibt Matthäus nur:

> »In jenen Tagen trat Johannes der Täufer auf und verkündete in der
> Wüste von Judäa: Kehrt um! Denn das Himmelreich ist da!« (3,3).

Zwei Beobachtungen lassen keinen Zweifel daran, daß Matthäus an dieser Stelle die Predigt des Täufers mit eigenen Worten
wiedergibt:
a) In keinem der »ausgeführten Predigttexte« begründet der
Täufer seinen Ruf zur Umkehr mit der Ankunft des »Himmelreichs« (vgl. Mt 3,7–12; Mk 1,7 f.; Lk 3,7–18; Joh 1,19–34).
b) Vom »Himmelreich« anstatt vom »Gottesreich« zu reden, ist
typisch *für Matthäus;* denn der Begriff »Himmelreich« begegnet
uns nur im Matthäusevangelium. (Die Juden Palästinas scheuten
sich nämlich, das Wort »Gott« auszusprechen, da die Zehn Gebote
jeden Mißbrauch des Namens Gottes verbieten. So sprachen sie
lieber ganz allgemein vom »Himmel« als von »Gott«. Das gilt

auch vom Verfasser des Matthäusevangeliums. In *sachlicher* Hinsicht besteht freilich *kein* Unterschied zwischen »Himmelreich« und »Reich Gottes«!)

Es genügt Matthäus nicht mehr, den Täufer nur zu zitieren. Er fühlte sich offensichtlich gedrängt, zunächst einmal mit eigenen Worten auszudrücken, was der Täufer *letztlich* gesagt hatte; denn nur auf diese Weise konnte er deutlich machen, daß Johannes der Täufer *und* Jesus im Grunde das gleiche verkündet hatten: *die Ankunft des Reiches Gottes!*

Doch wodurch konnte sich Matthäus zu einer derartigen »Neufassung«, zu einer derartigen *sprachlichen Veränderung* der Täuferpredigt gerechtfertigt fühlen?

Israel ist am Ende!

Deutlicher als Markus betont Matthäus die ausweglose Situation des Volkes Israel, indem er jetzt auch seine zweite Quelle, die sogenannte Spruchquelle (s. S. 12), zu Wort kommen läßt (vgl. dazu auch SKK/NT 21, S. 17–21). Keiner hat nur deshalb noch eine Zukunft, weil er ein Glied des auserwählten Volkes ist:

> »Meint nicht, ihr könntet sagen: Wir haben ja Abraham zum Vater. Denn ich sage euch: Gott kann aus diesen Steinen Kinder Abrahams machen. Schon ist die Axt an die Wurzel der Bäume gelegt; jeder Baum, der keine gute Frucht hervorbringt, wird umgehauen und ins Feuer geworfen« (V. 9 f.).

Es gibt keine kollektive Sicherheit mehr. Die Zukunft eines jeden hängt von nun an auch in Israel einerseits von den *veränderten* Früchten ab, die der einzelne in seinem Leben hervorbringt:

> »Bringt Frucht hervor, die eure Umkehr zeigt!« (V. 8).

Die Zukunft eines jeden liegt andererseits aber zugleich in der Hand dessen, der *nach* Johannes kommt:

> »Schon hält er die Schaufel in der Hand, er wird die Spreu vom Weizen trennen und den Weizen in seine Scheune bringen; die Spreu aber wird er in nie erlöschendem Feuer verbrennen« (V. 12).

Das ist für Matthäus der eigentliche Grund, weshalb schon Johannes der Täufer die Ankunft des Reiches Gottes verkündete:

Bereits er verkündigte den Menschen in Israel, daß sie in ihrer Geschichte *am Ende* seien. Und bereits er verkündigte den, der durch sein Tun nichts anderes als das Reich Gottes, das Himmelreich, heraufführt – auch wenn er noch kein klares Bild davon hatte, auf welch überraschende Weise Gott dieses sein Reich beginnen läßt.

Davon handelt der nun folgende Bericht von der Taufe Jesu, den Matthäus wiederum etwas anders als Markus (1,9–11) – und Lukas (3,21 f.)! – gestaltete.

2. Die Taufe Jesu (3,13–17)

Im Unterschied zum Markus- und Lukasevangelium, in denen die Begegnung zwischen Johannes dem Täufer und Jesus wortlos verläuft (vgl. Mk 1,9; Lk 3,21), berichtet Matthäus bei dieser Gelegenheit Jesu erstes *Wort:*

> »Dann kam Jesus von Galiläa an den Jordan zu Johannes, um sich von ihm taufen zu lassen. Johannes aber versuchte energisch, ihn daran zu hindern, indem er sagte: ›Ich habe es nötig, von dir getauft zu werden, und du kommst zu mir?‹ Jesus aber antwortete ihm: ›Laß jetzt, denn so geziemt es uns, jede Gerechtigkeit zu erfüllen!‹ Da ließ er ihn.«
> (Mt 3,13–15. – Die Wiedergabe des griechischen Textes durch die Einheitsübersetzung ist auch hier leider sehr ungenau.)

Weshalb wich Matthäus an dieser Stelle so sehr von seiner Markus-Vorlage ab? Es werden verschiedene Lösungen vorgeschlagen:

a) Wir wissen, daß auch Johannes der Täufer Jünger um sich geschart hatte (vgl. 11,2; Mk 6,29; Lk 11,1). Es ist nun durchaus denkbar, daß es wenigstens zwischen den Jüngern des Täufers und den Jüngern Jesu zu Rivalitäten kam. Dabei könnte auch die Tatsache eine Rolle gespielt haben, daß Jesus zu Johannes gekommen war, um sich von ihm taufen zu lassen. War das nicht ein klarer Beweis dafür, daß Jesus sich *unter* Johannes gebeugt hatte? Hätte Matthäus daraufhin mit Hilfe dieses Gesprächs zwischen Johannes und Jesus die Überlegenheit Jesu herausstellen und die Behauptung der Johannesjünger zurückweisen wollen, Jesus könne keinesfalls *der Größere* sein, den Johannes in seiner Predigt angekündigt hatte?

Für diese Deutung spricht der Bericht Mt 11,2–6 (= Lk 7,18–23), da in ihm ebenfalls die Überordnung Jesu über den Täufer betont wird. *Gegen* diese Deutung spricht allerdings, daß wir in der gesamten neutestamentlichen Literatur keinen direkten Beweis dafür finden, daß es tatsächlich zu einer länger anhaltenden Auseinandersetzung zwischen den urchristlichen Gemeinden und den Johannesjüngern gekommen war.

b) Hieronymus (ca. 347–419) berichtet, daß im sogenannten Hebräer-Evangelium – einem verschollenen Evangelium der Judenchristen Ägyptens – Jesus es *abgelehnt* hätte, sich von Johannes dem Täufer taufen zu lassen, da er sich keiner Sünde bewußt sei. Wollte vielleicht bereits Matthäus mit dem Gespräch zwischen dem Täufer und Jesus das Mißverständnis abwehren, Jesus habe es »nötig« gehabt, sich von Johannes taufen zu lassen?

Gegen diese Deutung spricht, daß die Sündlosigkeit Jesu zwar bei Paulus (vgl. 2 Kor 5,21), nicht aber bei Matthäus von theologischer Bedeutung ist. Am wahrscheinlichsten ist daher die dritte Lösung:

c) Für Matthäus ist es überaus wichtig, *wie* wir Menschen Gottes Willen, d.h. *unsere* Gerechtigkeit (s. S. 82–84), erfüllen (vgl. 5,20: »Wenn eure Gerechtigkeit nicht weit größer ist als die der Schriftgelehrten und der Pharisäer, kommt ihr gewiß nicht in das Himmelreich!«). *Wie* das geschehen muß, illustriert nach Matthäus gleich zu Beginn Jesus selbst durch seine Unterordnung unter Johannes. Nur in der Haltung, in der sich der Größere dem Kleineren beugt, können wir Gottes Willen erfüllen (s. dazu auch S. 226f.). Nur so handeln wir jeweils gerecht:

> »So geziemt es uns, jede Gerechtigkeit zu erfüllen« (V.15).

Das müssen wir zulassen – wie Johannes; denn der, der bewußt dieses Beispiel gab, ist Gottes geliebter Sohn (s. dazu auch noch SKK/NT 2, S. 21–24). So berichtet nämlich auch Matthäus:

> »Kaum war Jesus getauft und aus dem Wasser gestiegen, da öffnete sich der Himmel, und er sah den Geist Gottes wie eine Taube auf sich herabkommen. Und eine Stimme aus dem Himmel sprach: Das ist mein geliebter Sohn, an dem ich Gefallen gefunden habe« (V.16f.).

Nur in der Haltung, in der sich der Größere dem Kleineren beugt, können wir Gottes Willen erfüllen. Sobald wir das ernst nehmen, werden wir auch verstehen, weshalb Gott sein Reich nun doch auf eine andere Weise heraufführt, als es sich Johannes der Täufer mit *seiner* Vorstellung von Gerechtigkeit noch gedacht hatte.

3. Die Versuchung Jesu (4,1–11)

Der Täufer hatte die Menschen seines Volkes nicht im Zweifel darüber gelassen: Sie waren – mit ihrem bisherigen Lebensstil, mit ihrer bisherigen Frömmigkeit – am Ende. »Schon ist die Axt an die Wurzel der Bäume gelegt; jeder Baum, der keine gute Frucht hervorbringt, wird umgehauen und ins Feuer geworfen« (3,10).

Wie diese *gute* Frucht auszusehen hat, zeigte Jesus dem überraschten Johannes, indem er, der Größere, sich dem Geringeren beugte; denn dieses sein Verhalten war keine Ausnahme, sondern ein Beispiel: »So geziemt es uns, jede Gerechtigkeit zu erfüllen!« (3,15). Dieses Beispiel ist verbindlich; denn es wurde von dem gegeben, der nicht nur aufgrund »seines Werdens« (vgl. 1,18–25) Gottes Sohn war, sondern sich auch *durch sein Verhalten* als Sohn Gottes bewährt hat.

Das anschaulich zu machen, ist das Ziel der nun folgenden Erzählung von Jesu Versuchung. Sie übernahm Matthäus allerdings nicht aus dem Markusevangelium (Mk 1,12–13), sondern der sogenannten Spruchquelle (s. dazu SKK/NT 21, S. 21–25). Offensichtlich entsprach die dort zu findende Erzählung dem mehr, was Matthäus noch vor der Schilderung des öffentlichen Wirkens Jesu grundsätzlich klarstellen wollte.

Worin Israel versagte, bewährte sich Jesus

Vergleicht man die Versuchungsgeschichte, die uns in unserem Evangelium begegnet, mit jener aus dem Markusevangelium (s. dazu SKK/NT 2, S. 24–26), so fallen in ihr vor allem die Schriftzitate auf (VV. 4.6.7.10 – ohne jede Parallele bei Markus!). Ihr Sinn ist nicht schwer auszumachen; denn die von Jesus verwendeten Schriftstellen erinnern alle an Mahnungen, die Mose Israel vor dem Einzug ins Gelobte Land mit auf den Weg gegeben hatte – als Konsequenzen aus Israels Wüstenerfahrungen.

So mahnte beispielsweise Mose *Israel* als den *Sohn Gottes* (vgl. Mt 4,3!):

> »Du sollst an den ganzen Weg denken, den der Herr, dein Gott, dich während dieser vierzig Jahre in der Wüste geführt hat, um dich gefügig zu machen und dich zu prüfen. Er wollte erkennen, wie du dich entscheiden würdest: ob du auf seine Gebote achtest oder nicht. Durch Hunger hat er dich gefügig gemacht und hat dich dann mit dem Manna gespeist, das du nicht kanntest und das auch deine Väter nicht kannten. Er wollte dich erkennen lassen, daß der Mensch nicht nur von Brot lebt, sondern daß der Mensch von allem lebt, was der Mund des Herrn spricht. Deine Kleider sind dir nicht in Lumpen vom Leib gefallen, und dein Fuß ist nicht geschwollen, diese vierzig Jahre lang. Daraus sollst du die Erkenntnis gewinnen, daß der Herr, dein Gott, dich erzieht, *wie ein Vater seinen Sohn erzieht.* Du sollst auf die Gebote des Herrn, deines Gottes, achten, auf seinen Wegen gehen und ihn fürchten.«
> (Dtn 8,2–6)

Nach der Schilderung unseres Evangeliums beweist nun Jesus gleich zu Beginn seiner Versuchungen (Mt 4,3 f.): Er hat aus Israels Geschichte gelernt. Er handelt, wie es *der Vater* (= Gott) von *seinem Sohn* (= Israel) erwartet.

Auch die zweite Versuchung (VV. 5–7) besteht Jesus in Erinnerung an Moses Mahnung:

> »Ihr sollt den Herrn, euren Gott, nicht auf die Probe stellen, wie ihr ihn bei Massa auf die Probe gestellt habt.«
> (Dtn 6,16)

Und wenn Jesus auch zum dritten Mal den Versucher mit einem Wort aus den Abschiedsreden Moses abweist, dann handelt er noch einmal gehorsamer als Israel in seiner Vergangenheit. Denn obgleich Mose dem Volk geboten hatte:

> »Du sollst dich nicht vor anderen Göttern niederwerfen und dich nicht verpflichten, ihnen zu dienen; denn ich, der Herr, dein Gott, bin ein eifersüchtiger Gott...«
> (Dtn 5,9)

Oder:

> »Den Herrn, deinen Gott, sollst du fürchten; ihm sollst du dienen...«
> (Dtn 6,13)

– obgleich Mose dies Israel geboten hatte, hatte Israel oftmals anders gehandelt, um mit Hilfe fremder Völker und fremder Götter seine politische Macht, seine militärische Stärke und seine wirtschaftlichen Erfolge zu vergrößern. Salomo war hier nur der Anfang gewesen:

»König Salomo liebte neben der Tochter des Pharao noch viele andere ausländische Frauen: Moabiterinnen, Ammoniterinnen, Edomiterinnen, Sidonierinnen, Hetiterinnen. Es waren Frauen aus den Völkern, von denen der Herr den Israeliten gesagt hatte: Ihr dürft nicht zu ihnen gehen, und sie dürfen nicht zu euch kommen; denn sie würden euer Herz ihren Göttern zuwenden. An diesen hing Salomo mit Liebe. Er hatte siebenhundert fürstliche Frauen und dreihundert Nebenfrauen. Sie machten sein Herz abtrünnig. Als Salomo älter wurde, verführten ihn seine Frauen zur Verehrung anderer Götter, so daß er dem Herrn, seinem Gott, nicht mehr ungeteilt ergeben war wie sein Vater David. Er verehrte Astarte, die Göttin der Sidonier, und Milkom, den Götzen der Ammoniter. Er tat, was dem Herrn mißfiel, und war ihm nicht so vollkommen ergeben wie sein Vater David. Damals baute Salomo auf dem Berg östlich von Jerusalem eine Kulthöhe für Kemosch, den Götzen der Moabiter, und für Milkom, den Götzen der Ammoniter. Dasselbe tat er für alle seine ausländischen Frauen, die ihren Göttern Rauch- und Schlachtopfer darbrachten.«
(1 Kön 11,1–8)

Es war keine fromme Übertreibung, wenn ein biblischer Autor um das Jahr 170 v. Chr. dem Propheten Daniel folgendes Bußgebet in den Mund legte:

»Wir haben gesündigt und Unrecht getan, wir sind treulos gewesen und haben uns gegen dich empört; von deinen Geboten und Gesetzen sind wir abgewichen. Wir haben nicht auf deine Diener, die Propheten, gehört, die in deinem Namen zu unseren Königen und Vorstehern, zu unseren Vätern und zu allen Bürgern des Landes geredet haben. Du, Herr, bist im Recht; uns aber steht bis heute die Schamröte im Gesicht, den Leuten von Juda, den Einwohnern Jerusalems und allen Israeliten, seien sie nah oder fern in all den Ländern, wohin du sie verstoßen hast; denn sie haben dir die Treue gebrochen.«
(Dan 9,5–7)

Im Unterschied zu diesem treulosen Verhalten Israels gehorchte Jesus auch in seiner dritten Versuchung dem Gebot Moses. »Darauf ließ der Teufel von ihm ab, und es kamen Engel und dienten ihm« (Mt 4,11).

Die matthäische Erzählung von Jesu Versuchungen in der Wüste schildert Jesus also – anders als Markus – nicht als den neuen Adam, in dessen Nähe die Schöpfung zu ihrer ursprünglich gewollten Ordnung findet (vgl. SKK/NT 2, S. 24–26), sondern als den gehorsamen Sohn Gottes: So hatte sich Gott Israel gedacht! Auch unter diesem Aspekt läßt sich von Jesus sagen: In ihm fand Israels Geschichte ihre Erfüllung.

Wir fragten zu Beginn (zunächst im Blick auf das Judentum der Zeitenwende): »Weshalb sollte es auf einmal nicht mehr genügen, der Gemeinschaft derer anzugehören, die bemüht waren, *wie die Väter* dem Wort und den Weisungen *ihres* Gottes zu gehorchen? Weshalb sollte man diese Gemeinschaft verlassen und denen sich anschließen, die sich an die Person Jesu von Nazaret banden, um so *die Kirche Jesu Christi* zu bilden?« (S. 20).

Die Antwort, die Matthäus bis jetzt auf diese Frage gibt, ist einfach: Die Menschen sollen sich deshalb an Jesus binden, weil er – aufgrund seines Ursprungs und seines Verhaltens – *der* Sohn Gottes ist, in dessen Leben Gott sein Wort aufrichtete und der uns durch sein Leben zeigt, wie wir leben müssen, wenn wir Gott gerecht werden wollen. Beharren wir auf unserem vergangenen Tun, haben wir keine Zukunft mehr; »denn schon ist die Axt an die Wurzel der Bäume gelegt«. Sind wir jedoch bereit, Jesus zu folgen, steht uns das Himmelreich offen.

III. Das Himmelreich ist da! (4,12–9,34)

1. Ein Licht ist erschienen! (4,12–25)

Im *Aufbau* seines Evangeliums lehnt sich Matthäus zunächst noch an das Markusevangelium an. *Inhaltlich* verändert er seine Vorlage freilich nicht unerheblich:

a) In Übereinstimmung mit Markus berichtet Matthäus den Beginn von Jesu öffentlichem Wirken im Anschluß an die Gefangennahme Johannes' des Täufers (VV. 12f.17) und danach die Berufung der ersten Jünger Simon und Andreas, Jakobus und Johannes (VV. 18–22). Anders als Markus betont Matthäus jedoch gleich zu Beginn, daß Jesus Nazaret verließ, »um in Kafarnaum zu wohnen, das am See liegt, im Gebiet von Sebulon und Naftali« (V. 13). Dieser Ortswechsel war für ihn keineswegs etwas Unbedeutendes, sondern die Erfüllung einer alten Verheißung für das heimgesuchte Galiläa – dessen Bewohner am Ende des 8. Jh. v. Chr. großteils von den Assyrern verschleppt wurden und das von Heiden »durchsetzt« war (vgl. 2 Kön 17). Als Jesus von Nazaret hinab nach Kafarnaum zog, da richtete Gott sein Wort auf (s. S. 57f.), das er durch den Propheten gesagt hatte:

»Das Land Sebulon und das Land Naftali,
die Straße am Meer, das Gebiet jenseits des Jordan,
das heidnische Galiläa:
das Volk, das im Dunkel lebte,
hat ein helles Licht gesehen;
denen, die im Schattenreich des Todes wohnten,
ist ein Licht erschienen.«
(VV. 14–16; vgl. Jes 8,23–9,1)

Als Jesus nach Kafarnaum kam, erhellte sich das Leben der Menschen in Galiläa. Das war Matthäus *vor allem* wichtig.

b) Im Unterschied zu Markus verzichtet Matthäus zunächst darauf, Jesu Wirken im Detail zu schildern. Von Bedeutung ist für ihn nur, daß sich Jesu Ruf als Lehrer und Wundertäter überallhin verbreitete (VV. 23–25) und daß das Volk mit großem Vertrauen auf die Kunde von ihm reagierte:

»Und sie brachten zu ihm alle Kranken mit den verschiedensten Gebrechen und Leiden, Besessene, Mondsüchtige und Gelähmte, und er heilte sie. Und es folgten ihm viele Scharen aus Galiläa, der Dekapolis, aus Jerusalem und Judäa und aus dem Gebiet jenseits des Jordan« (VV. 24 f. – Die Einheitsübersetzung verwischt freilich diesen Eindruck, wenn sie den griechischen Text wiedergibt: »Man brachte Kranke mit den verschiedensten Gebrechen... und er heilte sie alle«. Nicht daß Jesus alle heilte, war Matthäus wichtig, sondern daß die Leute von ganz Syrien zu ihm *alle* Kranken brachten!).

Angesichts dieser großen hilfesuchenden Scharen verkündet Jesus (zunächst?) *seinen Jüngern* die Bergpredigt (5,1).

2. Die Bergpredigt (5,1 – 7,29)

a) Vorbemerkungen

1. Die neutestamentliche Forschung ist sich darin einig, daß die Bergpredigt zwar viele Worte Jesu enthält, von Jesus jedoch nicht in dieser Weise *auf einmal* gehalten wurde. Die Bergpredigt stellt vielmehr ein Werk des Evangelisten Matthäus dar.

Freilich, auch er ist nicht der ursprüngliche Autor dieser großen Jesusrede. Bereits in der sogenannten Redequelle waren verschiedene Jesusworte zu einer größeren Rede zusammengefügt (s. SKK/ NT 21, S. 26–37). Wie *diese* »Rede Jesu« ausgesehen haben dürfte, können wir – bis zu einem gewissen Grad – mit Hilfe des Lukasevangeliums feststellen, da sie auch Lukas verwandte, um aus ihr seine »Feldrede« zu gestalten (Lk 6,20–49). Ein Vergleich mit der lukanischen Feldrede kann uns daher des öfteren helfen, genauer zu bestimmen, wo Matthäus seine Vorlage abänderte bzw. erweiterte. (Die im folgenden gegebene Auslegung geht jedoch immer davon aus, daß diese erste große Predigt Jesu für Matthäus kein »Stück- und Flickwerk«, sondern eine sachliche und logische Einheit war!)

2. Die Auslegung der Bergpredigt wird erfahrungsgemäß dadurch erschwert, daß wir sie nie unvoreingenommen hören können. Wer beispielsweise davon überzeugt ist, daß die unbestreitbar außergewöhnlichen Forderungen der Bergpredigt die normalen sittlichen Kräfte der meisten Menschen übersteigen, wird ihren Sinn – und Geltungsbereich – in der Regel anders bestimmen als derjenige, der in ihr ein echtes alternatives Gesellschaftsprogramm

erblickt. Und wer die Bergpredigt auch daran mißt, ob ihre Forderungen politisch durchsetzbar sind, weil er davon überzeugt ist, daß er seiner gesellschaftlichen Verantwortung am ehesten gerecht wird, wenn er sich in den bestehenden politischen, wirtschaftlichen und gesellschaftlichen Verbänden engagiert, wird die Bergpredigt wohl anders beurteilen als derjenige, der sie als Glied einer christlichen Bruderschaft hört und bedenkt.

Nun ist es nur natürlich, daß wir gerade bei der Bergpredigt unsere Lebenserfahrungen nicht vergessen, denn es gibt wohl kaum einen anderen Text innerhalb der Evangelien, der so sehr auf unser *Tun* drängt wie eben die Bergpredigt (vgl. 7,21–27). Dennoch weichen wir gerade dann dem entscheidenden Problem der Bergpredigt aus, wenn wir sie daran messen, ob sie »praktikabel« ist, da wir in diesem Fall die Frage, vor die sie uns *vor allem* und *im Grunde* stellt, überhaupt nicht zu Gesicht bekommen:

Der Evangelist Matthäus beansprucht ja, uns in der Bergpredigt im Lichte Jesu zu sagen, was *Gottes* Wille ist. Infolgedessen lautet *die* Frage, die uns die Bergpredigt vor allem stellt, eben nicht: »Wie können wir die Forderungen der Bergpredigt politisch ›umsetzen‹? Stellen sie für die meisten Menschen nicht eine hoffnungslose Überforderung dar?«, sondern: »Glaube ich, der einzelne, daß Gott tatsächlich das will, was uns in der Bergpredigt als *sein* Wille verkündet wird?«

Und auch dann, wenn wir diese Frage bejahen sollten, lautete die nächste Frage immer noch nicht: »Welche politischen und gesellschaftlichen Konsequenzen müssen daraus gezogen werden?«, sondern: »Will *ich,* der einzelne, was *Gott* will? Möchte ich mir *Gottes* Willen zu eigen machen – ja oder nein?«

Gewiß, wir können uns auch dann noch persönlich überfordert fühlen – doch in diesem Fall müßten wir wohl ehrlicherweise sagen: »Ich kann es *nicht glauben,* daß ich – oder wir – diesem göttlichen Willen gerecht werden können!« Dann sind wir freilich wieder bei einem Thema unseres Evangeliums – beim Kleinglauben der Jünger (vgl. 6,30; 8,26; 14,31; 16,8; 17,20). Und so lautete auch die letzte Frage kaum: »Kann man mit der Bergpredigt Politik machen?«, sondern eher: »Gibt es einen *Weg,* auf dem ich über meinen Kleinglauben hinausfinden kann? Und wenn ja, möchte ich ihn tatsächlich beschreiten?«

3. Wir sollten nicht übersehen, daß der Bergpredigt in der Geschichte Israels zuerst der kultische (Ex 34), später der ethische (Ex 20) Dekalog vorausging. Es bedurfte also eines langen *Prozesses*, bis Israel fähig war, die Forderungen der Bergpredigt einzusehen und zu verwirklichen. Das heißt, die Erfüllung der Bergpredigt wurde Israel von Gott erst zu dem Zeitpunkt zugemutet, als ihm der Dekalog »selbstverständlich« geworden war. Die Bergpredigt wendet sich demnach an Menschen, die bereits eine bestimmte religiöse und moralische Entwicklung durchlaufen haben.

b) Die Seligpreisungen (5,3–12)

Es könnte wie ein psychologischer Trick aussehen, wenn Matthäus die Bergpredigt mit *Seligpreisungen* eröffnet – das Zuckerbrot vor der Peitsche! –, doch sind die Seligpreisungen für ihn einfach *der Ausgangspunkt*. So wie die Menschen in Israel durch Weherufe klagend feststellen, welch verhängnisvolle Folgen sich aus einem bestimmten Tun ergeben (s. SKK/NT 2, S. 195–197), so konstatieren sie mit Hilfe von Seligpreisungen die beglückend positiven Folgen, mit denen der einzelne *rechnen* kann, wenn er etwas Bestimmtes tut:

> »Selig der Mensch, der nicht dem Rat der Frevler folgt,
> nicht auf dem Weg der Sünder geht,
> nicht im Kreis der Spötter sitzt,
> sondern Freude hat an der Weisung des Herrn,
> über seine Weisung nachsinnt bei Tag und bei Nacht.
> Er ist wie ein Baum,
> der an Wasserbächen gepflanzt ist,
> der zur rechten Zeit seine Frucht bringt
> und dessen Blätter nicht welken.
> Alles, was er tut,
> wird ihm gut gelingen.«
> (Ps 1,1–3; vgl. 33,12; 34,9; 84,5 f.)

Wenn Jesus also nach Matthäus die Bergpredigt mit neun Seligpreisungen beginnt, stellt er zunächst einmal fest, welche menschlichen Verhaltensweisen sich *lohnen*.

Auch Lukas kennt in Jesu »Feldrede« vier derartige Seligpreisungen, doch sind sie bei ihm mit Weherufen verbunden. Eine

Gegenüberstellung kann uns zeigen, worauf es Matthäus ankommt:

Mt 5,3–12

Selig die Armen im Geist, denn ihrer ist das Himmelreich.
Selig die Trauernden, denn sie werden getröstet werden.
Selig die Sanftmütigen, denn sie werden das Land erben.
Selig, die hungern und dürsten nach der Gerechtigkeit, denn sie werden gesättigt werden.
Selig die Barmherzigen, denn sie werden Barmherzigkeit erfahren.
Selig, die ein reines Herz haben, denn sie werden Gott sehen.
Selig die Friedensstifter, denn sie werden Söhne Gottes genannt werden.
Selig die wegen Gerechtigkeit Verfolgten, denn ihrer ist das Himmelreich.
Selig seid ihr, wenn sie euch beschimpfen und verfolgen und alles Böse lügnerisch gegen euch reden um meinetwillen; freut euch und frohlockt, denn euer Lohn ist groß in den Himmeln; denn ebenso haben sie die Propheten verfolgt, die vor euch waren.

Lk 6,20–26

Selig ihr Armen, denn euer ist das Reich Gottes.
Selig, die ihr jetzt hungert, denn ihr werdet satt werden.

Selig, die ihr jetzt weint, denn ihr werdet lachen.

Selig seid ihr, wenn euch die Menschen hassen, und wenn sie euch ausschließen und euch beschimpfen und euren Namen wie einen bösen ausstoßen um des Menschensohnes willen; freut euch an jenem Tag und tanzt, denn siehe, euer Lohn ist groß im Himmel; denn dasselbe taten ihre Väter den Propheten.
Doch wehe euch, ihr Reichen, denn ihr habt euren Trost weg. Wehe euch, die ihr jetzt satt seid, denn ihr werdet hungern. Wehe euch, die ihr jetzt lacht, denn ihr werdet trauern und wehklagen.
Wehe euch, wenn alle Menschen euch schönreden; denn dasselbe taten ihre Väter den Falschpropheten.

Vergleicht man diese beiden Texte miteinander, fällt zunächst auf, daß Matthäus keine Weherufe berichtet. Es geht ihm um eine *positive* Bestimmung dessen, was sich – ganz allgemein – *lohnt* (V. 12! – Matthäus formuliert daher auch die meisten Seligpreisungen in der dritten Person: Jesu Worte gelten nicht nur im Blick auf die einstigen Zuhörer, sie gelten für jeden und jederzeit!).

Auffällig ist ferner, wie Matthäus sich müht, mögliche Mißverständnisse zu vermeiden.

Es genügt nicht, nur arm zu sein – denn auch ein Armer kann durch seine Armut ganz ausgefüllt werden, sei es, weil er in ihr ständig auf Geld und Reichtum aus ist; sei es, weil sie seinen Stolz ausmacht. Das Himmelreich kann aber nur dem zuteil werden, der *innerlich* an nichts mehr hängt: weder an Besitz noch an Macht, weder am Recht noch an Vorzügen. Daher verdeutlicht Matthäus: »Selig die Armen im Geist!«

Das gleiche gilt im Blick auf die Hungernden: Es werden nicht einfach die selig gepriesen, die nichts zu essen und zu trinken haben, sondern allein diejenigen, die nach der Gerechtigkeit Gottes (s. S. 82–84) verlangen.

Und schließlich lohnt auch nicht jede Verfolgung: Nur wer *wegen Gerechtigkeit* verfolgt wird, und wer *fälschlicherweise* und *um Jesu willen* angefeindet wird – nur für den lohnen sich selbst noch Feindseligkeiten und Verfolgungen.

Das Auffälligste freilich ist die Betonung der menschlichen *Aktivität* durch Matthäus: Ihr – und nicht einfach einem Leidenszustand: der Armut, dem Hunger, dem Weinen und der Verfolgungssituation – gelten die Verheißungen. Wir könnten daher die hier aufgeführten »lohnenden Verhaltensweisen« im Sinne des Matthäus auch so umschreiben:

»Selig, die es fertig bringen, alles loszulassen!
Selig, die es aushalten, daß sie betroffen werden.
Selig, die niemandem zur Last fallen (s. S. 163 f.) und die ihre Ziele nicht mit Gewalt verfolgen (s. S. 241).
Selig, die Verlangen haben nach der Gerechtigkeit!
Selig, die das Recht barmherzig anwenden (s. S. 174)!
Selig, die keine böse Absicht haben!
Selig, die zwischen verfeindeten Menschen Frieden schaffen!
Selig, die verfolgt werden, weil sie gerecht handeln!

Selig, die nur deshalb als Außenseiter beschimpft werden, weil es ihnen nicht genügt, nur Christen zu heißen, ohne wirklich meine Jünger zu sein!«

Wer zu solchem Handeln bereit ist, dem gilt eine doppelte Verheißung: Wer es fertig bringt, alles loszulassen und gerecht zu handeln, der wird dafür schon hier auf Erden »mit dem Himmel« belohnt (VV. 3.10. – S. den Exkurs: *Das Himmelreich – Gottes Königsherrschaft*, S. 182–188). Für alles andere aber werden die einzelnen einmal *nach* dieser Welt von Gott belohnt werden (VV. 4–9.11–12. – Denn wenn es heißt: »sie werden getröstet werden; sie werden satt werden« usw., dann ist das wiederum eine jüdische Art, von Gott zu sprechen, ohne das Wort »Gott« benützen zu müssen. S. auch S. 59 f.).

An diesem Punkt dürften sich bei uns freilich bereits die ersten Einwände melden. Nimmt man nämlich die hier gegebenen Verheißungen ernst, handelt es sich dann bei unseren Seligpreisungen nicht einfach nur um billige *Vertröstungen*? Denn wenn Gott tatsächlich den Willen und die Macht hat, die hier in Aussicht gestellte *positive* Wende herbeizuführen, weshalb tröstet Gott dann nicht *schon heute* die Trauernden? Weshalb stillt Gott dann nicht schon heute das Verlangen derer, die nach Gerechtigkeit hungern und dürsten?

Die Antwort, die die Bibel uns hier gibt, ist so überraschend, und sie weicht so sehr von unseren eigenen Vorstellungen ab, daß man sie zunächst kaum zu glauben wagt.

Gottes Allmacht – was ist das?
Es klingt tatsächlich unglaubhaft – und doch ist es so: Das Alte *und* das Neue Testament kennen den uns geläufigen Begriff »der allmächtige Gott« *nicht!* Die uns geläufige Wendung »Deus omnipotens« läßt sich in die Sprache der Bibel *nicht* rückübersetzen. Für die Menschen in Israel und in der Jüngerschar Jesu war der Begriff »der allmächtige Gott« offensichtlich weder naheliegend noch geeignet, wenn sie aufgrund ihrer Gemeinschaft mit Gott sagen wollten, wer und wie Gott ist. (Im *Buch der Weisheit*, das zwischen 80 und 30

v. Chr. in Ägypten entstand und sehr stark von der heidnischen stoischen Philosophie mitbeeinflußt wurde, wird zwar
an zwei Stellen von Gottes »allmächtiger *[pantodynamenos]
Hand*« gesprochen [11,17; 18,15], doch wurde dieses Eigenschaftswort auch von dem biblischen Autor nie auf Gott
selbst angewandt und im übrigen von keinem der anderen
alt- und neutestamentlichen Schriftsteller jemals aufgenommen!) Gewiß, an Gottes *Macht* gab es für Israel nicht den
geringsten Zweifel; denn eben sie hatte das auserwählte Volk
immer wieder an sich erfahren: bei der Herausführung aus
Ägypten; bei dem Zug durch die Wüste; in der Zeit, als die
zwölf Stämme in Kanaan allmählich zu einem Volk wurden;
aber auch noch viel später, als Israel im Vertrauen auf Gott
alle feindlichen Angriffe überlebte, so wie es beispielsweise
der Psalm 124 besingt:

> »Hätte sich nicht der Herr für uns eingesetzt
> – so soll Israel sagen –,
> hätte sich nicht der Herr für uns eingesetzt,
> als sich gegen uns Menschen erhoben,
> dann hätten sie uns lebendig verschlungen,
> als gegen uns ihr Zorn entbrannt war.
> Dann hätten die Wasser uns weggespült,
> hätte sich über uns ein Wildbach ergossen.
> Dann hätten sich über uns die Wasser ergossen,
> die wilden und wogenden Wasser.
> Gelobt sei der Herr,
> der uns nicht ihren Zähnen als Beute überließ.
> Unsre Seele ist wie ein Vogel dem Netz des Jägers entkommen;
> das Netz ist zerrissen, und wir sind frei.
> Unsre Hilfe steht im Namen des Herrn,
> der Himmel und Erde gemacht hat.«

An Gottes Macht gab es für Israel zu keiner Zeit irgendei-
nen Zweifel. Allerdings, je länger Israel mit Gott seine Erfahrungen machte, um so besser verstand es auch die *Eigenart*
der Macht Gottes:
Sie war *nicht* eine Macht *gegen* andere Menschen und
Völker – so hatten die Väter noch Gottes Macht beim Auszug
aus Ägypten verstanden. Nein, Gottes Macht war die Kraft, in

der Gott Israel bewahrte und trug – so wie der Prophet Israel in Gottes Namen versprochen hatte: »...und ich werde euch weiterhin tragen, ich werde euch schleppen und retten« (Jes 46,4; s. S. 38).

Gottes Macht – wenn Israel davon sprach, dann dachte es nicht (wie wir es vielleicht tun) daran, daß Gott »alles Mögliche« machen könnte, wenn er nur wollte, sondern dann dachte Israel daran, daß Gottes Zuneigung und Gottes Freundschaft und Liebe durch keine andere Macht besiegt und zerstört werden konnte. Aus diesem Grund kamen weder Israel noch Jesus noch Jesu Jünger auf die Idee, vom »allmächtigen Gott« zu reden.

Problematische Übersetzungen

Hier könnten sich allerdings bei dem einen oder anderen Zweifel einstellen, da er in *seiner* Bibel – vor allem in den Erzählungen von Abraham, Isaak und Jakob und im Buch Ijob, aber auch in der Geheimen Offenbarung des Johannes – Stellen findet, an denen Gott nun doch »der Allmächtige« genannt wird. Dafür gibt es jedoch eine einfache Erklärung:

In der hebräischen Bibel finden wir überall dort, wo wir in *unserer* Übersetzung auf das Wort »der Allmächtige« stoßen, einen sehr alten Gottesnamen – *(el) schaddaj* –, dessen ursprüngliche Bedeutung in Israel schon sehr früh nicht mehr verstanden wurde (und auch wir können ihn heute nicht mehr wirklich erklären!). Deshalb suchten diejenigen, die die hebräische Bibel in die *griechische* Sprache übersetzten, nach einem *neuen* Wort für den alten Gottesnamen – und sie wählten dafür jenen Begriff, dem wir dann auch in der Geheimen Offenbarung (1,8; 4,8; 11,17 u. ö.) begegnen: *pantokrator*. *Pantokrator* aber bezeichnet immer noch nicht den »Allmächtigen«, sondern den »Allerhalter«. Erst als die griechische Bibel ins Lateinische übersetzt wurde, wurde aus dem *pantokrator* der *omnipotens*, d. h. der Allmächtige. Das heißt: die Bezeichnung »der Allmächtige« für Gott stammt nicht aus der Gedanken- und Sprachwelt der Bibel, sondern aus der Welt des *Heidentums!*

Gewiß, hier meldet sich in der Regel noch einmal ein Einwand: Heißt es wenigstens in der Abrahamsgeschichte nicht doch einmal, daß bei Gott alles möglich sei?

Wie aber war es bei Sara?
Hier führt uns nun allerdings unser Gedächtnis in die Irre; denn an der gemeinten Stelle geht es nicht darum, ob bei Gott *alles möglich* sei. Der fragliche Text lautet vielmehr (nach der Einheitsübersetzung):

»Da sprach der Herr zu Abraham: Warum lacht Sara und sagt: Soll ich wirklich noch Kinder bekommen, obwohl ich so alt bin? Ist beim Herrn etwas unmöglich?«
(Gen 18,13f.)

Nun ist aber auch diese Übersetzung eine freie Wiedergabe des hebräischen Textes; denn die gleiche Wendung, die an der obigen Stelle mit »unmöglich« übersetzt wird, steht Dtn 17,8 – und dort wird sie so wiedergegeben:

»Wenn bei einem Verfahren der Fall für dich zu ungewöhnlich liegt...« (Einheitsübersetzung)

Oder:

»Wenn eine Sache vor Gericht dir zu schwer sein wird...« (Luther-Übersetzung)

Der Herr fragt Abraham also nicht: »Bei Gott ist doch alles möglich?«, sondern: »Ist bei Gott etwas unmöglich? Ist für Gott etwas zu schwer?« Daß es sich bei dieser Unterscheidung nicht um ein bloßes Wortspiel handelt, wird klar, wenn wir auch noch folgendes bedenken:
Es geht bei jener Frage des Herrn an Abraham nicht darum, ob irgend etwas x-beliebiges für Gott zu schwer sei, sondern ob es wohl seine Macht übersteige, Abraham und Sara auch noch in ihrem Alter eine Zukunft zu schenken. *Die lebenschaffende Macht* – und nicht eine abstrakte Allmacht – Gottes steht hier zur Debatte.
Daß wir den biblischen Text damit recht verstanden haben, beweist uns das *Neue* Testament; denn es bezieht sich

zweimal auf eben diese alttestamentliche Stelle – das erste Mal am Ende der »Verkündigungsszene«, wenn der Engel Maria sagt:

> »Auch Elisabet, deine Verwandte, hat noch in ihrem Alter einen Sohn empfangen; obwohl sie als unfruchtbar galt, ist sie jetzt schon im sechsten Monat. Denn für Gott ist nichts unmöglich.« (Lk 1,36f.)

Das zweite Mal aber begründet Jesus mit diesem alttestamentlichen Zitat seine positive Antwort auf die skeptische Frage des Petrus, ob denn ein Reicher überhaupt noch gerettet werden könne, wenn eher ein Kamel durch ein Nadelöhr gelange als ein Reicher ins Himmelreich:

> »Jesus sah sie an und sagte zu ihnen: Für Menschen ist das unmöglich, für Gott aber ist alles möglich.« (Mt 19,26)

Auch an diesen beiden neutestamentlichen Stellen geht es *nur* um *die unbegrenzte lebenschaffende Macht Gottes.*

Wenn wir uns also von der Heiligen Schrift sagen lassen, worin denn *Gottes Macht* besteht, dann hören wir etwa folgendes:

> »Gottes Macht besteht nicht darin, daß er alles tun könnte, wenn er nur wollte, sondern seine Macht besteht in seiner unzerstörbaren, allen feindlichen Mächten *überlegenen* Treue und Zuneigung zu uns, seinen Geschöpfen. Kraft dieser Macht kann Gott uns immer wieder *neues* Leben schaffen und schenken. Gottes Macht ist seine Liebe!«

Vielleicht verstehen wir jetzt besser, weshalb die Seligpreisungen keinesfalls nur bloße Vertröstungen sind:

Weil Gottes Macht seine Liebe ist, kann er sich nicht lieblos und mit Gewalt gegen den Menschen durchsetzen. Deshalb kann er nicht jene zerstören, die heute noch andere trauern lassen, und deshalb kann er auch jene nicht aus der Welt schaffen, die Unrecht tun. Deshalb ist der mächtige Gott dort ohnmächtig, wo er auf Lieblosigkeit, auf Gewalt und Verweigerung stößt.

Wenn wir der Botschaft der Bibel trauen, bekennen wir, wenn wir Gott »den allmächtigen Vater, den Schöpfer des Himmels und der Erde« nennen: »Wir glauben an Gott, dessen Liebe mächtiger ist als alles in der Welt, aus dessen Liebe alles Geschaffene kommt und in der es auch erhalten wird. Deshalb glauben wir, daß das letzte Wort unserer Geschichte ein *tröstliches* Wort sein wird: zum Trost aller Trauernden, zur Beglückung aller Barmherzigen, zur Rechtfertigung aller, die um dieses Glaubens willen geschmäht und verfolgt werden.«

Wo dieser Glaube ernstgenommen wird, ergeben sich die folgenden Weisungen der Bergpredigt wie von selbst.

c) Weshalb es nicht billiger geht (5,13–20)

Wer verleumdet wird (V. 11), versucht normalerweise, sich dem Gerede zu entziehen. Er versucht, unauffällig zu werden. Gegen diese mögliche und naheliegende Reaktion wendet sich der Doppelspruch vom Salz und Licht, den erst Matthäus so zusammengestellt haben dürfte (vgl. Lk 14,34f.; 8,16; 11,33 sowie SKK/NT 2, S. 132f.). Wer der Versuchung, nicht ins Gerede kommen zu wollen, nachgibt, gibt sein eigenes Wesen preis; denn Jesu Jünger *sind* nun einmal Salz und Licht (VV. 13.14).

Auch wenn nicht mehr sicher ausgemacht werden kann, an welche Funktion des Salzes hier unmittelbar gedacht war – das Salz wurde beim Bundesschluß verwendet (Lev 2,13), mit Salz wurden die Opfer gereinigt (Ex 30,35), Fäulnis verhindert (2 Kön 2,20) und Speisen gewürzt, mit dem Salz wurde schließlich auch das jüdische Gesetz verglichen –, sicher ist, daß das Salz als etwas *Positives für . . .* gedacht war. (Abzulehnen sind alle Versuche, die den paradoxen Ausdruck entschärfen wollen; denn eben darauf kommt es hier an:) Als Jesu Jünger nicht mehr auffallen zu wollen, ist ein ebenso paradoxer Gedanke, wie der Gedanke, Salz könne salzlos werden. Wer »seine Natur« dennoch so verleugnet, *ist* wertlos.

Als Jünger Jesu nicht auffallen zu wollen, ist schließlich ebenso unmöglich, wie als Stadt auf dem Berg verborgen bleiben zu wollen. Die Jünger *sind* Licht – auch darin ihrem Herrn gleich (vgl. 4,14ff.!) –, und darum handelten sie wiederum verkehrt, wollten sie erreichen, daß man von ihnen keine Notiz nimmt; denn schließlich gibt es sie, *damit sie* »allen im Hause *leuchten*« (VV. 15 f.). So sollen sie durch *gute* Taten auffallen, damit die Menschen ihretwegen Gott preisen (V. 16).

Das mag uns alles ein wenig überzogen vorkommen: Die Christen als Salz der Erde und als Licht der Welt! Müßten wir Christen nicht wenigstens heute wissen – und eingestehen! –, daß wir um keinen Deut besser sind als die anderen? Müßte es uns nicht genügen, einfach Mensch unter Menschen zu sein?

Die Antwort des Evangelisten ist hier eindeutig: Eine derartige Selbstbescheidung ist nicht möglich, weil wir – als Jesu Jünger – den Sinn unseres Daseins nicht mehr von uns aus bestimmen können. Er ist uns – sofern wir tatsächlich mit Jesus in *Gemeinschaft* leben wollen – durch ihn vorgegeben. Und er ist nicht gekommen, »um das Gesetz oder die Propheten aufzuheben, sondern um zu erfüllen« (V. 17).

Was ist damit gemeint?

Nur reduzieren hilft nicht weiter

Nicht nur an dieser Stelle redet Jesus davon, daß er »gekommen« sei. Später wird Jesus seine Gemeinschaft mit den Sündern so rechtfertigen:

»Denn ich bin gekommen, um die Sünder zu rufen, nicht die Gerechten« (9,13).

Und angesichts des Streits um die ersten Plätze betont Jesus:

»Denn auch der Menschensohn ist nicht gekommen, um sich dienen zu lassen, sondern um zu dienen und sein Leben hinzugeben als Lösegeld für viele« (20,28).

In all diesen Fällen redet Jesus letztlich von seiner *Sendung*. »Ich bin gekommen« – das bedeutet zunächst: ›Gott hat mich gesandt‹.

Aber noch ein Zweites ist bei diesem Jesuswort von Bedeutung: Jesus sagt nicht: »Ich bin gekommen, das Gesetz zu *halten*«, so wie er den »reichen Jüngling« aufforderte:

»Wenn du das Leben erlangen willst, *halte* die Gebote« (19,17).

Jesus sagt aber auch nicht: »Ich bin gekommen, das Gesetz zu *tun*«, obgleich es unmittelbar darauf heißt:

»Wer (die Gebote) aber *tut* und lehrt, dieser wird groß genannt werden im Himmelreich« (V. 19).

Nein, Jesus ist gekommen, das Gesetz *zu erfüllen* – so wie er schon zuvor zu Johannes gesagt hatte: »So ziemt es uns, jede Gerechtigkeit zu *erfüllen*« (3,15). Doch, so mögen wir jetzt fragen, worin besteht denn hier der Unterschied?

Nun, wenn ein Mensch ein Gesetz – beispielsweise das 4. Gebot – »nur« bewahrt oder tut, bleibt letztlich einerseits unklar, weshalb er dieses Gebot hält oder tut: Aus Überzeugung? Aus Angst? Aus Bequemlichkeit oder aus Berechnung? Unklar bleibt andererseits aber auch der Sinn und der Geltungsbereich dieses Gesetzes: Wurde es zur Stärkung der elterlichen Autorität oder aus Fürsorge für die alten Eltern gegeben? Wehrt es der Rücksichtslosigkeit, oder dient es der Stabilisierung vorgegebener gesellschaftlicher Verhältnisse? Gilt es den Kindern oder den Erwachsenen?

Wo das Gesetz hingegen *erfüllt* wird, dort geht ein Mensch *ganz* auf *den* Willen ein, der dem Gesetz zugrundeliegt und der sich darin ausspricht, so daß durch sein vollkommenes Tun der Sinn des Gesetzes ans Licht kommt. Wenn es von Jesus also heißt, daß er gekommen sei, nicht um das Gesetz aufzuheben, sondern um es zu erfüllen, dann bedeutet das: *Gott hat Jesus gesandt, nicht damit er das Gesetz abschaffe, sondern damit er in seinem Leben so vollkommen auf das Gesetz eingehe, daß an dessen Sinn keinerlei Unklarheit mehr herrschen kann.*

Die Not, die wir mit den vielen Geboten und Gesetzen in unserem Leben haben, wird nach unserem Evangelium von Gott also nicht so gewendet, daß die »schwierigen« Gebote einfach abgeschafft würden. Aber auch die Reduzierung des Gesetzes auf einige wichtige Gebote ist offensichtlich – von Gott her – keine Lösung, da diese »Hauptgebote« ja wiederum in den unterschiedlichsten Fällen *angewandt* werden müssen. Kann – und muß! – der einzelne dann völlig frei und unabhängig entscheiden? Aber das läßt sich erfahrungsgemäß auf die Dauer nicht durchhalten. Also benötigen wir wiederum »Ausführungsbestimmungen«! Woran sind sie aber zu messen?

Nein, die Gesetzesproblematik läßt sich nach unserem Evangelium weder durch Reduzierung noch gar durch Abschaffung von Geboten lösen. Deshalb betont Jesus auch:

>Amen, das sage ich euch: Bis Himmel und Erde vergehen, wird auch nicht ein Jota oder ein Strichlein vom Gesetz vergehen, bis alles geschehen ist. Wer also eines dieser geringsten Gebote löst und die Menschen so lehrt, wird der Kleinste im Himmelreich genannt werden. Wer sie aber tut und lehrt, dieser wird groß genannt werden im Himmelreich« (VV. 18 f.).

Die Lösung, die Gott durch Jesus bietet, sieht anders aus. Sie ist anspruchsvoller. Sie lautet:

>Denn ich sage euch: Wenn eure Gerechtigkeit nicht weit größer ist als die der Schriftgelehrten und Pharisäer, werdet ihr gewiß nicht in das Himmelreich hineinkommen« (V. 20).

Diese Antwort läßt uns wohl aus einem doppelten Grund unbefriedigt; denn stellt sie zum einen nicht einen bedauerlichen Rückschritt hinter das Gesetzesverständnis Israels und des jüdischen Volkes dar? Hatte Israel nicht im Laufe seiner Geschichte gelernt, daß Gottes Gebote dem Leben *in dieser Welt* dienen wollen: »Wer sie einhält, wird durch sie leben« (Lev 18,5; s. S. 273)? Und nun scheinen die Gebote nichts anderes zu sein als die unerbittlichen Bedingungen, die erfüllt sein müssen, wenn wir »in den Himmel« kommen wollen!

Zum Zweiten aber dürfte der hier gewiesene Ausweg nur den wenigsten von uns helfen: Wenn uns nämlich erst eine Gerechtigkeit, die noch weit größer ist als die der Schriftgelehrten und Pharisäer, über die Schwierigkeiten hinaus gelangen läßt, die wir mit den vielen Geboten in unserem Leben haben –, wer von uns wird dazu in der Lage sein?

Doch diese Bedenken sind unbegründet; denn Matthäus versteht sowohl das Wort »Gerechtigkeit« als auch das Wort »Himmelreich« anders als wir.

Gerechtigkeit

Zu den Begriffen, die bei uns ein so ganz anderes Gefühl auslösen, als sie es bei den Menschen der Bibel taten, gehört auch das Wort »Gerechtigkeit«.

Nach unserem heutigen Empfinden besteht die Gerechtigkeit eines Menschen darin, daß er korrekt und unbestechlich einem jeden das Seine gibt, daß er nicht auf Kosten anderer lebt, daß er niemand bevorzugt und niemand benachteiligt. Für die Israeliten hingegen bestand die Gerechtigkeit eines Menschen darin, daß er treu zu jenen Verpflichtungen stand, die er entweder einmal freiwillig eingegangen war oder die er bereits in seinem Leben vorgefunden hatte. Ein Familienvater beispielsweise war dann gerecht, wenn er treu zu seinen Frauen und Kindern, aber auch zu seinen (alten) Eltern stand und für ihr Wohl sorgte.

Ein uns eigenartig anmutendes Beispiel dafür wird im Buch Genesis (Kap. 38) berichtet: Juda, einer der Söhne Jakobs, hatte seinem erstgeborenen Sohn Tamar zur Frau gegeben. Doch diese Ehe war kinderlos, als Judas Erstgeborener starb. Daher befahl Juda seinem zweiten Sohn, Tamar zu heiraten, damit der ältere Bruder nicht ohne Nachkommenschaft bliebe und so der Vergessenheit anheimfiele. Doch Onan versagte sich Tamar, da der Erstgeborene aus dieser ihrer Verbindung nach dem damaligen Recht nicht als sein eigener Sohn, sondern als Sohn des älteren Bruders gegolten hätte. Nachdem auch er bald gestorben war, versprach Juda der Tamar, ihr seinen jüngsten Sohn zu geben, sobald dieser herangewachsen wäre. Aber Juda hielt dieses Versprechen nicht. Da verkleidete sich Tamar, lockte als Dirne ihren Schwiegervater an sich und empfing von ihm ein Kind. Als man sie darauf, als scheinbar Unzüchtige, zum Tode führte, ließ sie das Pfand, das sie von ihrem Schwiegervater als Sicherheit erhalten hatte, diesem mit den Worten überbringen:

»Von dem Mann, dem das gehört, bin ich schwanger. Auch ließ sie sagen: Sieh genau hin: Wem gehören der Siegelring mit der

Schnur und dieser Stab? Juda schaute es sich genau an und gab zu: *Sie ist gerechter als ich,* weil ich sie meinem Sohn Schela nicht zur Frau gegeben habe!«

(Gen 38,25f. – Die meisten Bibeln geben den hebräischen Text hier ›übertragen‹ wieder, indem sie schreiben: »...sie ist mir gegenüber im Recht«, obgleich sie Ez 16,52 nicht zögern, dieselbe hebräische Wendung *wörtlich* mit »sie stehen *gerechter* da *als* du« zu übersetzen!)

Weil Tamar – wenn auch mit äußersten Mitteln – ihrem verstorbenen Mann noch einen Sohn schenken und damit den Bestand seiner Familie sichern wollte, während Juda seinen Verpflichtungen nicht nachgekommen war, war Tamar nach Judas eigenen Worten *gerechter als er.* Das heißt: wir sind (nach biblischem Verständnis) in dem Maße gerecht, wie wir zu unseren Verpflichtungen stehen.

Eine entsprechende Vorstellung hatten die Israeliten auch von der Gerechtigkeit Gottes. Gott war für sie nicht einfach das »Höchste Wesen«, von dem man glaubte, daß es einen jeden für das Gute belohnen und für das Böse bestrafen werde. Gott war für sie der Gott Abrahams, Isaaks und Jakobs; der Gott, der Israel aus allen Völkern erwählt und zu *seinem* Volk gemacht hatte; der Gott, der sich Israel als Herr und Bundespartner zugesagt hatte. Gottes Gerechtigkeit bestand für die Israeliten daher ebenfalls darin, daß Gott treu zu seinem Volk stand – und so waren Gottes Gerechtigkeit und Gottes Hilfe in den Augen Israels dasselbe. Deshalb rief der israelitische Beter in seiner Not Gottes Gerechtigkeit – und nicht Gottes Barmherzigkeit! – an:

»Auf dich, Jahwe, vertraue ich,
laß mich niemals zuschanden werden.
In deiner Gerechtigkeit errette mich!«
(Ps 31,2)

Und deshalb bekannte er:

»Mein Mund soll deine *Gerechtigkeit* verkünden,
deine *Hilfe* den ganzen Tag;
denn ich kann sie nicht ermessen.«
(Ps 71,15)

Als Bundespartner hatte Gott freilich am Sinai Israel seinen Willen kundgetan, und auf diesen Willen hatte sich Israel verpflichtet (vgl. Ex 19f.; 24). Zur Gerechtigkeit der Israeliten gehörte es daher auch, in Treue zu *diesen* Verpflichtungen zu stehen, oder anders ausgedrückt: ihren Verpflichtungen Gott und den Menschen gegenüber so nachzukommen, wie es dem erklärten Willen Gottes entsprach.

Wenn Jesus also in der Bergpredigt sagt: »Wenn eure Gerechtigkeit nicht weit größer ist als die der Schriftgelehrten und Pharisäer, werdet ihr gewiß nicht in das Himmelreich hineinkommen« (5,20), dann läßt sich das nach biblischem Verständnis so umschreiben: »Wenn ihr euren Verpflichtungen Gott gegenüber nicht in weit größerem Maß als die Schriftgelehrten und Pharisäer nachkommt; wenn ihr in der Erfüllung des göttlichen Willens nicht *viel weiter geht,* dann werdet ihr gewiß nicht in das Himmelreich hineinkommen!«

Bedenken wir jetzt noch (s. dazu ausführlich S. 182–188), daß *das Himmelreich* für Matthäus nicht nur »der Himmel«, sondern auch schon »der Himmel auf Erden« ist, dann besagt jenes Wort, das uns zuerst in keiner Weise befriedigen konnte (s. S. 81): ›Wenn ihr in der Erfüllung des göttlichen Willens nicht viel weiter geht als die Schriftgelehrten und die Pharisäer, werdet ihr gewiß nicht den Himmel auf Erden erreichen!‹

Solange aber werden wir mit der Vielzahl der Gebote und Gesetze unsere Not haben. – Weshalb das so ist, werden wir vielleicht noch besser verstehen (und akzeptieren!) können, wenn wir uns von Matthäus sagen lassen, worin denn nun eigentlich die von uns geforderte »größere Gerechtigkeit« besteht.

d) Die größere Gerechtigkeit (5,21–48)

Auch von den folgenden sechs Antithesen gilt, daß sie in ihrer vorliegenden Gestalt wohl von Matthäus selbst gebildet wurden. Fragt man, welche der Antithesen auf den irdischen Jesus selbst zurückgehen könnten, erhält man in der exegetischen Diskussion keine eindeutige Antwort. Am ehesten rechnet man damit, daß die erste (VV. 21 f.) und zweite (VV. 27 f.), vielleicht auch noch die vierte (VV. 33 f.) Antithese von Jesus selbst stammen, doch ist das für unsere Auslegung von sekundärer Bedeutung; denn gewiß hätte Matthäus Jesus diese Worte nicht in den Mund gelegt, wenn er nicht davon überzeugt gewesen wäre, daß es Jesus nicht auch so hätte sagen können. (Deshalb bereitet es auch keine Schwierigkeit, zu den einzelnen Antithesen jeweils Sachparallelen aus dem Tun und aus der Verkündigung Jesu beizubringen.)

Die folgenden Antithesen sind alle nach dem gleichen Muster gebildet: Einem Gebot, das – zumindest dem Inhalt nach – aus den Fünf Büchern Mose bekannt war und in Anlehnung an dortige Wendungen als These formuliert wird (zur Berechtigung dieses Vorgehens s. S. 44–52), wird jeweils ein Jesuswort als Antithese gegenübergestellt:

»Ihr habt gehört, daß (zu den Alten) gesagt worden ist... Ich aber sage euch...«

Eine derartige Gegenüberstellung war im Judentum zur Zeit Jesu nicht völlig neu. Es war auch unter den Rabbinen üblich, einer verbreiteten Auslegung eines Gesetzestextes die eigene, abweichende Meinung mit der Einleitung »ich aber sage (euch)...« antithetisch gegenüberzustellen. Völlig neu war es freilich, eine eigene Weisung dem Gesetzestext selbst entgegenzustellen, den »die Alten«, die Menschen am Sinai also, gehört (und weitertradiert) hatten – und das ohne weiteren Bezug auf das übrige Gesetz!

Dennoch wäre es verfehlt, in den folgenden Antithesen nur eine *Verschärfung* oder eine *Aufhebung* des Gesetzes zu sehen; denn während die erste (VV. 21–26), zweite (VV. 27–30) und fünfte (VV. 38–42) Antithese eher einer Gesetzesverschärfung nahekommt, handelt es sich bei der dritten (VV. 31 f.), vierten (VV. 33–37) und sechsten (VV. 43–47) praktisch um eine Aufhebung bestimmter Gesetze. Der Sinn *aller* sechs Antithesen liegt anderswo: Sie sollen insgesamt *das Wesen* der größeren Gerechtigkeit erkennen lassen:

Es ist die Bereitschaft, danach zu fragen, welches Anliegen dem jeweiligen Gebot *zugrunde* liegt, um dann in der Erfüllung des Gebots nicht bei dessen Wortlaut stehen zu bleiben, sondern im

Gehorsam gegen das *ursprüngliche* göttliche Anliegen *weiter zu gehen* – so weit, daß es bis zuletzt ernstgenommen wird. (Da die sechs Antithesen von Matthäus als Einheit gedacht sind, sollen sie zunächst *durchgehend* ausgelegt werden, ehe in einem zweiten Schritt nach ihrer gegenwärtigen Bedeutung gefragt wird.)

Vom Töten

Wer tötet, dem droht nach Gottes Willen das Gericht (vgl. Ex 20,13; 21,12). Der *positive* Sinn dieses Gebots ist klar. In ihm läßt Gott den Menschen wissen: »Ich will, daß du den anderen *leben* läßt!«

Nun vergehe ich mich aber bereits dort am Leben eines anderen, wo ich ihn meinen Zorn spüren lasse, wo ich ihn beschimpfe oder bloßstelle. Das wußte auch das Judentum. So lehrte beispielsweise Rabbi Elasar aus Modiim († ca. 135 n. Chr.):

> »Wer Heiliges entweiht und wer die Feste mißachtet, *wer das Gesicht seines Gefährten öffentlich erbleichen läßt,* wer den Bund unseres Vaters Abraham bricht, wer die Weisung frech behandelt, wie es nicht der Lebensregel entspricht – sogar wenn er Weisung und gute Taten hat –, der hat keinen Anteil an der kommenden Welt.«
> (Awot III,11. – Übersetzung nach *R. Mayer*, S. 375)

Ähnlich heißt es im Talmud:

> »Ein Mischnalehrer lehrte vor Raw Nachman, Jizchaks Sohn: Jeder, der das Gesicht seines Gefährten vor den Vielen erbleichen läßt, ist, als ob er Blut vergieße. Er sagte zu ihm: Vortrefflich hast du das gesagt, ich habe es nämlich gesehen, wie die Röte geht und die Blässe kommt.«
> (Bawa mezia 58b. – Übersetzung nach *R. Mayer*, S. 508)

So gesehen sagte Jesus den Menschen seines Volkes eigentlich nichts überraschend Neues, wenn er ihnen sogar wegen des Zorns und der Beschimpfung eines andern das Gericht androhte (V. 22). Neu ist »nur«, daß Jesus in der Bergpredigt so weit geht, zu behaupten: »Wer Gottes Gebot: ›Du sollst nicht töten!‹ nur wörtlich nimmt, so daß er um dieses Gebotes willen nicht auch noch darauf verzichtet, seinem Nächsten zu zürnen oder ihn bloßzustellen – obgleich Gott ihn doch durch dieses Gebot wissen ließ: ›Ich möchte, daß du den anderen *leben* läßt!‹ –, für den bleibt der

›Himmel auf Erden‹ verschlossen (V. 20!)! Wer zu dieser größeren, weitergehenden Gerechtigkeit nicht bereit ist, kann nicht in Wahrheit mit Gott zusammenleben!«

Denn *Gott ist der Friede unter den Menschen wichtiger als seine Ehre.* Das bewußt zu machen ist der Sinn der nachfolgenden Weisung Jesu:

> »Wenn du nun deine Gabe zum Opferaltar bringst und dich dort daran erinnerst, daß dein Bruder etwas gegen dich hat – laß dort deine Gabe vor dem Altar, gehe und versöhne dich zuerst mit deinem Bruder, dann komm und bringe deine Gabe dar« (VV. 23 f.).

Der von Matthäus angefügte Schluß (VV. 25 f.) läßt freilich erkennen, daß der Hinweis auf *Gottes selbstlose Sorge* um den Frieden unter den Menschen bereits damals nicht alle Frommen bewegen konnte, zuerst mit ihren Brüdern Frieden zu schaffen, ehe sie Gottesdienst feierten. Sie konnte offensichtlich nur der Hinweis auf das letzte Gericht bewegen, ihrem Gegner schnell wieder wohlgesonnen zu sein. (Wenn die Einheitsübersetzung das griechische *isthi eunoōn = sei wohlgesonnen* mit »schließ ohne Zögern Frieden« übersetzt, verdunkelt sie wieder die »persönliche Note« des Evangelisten, zumal sie auch *gegen* den Urtext ein »zum Gericht« einfügt und den »Diener« zum »Gerichtsdiener« verengt. Dadurch wird das Anliegen des Evangelisten völlig verdunkelt: Es geht ihm um den Menschen, der noch »auf dem Weg« ist und Gefahr läuft, am Ende vom Richter dem Diener – und das bedeutet nach Mt 13,41 f.49 f.: dem (Gerichts-)Engel – übergeben zu werden!)

Vom Ehebruch

Das Gebot: »Du sollst nicht die Ehe brechen!« (Ex 20,14; Dtn 5,18) verbietet dem jüdischen Mann, in die Ehe *eines anderen* einzubrechen. (Nach dem jüdischen Eherecht kann nämlich ein Mann nur die Ehe *eines anderen* brechen. Der außereheliche Verkehr eines Verheirateten mit einer Ledigen oder einer Nichtjüdin wird zwar vom frommen Juden ebenfalls abgelehnt, gilt aber trotzdem nicht als Ehebruch.) Das heißt: Mit dem sechsten Gebot schützt Gott *nicht die Moral* in der Ehe, *sondern die Zugehörigkeit* eines bestimmten Mannes und einer bestimmten Frau, die in der Ehe *ein* Fleisch wurden (vgl. Gen 2,24).

Gegen diesen göttlichen Willen, nach dem ein jeder die Ehe des anderen sein lassen soll, verstößt nun aber auch schon derjenige, der eine (verheiratete) Frau »nur« ansieht, *um sie zu begehren.* Auch er ist bereits in die Ehe des anderen eingebrochen. (Weshalb das so ist, läßt die Einheitsübersetzung allerdings nur schwer erkennen; denn wenn sie das griechische »um sie zu begehren« mit »lüstern« wiedergibt, bringt sie einen falschen Zungenschlag in das Jesuswort. Der griechische Text nimmt hier nämlich auf das zehnte Gebot – »Du sollst nicht die Frau deines Nächsten *begehren*« [Ex 20,17] – Bezug. Im zehnten Gebot geht es aber um die zu respektierende Zugehörigkeit bestimmter Menschen oder Dinge und nicht um irgendwelche subjektiven Lustgefühle!)

In unserer heutigen Sprache ausgedrückt – und losgelöst vom jüdischen Eherecht – besagt damit die zweite Antithese: Nicht erst der begeht Ehebruch, der mit einem fremden Ehepartner schläft, sondern bereits der, der sich an einen Verheirateten nur einmal in Gedanken »heranmacht«, um ihn aus seiner bisherigen Bindung herauszulocken. Nur wer bereit ist, Gottes Gebot: »Du sollst nicht die Ehe brechen!« so weitgehend zu gehorchen, daß er die Verbundenheit der Ehepartner auch in Gedanken voll respektiert, erst dessen Gerechtigkeit ist weit größer als die »der Schriftgelehrten und der Pharisäer«.

Von der Ehescheidung

Nach Dtn 24,1 hatte der Mann das Recht zur Ehescheidung. Sie hatte freilich so vor sich zu gehen, daß die Frau *danach* die Möglichkeit hatte, eine *neue* Ehe einzugehen – und damit auch ein neues Zuhause zu finden. Daher durfte der Mann seine Frau nicht einfach verstoßen. Er mußte sie rechtsgültig freigeben.

Diese Regelung hatte gewiß das weitere *Wohl* der Frau zum Ziel – und dennoch kommt in ihr nicht Gottes Wille zum Ausdruck. Denn der Mann, der seiner Frau einen Scheidebrief ausstellt, kümmert sich eben nicht darum, daß der Mann und die Frau, die *ihre* Einheit gewollt haben und *ein* Fleisch wurden (Gen 2,24), von Gott her einander als *Hilfe fürs Leben* gegeben sind (vgl. dazu ausführlich: SKK/NT 2, S. 136–138: *Das Eheverständnis im Alten Testament*). Wer also seine Frau entläßt, zwingt ihr den Ehebruch auf (Mt 5,32. – Nach jüdischem Recht konnte sich die Frau der Scheidung nicht widersetzen.). Und wer eine Entlassene heiratet – auch der vergeht sich an der Ehe des anderen. Auch er orientiert sich in seinem Verhalten nicht bis zuletzt an Gottes Willen. Und so ist auch seine Gerechtigkeit nicht größer als die »der Schriftgelehrten und Pharisäer«.

Nur in einem Fall ist nach Matthäus die Entlassung erlaubt: im Fall der vorangegangenen Unzucht (s. S. 235 f.).

Vom Schwören

Auch wenn der genaue Wortlaut des von Jesus zitierten Gebots – »Du sollst nicht falsch schwören, erfüllen aber sollst du dem Herrn deine Schwüre!« (V. 33) – im Alten Testament nicht zu belegen ist, kann hinsichtlich seines Sinns keine Unklarheit bestehen: Das Gebot, das hier aufgrund vieler alttestamentlicher Stellen (vgl. Ex 20,16; Lev 19,12; Num 30,3; Dtn 23,21–23) formuliert wird, verpflichtet den Menschen in Gottes Namen zur Wahrhaftigkeit. Und wiederum gilt:

Wer das göttliche Verlangen nach menschlicher Wahrhaftigkeit ganz ernst nimmt, kann von sich aus weder schwören noch ein Gelübde ablegen wollen, da er gerade durch diese »institutionalisierten Wahrheitserweise« seinen Anspruch, *immer* glaubwürdig zu sein, zurücknimmt. Wer schwört oder ein Gelübde ablegt, sagt ja zu seinen Mitmenschen: »In *diesem* Fall könnt ihr mir gewiß glauben! In *diesem* Fall werde ich unter allen Umständen mein Versprechen einhalten!« Und in den anderen Fällen...?

Wer – wie Gott – will, daß wir Menschen füreinander glaubwürdig sind, kann von sich aus nie versuchen, sich hinter seinen Worten zu verstecken oder sich mit seinen Worten noch alle Möglichkeiten »offen zu halten«. Sein Ja *muß* ein Ja und sein Nein *muß* ein Nein sein (vgl. Jak 5,12).

Wem solches nicht einleuchtet, so daß er auch weiterhin wenigstens indirekt nicht auf die Sicherheit des Schwurs oder Gelübdes verzichten möchte, dem gibt Matthäus zusätzlich zu bedenken (VV. 34b–36): *Jeder* Eid und *jedes* Gelübde bezieht seine Überzeugungskraft von Gott – selbst wenn der Schwörende die *direkte* Anrufung Gottes vermeidet. Ja, auch das herbeigewünschte Unglück kann mich nur als *gottgewollte* Strafe treffen. Wie aber kann ich *Gottes Wahrheit* für mich in außergewöhnlicher Weise in Anspruch nehmen, wenn ich nicht ebenso bis zuletzt *wahrhaftig* will, was Gott will?

Vom Umgang mit dem Bösen

Die fünfte Antithese stellt uns zunächst vor einige schwer beantwortbare Fragen:

> Weshalb erwähnte Matthäus (V. 39) »die *rechte* Wange« und nicht nur wie Lukas (6,29) »die Wange«? Sollte damit das angetane Unrecht als etwas besonders Schimpfliches charakterisiert werden? (Ein Schlag auf die *rechte* Wange ist nur möglich, wenn der andere mit seinem rechten Handrücken zuschlägt! Deshalb galt ein solcher Schlag im Judentum als besonders schimpflich.) Oder wollte Matthäus Jesu Gebot nur konkretisieren? Und was bedeutet der Prozeß um das Untergewand (V. 40)? Bezog sich Matthäus hier auf eine jüdische Praxis, nach welcher die Tagesdecke (= das Untergewand, das »Hemd«) nur als Pfand für die Nacht und die Nachtdecke (= der Mantel) nur als Pfand für den Tag genommen werden durfte? Oder dachte Matthäus tatsächlich an einen Prozeß, in welchem einem armen Schuldner das Tagesgewand genommen werden sollte? Aber wäre in einem solchen Fall nicht zuerst auf die Herausgabe des wertvolleren Mantels geklagt worden (den der Schuldner nach diesem Jesuswort ja noch gehabt hätte!)?

Wir können diese Fragen nicht eindeutig beantworten, doch ist das letztlich auch nicht entscheidend; denn alle angeführten Beispiele stimmen in *einem* überein: Sie fordern den Hörer auf, niemals böse auf Böses zu reagieren, ja noch mehr: auf Böses *bewußt* mit Güte zu antworten. (Deshalb lautet die letzte Aufforderung V. 41 nicht nur: »Wer von dir borgen will, den weise nicht ab!«, sondern: »Von dem, der von dir borgen will, wende *dich* [medial!] nicht ab!«)

Diese Reaktion ist aber nichts anderes als die Vollendung jener Haltung, die bereits das Gebot: »Auge für Auge und Zahn für Zahn« (vgl. Ex 21,24; Lev 24,20; Dtn 19,21) verlangte. Denn damit wurde dem Geschädigten ja auch schon untersagt, auf Böses *böse* zu reagieren – so wie es einst Lamech im Angesicht seiner

Frauen allen angedroht hatte, die es wagen sollten, ihm Böses zuzufügen:

»Ada und Zilla, hört auf meine Stimme,
ihr Frauen Lamechs, lauscht meiner Rede!
Ja, *einen Mann* erschlage ich *für eine Wunde*
und *einen Knaben für eine Strieme.*
Wird Kain siebenfach gerächt,
dann Lamech siebenundsiebzigfach.«
(Gen 4,23 f.)

Auf dem Hintergrund dieses Liedes wird klar: Das Gebot: »Auge für Auge, Zahn für Zahn« verlangt letztlich: »Ihr sollt auf Böses *nicht böse* reagieren!« Wer dieses Verlangen ebenfalls *zu Ende* denkt, wird begreifen, daß dann das Gebot lauten wird: »Ihr sollt auf Böses gut, d. h. mit Güte reagieren!«

Vom Umgang mit den Feinden

Nicht ohne Absicht beschließt Matthäus die sechs Antithesen mit jener, die den »Umgang mit den Feinden« zum Inhalt hat; denn nur in ihr findet sich eine *direkte* Aussage über Gott (V. 45) – und sie gibt auch den vorausgegangenen Antithesen ihre letzte Begründung.

Wiederum bezieht sich Matthäus nicht auf einen »Bibeltext«, sondern auf eine religiöse Überzeugung seiner Zeit, die auf dem *Grund* der biblischen Bücher gewachsen war. In ihnen begegnete man nämlich nicht nur dem Gebot:

»An den Kindern deines Volkes sollst du dich nicht rächen und ihnen nichts nachtragen. Du sollst deinen Nächsten lieben wie dich selbst. Ich bin der Herr.«
(Lev 19,18)

In Israels Heiliger Schrift las man eben auch solche Texte:

»Wenn der Herr, dein Gott, dich in das Land geführt hat, in das du jetzt hineinziehst, um es in Besitz zu nehmen, wenn er dir viele Völker aus dem Weg räumt..., wenn der Herr, dein Gott, sie dir ausliefert und du sie schlägst, dann sollst du sie der Vernichtung weihen. Du sollst keinen Vertrag mit ihnen schließen, sie nicht verschonen und dich nicht mit ihnen verschwägern.«
(Dtn 7,1–3)

Sollten wir jetzt fragen: »Weshalb nahm Israel auch solch *umbarmherzige* Befehle Gottes widerspruchslos hin?«, dann fällt die Antwort nicht schwer: Israel nahm solche Befehle hin, weil es von *Gottes Haß* gegen bestimmte Menschen und Dinge überzeugt war. Damit hatte ja auch Mose sein Gebot begründet:

> »Wenn du dem Herrn, deinem Gott, dienst, sollst du nicht das gleiche tun wie sie (d. h. die Völker, in deren Land du hineinziehst); denn sie haben, wenn sie ihren Göttern dienten, alle Greuel begangen, *die der Herr haßt.*«
> (Dtn 12,31)

Doch Gottes Haß war keineswegs nur auf bestimmte Sitten und Gebräuche beschränkt. Er konnte – nach einem Wort des Propheten Hosea – auch seinem eigenen Volk gelten:

> »Ihre ganze Bosheit hat sich in Gilgal enthüllt,
> dort habe ich sie *hassen* gelernt.
> Ihrer bösen Taten wegen
> vertreibe ich sie aus meinem Haus.
> Nie mehr werde ich sie lieben.
> Aufrührer sind alle ihre Führer!«
> (Hos 9,15)

Ähnlich lautet Gottes Antwort auf Jeremias Klage:

> »Ich habe mein Haus verlassen, mein Erbe verstoßen, habe den Liebling meiner Seele in die Hand seiner Feinde gegeben. Mein Erbe ist mir geworden wie ein Löwe im Walde; es erhob wider mich seine Stimme, darum lernte ich's *hassen.*«
> (Jer 12,7 f.)

So bekannte auch der Beter:

> »Denn du bist kein Gott, dem das Unrecht gefällt;
> der Frevler darf nicht bei dir weilen.
> Wer sich brüstet, besteht nicht vor deinen Augen;
> *denn dein Haß trifft alle, die Böses tun!*«
> (Ps 5,5 f.)

Oder:

> »Der Herr prüft Gerechte und Frevler;
> wer Gewalttat liebt, *den haßt er aus tiefster Seele.*«
> (Ps 11,5)

Wenn Gott aber die Sünder und Frevler – die Feinde des Gerechten! – *haßte,* konnte dann der Mensch in Gottes Gemeinschaft die Frevler *lieben?* Das war undenkbar. Gottes Feinde waren auch seine Feinde – und deshalb gelobten beispielsweise die Mitglieder von Qumran:

> »Gott zu suchen mit ganzem Herzen und ganzer Seele, zu tun, was gut und recht vor ihm ist, wie er durch Mose und durch alle seine Knechte, die Propheten, befohlen hat; und alles *zu lieben,* was er erwählt hat, und alles *zu hassen,* was er verworfen hat ... und alle Söhne des Lichtes *zu lieben,* jeden nach seinem Los in der Ratsversammlung Gottes, aber alle Söhne der Finsternis *zu hassen,* jeden nach seiner Verschuldung in Gottes Rache.«
> (Gemeinderegel 1 QS I,1–4.9–11)

Wer Israels Heilige Schrift ernst nahm, konnte – auch und gerade im Blick auf Gott – viele *gute* Gründe haben, seine Feinde zu *hassen.*

Deshalb setzte Jesus diesem für viele Gläubige maßgebenden – und biblisch durchaus verantwortbaren! – Gottesbild *sein* Gottesbild entgegen. Es ist das Bild des Gottes, von dessen grenzenloser Güte *die Schöpfung* eindeutig kündet:

> »Ich aber sage euch: Liebt eure Feinde und betet für die, die euch verfolgen, damit ihr Söhne eures Vaters im Himmel werdet; denn er läßt seine Sonne aufgehen über Bösen und Guten, und er läßt regnen über Gerechte und Ungerechte« (VV. 44 f.).

Nicht was *gestern* war; nicht was die Propheten *gestern* von Gott verkündeten, ist für Jesus maßgebend, sondern Gottes gegenwärtiges Verhalten. Und *heute* ist Gott *einfach* gut. Das macht *seine* Vollkommenheit aus. (Hinter dem von Matthäus verwendeten Wort »vollkommen« steht mit Sicherheit das hebräische Eigenschaftswort *tamim,* und das bedeutet: »ganz, ungeteilt, vollständig, unversehrt«.) Zu dieser einfachen Güte sind daher auch die Jünger Jesu gerufen, wenn sie wahrhaftig *Söhne* ihres Vaters im Himmel *werden* wollen.

Das ist der tiefste Grund, weshalb nur der schon hier auf Erden »im Himmel«, d. h. in vollkommener Gemeinschaft mit Gott leben kann, der zur »größeren Gerechtigkeit« bereit ist (s. S. 84):

Wer sich vollkommen an dem Gott orientiert, der einfach gut ist, für den kann auch der Zorn oder irgendwelche persönliche Feindseligkeit keine Möglichkeit mehr sein (VV. 22–24); der kann sowohl der Ehe des anderen als auch dem eigenen Ehepartner gegenüber nurmehr *eins* wollen: »Daß es dir gut geht!« (VV. 28.32); für den kann es keine Zweideutigkeit und keinen Vorbehalt mehr geben (VV. 34.37), und so kann er – wie Gott – niemand mehr etwas anderes entgegenbringen als eben – Güte und Liebe (VV. 39–42.44–47).

Fragen

Die Fragen, die die Antithesen der Bergpredigt aufwerfen, sind bekannt:

Stellen die Antithesen – wenn man sie wirklich ernst nimmt – nicht eine unbestreitbare Überforderung der meisten Menschen dar? (Nicht grundlos finden wir ja in den matthäischen Antithesen bereits erste »Aufweichungen«: Ehescheidung ist in *einem* Fall erlaubt [V. 32]. Und aus dem Jak 5,12 noch erkennbaren Schwur-*verbot* Jesu wird die Weisung zum Schwur*ersatz*. Nun heißt es nicht mehr: »Euer Ja soll ein Ja sein und euer Nein ein Nein!«, sondern [genau übersetzt]: »Eure Rede sei ›ja, ja‹, ›nein, nein‹; was über dieses hinausgeht, ist vom Bösen!«) Handelt es sich bei den Antithesen also nicht doch nur um »Zielvorstellungen«, von denen wir freilich von vornherein wissen, daß wir sie nie erreichen werden? (So daß wir sie auch nicht wirklich *ganz ernst* nehmen müßten?) Oder sollen uns die Antithesen einfach immer wieder unser Versagen und unsere Sündhaftigkeit bewußt machen?

Andere fragen: Sind die verschiedenen Antithesen wirklich geeignet, unser gesellschaftliches Leben zu ordnen? Bedürfen wir nicht beispielsweise auch des *Widerstands* gegen diejenigen, die Böses tun? Oder: Führt es nicht zur völligen Verkrampfung, wenn jemand all seinen Zorn und Spott und seine vielfältigen Aggressionen nicht mehr »hochkommen« läßt? Und müssen wir nicht auch zugeben, daß selbst Ehescheidungen *gütiger* sein können als das Festhalten an einer gescheiterten Ehe?

Was sollen also diese Antithesen?

Versuch einer Antwort

Wenn wir auf solche und ähnliche Fragen eine Antwort suchen, sollten wir wohl folgendes nicht vergessen:

1. Es ist nicht möglich, sich nur mit *einzelnen* Antithesen auseinanderzusetzen – sei es zustimmend, sei es ablehnend. Wer beispielsweise die fünfte Antithese (V. 39) zur Begründung politischer Gewaltlosigkeit in Anspruch nimmt, zugleich aber glaubt, auf die zweite, dritte oder vierte Antithese (VV. 28.32.34) als unzeitgemäß verzichten zu können, hat Matthäus ebensowenig verstanden wie derjenige, der die zweite und dritte Antithese als verpflichtendes Gesetz, die übrigen aber nur als »Zielvorstellungen« behandelt. Alle sechs Antithesen sind für Matthäus der beispielhafte Ausdruck einer ganz bestimmten, unteilbaren Grundeinstellung – der Bereitschaft zur größeren Gerechtigkeit.

Das Problem der Bergpredigt besteht daher nie darin, ob wir sie bei anderen oder für andere durchsetzen können, sondern ob wir als einzelne bereit sind, den Willen des Gottes bis zuletzt ernst zu nehmen, der einfach gut ist und deshalb *heute* niemand aus seiner Güte ausschließt.

Die Frage, vor die uns die Antithesen stellen, lautet daher *nicht:* »*Müssen wir* tatsächlich so weit gehen?«, *sondern:* »*Möchte ich* in meinem Handeln so weit gehen wie Gott selbst?« Denn angesichts des Endes der Bergpredigt (7,24) kann kein Zweifel daran bestehen, daß die Antithesen uns zu einem konkreten *Handeln* hier und heute anweisen und uns nicht nur unsere fortwährende Sündhaftigkeit bewußt machen wollen.

2. Matthäus war kein »Perfektionist«. Deshalb maß er die Antithesen auch nicht daran, ob sie für die Mehrzahl eine »Überforderung« darstellten oder nicht. Er wußte um den Kleinglauben in seiner Gemeinde (8,26; 14,31; 16,8; 17,20), und er wußte auch, daß wir selbst als Jesu Jünger immerfort der Vergebung – von seiten Gottes und von seiten der Brüder und Schwestern – bedürfen (6,14 f.; 18,21–35). Dennoch zog er aus alledem eben nicht die gewiß naheliegende Konsequenz: »Also handelt es sich bei den Antithesen um letztlich unerreichbare Zielvorstellungen, nach denen wir unser *konkretes* Leben doch nicht gestalten können!« Nein, für ihn zeigte sich die Lösung unseres Problems in einer

anderen Richtung: in der *Anwendung* des (göttlichen) Rechts *im Leben der anderen* (s. ausführlich S. 172–174).

Selbst angesichts der Antithesen der Bergpredigt lautet die Antwort unseres Evangelisten: Die Not, in die uns Gottes Gebote bringen können, kann nicht durch deren Reduktion oder Aufhebung behoben werden, sondern nur durch die Art und Weise ihrer Anwendung im Leben der anderen. Denn nur dann bleibt mir, dem einzelnen, auch weiterhin die Frage gestellt: »Möchte *ich* in meinem Handeln so weit gehen wie Gott selbst?«, ohne daß ich dadurch anderen gegenüber zur Unbarmherzigkeit gezwungen würde. (Und erst recht kann ich dann nicht *die anderen* zur Rechtfertigung *meiner* Bequemlichkeit oder *meines* Kleinglaubens mißbrauchen!)

3. Ob es der einzelne *für sich* wagen kann, jene größere Gerechtigkeit zu wollen, ist für Matthäus angesichts Gottes, »unseres Vaters im Himmel« (6,9), keine Frage. Nicht zufällig kommt Matthäus im direkten Anschluß an die Antithesen auf unser »Leben mit Gott« zu sprechen.

e) Die rechte Frömmigkeit (6,1–34)

Auch der folgende Teil der Bergpredigt beschäftigt sich mit der menschlichen Gerechtigkeit (V. 1), d. h. mit der Erfüllung des göttlichen Willens (s. S. 82–84). Das Thema, das bereits 3,15 und 5,20 von Matthäus angeschlagen wurde, wird fortgesetzt. Nur geht es Matthäus jetzt nicht mehr – wie in den sechs Antithesen – um die rechte Gesetzeserfüllung, sondern um die rechte Frömmigkeit der Jesusjünger.

Wiederum verdeutlicht Matthäus sein Anliegen an drei Beispielen: am Almosengeben, Beten und Fasten; denn auch im Judentum galten diese drei Dinge als *besondere* Kennzeichen der Frömmigkeit. So sagte etwa der Engel Rafael zu Tobias und dessen Vater Tobit:

> »Es ist gut, zu beten und zu fasten, Almosen zu geben und gerecht zu sein.«
> (Tob 12,8)

Alle drei Beispiele (VV. 2–4.5–6.16–18) sind gleich aufgebaut:

Zuerst wird das abschreckende Beispiel beschrieben, das bei Gott keinen Lohn bringt. Dann wird die positive Anweisung formuliert, die stets mit der Verheißung endet: »...und dein Vater, der im Verborgenen sieht, wird dir wiedervergelten«. Beim Beten wird der Rahmen allerdings gesprengt: Der Blick fällt auch auf das Beten der Heiden (V. 7) – was Matthäus veranlaßt, ein ausgeführtes positives Beispiel fürs Beten einzufügen (VV. 8–15).

Die frommen Heuchler

Der Vorwurf der *Heuchelei* begegnet in unserem Evangelium noch mehrmals gegenüber den Pharisäern und Schriftgelehrten (15,7; 22,18; 23,13.15.23.25.27.29). Nicht nur Juden nehmen an dieser Bezeichnung Anstoß. Auch viele Christen, die das Judentum etwas näher kennengelernt haben, fragen besorgt: »Kann man diesen Vorwurf tatsächlich aufrecht erhalten? Müssen wir nicht zugeben, daß die Mehrzahl der Pharisäer zur Zeit Jesu *ernsthafte* Menschen waren, die sich ehrlich mühten, Gottes Willen zu erfüllen?« Und sie erinnern an *pharisäische* Warnungen wie die des Antigonos von Socho (2. Jh. v. Chr.):

»Seid nicht wie Knechte, die dem Meister dienen mit der Bedingung, Lohn zu empfangen, sondern seid wie Knechte, die dem Meister dienen ohne die Bedingung, Lohn zu empfangen, und die Furcht des Himmels sei auf euch.«
(Awot I,3)

Ähnlich warnte Rabbi Jochanan (1. Jh. n. Chr.):

»Wenn du viel Weisung gelernt hast, halte es dir nicht selber zugute, denn dazu wurdest du gebildet.«
(Awot II,8)

Und schließlich mahnte Rabbi Meïr (2. Jh. n. Chr.):

»Jedem, der sich mit der Weisung um ihrer selbst willen beschäftigt, sind viele Dinge beschieden; ja noch mehr: der gesamten Welt ist er würdig. Er wird Freund genannt und Geliebter, liebt den Allgegenwärtigen und liebt die Mitgeschöpfe, erfreut den Allgegenwärtigen und erfreut die Mitgeschöpfe. Und sie bekleidet ihn mit Sanftmut und Ehrfurcht; und sie befähigt ihn, bewährt und fromm, rechtschaffen und beständig zu sein; und sie hält ihn von der Verfehlung fern und bringt

ihn der Würdigkeit nahe, so daß Menschen durch ihn an Rat und Hilfe, Einsicht und Stärke gewinnen, denn es heißt: Mein ist Rat und Hilfe, ich bin Einsicht, mein ist Stärke. Und sie gibt ihm Königtum, Herrschaft und Rechtsfindung; und die Geheimnisse der Weisung werden ihm offenbart; und er wird einer Quelle gleichgemacht, die nicht versiegt, und einem Flusse gleich, der immer ergiebiger fließt. Er aber sei bescheiden und langmütig, verzeihe, wenn er geschmäht wird, so erhebt sie ihn und erhöht sie ihn über alles, was gemacht wurde.«
(Awot VI,1; Übersetzung nach: *R. Mayer*, S. 389)

Kann man angesichts solcher Worte noch von der »Heuchelei« der Pharisäer sprechen? Ja, trägt ein solcher Vorwurf – wenn er unwidersprochen tradiert wird – nicht auch zu einem christlichen Antisemitismus bei?

Solche Bedenken sind berechtigt, wenn wir von den Eindrücken und Gefühlen ausgehen, die das Wort »Heuchelei« *bei uns* hervorruft. Das Ganze hört sich jedoch anders an, wenn wir bedenken, daß das griechische Wort *hypokrites,* das in unseren Übersetzungen gewöhnlich als »Heuchler« wiedergegeben wird, den *Schauspieler* bezeichnete – einen Menschen also, der bei der Wahl seiner Gesten, seines Lächelns, seiner Ernsthaftigkeit, seines Auftrittsortes usw. auch an deren *Wirkung in der Öffentlichkeit* denkt.

Unser Evangelium warnt demnach nicht einfach vor *den* Pharisäern (s. auch S. 255–261), sondern vor einer Haltung, die offensichtlich auch für die urchristlichen Gemeinden eine reale Gefahr darstellte: Auch Jesu Jünger könnten versucht sein, die öffentliche Wirkung ihrer Frömmigkeit zu *berechnen*. Dann aber handelten sie nicht mehr *einfach* im Blick auf Gott (was doch gerade ihre Vollkommenheit ausmachen würde! S. S. 238) – und dann hätten sie von Gott *nichts* zu erwarten. Denn wer bei seinem Tun auch darauf achtet, wie er bei den anderen »ankommt«, der bekommt ja, wenn er es gut macht, schon hier »seine Quittung« – den Beifall: »Amen, ich sage euch: Sie haben ihren Lohn bereits erhalten« (VV. 2.5.16. – An allen drei Stellen verwendet unser Evangelium einen Ausdruck aus der Kaufmannssprache, der eigentlich meint: »Sie sind quitt!«).

Diskretion ist gefordert

Im Unterschied zu solch publikumswirksamer Darstellung der eigenen Frömmigkeit fordert Jesus in der Bergpredigt eine diskrete Frömmigkeit – eine Frömmigkeit, in der es dem Menschen allein um Gott geht:

Er gibt, weil auch Gott gibt;

er betet, weil Gott sein Vater ist;

er fastet, weil er damit das Herz Gottes erreichen möchte.

Die Art und Weise, wie der Jünger Jesu seine Frömmigkeit verwirklicht, geht nur Gott etwas an (VV. 4.6.18).

Natürlich drängen sich auch hier eine Reihe von Einwänden auf: Ist es denn so verkehrt, wenn Jesu Jünger auch darauf achten, daß sie in der Öffentlichkeit »eine gute Figur« machen, damit die Menschen, die sie so sehen, ihren Vater im Himmel preisen (vgl. 5,16!)? Bedürfen wir nicht auch als Christen des religiösen *Gemeinschafts*erlebnisses? Wo bliebe dieses aber, wenn alle in ihre *Kammer* gehen und dort beten würden? Und brauchen wir nicht auch das religiöse *Vorbild* – Menschen also, die es wagen, ihren religiösen Gefühlen *Ausdruck* zu geben? Denen man ansehen kann, daß sie fasten, beten, es sich nicht leichtmachen...?

Wir werden diese Bedenken eher beantworten können, wenn wir zuvor das Gebet Jesu und das Beten Jesu etwas näher betrachtet haben.

Das Gebet Jesu

Das Vaterunser ist uns sowohl im Matthäus- als auch im Lukasevangelium überliefert. Ein Vergleich beider Gebetsfassungen kann uns helfen, genauer zu erkennen, wie Matthäus das Vaterunser verstanden und was es für ihn bedeutet hat.

Mt 6,9–15	*Lk 11,2–4*
So nun sollt *ihr* beten:	Er aber sprach zu ihnen: Wenn ihr betet, sollt ihr sagen:
Unser Vater, der in den Himmeln ist!	Vater!
Geheiligt werde dein Name.	Geheiligt werde dein Name.
Es komme dein Reich.	Es komme dein Reich.

Es geschehe dein Wille wie im
Himmel (so) auch auf Erden.

Unser notwendiges Brot gib uns
heute.

Unser notwendiges Brot gib uns
täglich.

Und vergib uns unsere Schulden,
wie auch wir vergeben haben unseren Schuldnern.

Und vergib uns unsere Sünden, wie
auch wir vergeben jedem, der uns
schuldet.

Und führe uns nicht in Versuchung,
sondern rette uns vor dem Bösen.

Und führe uns nicht in Versuchung.

Denn wenn ihr den Menschen ihre
Übertretungen vergebt, wird auch
euch euer himmlischer Vater vergeben.

Wenn ihr aber den Menschen nicht
vergebt, wird euer Vater auch nicht
eure Übertretungen vergeben.

Vergleicht man nun das Matthäus- und das Lukasevangelium,
so fällt als erstes auf, daß die beiden Evangelisten das Vaterunser in
verschiedenen Zusammenhängen berichten: Bei Lukas ist es ein
Teil einer umfangreicheren »Gebetslehre« (11,1–13), bei Matthäus ist es *das* Beispiel für das Beten der *Jünger Jesu* (weshalb
Matthäus das »ihr« auch ausdrücklich betont) – im Unterschied
zum Beten der »Heuchler« (6,5) und zum Beten der »plappernden
Heiden« (V. 7). Auffällig ist ferner, daß Matthäus eine längere
Gebetsfassung als Lukas hat. Nach allgemeiner Auffassung
kommt der lukanische Text der auf Jesus zurückgehenden Gebetsform näher (denn es läßt sich nicht einsichtig machen, weshalb
Lukas das Vaterunser gekürzt haben sollte, während die Erweiterungen bei Matthäus erklärbar sind), wenn auch manche *Formulierungen* bei Matthäus ursprünglicher sein dürften (beispielsweise
die Bitte um das *heutige* Brot und die Rede von den zu vergeben-
den *Schulden*).

Auf Matthäus dürfte die dritte Bitte – »Es geschehe dein Wille
wie im Himmel (so) auch auf Erden« (V. 10b) – und der zur
Vergebung mahnende Abschluß (VV. 14f.) zurückgehen. Beide
Erweiterungen zeigen, was *nach Matthäus* das Wesen des betenden
Jüngers Jesu ausmacht: Es ist zum einen sein Verlangen, daß der
Wille Gottes auch auf Erden verwirklicht wird, und es ist zum
anderen die Tatsache, daß er seine Bitten Gott als einer vorträgt,

der den Menschen ihre Schulden und Übertretungen vergeben *hat* (vgl. neben der fünften Bitte: »Und vergib uns unsere Schulden, wie auch wir vergeben *haben* unseren Schuldnern« auch 5,23–26; 18,35). Das macht nach unserem Evangelium die Eigenart des *christlichen* Betens aus.

Das mag uns erstaunen – doch vielleicht nur solange, wie wir eine überraschende Eigentümlichkeit des Vaterunsers noch nicht zur Kenntnis genommen haben.

Ein reines Bittgebet

Daß Jesus seine Jünger keine ganz neue, ungewohnte Art des Betens lehrte, als er ihnen das Vaterunser vortrug, wird heute kaum noch bestritten. Vergleicht man nämlich die jüdischen Gebetstexte mit dem Vaterunser, so besteht »kein Zweifel, daß sie die Verwurzelung Jesu und seines Gebets im Judentum bezeugen und Anlaß geben können, das Vaterunser im Zusammenhang mit der jüdischen Gebetsüberlieferung zu interpretieren« (*G. Strecker, Die Bergpredigt*, Göttingen 1984, S. 114).

Vergleicht man nun allerdings die Gebets*formen,* so fällt doch *ein* Unterschied auf: In keinem der uns überlieferten jüdischen Gebete fehlt ein ausdrücklicher Lobpreis Gottes. Gerade die beiden Gebete, die gewöhnlich dem Vaterunser an die Seite gestellt werden, können das bezeugen. So beginnt das aus der Tempelzeit stammende Kaddisch-Gebet:

> »Erhoben und geheiligt
> werde sein großer Name
> in der Welt,
> die er nach seinem Willen erschaffen.
> Er lasse sein Reich kommen
> in eurem Leben und in euren Tagen
> und in dem Leben des ganzen Hauses Israel,
> bald und in naher Zeit.
> Darauf sprecht Amen.
> Sein großer Name sei gepriesen
> in Ewigkeit und Ewigkeit der Ewigkeiten!«
> (Zitiert nach: *J. J. Petuchowski*, Beten im Judentum, Stuttgart 1976, S. 114)

Nicht anders ist es bei dem sogenannten Achtzehn-Gebet, bei dem die Exegese glaubt, nicht wenige *inhaltliche* Parallelen zum Vaterunser feststellen zu können. Es beginnt nicht nur mit einem ausführlichen Lobpreis, auch eine jede der achtzehn »Strophen« endet mit einem solchen:

> »Gepriesen seist du, Ewiger, unser Gott und Gott unserer Väter, Gott Abrahams, Gott Isaaks und Gott Jakobs, großer, mächtiger und furchtbarer Gott, höchster Gott, der Gnade und Güte erweist und erschuf das All und denkt der Liebe der Väter und bringt den Erlöser ihren Kindeskindern um seines Namens willen in Liebe. König, Helfer, Retter und Schild! Gepriesen seist du, Ewiger, Schild Abrahams! ...
> Vergib uns, unser Vater, denn wir haben gesündigt, verzeih uns, unser König, denn wir haben uns verschuldet; denn vergebungsvoll bist du und verzeihst. Gepriesen seist du, Ewiger-Gnädiger, der so oft vergibt ...«
> (Nach: *R. R. Geis,* Vom unbekannten Judentum, Freiburg 1975, S. 24)

Einen ähnlichen Lobpreis suchen wir bei *beiden* Vaterunser-Fassungen vergeblich! Gewiß, hier könnte man einwenden: Der Lobpreis Gottes war für jeden Juden so selbstverständlich, daß er beim Vaterunser gar nicht eigens aufgeschrieben werden mußte. Doch gegen diese Annahme spricht mehreres:

1. Nach Auffassung der meisten Exegeten griffen die beiden Evangelisten auf *die* Vaterunserfassung zurück, die in ihrer Gemeinde üblich war. Wenn das Vaterunser nun aber tatsächlich bereits in dieser frühen Zeit ganz selbstverständlich mit einem Lobpreis Gottes eröffnet oder abgeschlossen worden wäre – was hätte *beide* Evangelisten veranlassen sollen, ihn nicht mit niederzuschreiben? *Gegen* eine derartige Annahme spricht auch die älteste Überlieferung des Vaterunsers *außerhalb* der Bibel:

In der ältesten judenchristlichen Kirchenordnung, die am Ende des 1./Anfang des 2. Jh. entstand, wird das Vaterunser bereits mit der Formel: »Denn dein ist die Macht und die Herrlichkeit bis in die Ewigkeiten« (Didache 8,2) abgeschlossen. Offensichtlich wurde es in den judenchristlichen Gemeinden in dieser *erweiterten* Form gebetet, und der Verfasser der Kirchenordnung sah keinen Grund, diesen Schluß als »selbstverständlich« zu übergehen. Was also hätte *beide* Evangelisten zu einer derartigen Streichung veranlassen sollen?

2. Das wichtigste Argument gegen die Annahme, daß auch Jesus das Vaterunser »selbstverständlich« mit einem Lobpreis Gottes abgeschlossen habe, beinhaltet aber die Verkündigung Jesu selbst:

Im Unterschied zu allen Gebetssammlungen und Gebetsschulen, die immer die fünf Bereiche: Lob und Dank, Bitte, Vertrauen und Klage umfassen, forderte Jesus die Menschen immer nur zum *Bittgebet* auf: »Betet für die, die euch verfolgen!« (Mt 5,44). – »Bittet, dann wird euch gegeben; suchet, dann werdet ihr finden; klopft an, dann wird euch geöffnet« (Mt 7,7; Lk 11,9). – »Alles, worum ihr betet und bittet, glaubt nur, daß ihr es schon erhalten habt, dann wird es euch zuteil« (Mk 11,24). – »Wacht und betet, daß ihr nicht in Versuchung geratet« (Mk 14,37). Zum Bittgebet fordert sowohl das Gleichnis vom bittenden Freund (Lk 11,5–8) als auch das Gleichnis vom gottlosen Richter und der Witwe (Lk 18,1–8) auf. Und auch der Zöllner, der gerechtfertigt nach Hause ging, hatte ein Bittgebet gesprochen (Lk 18,13 f.).

Wo immer Jesus die Menschen zum Beten *auffordert*, dort mahnt er sie, Gott zu *bitten* – obgleich *er* Gott auch pries (Mt 11,25) und obgleich er über jene neun Geheilten erstaunt war, die nicht zurückgekehrt waren, um Gott die Ehre zu geben (Lk 17,17 f.). Und dennoch haben wir in der *ganzen* Evangelienüberlieferung *kein einziges Wort,* in dem Jesus die Menschen aufforderte, Gott *zu loben!*

Nun kann man natürlich versuchen, diese auffällige Tatsache »ganz einfach« zu erklären – etwa so:

Lob- und Dankgebete waren für die Menschen der Zeit Jesu so selbstverständlich (s. o.), daß Jesus dazu nicht noch eigens auffordern mußte. Schließlich hatte ja auch er selbst vor dem Essen jeweils ein Dankgebet gesprochen (vgl. Mt 14,18; 15,36; 26,26.27)! – Oder: Wir dürfen nicht vergessen, daß uns in den Evangelien nur ein Teil der Verkündigung Jesu überliefert ist. Im Laufe seines fast dreijährigen öffentlichen Wirkens hatte Jesus gewiß mehr gesprochen als nur die Worte, die in den Evangelien aufgezeichnet sind. Vielleicht hatte er die Menschen in jenen nicht überlieferten Reden zum Lob- und Dankgebet aufgefordert?

So *kann* man argumentieren – auch wenn es recht seltsam anmutet, daß »zufällig« *alle* Evangelisten ausgerechnet jene Jesus-worte ausgespart haben sollten, in denen Jesus die Menschen *zum*

Lobe Gottes aufgefordert hatte! Und vor allem: Waren denn die Bittgebete für die Zeitgenossen Jesu wohl weniger selbstverständlich als die (von uns vorausgesetzten) Lob- und Dankgebete? Hätte Jesus die Menschen seiner Zeit tatsächlich deshalb zum Bittgebet auffordern müssen, weil sie gerade diese Gebetsform vernachlässigt hatten, die den Menschen normalerweise am nächsten liegt? Wenn Jesus aber *alle* fünf Gebetsarten als mehr oder weniger selbstverständlich geübt voraussetzen konnte, weshalb legte er dann gerade auf das *Bittgebet* ein solches Gewicht?

Gewiß, hier könnte man nun etwas ungeduldig fragen: Ja ist es denn wirklich so wichtig, ob das Vaterunser ein *reines* Bittgebet war oder nicht und ob Jesus die Menschen tatsächlich nur zum Bittgebet aufgefordert hatte?

Die Antwort darauf kann nur »ja« lauten – und zwar aus folgendem Grund:

Wenn wir glauben können (s. S. 161 f.), daß kein Mensch eine so tiefe Gotteserkenntnis hatte wie Jesus, dann trifft zumindest auf ihn – und *sein* Gebet! – das Wort des Apostels Paulus nicht zu: »Denn wir wissen nicht, was wir beten sollen, wie sich's gebühret« (Röm 8,26). Wenn Jesus ein so einzigartiges Wissen um Gott hatte, dann wußte er auch, welche unserer Gebetsworte für Gott von größter Bedeutung, von größtem Gewicht sind. Dann wußte er, was Gott von uns vor allem *hören* wollte: Lob, Dank, Vertrauenserklärungen? Nein, sondern Bitten – ganz bestimmte Bitten, mit denen wir Ihm sagen konnten, daß wir Ihn in dem verstanden hatten, was Ihn im Blick auf uns bewegt. So sagt uns das Vaterunser nicht nur, »was wir beten sollen, wie sich's gebühret«, sondern auch, wer Gott für uns sein und was er für uns tun will.

»Unser Vater, der in den Himmeln ist!«

Ein Doppeltes hatten die Jünger Jesu uns voraus, als sie die erste Bitte des Vaterunsers hörten. Zum einen war es für sie selbstverständlich, daß Jesus von Gottes *eigenem* Tun sprach, wenn er die passivische Form »geheiligt *werde*« gebrauchte (s. auch S. 73). Wenn sie beteten:

»Vater, geheiligt werde dein Name!«,

dann bedeutete das für sie: »Vater, heilige DU deinen Namen!«
Und zum anderen wußten sie aus ihrer Heiligen Schrift sehr genau,
was sie damit von Gott erbaten. Beim Propheten Ezechiel findet
sich nämlich eine Stelle, die keinen Zweifel daran läßt, wie *Gott*
seinen Namen heiligt. Dort verkündet der Prophet den Gefangenen in Babylon:

»Das Wort des Herrn erging an mich: (Hör zu), Menschensohn! Als
Israel in seinem Land wohnte, machten sie das Land durch ihr Verhalten und ihre Taten unrein. Wie die monatliche Unreinheit der Frau war
ihr Verhalten in meinen Augen. Da goß ich meinen Zorn über sie aus,
weil sie Blut vergossen im Land und das Land mit ihren Götzen
befleckten. Ich zerstreute sie unter die Völker; in alle Länder wurden sie
vertrieben. Nach ihrem Verhalten und nach ihren Taten habe ich sie
gerichtet. Als sie aber zu den Völkern kamen, entweihten sie überall,
wohin sie kamen, meinen heiligen Namen; denn man sagte von ihnen:
Das ist das Volk Jahwes, und doch mußten sie sein Land verlassen. Da
tat mir mein heiliger Name leid, den das Haus Israel bei den Völkern
entweihte, wohin es auch kam.
Darum sag zum Haus Israel: So spricht Gott, der Herr: Nicht
euretwegen handle ich, Haus Israel, sondern um meines heiligen
Namens willen, den ihr bei den Völkern entweiht habt, wohin ihr auch
gekommen seid. *Meinen großen,* bei den Völkern entweihten *Namen,*
den ihr mitten unter ihnen entweiht habt, *werde ich wieder heiligen.*
Und die Völker – Spruch Gottes, des Herrn – *werden erkennen, daß ich*
der Herr bin, wenn ich mich an euch vor ihren Augen als heilig erweise.
Ich hole euch heraus aus den Völkern, ich sammle euch aus allen
Ländern und bringe euch in euer Land.«
(Ez 36,16–25)

Der Sieg der Babylonier über Jerusalem war in den Augen der
übrigen Völker der Beweis für die Schwäche Jahwes. Er hatte
allem Anschein nach *sein* Volk vor den Babyloniern und deren
Göttern nicht zu retten vermocht. Deshalb sollte nun die *Rückfüh-*
rung der Gefangenen Jahwes *Macht* offenbaren. Dann würde alle
Welt erkennen: Es gibt doch keine Macht, die Jahwe sein Volk
wirklich rauben könnte. Es gibt doch keine Macht in der Welt, die
mächtiger als Jahwe ist.
Wenn die ersten Jünger also beteten: »Vater, geheiligt werde dein
Name!«, dann dachten sie nicht an feierliche Gottesdienste, sondern an *Gottes* beeindruckendes Handeln in der Geschichte.

»Geheiligt werde dein Name!« – das hieß für sie: »Vater, laß alle Welt durch *dein* Tun erkennen, daß du *Vater* bist!«

Und so folgt die zweite Bitte logisch aus der ersten:

»Es komme dein Reich!«

Als Jesus seine Jünger diese Bitte lehrte, hatte er ihnen schon zuvor verkündet: »Das Himmelreich ist da!« (4,17; vgl. 10,7), aber auch: »Wenn eure Gerechtigkeit nicht weit größer ist als die der Schriftgelehrten und Pharisäer, werdet ihr gewiß nicht in das Himmelreich hineinkommen« (5,20). Das Kommen des Himmelreichs muß nicht deshalb erbeten werden, weil es noch ausstünde! Es ist *da* und kann heute schon – von Gott her – für uns in dieser Welt zum Lebensraum werden (s. auch S. 189). Die Frage ist nur, ob der *einzelne* will, daß das Reich Gottes in *seine* Welt kommt.

Diese Frage beantwortet der positiv, der die zweite Bitte als Folge der ersten betet; denn dann lautet *sein* Vaterunser bis jetzt: »Vater! Laß alle Welt durch *dein* Tun erkennen, daß du Vater bist! Deshalb will ich, daß dein Reich kommt – hier und jetzt in mein Leben!«

Doch wie ist solches möglich? Indem – sagt Matthäus – der Beter Gott als Drittes bittet:

»Es geschehe dein Wille wie im Himmel (so) auch auf Erden!«

Es ist sehr wichtig zu sehen, daß diese dritte Bitte vom Evangelisten in das Vaterunser eingefügt wurde (s. S. 100 f.); denn für ihn war »der Wille Gottes« nichts Unbekanntes, so daß der Beter dieser Bitte in seinen Augen grundsätzlich »auf alles gefaßt« sein müßte. Für ihn war »der Wille Gottes« der Wille *des* Gottes, »der seine Sonne aufgehen läßt über Bösen und Guten, und der regnen läßt über Gerechte und Ungerechte« (5,45), und »der weiß, was wir brauchen, noch ehe wir ihn bitten« (6,8). Für Matthäus war »der Wille Gottes« der Wille *des* Gottes, »der Barmherzigkeit will und nicht Opfer« (9,13); der will, daß sein Recht so angewandt wird, daß »das geknickte Rohr nicht zerbrochen und der glimmende Docht nicht ausgelöscht« wird (12,1–21; s. S. 168–174). Wer sich *diesen* göttlichen Willen zu eigen macht, der läßt schon heute das Reich Gottes in seiner Welt beginnen und er läßt Gott schon heute den Beweis erbringen, daß er *Vater* ist.

Doch was bleibt für ihn *persönlich* übrig? Muß der, der das Vaterunser so ernst nimmt – muß er gänzlich von sich selbst absehen? Darf er auch noch eigene Wünsche haben? Davon handeln die folgenden Bitten:

>»Unser notwendiges Brot gib uns heute!
> Und vergib uns unsere Schulden, wie auch wir vergeben haben unseren Schuldnern.
> Und führe uns nicht in Versuchung, sondern rette uns vor dem Bösen!«

Die erste dieser persönlichen Bitten bereitet unserem Verständnis insofern Schwierigkeiten, als es ein Wort enthält, das sich weder in der griechischen Literatur –, noch in der griechischen Volkssprache findet. Es ist das Wort *epiousios,* das in unseren geläufigen Vaterunser-Übersetzungen als »täglich(es Brot)« wiedergegeben wird.

Leitet man das griechische Wort von *epienai* = künftig ab, könnte man den Ausdruck als »künftiges Brot« übersetzen und darunter entweder das himmlische Manna verstehen, das für die Endzeit erwartet wird, oder das »morgige« Brot, das wenigstens eine gewisse *Zukunftssicherung* bedeuten würde. Gegen ersteres spricht, daß es schwer vorstellbar ist, Jesus könnte seine Jünger aufgefordert haben, Gott zu bitten, er möge ihnen schon *heute* das himmlische Manna geben; gegen das zweite spricht vor allem, daß Jesus in der unmittelbar folgenden Rede auch eine kurzfristige Zukunftsplanung ablehnt. So liegt es immer noch am nächsten, das griechische Wort (in *epi* und *ousia* zerlegt) als »zum Dasein nötig; das Notwendige« zu verstehen, zumal dieses Verständnis nicht nur zum Ziel der beiden folgenden Bitten sehr genau paßt, sondern auch von der nachfolgenden Jesusrede VV. 19–34 gestützt, ja gefordert wird.

Die erste Bitte, die der Jünger Jesu für sich vor Gott bringen soll, ist also nichts anderes als sein Wunsch, am Leben erhalten zu werden. »Unser notwendiges Brot gib uns *heute!*« – das heißt: »Vater, wir wollen *leben!*«.

Das heutige Leben hat auch die nächste Bitte zum Inhalt und Ziel, da sie dem einzelnen erlaubt, sich als schuldig zu sehen. Die eigene Schuld muß weder verleugnet noch verkleinert werden, da Gott uns von ihr befreien *will.* Auch bei dieser Bitte sollten wir das Erkannte ernst nehmen: »So sagt uns das Vaterunser nicht nur, ›was wir beten sollen, wie sich's gebühret‹, sondern auch, wer Gott für uns sein und was er für uns tun will«. Daß dies auch bei der

Vergebungsbitte gilt, unterstreicht das Gleichnis vom Pharisäer und Zöllner Lk 18,9–14 auf besonders klare Weise. Und auch der zweite Teil dieser Bitte: »...wie auch wir vergeben unseren Schuldnern«, – auch dieser Teil der Bitte hat eine sehr tiefe Beziehung zu unserem augenblicklichen Leben! Gewiß, die (vielleicht) auf Matthäus zurückgehende Betonung »vergeben *haben*« und die von ihm hinzugefügten Verse 14 und 15 beweisen, daß solch zwischenmenschliche Vergebung selbst den Jüngern Jesu nicht leichtfällt. Allem Anschein nach vermag auch sie oft nur der Hinweis auf das eigene »letzte Gericht« zum Verzeihen zu bewegen. Und trotzdem – erst diese Doppelseitigkeit der Vergebung läßt uns *ins Leben* finden. Erst sie befreit einen jeden einzelnen nicht nur von der Notwendigkeit, seine eigene Schuld (vor sich, vor Gott und den Nächsten) verbergen zu müssen, sondern auch von dem Wahn, »sein Gesicht wahren« und alte Rechnungen begleichen zu müssen; glauben zu müssen, es *sich* (und dem Recht) schuldig zu sein, Unrecht, das in der Vergangenheit zugefügt wurde, nicht vergessen *zu dürfen*.

Nimmt die Vergebungsbitte dem Beter die *Last der Vergangenheit,* so daß er heute unbelastet leben kann, so befreien ihn die beiden letzten Bitten von der *Sorge um die Zukunft.* Wir verstehen sie besser, wenn wir wiederum einen kurzen Blick auf die religiösen Vorstellungen der Menschen zur Zeit Jesu werfen.

Die Versuchung des Frommen

Im Anschluß an die Geschichte von Ijobs Versuchung und Bewährung (Ijob 1–2; 42,7–17) hatte sich im Judentum die Überzeugung herausgebildet, daß es geradezu eine Auszeichnung sei, von Gott *versucht* zu werden; denn der, der von Gott versucht wurde, konnte seine Treue zu Gott *beweisen,* und deshalb konnte Gott ihn auch *belohnen,* ohne sich dem Vorwurf der Willkür auszusetzen.

Ein gutes Beispiel hierfür bietet die rabbinische Auslegung von Gen 22, der Geschichte von Isaaks Opferung. Die Erklärer schreiben hier zu Beginn der Erzählung:

»Es geschah nach diesen Begebenheiten, da versuchte Gott Abraham. [Dieser Vers ist] in Verbindung mit Ps 60,6 zu verstehen, [der nach rabbinischem Verständnis auch so gelesen werden kann: ›Du gibst ein Panier denen, die dich fürchten, daß sie erhoben werden um der Zuverlässigkeit willen!‹], welche Stelle sagen will: Versuchungen über Versuchungen und Erhebungen über Erhebungen läßt du deinen Verehrern werden, um sie in der Welt zu erheben und groß erscheinen zu lassen, so wie die Flagge des Schiffes. [Die Rabbinen sehen hier einen Zusammenhang zwischen den hebräischen Wörtern *nes* = *Flagge* und *nsh* = *versuchen;* zur Rechtfertigung dieser Auslegung s. S. 44–52). Und das alles warum? Damit deine Gerechtigkeit in der Welt verherrlicht werde; denn wenn ein Mensch zu dir sagt: er macht reich, wen er will, und arm, wen er will, er macht zum König, wen er will (so machte er auch Abraham zum König und machte ihn reich), so kannst du ihm antworten: Vermagst du auch so etwas zu tun wie unser Vater Abraham? Fragt er: Was hat er denn getan?, so antworte ihm: Er zeugte noch im 100. Jahr einen Sohn, und nach all dieser Mühseligkeit sprach Gott zu ihm: Nimm deinen Sohn, deinen einzigen, und er sträubte sich nicht. Somit hast du deinen Verehrern ein Panier gegeben, vgl. Ps 11,5. – Rabbi Jonathan sagte: Dieser Flachshändler schlägt nur auf guten Flachs, auf schlechten schlägt er nicht, weil er, sobald er darauf schlägt, springt. Ebenso versucht [der hebräische Text verwendet hier das gleiche Wort wie bei Abraham] Gott nicht die Frevler, weil sie nicht bestehen können, vgl. Jes 57,20, sondern er versucht nur die Frommen, vgl. Gen 39,7. Derselbe Rabbi bemerkte: Wenn der Töpfer seinen Ofen versuchen will (d. h. die Festigkeit des in demselben gebrannten Geschirrs), so klopft er nicht auf die lockeren Gefäße, weil sie, wenn das geschieht, sofort zerbrechen. Was prüft er denn? Ausgesuchte Gefäße, die, wenn er auch noch so sehr auf sie schlägt, nicht zerbrechen. Ebenso versucht Gott nicht die Frevler, sondern nur die Frommen. Rabbi Eleasar sagte: Gleich einem Hausherrn, welcher zwei Kühe hatte, eine kräftige und eine schwächliche – welcher legt er wohl das Joch auf? Doch wohl nur jener. Ebenso versucht Gott nur die Frommen, d. i. solche, wie Abraham einer war.«
(Nach: *A. Wünsche,* Der Midrasch Bereschit Rabba, Hildesheim 1967, S. 260 f.)

Die gleiche Überzeugung begegnet in einer rabbinischen Auslegung des Hohenlied-Verses: »Der Geliebte ist mein, und ich bin sein; er weidet in den Lilien« (Hld 2,16):

»Rabbi Jochanan wurde von Schmerzen heimgesucht und litt drei Jahre hindurch an Fieberschauer. Rabbi Chanina ging hinauf und besuchte ihn und fragte ihn: Was ist über dich gekommen? Ein Leiden, antwortete er, das meine Kräfte übersteigt. Sprich nicht so [sagte R. Chanina], sondern sprich immer: Der treue Gott! Als seine Schmerzen sehr groß waren, sprach er: Der treue Gott!; als seine Schmerzen aber bis aufs äußerste gestiegen waren, besuchte R. Chanina ihn abermals, flüsterte ihm ein Wort zu, und er schöpfte Mut. – Nach einigen Tagen erkrankte R. Chanina und R. Jochanan besuchte ihn. Was fehlt dir?, fragte er ihn. [Chanina:] Ach, wie schwer sind die Leiden! Wie groß ist aber auch der Lohn! [Doch] ich mag weder jene noch diesen! [Jochanan:] Warum gebrauchst du nicht ein Mittel, das mir so gut getan? [Chanina:] Als ich draußen (d.h. schmerzfrei) war, konnte ich anderen als Bürge (Helfer) dienen, jetzt aber, wo ich darin (d.h. selbst mit Schmerzen beladen) bin, muß ich andere zu Bürgen (Helfern) suchen. [R. Chanina spielt hier auf ein Sprichwort an: ›Ein Gefesselter kann sich nicht selbst aus dem Gefängnis befreien!‹) Es steht aber geschrieben, entgegnete R. Jochanan, *der unter den Lilien weidet,* d.h. Gott wendet seine Zuchtrute nur bei solchen Menschen an, deren Herz so weich (= zart) ist wie die Lilie. Gleich einem Hausherrn, sagte Rabbi Eleasar, der zwei Kühe hatte, von denen die eine kräftig, die andere aber schwach war – welcher bürdet er wohl das Joch auf? Doch wohl derjenigen, die kräftig ist. Ebenso versucht Gott nicht die Ruchlosen, weil sie nicht bestehen können, s. Jes 57,20. Wen versucht er denn? Die Tugendhaften, s. Ps 11,5; Gen 22,1; 39,7.«
(Nach: *A. Wünsche,* Der Midrasch Schir-ha-Schirim, Hildesheim 1967, S. 80)

Es sind also die Gerechten und Starken, die Gott versucht und prüft – und sie können und sollen es ertragen, da sie wissen: »Wie schwer sind die Leiden! Wie groß ist aber auch der Lohn!«

Gottes Handeln oder Gottes Zulassung?
Diesem Verständnis scheint nun allerdings ein altes jüdisches Morgen- und Abendgebet zu widersprechen, das in doppelter Weise übersetzt werden kann:

»Bring mich nicht – *oder:* laß mich nicht kommen:
nicht in die Hände der Sünde
(und nicht in die Hände der Schuld)
und nicht in die Hände der Versuchung
und nicht in die Hände der Schmach,
und nicht herrsche in mir der böse Trieb
und entreiße mich bösem Geschick und bösen Krankheiten...«
(Brachot 60 b)

Spricht dieses Gebet nicht doch nur von einer *Zulassung* und keineswegs von einem aktiven Handeln Gottes, so daß der Beter im Grunde Gott nur darum bitten würde: »Laß mich nicht straucheln noch der Versuchung zum Opfer fallen; gib mir den Mut zum Nein-Sagen!« *(P. Lapide)?* Würde ein solches Verständnis nicht viel besser zu der biblischen Botschaft »vom gütigen Liebes-Gott« *(P. Lapide)* passen, zumal ja auch der Verfasser des Jakobusbriefes ausdrücklich betont:

»Keiner, der versucht wird, soll sagen: Von Gott werde ich versucht! Denn Gott ist unversucht vom Bösen, versucht aber selbst niemanden. Jeder wird vielmehr versucht, indem er von seiner eigenen Begierde angezogen und geködert wird.«
(Jak 1,13 f.)

So ›sympathisch‹ dieser ›Ausweg‹ auch klingen mag, er geht aus *sprachlichen* Gründen nicht; denn selbst dort, wo im Hebräischen jenes Wort, das unserer Vaterunser-Bitte zugrunde liegen *könnte,* im Zusammenhang mit Gott den Sinn von »kommen *lassen*« hat, wird das jeweilige Geschehen auf *Gott* zurückgeführt. So heißt es in einem alten Glaubensbekenntnis Israels:

»Abgeschweifter Aramäer mein Ahn,
er zog nach Ägypten hinab,
er gastete dort, wenige Leute,
er wurde dort zu einem Stamm, groß,
kernhaft, gemehrt,
übel taten uns da die Ägypter, sie drückten uns,
harte Dienstfron gaben sie uns auf,
und wir schrien zu IHM, dem Gott unserer Ahnen,

da hörte ER unsre Stimme,
er sah unsern Druck, unsre Mühsal, unsre Qual,
und ER führte uns aus Ägypten
mit starker Hand, mit gestrecktem Arm,
mit großem Schauer, mit Zeichen und Erweisen,
und *ließ uns kommen* an diesen Ort
und gab uns dieses Land,
Land, Milch und Honig träufelnd.«
(Dtn 26,5ff. – Übersetzung von *M. Buber*)

Dementsprechend klagt auch der Beter:

»Wohl, geprüft hast du uns, Gott,
uns ausgeschmelzt, wie Silber man schmelzt,
du hast uns kommen lassen ins Verlies,
Marter uns gesetzt an die Hüften,
auf dem Kopf uns reiten lassen die Leute...«
(Ps 66,11. – Übersetzung von *M. Buber*)

Gerade mit dem Ausdruck »kommen *lassen*« brachten die
Menschen des Alten Testaments ihren Glauben an die
Geschichtslenkung Jahwes zum Ausdruck. Es ist daher kein
Zufall, daß bereits die Juden, die ihre hebräische Bibel ins
Griechische übersetzten, dieses »kommen *lassen*« aktiv wie-
dergaben: *eispherein* = hineintragen, hineinbringen!

Die Beter des oben zitierten jüdischen Morgen- und
Abendgebets baten Gott also nicht einfach: »Laß mich nicht
straucheln noch der Versuchung zum Opfer fallen; gib mir
Mut zum Nein-Sagen!«, vielmehr appellierten sie mit dem
»Laß mich nicht kommen: nicht in die Hände der Sünde...«
an Gott als den Lenker auch ihrer ganz persönlichen Geschichte.

Wie müssen wir aber dann das Wort aus dem Jakobusbrief
verstehen: »Keiner, der versucht wird, soll sagen: Von Gott
werde ich versucht« (Jak 1,13)?

Die Antwort darauf ist nicht schwer, wenn wir berücksich-
tigen, daß jenes Wort, das wir bis jetzt mit »versuchen« bzw.
»Versuchung« wiedergegeben haben, sowohl im Hebräischen
als auch im Griechischen nicht einfach »*zum Bösen* versuchen, *ver*-führen« meint, sondern eine viel weitere Bedeutung

hat: »prüfen, auf die Probe stellen, einen Versuch machen«. Wenn beispielsweise die Pharisäer Jesus fragen: »Ist es erlaubt, dem Kaiser Steuer zu zahlen, oder nicht?«, und Jesus antwortet ihnen: »Was versucht ihr mich, ihr Heuchler?« (Mt 22,18), dann wehrt sich Jesus nicht dagegen, daß die Pharisäer ihn zur Sünde verführen wollten! Sie wollten ihn ja »nur« auf die Probe stellen – in der Hoffnung freilich, daß er sie nicht bestehen werde!

Was der Jakobusbrief also ausschließen möchte, ist das: Daß ein Mensch, der infolge seiner eigenen Begierde sündigt (Jak 1,14!), sagt: *Gott* hat mich *zur Sünde* verführt. Damit sind aber nicht jene Situationen getroffen, in denen Gott nach biblischem Verständnis den Glauben der Frommen erprobt – wie bei Abraham oder Ijob oder Rabbi Chanina! Mit *solchen* Versuchungen hat – nach dem Glauben der Zeitgenossen Jesu – *gerade der Fromme* zu rechnen. Und eben darauf bezieht sich Jesus mit der vorletzten Bitte des Vaterunsers.

Wenn Jesus die Jünger aufforderte, zu beten: »Unser Vater, führe uns nicht in Versuchung!«, dann ermutigte er sie also damit, *vor Gott* zuzugeben, daß sie – anders als Abraham oder Ijob oder einer der sonstigen Gerechten – *keine* Helden sein wollen; daß sie Angst haben und keineswegs sicher sind, derartige Erprobungen siegreich zu bestehen. Und noch einmal sollten wir uns daran erinnern: »Das Vaterunser sagt uns nicht nur ›was wir beten sollen, wie sich's gebühret‹, sondern auch, wer Gott für uns und was er für uns tun will« (s. S. 104):

Wenn wir so Gott bitten dürfen, daß er uns nicht in Versuchung führt, dann heißt das doch, daß er keineswegs darauf brennt, uns zu »testen« – wie ein Flachshändler den Flachs oder der Töpfer seine Gefäße und der Bauer seine Tiere. Gott ist kein »Übervater«. Wir dürfen ihn daher auch ruhig bitten, ER möge uns allem entreißen, was böse ist.

Um mit Gott zu leben

Wir sind es gewohnt, das Vaterunser in sehr unterschiedlichen Situationen zu beten. Es hat keinen festen Platz in unserem Leben. Es ergibt sich nirgendwo – oder doch nur in den seltensten Fällen – *zwingend*. Anders ist es bei Matthäus. Für ihn steht das Vaterunser in einem wesentlichen Zusammenhang mit der größeren Gerechtigkeit und der rechten Frömmigkeit, wie sie von Jesus gefordert wird. Für Matthäus ist das Vaterunser *das* Gebet dessen, dem es um eine uneingeschränkte, ungeteilte und ungebrochene, d. h. *vollkommene* (5,48) personale Gemeinschaft mit Gott geht. Sie aber verträgt es nicht, in der Öffentlichkeit zur Schau gestellt zu werden (6,2.5.16), und sie hat auch keinen Bestand, wenn der »geringere« Partner in die Zuneigung des anderen so wenig Vertrauen hat, daß er diesen fortwährend bereden muß (6,8 f.).

Weil das Vaterunser das Gebet dessen ist, der sich ganz auf Gott, den Vater, einstellen möchte, kommt in ihm die Sorge um Gott, den Vater, und seinen väterlichen Willen zuerst und so ausführlich zur Sprache. Und deshalb bleibt dem Beter im Blick auf sich selbst letztlich nur noch *ein* Wunsch: Daß *er / heute / leben* kann – als der, der er ist: als Sünder, dem Gott immer wieder vergeben muß, und als ein Mensch, dem die Angst bleibt, seine Kräfte könnten – von Gott oder dem Bösen – doch einmal überfordert werden. Das »unser« und das »wir« aber läßt ihn nie vergessen, daß er auch im Verborgenen vor Gott nie allein ist. Das »wir« und das »unser« bindet den Beter ganz selbstverständlich ein in die Gemeinschaft der übrigen Jünger Jesu.

Gefahren für die Frömmigkeit

Wir sahen: Das Ansehen des himmlischen Vaters und das Kommen seines Reiches hängen wesentlich auch davon ab, wie sich ein jeder der Jünger Jesu *heute* verhält – ob er tatsächlich bereit ist, an jedem Tag aufs neue in seiner Gerechtigkeit *weiter* zu gehen, als es normalerweise erwartet und verlangt wird (3,13–15; 5,20.48; 6,9 f.). Aus diesem Grund ist das Vaterunser *das* Gebet des Jüngers Jesu, da es ihn motiviert *und* befähigt, so zu leben, daß der Name des Vaters geheiligt wird und Gottes Reich kommt.

Freilich, für diese Bereitschaft, die ersten Bitten des Vaterunsers ernsthaft in die Tat umzusetzen, gibt es eine große Gefahr: das Geld – in Verbindung mit der Angst des Menschen. Davon handelt der nächste Abschnitt unseres Evangeliums (VV. 19–34).

Da die folgenden Verse der Bergpredigt im Laufe der Kirchengeschichte noch umstrittener waren als die vorausgegangenen Antithesen, soll wenigstens ein kurzer Blick auf ihre »Entstehungsgeschichte« geworfen werden: Ein Vergleich mit dem Lukasevangelium (12,22–32) zeigt, daß die Verse 19–24 erst nachträglich den Versen 25–33 *voran*gestellt wurden. D. h., wir dürfen die beiden Abschnitte zwar nicht unabhängig voneinander lesen, wir dürfen aber auch nicht außer acht lassen, daß in ihnen zwei *verschiedene* Themen behandelt werden: Die Verse 19–24 haben den Umgang mit dem Geld, die Verse 25–34 die menschliche Sorge zum Inhalt.

Hilfreich ist ferner zu sehen, daß die Verse 25–33 ursprünglich an Menschen gerichtet waren, die sich als »Wanderprediger« in den Dienst des Evangeliums gestellt hatten und nun – *ohne* Arbeit und Einkommen – vor der Frage standen, ob man »so« überhaupt eine Zukunft haben und leben kann. Die Verse 25–33 wollen also keinesfalls zur »Arbeitsaufgabe« rufen (VV. 26.28!), sondern richten sich an Menschen, die um des Gottesreiches und seiner Gerechtigkeit willen (V. 33) ihre Arbeit bereits aufgegeben *haben* und *nun* in Sorge sind! Nur wenn wir das beachten, werden wir diese Worte auch in ihrem *neuen* Zusammenhang verstehen, in denen sie nicht mehr für »Wanderprediger«, sondern für »normale Gemeindeglieder« gelten, die allerdings – und darauf weisen die vorgeschalteten Verse 19–24 hin! – eine andere Vorgeschichte und Ausgangsposition haben.

Der Reichtum

Das Leben *ist* wertvoll; denn es ist von Anfang an als das große Angebot *für* den Menschen geschaffen (Gen 1,28–30; 2,15–19). Es ist daher nur natürlich, daß wir den Reichtum des Lebens nicht verlieren, sondern gewinnen und festhalten wollen. Das gilt auch für Jesu Jünger! Sie reagierten völlig unnatürlich, würde es ihnen nichts ausmachen, wenn sie das Leben vergeudeten.

Das freilich könnte geschehen, wenn sie in der falschen Weise versuchten, den Reichtum des Lebens auszuschöpfen. Daher Jesu Rat:

>»Sammelt euch nicht Schätze auf Erden, wo Motte und Fraß sie zerstören und wo Diebe einbrechen und stehlen, sondern sammelt euch Schätze im Himmel, wo weder Motte noch Fraß sie zerstören und wo keine Diebe einbrechen und stehlen. Denn wo dein Schatz ist, dort wird auch dein Herz sein« (VV. 19–21).

Geben wir es zu – dieser Rat hinterläßt einen zwiespältigen Eindruck! Ist er wirklich mehr als nur ein »frommer« Versuch, die Schätze, den Reichtum und all das Schöne *dieses* Lebens selbst »madig« zu machen? Läuft er letztlich nicht doch nur darauf hinaus, daß wir – in kunstlosen Behausungen lebend – uns mit dem Geld dieser Welt den Himmel *verdienen* sollen?

Diesen Eindruck könnte man haben, würde Matthäus nicht eine weitere, zunächst nicht leicht verständliche Begründung »nachschieben« (die die Einheitsübersetzung leider wiederum sehr ungenau überträgt)! Wir, die wir uns gegen diesen ersten Rat wehren, sollten auch bedenken:

>»Die Lampe des Leibes ist das Auge. Wenn nun dein Auge aufrichtig ist, wird dein ganzer Leib voll Licht sein. Wenn dein Auge aber böse ist, wird dein ganzer Leib voll Dunkel sein. Wenn nun das Licht in dir Dunkel ist, wie groß (ist dann) das Dunkel!« (V. 22 f.).

Was ist damit gemeint? Was bedeutet: »Die Lampe des Leibes ist das Auge«?

Vielleicht können uns hier zwei Texte aus dem Buch Jesus Sirach, eines jüdischen Weisheitslehrers am Beginn des 2. Jh. v. Chr., weiterhelfen:

>»Schlimm ist ein Geizhals,
>der sein Gesicht abwendet und die Hungernden verachtet.
>Dem Auge des Toren ist sein Besitz zu klein,
>ein geiziges Auge trocknet die Seele aus.
>Das Auge des Geizigen hastet nach Speise,
>Unruhe herrscht an seinem Tisch.«
>(Sir 14,8–10)

Und:

>»Mein Sohn, sitzt du am Tisch eines Großen,
>dann reiß den Rachen nicht auf!

Sag nicht: Es ist reichlich da.
Denk daran, wie häßlich ein gieriges Auge ist.«
(Sir 31,12 f.)

Es ist klar, daß beidemale mit dem Auge nicht nur das physische
Auge, sondern *das Sehen des Menschen* gemeint ist – und zwar in
einem doppelten Sinn:

Zum einen meint »das Auge« die Art und Weise, wie jemand in
die Welt *hinein*blickt: »Dem Auge des Toren ist sein Besitz zu
klein«. – »Denk daran, wie häßlich ein gieriges Auge ist«. Zum
anderen ist das Auge aber auch das »Einfallstor« für die Welt. Es
entscheidet, was aus der Welt in das Leben des Menschen eingelas-
sen wird; was der einzelne sehen kann, und was für ihn »nicht
anzusehen« ist. »Schlimm ist ein Geizhals, der sein Gesicht abwen-
det und die Hungernden verachtet. Dem Auge des Toren ist sein
Besitz zu klein...«

Das »Auge« ist also deshalb »die Lampe des Leibes«, weil es (in
mehrfacher Hinsicht) über das Sehvermögen oder über die Blindheit des (leibhaftigen) Menschen entscheidet.

Was bedeutet dann aber »ein *aufrichtiges* Auge«?

Ein aufrichtiges Auge!

Es ist auf jeden Fall der Gegensatz zu einem »*bösen* Auge«; denn
so fährt unser Jesuswort ja fort: »Wenn dein Auge aber böse
ist...« Doch weshalb heißt es dann nicht einfach: »Wenn dein
Auge gut ist«, sondern eben: »Wenn dein Auge aufrichtig (oder:
einfältig – beides bedeutet das griechische Wort *haplous*) ist...«?

Auch jetzt kann uns ein Blick in die jüdische Literatur, wie sie in
der Umgebung des Matthäusevangeliums gelesen wurde, helfen: In
den sogenannten *Testamenten der zwölf Patriarchen* warnt
Simeon seine Kinder im Angesicht des Todes:

»Hütet euch nun, meine Kinder, vor aller Eifersucht und (allem) Neid
und wandelt in *Aufrichtigkeit* (oder: Einfalt) des Herzens, damit Gott
euch Gnade und Ehre und Segen auf eure Häupter gebe, wie ihr an Josef
seht.«
(Test Sim 4,5)

In derselben Schrift bekennt Issachar seinen Kindern:

»Und ich war nicht vorwitzig in meinen Taten, auch nicht neidisch und mißgünstig gegen den Nächsten. Ich verleumdete niemand und tadelte nicht das Leben eines Menschen, da ich in *Aufrichtigkeit* (Einfalt) der Augen wandelte.«
(Test Is 3,3 f.)

Daher lautete auch seine Mahnung:

»Und nun hört mich, meine Kinder, und wandelt in *Aufrichtigkeit* des Herzens, denn ich sehe, daß auf ihr alles Wohlgefallen des Herrn (ruht). Der *Aufrichtige* (Einfältige) begehrt nicht Gold, den Nächsten übervorteilt er nicht...«
(Test Is 4,1 f.)

Am Ende der Zeiten wird diese Mahnung freilich nicht mehr beachtet werden:

»Ich weiß, meine Kinder, daß in den letzten Zeiten eure Söhne die *Aufrichtigkeit* (Einfalt) verlassen und der Habgier anhängen werden...«
(Test Is 6,1)

In all diesen Texten ist »die Aufrichtigkeit, die Einfalt, die Lauterkeit« (denn all das bedeutet das zu *haplous* gehörige Hauptwort *haplotēs*) den Gegensatz zum Neid, zur Mißgunst und Habgier. Ein *aufrichtiges Auge* wäre demnach ein Auge, das frei von Neid und Mißgunst in die Welt blickt und das daher auch allen Reichtum in der Welt ohne Habgier sehen kann.

Daß Matthäus das *aufrichtige Auge* tatsächlich in diesem Sinn verstanden hat, können wir seinem eigenen Evangelium entnehmen: Wenn nämlich der Weinbergbesitzer »die Arbeiter der ersten Stunde«, die sich über die großzügige Entlohnung derer empörten, die erst in der letzten Stunde zur Arbeit gekommen waren, fragt: »Ist es mir nicht erlaubt, was ich will, zu tun mit dem Meinigen? Oder *ist dein Auge böse*, weil ich gut bin?« (20,15) – dann ist das Auge doch deshalb *böse*, weil es voll Neid und Eifersucht auf die anderen blickt. Das *böse* Auge kann es einfach nicht sehen, wie Reichtum an andere *verschenkt* wird.

Was also ist der Sinn des von Matthäus VV. 22 f. eingefügten Jesuswortes: »Die Lampe des Leibes ist das Auge...«?

Den Reichtum sehen können und bejahen

Wir sahen: Das Auge ist nicht nur das Organ unserer je eigenen Weltanschauung, es entscheidet auch, was aus der Welt in unser Innerstes gelangen darf. Weil das böse, d. h. das neidisch und eifersüchtig dreinblickende Auge es nun aber *nicht* sehen kann, wie im Leben Reichtum *verschenkt* wird; weil diese Tatsache als »die Wahrheit des Paradieses« (s. o.) das Leben jedoch gerade hell, licht und schön macht – deshalb blendet das *böse* Auge das Licht aus, das *aus dem Leben* kommt und das das *aufrichtige* Auge sehen kann. Und so wird nicht nur der Leib, die Person, sondern auch die ganze Weltanschauung dessen ganz finster, dessen Auge *böse* ist.

Falls wir jetzt einwenden wollten, hier werde zu sehr »schwarzweiß« gemalt, müssen wir uns sagen lassen:

> »Niemand kann zwei Herren dienen; denn er wird entweder den einen hassen und den anderen lieben, oder er wird sich an den einen halten und den anderen verachten. Ihr könnt nicht Gott dienen und dem Mammon« (V. 24).

Man kann sich nicht in seinem Innersten dem Besitz (aramäisch: *mamona*) verschreiben und *zugleich* dem angehören wollen, der ist, indem er verschenkt.

Das also ist der eigentliche Grund für die erste Aufforderung: »Sammelt euch nicht Schätze auf der Erde...« (V. 19). Das Leben *ist* reich. Doch der Reichtum des Lebens ist uns nicht gegeben, damit wir ihn zurückhalten und »vergraben«. Wir sollen ihn sein lassen – als Geschenk *für uns,* durch das unser Leben hell wird, und als Geschenk *von uns,* durch welches wir das Leben anderer erhellen. Auch dadurch dienen wir Gott, daß wir – wie Gott – zu schenken wagen. Auch dadurch tragen wir dazu bei, daß Gottes Name geheiligt wird und sein Reich kommt.

Gewiß, auch hier sehen wir uns berechtigten Einwänden gegenüber: Können wir es uns tatsächlich leisten, den Reichtum des Lebens zu verschenken? Bietet er uns nicht vor allem die Möglichkeit, fürs eigene Leben vorzusorgen, damit wir später niemandem zur Last fallen? – Auf diese Bedenken antwortet Matthäus mit jenen Worten, die Jesus einst an seine Boten gerichtet hatte (s. S. 115).

»Deshalb sage ich euch: Sorgt euch nicht um euer Leben, was ihr essen (oder was ihr trinken) sollt, noch um euren Leib, was ihr anziehen sollt« (V. 25).

Für nicht wenige Menschen ist diese Aufforderung Jesu so situationsgebunden, daß sie überzeugt sind, sie heute nicht mehr ernst nehmen zu müssen.

Nach Auffassung der einen waren diese Worte nämlich ursprünglich an Menschen gerichtet, die – unverheiratet wie Jesus selbst und von reichen Damen unterstützt (Lk 8,1–3) – in einem warmen Klima, im sonnigen Galiläa, lebten und deshalb auf jede Vorsorge für ihr tägliches Leben verzichten konnten. Für diese Deutung fehlt freilich jeder Anhaltspunkt in unserem Text.

Für die anderen steht Jesu Aufforderung zur Sorglosigkeit in einem wesentlichen Zusammenhang mit Jesu »Naherwartung«: Nur weil Jesus in Bälde das Ende der Zeiten erwartete (vgl. Mk 9,1) – so glauben sie – konnte er seine Jünger auffordern: »Sorgt euch nicht um euer Leben...« (V. 25). – Diese Erklärung leuchtet zunächst ein. Aber auch sie hat *den Text* des Evangeliums gegen sich. Wenn für Jesus nämlich die Nähe des Weltendes maßgebend gewesen wäre, hätte er wohl anders argumentiert – etwa so wie Paulus im 1. Korintherbrief:

»Ich sage euch, Brüder: Die Zeit ist kurz. Daher soll, wer eine Frau hat, sich in Zukunft so verhalten, als habe er keine, wer weint, als weine er nicht, wer sich freut, als freue er sich nicht, wer kauft, als würde er nicht Eigentümer, wer sich die Welt zunutze macht, als nutze er sie nicht; denn die Gestalt dieser Welt vergeht.«
(1 Kor 7,29–31)

Im Unterschied zu Paulus begründet Jesus seine Mahnung *nicht* mit der Kürze der Zeit und mit der Vergänglichkeit der Welt, sondern mit der Tatsache, daß Gott *unser Vater* ist, der weiß, wessen wir bedürfen, und der mächtig ist, für das Leben in einer Weise zu sorgen, die all unsere menschlichen Möglichkeiten übersteigt (VV. 26–32). Davon zeugen die Vögel des Himmels und die Lilien des Feldes. *Das* ist der Grund, weshalb wir uns nicht um unser Leben sorgen sollen!

Und die Katastrophen?

Wir können solche Worte – auch wenn sie in der Bibel stehen – gewiß nicht mehr einfach so hinnehmen; denn widerlegen nicht bereits die großen *Naturkatastrophen,* von denen unsere Welt Jahr für Jahr heimgesucht wird und denen unzählige Tiere und Pflanzen hilflos zum Opfer fallen, diese Botschaft von der alles erhaltenden Fürsorge Gottes? »Seht euch die Vögel des Himmels an!« – und die Sahel-Zone? »Beobachtet die Lilien des Feldes!« – und Äthiopien? *Zwingen* uns nicht gerade derartige Katastrophen zu einer großflächigen, weltumspannenden *Vorsorge?* Käme es nicht einer inneren Vergewaltigung gleich, wenn wir von uns tatsächlich verlangen würden, trotz der doch unbestreitbar vielfältigen Bedrohungen unseres gegenwärtigen Lebens sorglos in die Zukunft zu blicken?

Zwei Dinge dürfen wir hier wohl nicht übersehen:

1. Der Hinweis auf die Vögel des Himmels, die Lilien des Feldes und die Körpergröße, der wir aus eigener Kraft keine einzige Elle hinzusetzen können (VV. 26–29), hat zunächst einmal eine bestimmte *Erkenntnis* zum Ziel: »*Schaut auf* die Vögel des Himmels...! *Wer* von euch *kann...? Beobachtet* die Lilien des Feldes...!« Dieser Hinweis lenkt unseren Blick auf die Schöpfung, *insofern* sie aus sich Leben hervorbringt (die Lilien des Feldes; die Größe des Körpers) und Leben ermöglicht (bei den Vögeln des Himmels). Die Verse 26–29 erinnern uns daran, daß das Leben in der Welt wesentlich Geschenk ist. (Daran ändert auch die Tatsache nichts, daß das Leben der ja noch keineswegs abgeschlossenen Schöpfung [vgl. Röm 8,19–22] vom Chaos und vom Menschen bedroht ist und bleibt!) Das aber bedeutet: Die Schöpfung kommt aus einer Hand, die von sich aus *das Leben* – in Herrlichkeit (V. 29)! – will, während wir der Schöpfung auch bei letztem Einsatz nichts hinzufügen können, was ihr nicht schon (vor- oder mit-)gegeben wäre. Das Wort von den Vögeln des Himmels und den Lilien des Feldes zielt also keineswegs auf eine *naive* Sorglosigkeit ab, vielmehr will es uns die Augen für die Erkenntnis öffnen, daß sich unser Leben nicht »unter dem neidischen Blick einer bösen Gottheit« vollziehen muß.

2. Jesus fordert mit den Versen 26–29 keinesfalls zum Nichtstun

auf. (Schließlich heißt es *nicht:* »Sät nicht und erntet nicht wie die Vögel des Himmels!«, oder: »Arbeitet und spinnt nicht wie die Lilien des Feldes!«, *sondern:* »Schaut auf...! Beobachtet...!«.) Die Erkenntnis, daß wir mit der fortwährenden wohlwollenden Sorge unseres »himmlischen Vaters« (V. 32) rechnen *können,* soll Jesu Jünger befähigen, *heute* »zuerst nach dem Reich und seiner (d. h. Gottes) Gerechtigkeit zu trachten« (V. 33). Das von Jesus erwartete positive Verhalten seiner Jünger ist das genaue Gegenteil eines *dolce far niente!*

Oder anders ausgedrückt: Der Blick in die Schöpfung, die sich – für das »aufrichtige Auge« (V. 22) erkennbar – immerfort dem positiven Lebenswillen Gottes des Vaters verdankt, soll(te) Jesu Jünger dazu befähigen, ihr ganzes Sinnen und Trachten darauf zu richten, daß *heute* (V. 34) Gottes Reich kommt und Gottes Wille geschieht – jener Wille, der das Leben zum Ziel hat und sich deshalb als tätige Sorge für seine Geschöpfe äußert. Jesu Jünger – wären sie nicht so kleingläubig (V. 30 – s. dazu auch S. 195–197) – könnten es sich wahrhaftig leisten, jeden Tag aufs neue nur darauf aus zu sein: »Unser Vater, der in den Himmeln ist! Dein Name werde geheiligt! Dein Reich komme! Dein Wille geschehe! Unser notwendiges Brot gib uns heute!«

Wollten wir jetzt aber noch einmal fragen: »Und die Katastrophen?«, würden wir nur beweisen, daß wir unseren Evangelisten immer noch nicht verstanden haben. Denn für ihn ergeben sich aus der Tatsache, daß die Schöpfung aus einer Hand kommt, die von sich aus *das Leben* – in Herrlichkeit! – will (s. o.) – für ihn ergeben sich daraus nicht zwangsläufig »paradiesische Zustände«. Die Plagen (V. 34) eines jeden Tages widerlegen nicht die Existenz des »himmlischen Vaters«; denn dieser gibt sich dadurch zu erfahren, daß wir *jeden* Tag inmitten der Plagen nach seinem Willen leben *können:*

»Sorgt euch also nicht, indem ihr sagt: ›Was sollen wir essen?‹, oder: ›Was sollen wir trinken?‹, oder: ›Was sollen wir anziehen?‹ Denn das alles erstreben die Heiden. Euer himmlischer Vater weiß, daß ihr dies alles braucht. Suchet zuerst das Reich Gottes und seine Gerechtigkeit, und dies alles wird euch dazugegeben werden. Sorget also nicht um den morgigen Tag, denn der morgige Tag wird für sich selbst sorgen. Es genügt (je-)dem Tag seine eigene Plage« (VV. 31–34).

Oder mit den Worten Mutter Teresas:

»Meine lieben Freunde... Heute bitte ich Euch um einen Gefallen –
schickt bitte kein Geld mehr, weder durch die Bank noch direkt, wie Ihr
es zu tun pflegtet – bis zu der Zeit, wenn wir das verbraucht haben, was
wir haben. Ich werde Euch dann wieder bitten. Ich möchte mit Euch die
Freude fühlen, ganz von der Göttlichen Vorsehung abzuhängen.«
(Brief vom 21. 7. 81 an die Mitglieder des Vereins der Mitarbeiter
Mutter Teresas)

f) Konkretionen (7,1–23)

Richtet nicht!

Es gibt wohl nur weniges, das uns so sehr daran hindert, positiv im
Heute zu leben, wie die Fehler und Vergehen unserer Nächsten
(und Fernsten), an denen wir uns aufhalten – sei es, um sie zu
bekämpfen oder zu korrigieren, oder auch nur, um sie zu bereden.
Wie befreiend ist da Jesu Wort:

»Richtet nicht, damit ihr nicht gerichtet werdet« (7,1).

Gewiß, wir finden hier sofort viele Gründe, die es nötig machen,
den Geltungsbereich dieses Wortes – im privaten wie im öffentlichen, im staatlichen wie im kirchlichen Leben – einzugrenzen.
Doch sollten wir bei all diesen Versuchen, Jesu Wort »praktikabel«
zu machen, folgendes bedenken: »In der Logienquelle stand dieser
Spruch unmittelbar hinter dem Abschnitt über die Feindesliebe, die
universal und grundsätzlich gemeint war und über persönliche
Feindschaften hinausreichte. Bei Jesus stoßen wir nicht nur auf
eine völlig vorurteilsfreie Gemeinschaft mit Ausgeschlossenen wie
Sündern und Zöllnern, sondern auch auf eine merkwürdige Indif-
ferenz gegenüber dem in Israel geltenden Gottesrecht, das sich
etwa in der Geschichte der Ehebrecherin (Joh 7,53 – 8,11) zeigt
oder indirekt darin, daß Jesus sich kaum um die Halaka geküm-
mert hat. Alles das spricht dafür, den Geltungsbereich unseres
Satzes nicht auf den persönlichen Bereich einzuengen. Wie die
Feindesliebe muß er wohl im Kontext von Jesu Eschatologie
verstanden werden: Das Gottesreich kommt; da muß es mit dem
Richten von Menschen über Menschen grundsätzlich ein Ende
haben« (U. Luz, S. 378f.).

Wem aber *Jesu* Beispiel nicht Grund genug ist, auf jedes Richten zu verzichten, wird von Matthäus wiederum an das eigene *letzte* Gericht erinnert: »Denn mit dem Urteil, mit dem ihr urteilt, werdet ihr beurteilt werden, und mit dem Maßstab, mit dem ihr meßt, wird euch zugemessen werden« (V. 2).

Daß Jesus mit seiner Mahnung, nicht zu richten, nicht einfach ein kritikloses Verhalten allem und jedem gegenüber verlangt, zeigt der (in der Einheitsübersetzung allerdings sehr ungenau wiedergegebene) Abschlußsatz:

> »Was siehst du den Splitter im Auge deines Bruders, den Balken in deinem eigenen Auge bemerkst du aber nicht? Oder wie wirst du deinem Bruder sagen: ›Laß! Ich will den Splitter aus deinem Auge ziehen!‹, und siehe, der Balken (steckt) in deinem eigenen Auge! Heuchler, ziehe zuerst aus deinem eigenen Auge den Balken, und *dann wirst du klar sehen, so daß du den Splitter aus dem Auge deines Bruders ziehen kannst!*« (VV. 3–5).

Solange jemand einen Balken im Auge hat, ist er *blind!* So lange kann er (objektiv) gar nicht richten. Wenn er den Balken allerdings entfernt hat, *dann* vermag er den Splitter im Auge seines Bruders durchaus zu sehen! Der Splitter im Auge des Bruders wird weder geleugnet, noch soll er einfach unangetastet bleiben. Nur, wer es geschafft hat, seinen *Balken* zu entfernen – wird dessen Bemühen um den Splitter im Auge seines Bruders dann wirklich noch *in der Form des Richtens* geschehen (können)?

Vom falschen und vom rechten Eifer

Jesu Jünger sind das Salz der Erde und das Licht der Welt (5,13 f.). Deshalb werden sie am Ende des Evangeliums auch aufgefordert werden: »Geht nun, und macht zu Jüngern alle Völker..., indem ihr sie lehrt, alles zu halten, was ich euch geboten habe« (28,19 f.). Das bedeutet allerdings nicht, daß Jesu Jünger fortwährend und überall das Evangelium im Munde führen und es wahllos allen Menschen gegenüber zur Sprache bringen müßten. Im Gegenteil:

> »Gebt das Heilige nicht den Hunden, und werft eure Perlen nicht vor die Schweine, damit sie sie nicht mit ihren Füßen zertrampeln und umkehren und euch zerreißen« (7,6).

Zur gleichen Diskretion wird auch noch ein zweites Jesuswort auffordern:

>Siehe, ich sende euch wie Schafe mitten unter Wölfe! Werdet also klug wie die Schlangen und lauter wie die Tauben!« (10,16).

Freilich, auch wer »mit Verstand« das Evangelium zur Sprache bringt, wird immer wieder Fehlschläge und Enttäuschungen erleben. Sollte er dann nicht lieber aufgeben und sich eingestehen, daß er – zumindest er – als Salz der Erde und als Licht der Welt nur wenig taugt? Gewiß nicht! Vielmehr:

>Bittet, und es wird euch gegeben werden; suchet, und ihr werdet finden; klopfet an, und es wird euch geöffnet werden...« (7,7–11).

Im Unterschied zu Lukas geht es Matthäus bei diesem Jesuswort nicht um das Bittgebet *an sich*. (Das ist das Thema der lukanischen Komposition: Lk 11,1–4.5–8.9–13!) So stellte sich ihm in *diesem* Zusammenhang auch nicht die Frage, wie wir es denn verstehen sollen, daß trotzdem viele unserer Bittgebete unerhört bleiben. Worauf es ihm in diesem Rahmen ankam, war »nur« dies: Wir haben *als Jesu Jünger* zu keiner Zeit Grund, resignierend aufzugeben. Gott wird uns erhören; Gott wird uns das Gesuchte finden lassen; Gott wird uns weiterkommen lassen – wir müssen ihn nur bitten!

Wie wir vor-gehen sollen

Jesu Jünger dürfen gewiß sein, daß Gott ihre Bitten erhört; denn Bitten nicht zu erhören – das wäre ja schon un-menschlich (7,9 f.)! Das hat nun freilich auch Auswirkungen auf das Verhalten der Jünger, weshalb Matthäus nach der Zusicherung: »Wenn nun ihr, die ihr böse seid, euren Kindern gute Gaben zu geben versteht, um wieviel mehr wird euer Vater in den Himmeln denen Gutes geben, die ihn bitten?« (V. 11) unmittelbar fortfährt:

>Alles also, was ihr wollt, daß euch die Leute tun sollen, das tut ihnen auch! Denn das ist das Gesetz und die Propheten« (V. 12).

Würden wir jetzt nur konstatieren, daß Matthäus an dieser Stelle die sogenannte Goldene Regel auch zu einem »Stück Evangelium« machte, würden wir gewiß hinter dem zurückbleiben, was *Matthäus* sagen wollte. Es wäre aber auch noch zu wenig, fänden wir beachtlich, daß er die Goldene Regel positiv und nicht negativ (»Was du nicht willst, daß man dir tu, das füg auch keinem andern zu!«) formulierte; denn diese positive Formulierung war auch schon im Judentum und Heidentum geläufig und beliebt. Weit wichtiger sind zwei andere Dinge:

Für Matthäus ist diese – in Form der Goldenen Regel gegebene – Anweisung eine *Folgerung* aus dem Vorherigen: »Alles *also*, was ihr wollt...«. *Weil* es – sogar bei Gott! – ein ganz selbstverständliches, natürliches Lebensgesetz ist, die Erwartungen der anderen zu erfüllen, und *weil* uns unsere *eigenen* Erwartungen am deutlichsten sagen, wessen wir Menschen bedürfen, um leben zu können, deshalb können – und sollen! – wir uns von unseren Erwartungen sagen lassen, was wir den anderen tun sollen.

Denn – und das ist das Zweite, was für Matthäus von Wichtigkeit ist – den anderen gegenüber so zu handeln, daß sie (auf-)leben können – weil ja auch wir solches von ihnen wollen! –, *das* ist Sinn und Ziel des ganzen Gesetzes und der Propheten! Das aber bedeutet doch: Auch wenn uns »das Gesetz und die Propheten« mit ihren ausformulierten Weisungen einmal im Stich lassen sollten, weil wir es mit Menschen zu tun bekommen, die in einer »ganz anderen Welt« leben – wir *erfüllen* das Gesetz und die Propheten, wenn wir diesen Menschen gegenüber so entgegenkommend, wohlwollend, vertrauensvoll und hilfsbereit handeln, wie wir es ja auch für uns von ihrer Seite erhoffen und wünschen.

Gewiß, so großzügig zu handeln; den anderen gegenüber nicht zu fragen, was unbedingt sein muß, sondern sich von den eigenen Wünschen leiten zu lassen, liegt uns in der Regel nicht nahe und fällt uns auch nicht leicht. Doch eben das wäre *der richtige Einstieg* zum Weg, der zum Leben führt.

Noch einmal nimmt Matthäus eine bekannte Redewendung auf. Doch auch jetzt interpretiert er sie durch eine leichte Veränderung in *seinem* Sinn:

> »Geht hinein durch das enge Tor! Denn weit ist das Tor und breit der Weg, der ins Verderben führt, und viele sind es, die durch es hineingehen! Wie eng ist das Tor und mühselig der Weg, der ins Leben führt, und wenige sind es, die es finden« (VV. 13 f.).

Das von Matthäus gebrauchte Bild von den zwei Wegen war sowohl im Griechentum als auch im Judentum weit verbreitet. Auffällig ist hier jedoch (im Unterschied zu Lk 13,24) die *Verkehrung* des Bildes: Normalerweise steht das Tor *am Ende* des Weges, bei Matthäus hingegen steht es *am Beginn*. Es bestimmt den weiteren Weg! Diese Verkehrung ist nun aber kein Zufall, vielmehr spiegelt sich in dem »engen Tor« die matthäische Konzentration. Das alleinige Auslegungsprinzip, der allein zutreffende Zugang zu dem vom Gesetz und den Propheten gewiesenen Weg ist das Gebot der Gottes- und Nächstenliebe (s. S. 254). Nur sie eröffnet den rechten Gesetzesweg. *Deshalb* ist die *positiv* formulierte Goldene Regel die Zusammenfassung des Gesetzes und der Propheten. Dies wird durch die folgende Warnung bestätigt.

Hütet euch vor den falschen Propheten!

Den rechten Weg zu finden, ist offensichtlich auch für Jesu Jünger – die Hörer der Bergpredigt – nicht leicht. Auch für sie gilt: »Wie eng ist das Tor!« (V. 14). Daher überrascht es nicht, daß bereits in den frühen christlichen Gemeinden immer wieder *Propheten* auftraten, die beanspruchten, den Willen Gottes für die jeweilige Gegenwart *neu* auszulegen. Solche Propheten erwähnt beispielsweise Lukas in der Gemeinde von Antiochien:

> »In der Gemeinde von Antiochia gab es Propheten und Lehrer: Barnabas und Simeon, genannt Niger, Luzius von Zyrene, Manaën, ein Jugendgefährte des Tetrarchen Herodes, und Saulus.«
> (Apg 13,1)

Und auch für Paulus war die Existenz von Propheten in den urchristlichen Gemeinden selbstverständlich.

> »So hat Gott in der Kirche die einen als Apostel eingesetzt, die andern als Propheten, die dritten als Lehrer...«
> (1 Kor 12,28)

Die Propheten waren in der Urchristenheit keineswegs nur ein Stück Vergangenheit. Deshalb tauchte allerdings sehr bald die alte Frage auf: Kann man *allen* Propheten glauben? Schließlich wußte man aus der Geschichte Israels, daß man nie sicher sein konnte, daß ein jeder, der beanspruchte, ein Prophet zu sein, tatsächlich im

Namen Gottes sprach (vgl. etwa Jer 28). Es konnten auch falsche Propheten auftreten! Gab es hier Unterscheidungsmöglichkeiten?

Ja, antwortet Matthäus: »An ihren Früchten werdet ihr sie erkennen!« (VV. 16.20).

Doch welches sind die Früchte, an denen man erkennen kann, ob es sich um einen wahren oder falschen Propheten handelt?

Es mag uns überraschen, aber für Matthäus entlarven sich die falschen Propheten nicht durch ein »falsches Glaubensbekenntnis« oder durch mangelnde religiöse Aktivität. Denn beides können sie ja Jesus gegenüber vorweisen: Sie sagten zu ihm: »Herr! Herr!« (V. 21. – D. h.: Sie bekannten sich zu Jesus als dem Sohn Gottes; denn wer zu Jesus »Herr!« [= *kyrie*] und nicht nur »Rabbi« [= *Lehrer*] sagt, meint: »Wahrhaftig, du bist Gottes Sohn!«, vgl. 14,28.29.33). *Und* sie waren in seinem Namen nicht nur als Propheten aufgetreten, sie hatten als seine Jünger auch Dämonen ausgetrieben und Wunder gewirkt (7,22). Sie waren also offensichtlich missionarisch tätig gewesen (vgl. 7,22 mit 10,7 f.!). Und trotzdem wird sie der erhöhte Christus im Gericht als *falsche* Propheten abweisen. Sein Urteil wird lauten:

> »Weg von mir, die ihr die *Gesetzlosigkeit* wirkt!« (7,23).

Der Begriff der *Gesetzlosigkeit,* den Matthäus als einziger der vier Evangelisten verwendet, begegnet uns noch an zwei anderen wichtigen Stellen unseres Evangeliums – zunächst in der Auseinandersetzung mit den Schriftgelehrten und Pharisäern (s. dazu ausführlich S. 255–261). Jesus hält hier beiden entgegen:

> »Wehe euch, Schriftgelehrte und Pharisäer, Heuchler, weil ihr getünchten Gräbern gleicht, die von außen zwar schön scheinen, von innen aber voll sind von Totengebeinen und aller Unreinheit. So scheint auch ihr von außen zwar den Menschen als Gerechte, von innen aber seid ihr voll von Heuchelei und *Gesetzlosigkeit*« (23,27 f.).

Dieser Vorwurf ist in unserem augenblicklichen Zusammenhang deshalb wichtig, weil er deutlich macht: Mit *Gesetzlosigkeit* kann nicht einfach die Übertretung einzelner Gesetzesvorschriften gemeint sein! Denn daß sie die Gebote übertreten hätten – das konnte man den Schriftgelehrten und Pharisäern gewiß *nicht* vorwerfen! (Insofern ist die Wiedergabe des griechischen Textes von 7,23 in der Einheitsübersetzung mit »Ihr Übertreter des

Gesetzes« irreführend.) Unter *Gesetzlosigkeit* versteht Matthäus etwas anderes: Mt 24,11.12 begegnen uns *beide* Begriffe – »Falschpropheten« *und* »Gesetzlosigkeit« noch einmal *im Zusammenhang:*

> »Und viele *Falschpropheten* werden sich erheben und werden viele in die Irre führen. Und wegen des Überhandnehmens der *Gesetzlosigkeit* wird die Liebe der vielen erkalten.«

Das heißt: Die Folge der Gesetzlosigkeit, die durch das verführerische Wirken der Falschpropheten überhandnimmt – und das sind für Matthäus (7,21 f.) eben nicht irgendwelche Freigeister, Libertinisten, sondern aktive, missionarische Gemeindemitglieder, die sich eindeutig und klar zu Jesus Christus als ihrem Herrn bekennen –, die Folge von deren Wirken – die sie entlarvende »Frucht« (7,16–20)! – ist das *Erkalten* der Liebe, die durch die Weisungen des Gesetzes doch gerade ermöglicht und vermehrt werden soll (s. S. 249–255; S. 270–280).

Deshalb wird gerade vor ihnen am Ende der Bergpredigt gewarnt! Denn wie könnten sie helfen, »das enge Tor« (7,13 f.) zu finden? Wie sollten sie begreifen, daß die Goldene Regel tatsächlich die Zusammenfassung des Gesetzes und der Propheten ist (7,12)?

g) Vom Sinn der Bergpredigt (7,24–27)

Der Unterschied ist auffällig und will bedacht sein: Obgleich Matthäus nicht zögert, Jesu Mahnungen immer wieder durch den Ausblick auf die mögliche Verwerfung im Gericht zu unterstreichen (5,26.29 f.; 6,15; 8,11 f.; 10,14 f. u. ö.; s. S. 271–274), fehlt *dieser* Hinweis am Ende der Bergpredigt. Die Bergpredigt *insgesamt* ist keine Voraussetzung, die von dem erfüllt werden muß, der in das *ewige* Leben eingehen will (vgl. dagegen 19,16–19!). Sie ist für *den* bedeutsam, der nicht vergebens *leben,* der sein »Lebenshaus« nicht auf Sand, sondern *auf Felsen* bauen will (7,24–27).

Doch, so mögen wir fragen, ist denn beides nicht identisch? Bedeutet der Zusammenbruch des »Lebenshauses« nicht auch den Verlust des ewigen Heils?

Vielleicht kann uns eine Stelle aus dem 1. Korintherbrief weiterhelfen. Paulus schreibt hier im Blick auf das Lebenswerk eines jeden einzelnen:

> »Ob aber jemand auf dem Grund mit Gold, Silber, kostbaren Steinen, mit Holz, Heu oder Stroh weiterbaut: das Werk eines jeden wird offenbar werden; jener Tag wird es sichtbar machen, weil es im Feuer offenbart wird. Das Feuer wird prüfen, was das Werk eines jeden taugt. Hält das stand, was er aufgebaut hat, so empfängt er Lohn. Brennt es nieder, so muß er den Verlust tragen. Er selbst aber wird gerettet werden, doch so wie durch Feuer hindurch.«
> (1 Kor 3,12–15)

Ob jemand in seiner Gerechtigkeit weitergeht als die Schriftgelehrten und Pharisäer (5,20), ob er auf jeden Eid verzichtet (5,34), ob er dem Bösen überhaupt keinen Widerstand entgegensetzt (5,39) und sein Wohlwollen auch Sündern und Ungerechten zuteil werden läßt (5,44 f.), oder ob er nur darauf achtet, keinen Meineid zu schwören und Gutes nicht mit Bösem zu vergelten; ob er (neben seinen caritativen Aktivitäten) »für alle Fälle« auch noch Schätze sammelt (6,19 f.), ob er seine religiösen Betätigungen auch zur Selbstdarstellung benützt, oder ob er sein Gottesverhältnis den Augen der Öffentlichkeit nicht preisgibt, weil es ihm um *seinen* Vater geht (6,1–18) – das ist nicht einfach eine Frage des *ewigen* Heils oder Unheils. Wer die Bergpredigt nicht »ganz ernst« nimmt, setzt damit nicht schon »den Himmel« aufs Spiel. Der einzelne entscheidet hier »nur« darüber, ob sein konkretes Leben in *dieser* Zeit auch »ein Stück Ewigkeit« werden wird – oder ob seine irdische Vergangenheit einmal als wertlos und haltlos zusammenbrechen und verschwinden wird (7,24–27).

3. Heilende Begegnungen (8,1 – 9,34)

Es fällt nicht schwer, die Reaktion der Menschen auf die Bergpredigt zu verstehen:

> »Als Jesus diese Worte vollendet hatte, gerieten die Scharen außer sich über seine Lehre; denn er lehrte sie wie mit Vollmacht, und nicht wie ihre Schriftgelehrten« (7,28 f.).

Die Bergpredigt ist – bei Gott! – alles andere als »traditionelle Schultheologie«! Das geht »unter die Haut«, vielleicht sogar ans

Herz. Nur, kann man einer solchen Redegewalt trauen, oder ist doch eher Skepsis angebracht?

Matthäus nimmt die Leser seines Evangeliums ernst. Er überläßt sie nicht ihrem zwiespältigen Gefühl, sondern er bemüht sich, ihnen durch die folgenden Erzählungen klar zu machen, daß sie Jesus trauen können: Jesus ging es immer um das Heil derer, die zu ihm kamen und zu denen er sich gesandt wußte.

So setzt Matthäus sein Evangelium zunächst mit einigen Wundergeschichten fort. Er entnahm sie seinen Vorlagen – dem Markusevangelium und der Logienquelle (s. S. 11f.) –, freilich nicht ohne sie in seinem Sinn zu bearbeiten:

Im Unterschied zu Markus stand für ihn *die heilende Begegnung* mit Jesus, nicht der Vorgang des Wunders im Mittelpunkt des Interesses, weshalb er nicht zögerte, die meisten markinischen Wundergeschichten auf ihren Kern – die Begegnung des Kranken mit Jesus – zu beschneiden (vgl. etwa Mt 8,1–4 mit Mk 1,40–45; Mt 8,28–34 mit Mk 5,1–20; Mt 9,1–8 mit Mk 2,1–12; Mt 9,18–26 mit Mk 5,21–43 u. ö. – Aus diesem Grund wird auch die »Wunderproblematik« in diesem Kommentar nicht noch einmal eigens aufgenommen; vgl. dazu SKK/NT 2, S. 55–57).

Anders als für die Verfasser der Logienquelle waren die Wunder für Matthäus allerdings nicht nur ausnahmsweise erwähnenswert. Daß die Menschen »*alle* Kranken mit den verschiedensten Gebrechen und Leiden« (4,24) zu Jesus gebracht hatten, war für ihn von bleibender Bedeutung – weniger als Beweis für das Recht Jesu, in so »neuartiger« Weise zu predigen, sondern mehr als Einladung für die Leser, unter *allen* Umständen bei Jesus ihr Heil zu suchen.

»Er hat unsere Leiden auf sich genommen und unsere Krankheiten getragen« (8,17)

Kein Mensch hat Grund, für sich von Jesus *nichts* zu erwarten. Jeder ist eingeladen, von Jesus *alles* zu erbitten – auch heute noch! Um dies von Anfang an deutlich zu machen – denn nur durch solch heilvolle Erfahrungen mit Jesus kann in uns auch das Vertrauen zu Jesu Worten wachsen! –, verläßt Matthäus nach dem (gekürzten) Bericht von der *Heilung eines Aussätzigen* (8,1–4 = Mk 1,40–45; vgl. SKK/NT 2, S. 36f.) bereits wieder seine Markus-

Vorlage, um die Geschichte des *Hauptmanns von Kafarnaum* (Mt 8,5–13) aus der Logienquelle (vgl. SKK/NT 21, S. 37 f.) einzufügen. Sie bietet – gleichgültig, wie wir sie in ihrem entscheidenden Vers auch lesen – auf jeden Fall eine Überraschung: Versteht man das entscheidende Wort in Vers 7 *(therapeusō)* als Futur, dann lautete Jesu Antwort:

»Ich *werde* ihn gesund machen!«

Versteht man das griechische Wort jedoch – was ebenfalls möglich ist – als erstaunte Frage (d. h. als Aorist Konjunktiv), dann ist zu übersetzen:

»Ich *soll* ihn gesund machen?«

Die erste Übersetzung scheint keine Probleme zu bieten, doch läßt sie *eine* Frage offen: Weshalb bekommt der Hauptmann von Kafarnaum nach Jesu Zusage, er werde kommen und seinen Knecht gesund machen, plötzlich »Angst vor der eigenen Courage«? Wäre es für ihn nämlich *von vornherein* klar gewesen, daß er *als Heide* nicht würdig war, daß Jesus sein Haus betritt, hätte er dann nicht logischerweise Jesus gleich darum bitten müssen, er solle seinen Knecht »nur mit einem Wort« aus der Ferne heilen? Diese Schwierigkeit umgeht der Evangelist Lukas, indem er in seiner Erzählung den Hauptmann gar nicht in Erscheinung treten läßt. Nach seiner Darstellung hatte sich die Geschichte nämlich so abgespielt:

»Ein Hauptmann hatte einen Diener, der todkrank war und den er sehr schätzte. Als der Hauptmann von Jesus hörte, schickte er einige von den jüdischen Ältesten zu ihm mit der Bitte, zu kommen und seinen Diener zu retten. Sie gingen zu Jesus und baten ihn inständig. Sie sagten: Er verdient es, daß du seine Bitte erfüllst; denn er liebt unser Volk und hat uns die Synagoge gebaut. Da ging Jesus mit ihnen. Als er nicht mehr weit von dem Haus entfernt war, schickte der Hauptmann Freunde und ließ ihm sagen: Herr, bemüh dich nicht! Denn ich bin es nicht wert, daß du mein Haus betrittst. Deshalb habe ich mich auch nicht für würdig gehalten, selbst zu dir zu kommen. Sprich nur ein Wort, dann muß mein Diener gesund werden!«
(Lk 7,2–7)

So hört sich das »O Herr, ich bin nicht würdig...!« schon logischer an. Mit diesem Wort gesteht der Hauptmann ein, daß er Jesu Besuch in seinem Haus wirklich nicht erwarten kann!

Es spricht also sehr vieles dafür, aus Jesu Antwort im Matthäusevangelium zunächst eine erstaunte Ablehnung herauszuhören:
»Soll *ich* etwa kommen und ihn gesund machen?«
(So auch die Fußnote der Einheitsübersetzung als alternative Übersetzungsmöglichkeit.)

Freilich, so verstanden gewinnt zwar die Antwort des Hauptmanns an Logik – »Gewiß, Herr, ich bin nicht würdig...!« –, doch entstehen dann für nicht wenige Menschen ganz andere Probleme:

Kann man wirklich annehmen – so fragen sie dann –, daß Jesus nur deshalb nicht zu einem Menschen gehen wollte, weil er ein *Heide* war – er, der Gott doch als den barmherzigen Vater verkündete und der deshalb auch keinerlei Schwierigkeiten hatte, sich mit Sündern und Zöllnern an *einen* Tisch zu setzen? Kann man so etwas von Jesus annehmen?

Wir müssen hier wieder ein wenig weiter ausholen.

Jesus und die Heiden

Wäre uns nur die Geschichte des Hauptmanns von Kafarnaum überliefert, würden wir uns bei dieser Frage gewiß schwerer tun. Nun wird uns aber in der Geschichte von der (heidnischen) Syrophönizierin ein ähnliches Verhalten Jesu geschildert:

»Sie schrie: Hab Erbarmen mit mir, Herr, du Sohn Davids! Meine Tochter wird von einem Dämon gequält. Jesus aber gab ihr keine Antwort. Da traten seine Jünger zu ihm und baten. Befrei sie (oder: schick sie weg), denn sie schreit hinter uns her. Er antwortete: Ich bin nur zu den verlorenen Schafen des Hauses Israel gesandt. Doch die Frau kam, fiel vor ihm nieder und sagte: Herr, hilf mir! Er erwiderte: Es ist nicht recht, das Brot den Kindern wegzunehmen und den Hunden vorzuwerfen...«
(Mt 15,22–26; vgl. Mk 7,24–30)

Und schließlich werden wir bei der ersten Aussendungsrede Jesu in unserem Evangelium auch folgendes lesen:

»Geht nicht zu den Heiden, und betretet keine Stadt der Samariter, sondern geht zu den verlorenen Schafen des Hauses Israel!«
(Mt 10,5 f.)

Dazu kommt noch eine weitere Beobachtung: Für die ersten

Christen war die Heidemission keineswegs selbstverständlich gewesen. Denn mußte man nicht von den Heiden erwarten, daß sie zuerst zum *Judentum* konvertierten – und dann als Glieder des auserwählten Volkes zu Jüngern Jesu wurden? Der Streit darüber dauerte lange (vgl. Apg 15), und es ist zumindest auffällig, daß sich die Partei, die *für* die Heidenmission plädierte, auf *kein* Beispiel im Leben Jesu berufen konnte.

Andererseits vermissen wir in Jesu Verkündigung jegliches Drohwort gegen die Heiden, obgleich es weder in Israels Heiliger Schrift, in unserem Alten Testament (vgl. Jes 63,1–6; Sach 14,12–19; Mal 1,2–5), noch in der religiösen Literatur z. Zt. Jesu an vernichtenden Worten gegen die Heiden fehlte. In den sogenannten *Psalmen Salomos* bittet beispielsweise der Beter für den Messias:

»Gürte ihn mit Kraft, daß er ungerechte Herrscher zerschmettere,
Jerusalem reinige von den Heiden, die (es) kläglich zertreten!
Weise (und) gerecht treibe er die Sünder weg vom Erbe,
zerschlage des Sünders Übermut wie Töpfergefäße.
Mit eisernem Stab zerschmettere er all ihr Wesen,
vernichte die gottlosen Heiden mit dem Wort seines Mundes,
daß bei seinem Drohen die Heiden fliehen,
und er die Sünder zurechtweise ob ihres Herzens Gedanken.«
(PsSal 17,22–25)

Auch solch feindselige Worte gegen die Heiden finden wir bei Jesus nicht.

Wir haben also allen Grund zur Annahme, daß die Heiden, auf die Jesus im damaligen Palästina ja unausweichlich immer wieder stoßen *mußte,* für Jesus »kein Thema« waren.

Doch damit stellt sich für viele noch einmal die Frage: *Wenn* – und daran können wir ja nicht ernsthaft zweifeln–, wenn Gott für Jesus *der barmherzige Vater* war, der seine Sonne über Bösen und Guten aufgehen läßt und der regnen läßt über Gerechte und Ungerechte (Mt 5,45); wenn Jesus überzeugt war, daß Gott keinen verloren gehen lassen will (vgl. Mt 18,14), wie sollen wir es dann verstehen, daß er sich um die Heiden *nicht* kümmerte? War deren Heil Jesus denn gleichgültig?

Jesus war kein Theoretiker der Nächstenliebe

Die Antwort auf all diese Fragen kann wohl nur so lauten: Die Liebe Gottes des Vaters war für Jesus offensichtlich keine theoretische Wahrheit, aus der er »logische Konsequenzen« ableitete, um sie dann zur Grundlage seines »missionarischen Verhaltens« zu machen. Die Liebe Gottes *erfüllte* ihn, und allem Anschein nach fühlte er sich durch sie nur zu den Menschen gesandt, denen er zugehörte und mit denen er konkret zusammenlebte. Sie, die um ihn waren und die für ihn unmittelbar erreichbar waren, sollten *heute* erfahren, wie sehr Gott sie liebt. An diesem Punkt scheint *für Jesus selbst* das Wort gegolten zu haben: »Sorgt euch also nicht um den morgigen Tag; denn der morgige Tag wird für sich selbst sorgen. Es genügt jedem Tag seine eigene Plage« (6,34). Und wenn wir ehrlich sind, müssen wir dann nicht zugeben, daß diese »Begrenzung« letztlich aus einem doppelten Grund überzeugender ist als viele unserer Aktivitäten, mit denen wir versuchen, weit außerhalb unseres Lebensraums die Welt zu verbessern:

Zum einen übergeht die Liebe Gottes niemals die Menschen, unter denen Er direkt zu Wort kommt, und zum anderen wird das *Himmelreich* nur durch die Herzen derer in dieser Welt gegenwärtig, die ihm Raum geben. Dann kann es aber doch immer nur darum gehen, daß möglichst *viele* Menschen für diese Öffnung gewonnen werden. Wer aber würde uns dafür in der Regel näher stehen; wer wäre da für uns schneller erreichbar als die Menschen, mit denen wir groß wurden, deren Sprache wir sprechen und deren Nöte wir aus allernächster Nähe kennen (könnten)?

Wir werden uns sehr bald noch einmal damit ausführlicher befassen müssen.

»Sprich nur ein Wort...!«

Wir haben nach alledem keinen Grund, uns gegen die Erkenntnis zu wehren, daß Jesus seine Tätigkeit bewußt auf Israel beschränkte, weil er sich nicht zu den Heiden gesandt wußte.

Doch weshalb hielt Matthäus diese Geschichte noch in seinem Evangelium fest? Schließlich war die Heidenmission in seiner Gemeinde keine Frage mehr (vgl. 28,18–20)! Fürchtete er nicht, daß ein solcher Vorfall das Ansehen Jesu bei den Heidenchristen mindern könnte? Oder wollte er damit den »unbekehrten Juden« gegenüber nachweisen, daß sie selbst daran schuld waren, wenn das Evangelium sich jetzt direkt an die Heiden richtete (vgl. 8,10–12!)? Schwerlich! Denn Matthäus konnte ja kaum noch damit rechnen, daß *Juden* sein Evangelium lasen. Diese Geschichte war für ihn aus anderen Gründen nicht »überholt«:

Zum einen dürften sich auch schon seine Leser gefragt haben, was es *ihnen* denn nütze, daß Jesus in der Vergangenheit Wunder gewirkt hatte. (Denn jene Bedeutung hatten die Wunder für die Menschen damals eben nicht, die wir ihnen heute gerne zuschreiben: die Wunder *als Beweis* für die Gottessohnschaft Jesu! Wundertäter gab es in der damaligen Zeit ja mehrere; vgl. SKK/NT 2, S. 55–57!) Angesichts dieser Fragen war es wichtig, daß *der Heide* – der »Vorfahre« aller Heidenchristen – darauf seine Hoffnung setzte, daß Jesu heilendes Wort *den Raum* zu *überwinden* vermag! *Nach* dieser Geschichte verlangte es eigentlich *keinen blinden* Glauben mehr, wenn man das Wort des Hauptmanns voll Hoffnung nachsprach; wenn man sich in realen Nöten ernsthaft an den auferstandenen und erhöhten Christus wandte.

Das zu sehen, war für Matthäus wichtig! Denn Jesu Wort gegen seine ungläubigen Zeitgenossen zeigte ja auch den Christen, was sie mit ihrem »Kleinglauben« (vgl. 6,30; 8,26!) aufs Spiel setzten. Der »große« Glaube des Hauptmanns war gewiß erstaunlich (8,10). Doch wo er fehlt, kann es nicht zu jener Gemeinschaft kommen, die Gott uns in Jesus Christus anbietet. Auch wir, die Christen, haben die Möglichkeit, dieses Angebot zu verspielen. Deshalb war die Geschichte des Hauptmanns von Kafarnaum für Matthäus nicht einfach ein Stück Vergangenheit.

Wenn Bindungen fallen

Nach der Geschichte des Hauptmanns von Kafarnaum, die er der Logienquelle entnommen hatte, kehrt Matthäus (8,14) zu seiner Markus-Vorlage (Mk 1,29) zurück, ohne sich freilich sklavisch an sie zu halten. Offensichtlich wollte er mit den folgenden Kapiteln etwas anderes als Markus zum Ausdruck bringen.

Was zunächst auffällt, ist, daß Matthäus die ersten Heilungswunder (8,2–16) mit einem Zitat aus dem sogenannten Vierten Gottesknechtslied (Jes 52,13–53,12) beschließt:

> »Am Abend brachte man viele Besessene zu ihm. Er trieb mit dem Wort die Geister aus und heilte alle Kranken, damit erfüllt würde, was durch den Propheten Jesaja gesagt worden ist: ›Er hat unsere Leiden auf sich genommen und die Krankheiten getragen‹ (Jes 53,4).«
> (Mt 8,16f.)

Jesus war für Matthäus nicht nur der Wundertäter, der die private Welt des einzelnen wieder in Ordnung brachte, sondern *der Gottesknecht*, der sich von Anfang an – und nicht erst am Kreuz – mit Israels Leiden und Nöten belastete, weil es ihm um *das erlöste Volk Israel* ging (vgl. schon 1,21!).

So ist es kein Zufall, daß Matthäus bereits jetzt *(8,18–22)* – viel früher als Markus (8,34 = Mt 16,24) – auf die *Nachfolge* Jesu zu sprechen kommt; denn das erlöste Volk Israel entsteht eben nur in der Gemeinschaft mit Jesus. Auch hier fallen mehrere Dinge auf: Der Schriftgelehrte, der Jesus nachfolgen will, trifft auf Jesus *im Aufbruch* (V. 18. – Diese »Aufbruchsgeschichte« fügt Matthäus von sich aus in den Markustext ein.). Obgleich er bereit ist, mit Jesus »fortzugehen« (so wäre V. 19 am Ende genau zu übersetzen!), nimmt Jesus ihn nicht einfach mit Begeisterung auf. Wer nachfolgen will, muß wissen, worauf er sich einläßt:

> »Und Jesus sagte ihm: Die Füchse haben Höhlen und die Vögel Nester, der Menschensohn aber hat nicht(s), wohin er sein Haupt legen könnte« (V. 20).

Obgleich die Begegnung mit Jesus dem Menschen die Chance bietet, heil zu werden, ist es nicht leicht, mit Jesus unterwegs zu sein; denn ein jeder, der sich ihm anschließt, läßt sich auf eine *neue* Welt ein. Er »bezahlt« diese neue Gemeinschaft mit dem Verlust seiner bisherigen Geborgenheit. Und wer glaubt, bei Bedarf einfach wieder dorthin zurückkehren zu können, der täuscht sich. Das illustriert Matthäus mit einer zweiten Nachfolge-Geschichte:

> »Ein anderer aber, einer seiner Jünger, sagte zu ihm: Herr, laß mich zuerst heimgehen und meinen Vater begraben! Jesus erwiderte: Folge mir nach, und laß die Toten ihre Toten begraben« (VV. 21f.).

Matthäus erinnert seine Gemeinde sehr früh daran: Wer den

Schritt in die Nachfolge Jesu getan hat, hat vieles hinter sich gelassen! Und was hat er dafür gewonnen? Ruhe und Stabilität? Ganz gewiß nicht! Wer Jesus nachfolgt, gerät in den Sturm (8,23–27)!

Wie sehr Matthäus die Jesusworte und -geschichten auf die Situation seiner Gemeinde hin erzählte; wie wenig er also an der »historischen« Genauigkeit der Worte und Taten Jesu interessiert war, läßt sich an diesen von Matthäus vorgezogenen »Nachfolgetexten« besonders deutlich zeigen:

Nach Lk 9,59f. wurde die Bitte: »Laß mich zuerst heimgehen...!« ursprünglich von einem Mann gesprochen, den *Jesus* zur Nachfolge aufgefordert hatte. Daher auch: »Laß mich *zuerst*...«.

Für Matthäus war diese Situation nicht mehr aktuell. Und so wurde bei ihm die (verständliche) Bitte des von Jesus angesprochenen Mannes zum Wunsch eines *Jüngers,* der Jesus bereits nachfolgt, nun aber – wenigstens für kurze Zeit – wieder in seine »alte Welt« zurückkehren möchte.

In ähnlicher Weise gestaltete Matthäus die markinische Wundergeschichte von der Stillung des Seesturms (4,35–41; vgl. SKK/NT 2, S. 72–74) zu einer Nachfolgegeschichte um: Während es Mk 4,36 die Jünger sind, die Jesus mitnehmen (»Und sie ließen die Schar zurück und nahmen ihn, wie er war, im Boot mit...«), ist es bei Matthäus (8,23) Jesus, der zuerst in das Boot steigt, die Jünger aber »folgten ihm nach«! An die Stelle des menschlichen Hilferufs bei Mk 4,38 (»Lehrer, kümmert es dich nicht, daß wir zugrunde gehen!«) tritt bei Matthäus (8,25) der liturgische Gemeinderuf: »Herr *(kyrie),* rette! Wir gehen zugrunde!« Und während Jesus bei Markus logischerweise zuerst den Sturm stillt (4,29) und sich dann an die Jünger wendet (4,30), hält Jesus bei Matthäus (8,26) zuerst eine Jüngerbelehrung, in der er seine Jünger wiederum auf ihren »Kleinglauben« anspricht, und erst dann stillt er das Meer. Und schließlich sind es bei Matthäus auch nicht die Jünger, die über die Macht Jesu staunen, sondern »die Menschen« (8,27). Die Jünger wissen ja darum – nur: sie trauen ihr nicht (s. auch S. 196f.).

Das gleiche geringe historische Interesse zeigt Matthäus schließlich auch bei dem Bericht von der Heilung der beiden besessenen Gadarener (8,28–34). Die Erzählung, die bei Markus 324 Worte umfaßt (Mk 5,1–20; vgl. SKK/NT 2, S. 74–76), kürzt Matthäus auf 135 Worte. Erwähnenswert ist für ihn wiederum der Einbruch des Reiches Gottes in *diese* Zeit (ruft der Dämon bei Markus 5,7: »Ich beschwöre dich bei Gott, quäle mich nicht!«, so schreien die Dämonen in der matthäischen Darstellung [Mt 8,29]: »Bist du hierher gekommen, uns *vor der Zeit* zu quälen?«!) sowie das unwillige Erschrecken derer, die die befreiende Macht Jesu in ihrem Lebensraum erleben mußten.

Hier besteht für Matthäus kein Widerspruch: Jesus kam, um den Menschen *das Leben* zu bringen – und doch hat dieses Kommen für diejenigen, die sich von Jesus ansprechen lassen, eine unausweichliche Fremdheit in ihrer bisherigen Welt zur Folge. Sie leben von nun an im Aufbruch und müssen damit rechnen, in Situationen zu geraten, in denen sie von den »Mächten des Chaos« erschüttert werden. (Matthäus 8,24 redet nicht – wie Mk 4,37 – von einem großen Sturm, sondern: »Und siehe, ein großes Beben entstand im Meer...«; vgl. die Fußnote der Einheitsübersetzung.)

Wenn wir also in der Nachfolge Jesu – und das bedeutet für Matthäus: in unserem Bemühen um »die größere Gerechtigkeit«, in dem Versuch, die eben gehörte Bergpredigt ernst zu nehmen –, wenn wir dabei entdecken müssen, daß wir in *dieser* Welt mit ihren »alten Werten« nicht mehr heimisch sind und daß uns diejenigen erschreckt von uns weisen, denen wir das befreiende Leben des Himmelreiches nahebringen wollen, dann ist das alles nichts Außergewöhnliches und zurecht Beängstigendes. Das ist »ganz normal«. Das war von Anfang an so. Hätten wir dann Angst und wollten wir aus solch erschütternden Situationen möglichst rasch herauskommen, dokumentierten wir damit keineswegs ein »Gespür für das Mögliche« und »den Mut zur Unvollkommenheit und zum Ethos«, sondern nur – unseren Kleinglauben (Mt 8,26).

»Lernt, was es heißt: Barmherzigkeit will ich!«

Wer sich für die Nachfolge Jesu entschließt, muß wissen: »Die Füchse haben Höhlen und die Vögel Nester, der Menschensohn aber hat nichts, wohin er sein Haupt legen könnte« (vgl. 8,19f.). Doch was ist der Grund für diese Fremdheit?

Einen ersten Hinweis gibt Matthäus in der Geschichte von der Heilung des Gelähmten (9,1–8). Er entnahm sie seiner Markus-

Vorlage (Mk 2,1–12; vgl. SKK/NT 2, S. 38–40), gab ihr aber eigene Akzente:

a) Weder der Verkündigung Jesu (so Mk 2,2) noch dem ungeheuren Zustrom der Menschen zu Jesus (so Mk 2,2.4) gilt das matthäische Interesse, sondern dem *ermutigenden Wort* Jesu: »Sei guten Muts, Kind!« (V. 2. – So nur Matthäus.).

b) Wer daran zweifelt, daß *Menschen* (V. 8!) die Vollmacht gegeben ist, einem anderen Menschen die Vergebung seiner Sünden zuzusprechen, der »erwägt Böses in seinem Herzen« (V. 4. – So nur Matthäus. Er streicht die theologische Rechtfertigung dieser Zweifel, wie sie noch Mk 2,7 = Lk 5,21 begegnet. Auch hier erzählt Matthäus die Geschichte für *seine* Gemeinde! Was früher denkbar war, interessiert ihn heute nicht mehr!).

c) Nicht nur Jesu Vollmacht zur Sündenvergebung steht zur Debatte (V. 6). Matthäus weitet die Bedeutung dieser Erzählung aus. Endet sie Mk 2,12 (ähnlich Lk 5,26) mit dem für Wundergeschichten typischen Chorschluß:

> »Der Mann stand sofort auf, nahm seine Tragbahre und ging vor aller Augen weg. Da gerieten alle außer sich; sie priesen Gott und sagten: So etwas haben wir noch nie gesehen.«
> (Mk 2,12)

so formuliert Matthäus den Schluß unter Rückgriff auf Vers 6 folgendermaßen:

> »Als die Scharen das sahen, erschraken sie und priesen Gott, der *den Menschen* solche Vollmacht gegeben hat« (V. 8).

Diese Veränderungen, die Matthäus an seiner Markus-Vorlage vornahm, gewinnen noch an Gewicht, wenn wir bedenken, daß es unserem Evangelisten auch in der folgenden Geschichte – bei der Berufung des Matthäus und Jesu Mahl mit den Zöllnern (9,9–13) – nicht nur darum ging, *Jesu* außergewöhnliches Tun zu begründen. Auch hier versteht Matthäus Jesu Verhalten als *Lehrbeispiel!* Heißt es bei Markus:

> »Jesus hörte es und sagte ihnen: Nicht die Gesunden brauchen den Arzt, sondern die Kranken. Ich bin nicht gekommen, um Gerechte zu rufen, sondern Sünder.«
> (Mk 2,17)

so formuliert Matthäus:

»Er hörte es und sagte: Nicht die Gesunden brauchen den Arzt, sondern die Kranken. Zieht aber hin und lernt, was es bedeutet: ›Barmherzigkeit will ich, nicht Opfer‹. Denn ich bin nicht gekommen, um Gerechte zu rufen, sondern Sünder« (V. 12 f.).

Weil Gott Barmherzigkeit wichtiger ist als seine Ehre, hat er *sein* Vorrecht – nämlich: Sünden zu vergeben (vgl. Mk 2,7)! – in die Hände der Menschen gelegt. Und das *muß* praktiziert werden! Den Grund dafür gibt Matthäus mit der nächsten Erzählung an – einem Streitgespräch, das sich am Nicht-Fasten der Jünger Jesu entzündete (9,14–17).

Vergleicht man den matthäischen Text mit seiner Markus-Vorlage (Mk 2,18–22), zeigt sich, daß das Interesse unseres Evangelisten weniger dem ersten Teil dieses Streitgesprächs galt: Das erneute Fasten in seiner Gemeinde ist nicht umstritten, wenn es in der rechten, d. h. diskreten Weise geschieht (vgl. 6,16–18). Wichtiger ist für Matthäus der zweite Teil, der (zunächst) die Unvereinbarkeit von alt und neu zum Thema hat (VV. 16 f.). Freilich, auch hier begnügt sich Matthäus nicht mit der Feststellung: »Jungen Wein in neue Schläuche!« (Mk 2,22). Wichtig ist für ihn wiederum die *Schlußfolgerung*, in der er nochmals über Markus hinausgeht: »Jungen Wein gießt man in neue Schläuche, *und beide bleiben erhalten*« (V. 17).

Der »neue Wein« muß *erhalten* bleiben, und dazu bedarf es *neuer* Schläuche. Das heißt: Das Neue, das mit Jesus gekommen ist, wird nur dann nicht verloren gehen, wenn es in *neue* Lebensvollzüge aufgenommen wird – von Menschen, die gelernt haben, daß Gott Barmherzigkeit will, und die es ernst nehmen, daß Gott uns Menschen Vollmacht gab, auf Erden Sünden nachzulassen.

Damit – so wird Matthäus im Verlauf seines Evangeliums noch weiter zeigen – hängt letztlich nicht nur die Fremdheit der Jünger Jesu in dieser Welt zusammen, daraus ergeben sich auch jene erschütternden Momente im Leben der Jünger Jesu, in denen sie wähnen, von den Mächten des Chaos verschlungen zu werden. Doch weshalb?

Wir würden den Menschen, die mit Jesu »neuartigem«, in religiösen Dingen sehr großzügigen Verhalten Schwierigkeiten hatten,
gewiß Unrecht tun, unterstellten wir ihnen grundsätzlich bösen
Willen. Sie kannten – und anerkannten! – ja auch das Hoseawort:
»Barmherzigkeit will ich, nicht Opfer...« (Hos 6,6). Doch konnte
man dieses Wort nicht auch *falsch* auslegen?

Wer glaubt, daß das Gesetz Israel gegeben wurde, damit es
dadurch *lebe* (s. S. 165–168), und wer die Augen nicht davor
verschließt, daß es eben *die Sünder* sind, die die religiöse und
gesellschaftliche Ordnung belasten und zerstören – kann sich der
einfach unter Berufung auf die Barmherzigkeit Gottes bedenkenlos
an den Tisch der Sünder setzen? Muß er nicht doch auch damit
rechnen, daß diese Großzügigkeit *falsch* verstanden werden kann
– als Freibrief für die eigene Gesetzlosigkeit?

Matthäus gibt auf diese Bedenken, die sich unweigerlich einstellen, wenn man aus Jesu Verhalten Konsequenzen zieht – und
darauf kommt es unserem Evangelisten ja ausdrücklich an
(s. 9,1–16!) –, Matthäus gibt auf diese Bedenken mit den folgenden Wundergeschichten (9,18–34) zunächst nur eine indirekte
Antwort:

Als erstes erinnert er daran, daß dieser Jesus keinesfalls zum
Ausgangspunkt für irgendwelche »religiösen oder sittlichen Ver-
wilderungen«, sondern zur *letzten Zuflucht* für Menschen wurde,
die sonst nirgendwo mehr Rettung finden konnten (VV.
18.20.27.32). Auch hier gilt: »An ihren Früchten werdet ihr sie
erkennen...« (7,16.20)!

Und noch ein Zweites ist für Matthäus in diesem Zusammenhang wichtig: Daß Jesus das Heil brachte, konnte sich nur bei
denen zeigen, die ihm *vertrauten*. (Der Vergleich von Mk 5,21–43
mit Mt 9,18–26 zeigt wiederum, daß Matthäus nicht am Wunder,
sondern am *Glauben der Menschen* interessiert ist. Daher auch die
Frage Jesu V. 28: »Glaubt ihr, daß ich dies tun kann?«!) Nur
derjenige, der Jesus Vertrauen entgegenbringt, kann erleben, daß
Jesu Weg in Wahrheit der Weg des Lebens – und nicht ein Sieg des
Bösen – ist.

IV. »Ach, daß doch mein Volk auf mich hörte...!« [Ps 81,14]. – (9,35–12,50)

Wir haben uns (in der Regel) eine einfache Erklärung zurechtgelegt: Der entscheidende Grund – so sagen wir uns –, weshalb es zwischen Jesus und seinen Zeitgenossen zum *Zerwürfnis* kam, war deren Weigerung, Jesus als den Messias (bzw. als Gottes Sohn) anzuerkennen; denn das scheint ja auch heute noch *der* Punkt zu sein, an dem sich Juden und Christen am wesentlichsten unterscheiden!

Diese – gewiß weitverbreitete – Meinung gerät bei genauerem Zusehen freilich sehr rasch ins Wanken, da die biblischen Texte hier doch etwas ganz anderes sagen. Ein sehr gutes Beispiel dafür liefern die nächsten Kapitel des Matthäusevangeliums, die unser Evangelist wiederum aus sehr unterschiedlichen Quellen zusammengestellt hat.

1. Jesu Werk – im Spiegel seiner Apostel (9,35–11,1)

Die nächste größere Einheit unseres Evangeliums bildet die sogenannte *Aussendungsrede* Jesu an die zwölf Apostel (10,5–42). Freilich, auch bei ihr handelt es sich um kein »historisches Protokoll« jener Rede, die Jesus anläßlich der *ersten* Aussendung seiner Jünger (vgl. dazu SKK/NT 2, S. 81 f.) gehalten hatte. Wenn es nämlich Vers 17 f. heißt:

> »Sie werden euch vor die Gerichte bringen und in ihren Synagogen geißeln. Und vor Statthalter und Könige werdet ihr geführt werden...«,

dann hatte Matthäus bei dieser Formulierung bereits die Situation *seiner* Zeit vor Augen; denn zum einen sprach Jesus ja nie von »ihren (der Juden) Synagogen«·– als ob ihm die Synagogen fremd wären –, und zum anderen gab es zur Zeit Jesu in Palästina weder Könige noch eine Mehrzahl von Statthaltern. Als Matthäus also *diese* Rede Jesu an die *zwölf Apostel* (V. 2) gestaltete, da dachte er auch schon an das *missionarische* Wirken seiner urchristlichen Gemeinden (nur in diesem Zusammenhang nennt Matthäus *die Zwölf* einmal »die Apostel«; vgl. im übrigen SKK/NT 3, S. 72) – nicht um Jesu ehemalige Worte künstlich zu aktualisieren, sondern aus einem tiefen theologischen Grund:

Das Wirken der Apostel stellt für Matthäus nicht nur eine beachtliche Parallele zu Jesu Tun dar, vielmehr ist es dessen reale Vergegenwärtigung. Wenn die Apostel nämlich die Macht bekommen,

»die unreinen Geister auszutreiben und *alle Krankheiten und Leiden zu heilen*« (V. 2),

dann tun sie nichts anderes als Jesus selbst:

»Jesus zog durch alle Städte und Dörfer, lehrte in ihren Synagogen, verkündete das Evangelium vom Reich und *heilte alle Krankheiten und Leiden*« (9,35).

Eben deshalb kann Jesus am Ende dieser Rede auch sagen:

»Wer euch aufnimmt, der nimmt mich auf, und wer mich aufnimmt, nimmt den auf, der mich gesandt hat« (10,40).

Gewiß, *ein* Unterschied besteht zwischen dem Tun der Jünger und dem Tun Jesu: Er ist von Jesus selbst gewollt:

»Was ich euch im Dunkeln sage, davon redet am hellen Tag, und was man euch ins Ohr flüstert, das verkündet von den Dächern« (V. 27).

Das aber bedeutet: Das Wirken der Apostel »vergrößert« das Wirken Jesu. Es zeigt in aller Öffentlichkeit und Deutlichkeit, worauf es Jesus »im Kleinen« angekommen war.

Hier fällt nun aber mehreres auf:

Bemerkenswertes

1. Jesus läßt seine Jünger eine *neue* Sprache sprechen. Hatte er unter dem Einfluß der Täuferpredigt noch mit dem Ruf begonnen: »*Kehrt um,* denn das Himmelreich ist da!« (4,17), so gibt es für seine Jünger nur noch das eine Thema: die *Gegenwart* des Himmelreiches! Zum Gesetz des Mose, zum Glauben der Väter, zu den Werten der Vergangenheit *zurück*zurufen, wäre jetzt zu wenig (vgl. auch SKK/NT 2, S. 29).

2. Weil den Menschen die Augen für die Gegenwart des Himmelreiches geöffnet werden sollen, ist von den Aposteln nur eines verlangt:

»Geht und verkündet: Das Himmelreich ist da! Heilt Kranke, weckt Tote auf, macht Aussätzige rein, treibt Dämonen aus. Umsonst habt ihr empfangen, umsonst gebt! Erwerbt nicht Gold, nicht Silber noch Kupfer in eure Gürtel, keine Reisetasche auf den Weg, nicht zwei Röcke, keine Sandalen, keinen Stab; denn der Arbeiter ist seiner Nahrung wert« (VV. 7–10).

Die Heilungen, die unter ihren Händen geschehen, sollen ebenso von der Gegenwart des Himmelreiches zeugen wie ihre Selbstlosigkeit und ihr bewußter Verzicht auf jede Art von Vorsorge. Allein darum geht es: daß die Gegenwart des Himmelreiches *durch sie* glaubwürdig wird:»Wenn ihr (deshalb) in ein Haus kommt, dann wünscht ihm Frieden« (V. 12).

3. In dem ganzen Missions*auftrag* (VV. 7–11) spielt weder die Person Jesu noch irgendeine Leistung von seiten der Angesprochenen eine Rolle. (Nicht einmal der Glaube wird gefordert!) Und dennoch wird es zum Konflikt kommen (VV. 17 f.21–26)! Wie sollen wir das verstehen?

Wahllosigkeit ist kein Zeichen von Liebe

Zu den weniger geschätzten Teilen dieser *Aussendungsrede* gehören erfahrungsgemäß die folgenden Verse, die – wörtlich übersetzt – so lauten:

»In welche Stadt aber immer oder (in welches) Dorf ihr hineingeht, prüft, wer darin würdig ist, und dort bleibt, bis ihr hinausgeht. Wenn ihr in das Haus hineinkommt, grüßt es! Und wenn das Haus würdig ist, komme euer Friede auf es. Wenn es aber nicht würdig ist, wende sich euer Friede zu euch zurück« (VV. 11–13).

Widersprechen diese Verse nicht Jesu sonstigem Denken und Verhalten? Wenn Jesus sich beispielsweise mit »Zöllnern und Sündern« an einen Tisch setzte, hatte er dann jemals gefragt, ob sie seiner *würdig* seien?

Diese Bedenken sind solange berechtigt, wie wir das Wort »würdig« in seinem üblichen Sinn verstehen. Sobald wir freilich bedenken, was jenes *griechische* Wort *axios* bedeutete, das unsere Übersetzungen mit »würdig, wert sein, verdienen« o. ä. wiedergeben, hören sich die obigen Verse ganz anders an.

Was bedeutet: »würdig sein«?

Das griechische Wort *axios,* das in unseren Bibelübersetzungen gerne mit »würdig sein, wert sein, verdienen« wiedergegeben wird, bedeutet eigentlich »den anderen Waagebalken herauführend, ihn ins Gleichgewicht bringend«, d. h. *gleichgewichtig, gleichwertig.*
So kann es etwa heißen:

> »Anmut über Anmut besitzt eine schamhafte Frau, kein Preis *wiegt* eine *auf,* die sich selbst beherrscht.«
> (Sir 26,15)

In ähnlicher Weise kann Paulus schreiben:

> »Ich bin überzeugt, daß die Leiden dieser Zeit nicht *gleich wiegen* wie die Herrlichkeit, die an uns offenbar werden soll.«
> (Röm 8,18)

Mit *axios* soll also nicht gesagt werden, daß jemand etwas verdient – so daß er darauf auch Anspruch hätte! –, sondern daß zwei Größen (Menschen oder Dinge) einander gleichwertig sind und deshalb *zu einander passen.* So steht beispielsweise in einer »Mahnung, die Weisheit zu suchen«:

> »Strahlend und unvergänglich ist die Weisheit;
> wer sie liebt, erblickt sie schnell,
> und wer sie sucht, findet sie.
> Denen, die nach ihr verlangen,
> gibt sie sich sogleich zu erkennen.
> Wer sie am frühen Morgen sucht, braucht keine Mühe,
> er findet sie vor seiner Tür sitzen.
> Über sie nachzusinnen, ist vollkommene Klugheit;
> wer ihretwegen wacht, wird schnell von Sorge frei.
> Sie geht selbst umher, um die zu suchen, die ihrer *würdig*
> *(wert, zu ihr passend)* sind;
> freundlich erscheint sie ihnen auf allen Wegen
> und kommt jenen entgegen, die an sie denken.«
> (Weish 6,12–16)

Der Weisheit »würdig« sind diejenigen, die sie suchen; denn die Weisheit sucht ihrerseits Menschen, die nach ihr suchen. Deshalb entsprechen sie einander. Deshalb passen sie zueinander.
Umgekehrt kann es von den Frevlern heißen:

»Die Frevler holen winkend und rufend den Tod herbei
und sehnen sich nach ihm wie nach einem Freund;
sie schließen einen Bund mit ihm,
weil sie es *verdienen (wert, würdig sind),* ihm zu gehören.«
(Weish 1,16)

Weil die Frevler nicht auf das Leben, sondern auf das Verbrechen – und damit auf den Tod – aus sind, passen sie zum Tod! Deshalb sind sie seiner »würdig«!

Wenn wir jetzt nochmals die Verse 11–13 aus der *Aussendungsrede* lesen, haben sie wohl ihre erste Anstößigkeit verloren; denn dann verlangen sie ja »nur«, daß sich die Missionare, die Apostel, zuerst einmal umsehen, ob es irgendwo Menschen gibt, zu denen sie mit ihrer Botschaft passen. Dementsprechend können sie dann ja auch aufgefordert werden:

»Siehe, ich sende euch wie Schafe mitten unter Wölfe. Werdet also klug
wie die Schlangen und lauter wie die Tauben! Hütet euch aber vor den
Menschen…« (VV. 16f.; vgl. 7,6).

Das Matthäusevangelium geht ganz selbstverständlich davon aus, daß es in der Welt auch Menschen gibt, zu denen das Evangelium – die Botschaft vom Himmelreich – nicht paßt und die ihrerseits nicht zum Himmelreich passen. So wenig Jesus sich an die Priester und Leviten wandte oder nach Qumran zog, um den dortigen Gemeindegliedern das Evangelium zu verkünden, so wenig verlangte er von seinen Aposteln, daß sie sich bei ihrer Mission an diejenigen wenden, zu denen *seine* Botschaft *nicht* paßt.

Das ist für Jesus kein Widerspruch zu seinem Evangelium vom barmherzigen Vater, der Guten wie Bösen Regen und Sonne schenkt; denn ob dieses Evangelium zu einem Menschen paßt oder nicht, hängt (wie bei der Weisheit, s. o.!) auch von *dessen* Lebensstil ab:

»Wer Vater oder Mutter mehr liebt als mich, ist meiner nicht würdig,
und wer Sohn oder Tochter mehr liebt als mich, ist meiner nicht würdig.
Und wer nicht sein Kreuz nimmt und folgt mir nach, ist meiner nicht
würdig. Wer sein Leben fand, wird es verlieren, und wer sein Leben
verlor um meinetwillen, wird es finden« (VV. 37–39).

Auch hier bereitet uns die Übersetzung zunächst einige Schwierigkeiten, da uns im Deutschen nicht wie im Griechischen mehrere Worte für »lieben« zur Verfügung stehen. Daher können wir in Vers 37 zunächst nicht deutlich machen, daß hier nicht jenes Wort gebraucht wird, das uns beispielsweise bei den beiden Hauptgeboten (22,37–39) begegnet. Matthäus verwendet in 10,37 nämlich jenes griechische Wort, das die natürliche Zuneigung zu denen, die einem zugehören, d. h. die Liebe zu den nächsten Angehörigen, bezeichnet (vgl. Joh 15,19: »Wenn ihr von der Welt stammen würdet, würde die Welt euch als ihr Eigenes lieben«).

Jesus als Störenfried

Obgleich Jesus sich in aller Öffentlichkeit an sein Volk wandte, verstand er sein Evangelium keineswegs als eine Botschaft »für jedermann«. Wem die eigene Familie wichtiger ist; wer sich den Seinigen so verbunden fühlt, daß er sich ihretwegen außerstande sieht, ihm mit seinem je eigenen Kreuz nachzufolgen – der paßt nicht zu ihm.

Nun könnte man freilich fragen: »Ist das denn so schlimm? Gibt es denn nicht mehrere Wege zu einem sinnvollen Leben?« Und wer wollte diese Möglichkeit von vornherein ausschließen? (Denn wer dächte hier nicht sofort an die vielen, die – aus welchen Gründen auch immer – nicht als Christen leben!) Doch das ist nicht das Problem der *Aussendungsrede*.

Wir dürfen ja nicht übersehen, daß der erste Teil von Vers 39 den *Verlust* des Lebens keineswegs mit einer Ablehnung des Evangeliums begründet. Es heißt vielmehr nur:

»Wer sein Leben fand (heurōn = Partizip Aorist), wird es verlieren...«.

(Leider gleichen die allermeisten Übersetzungen ihre Wiedergabe des griechischen Textes an die spätere Stelle 16,25 an, die freilich im Urtext ganz anders lautet! Wollte Matthäus aber wirklich das gleiche wie dort sagen, weshalb formulierte er dann in dieser auffälligen, außergewöhnlichen Weise?)

Für wen die Suche nach dem Leben bereits der Vergangenheit angehört; wer also keinen Grund mehr hat, sich weiter auf den Weg zu machen – der wird (ganz generell) sein *Leben* verlieren. *Das gilt zunächst ohne jeden Bezug zur Person und zum Werk Jesu* (und erst recht ohne Blick auf das »ewige Leben«, für das im Griechischen ein ganz anderes Wort verwendet wird!).

Es gilt nun freilich auch, daß Jesus für all diese, die nichts mehr suchen und nichts mehr verlieren wollen, bewußt als »Störenfried« gekommen ist:

»Denkt nicht, ich sei gekommen, um Frieden auf die Erde zu bringen. Ich bin nicht gekommen, um Frieden zu bringen, sondern das Schwert. Denn ich bin gekommen, um den Sohn mit seinem Vater zu entzweien und die Tochter mit ihrer Mutter und die Schwiegertochter mit ihrer Schwiegermutter; und die Hausgenossen eines Menschen werden seine Feinde sein« (VV. 34–36).

Sie, die wähnen, das Leben schon zu haben, werden in Gottes Auftrag durch Jesus und seine Boten (V. 40) mit etwas Neuem konfrontiert: »Das Himmelreich ist da!« (V. 7). Diesem störend Neuen, das für immer mit dem Namen Jesus verbunden sein wird und dem man nur »entkommen« kann, wenn man sich von Jesus lossagt (V. 33; – vgl. VV. 24 f.) – *ihm* gilt der Widerstand und die Feindschaft »der Menschen« (VV. 17–22). Doch weil *dieser* weiterführende Streit, der bis zuletzt an kein Ende kommen wird (vgl. V. 23), nicht willkürlich vom Zaun gebrochen wird, können alle, die in ihn verwickelt werden, mit Gottes Nähe und Beistand rechnen (VV. 19 f. 26. 28–31). Und wer in ihm nicht aufgibt, wird am Ende *Jesus* auf seiner Seite finden (VV. 32 f.).

Vielleicht verstehen wir es jetzt schon besser, weshalb es zu einfach wäre, erklärten wir das Zerwürfnis zwischen Jesus und seinem Volk lediglich mit dessen Weigerung, Jesus als den Messias anzuerkennen. Nicht die Messianität (oder gar die Gottessohnschaft) Jesu steht im Mittelpunkt der Botschaft, die Jesu Apostel auszurichten haben, sondern die Gegenwart und die Vergegenwärtigung des Reiches Gottes.

2. Denn sie wissen nicht, was sie wollen (11,2–24)

Es mag sich gut anhören: »Nicht die Messianität (oder gar die Gottessohnschaft) Jesu steht im Mittelpunkt der Botschaft, die Jesu Apostel auszurichten haben, sondern die Gegenwart und die Vergegenwärtigung des Reiches Gottes« – zumindest wenn wir Jesu *Aussendungsrede* (10,5–42) ernst nehmen. Nur, reicht das denn aus? Wenn wir in unserer Mission (im Kleinen wie im Großen, zu Hause wie in der Öffentlichkeit) vor allem auf die »Sprache der Tatsachen« vertrauen, spricht dann nicht viel mehr *gegen* Jesus und sein Evangelium?

Diese Frage ist alt, uralt. Wir begegnen ihr bereits in unserem Evangelium im unmittelbaren Anschluß an Jesu Aussendungsrede:

> »Johannes hörte im Gefängnis von den Taten Christi. Da schickte er seine Jünger zu ihm und ließ ihn fragen: Bist du der, der kommen soll, oder müssen wir auf einen andern warten?« (VV. 2 f.).

Gleichgültig, ob diese Erzählung auf einen historischen Vorfall zurückgeht oder nur eine Bildung der Urgemeinde darstellt, die auf solch »narrative« Weise die Johannesjünger über die wahre Bedeutung Jesu belehren wollte (vgl. S. 63 sowie SKK/NT 21, S. 40) – das Problem, das hier zur Sprache kommt, ist in jedem Fall das gleiche:

Offensichtlich gab (und gibt) es Menschen, die sich selbst im Blick auf Jesus und seine Taten fragen, ob nicht doch noch ein anderer kommen müßte, wenn es in der Welt tatsächlich »bergauf« gehen sollte (VV. 2 f. – Nicht zufällig fehlt sowohl in der Frage der Johannesjünger als auch in der Antwort Jesu der Begriff »Messias«; denn die Messiaserwartung bildete ja nur einen Teil der damaligen Zukunftshoffnungen; vgl. SKK/NT 2, S. 18 f.84). Was spricht für Jesus und seine Botschaft?

Es gibt keinen abstrakten Beweis

Wenn wir ganz verstehen wollen, welche Bedeutung die Antwort für Matthäus hatte, die in den Versen 4 f. auf die Frage der Johannesjünger gegeben wird:

> »Jesus antwortete ihnen: Geht und berichtet Johannes, was ihr hört und seht: Blinde sehen wieder, und Lahme gehen; Aussätzige werden rein, und Taube hören; Tote stehen auf, und den Armen wird das Evangelium verkündet...«

– wenn wir die Bedeutung dieser Antwort ganz verstehen wollen, müssen wir einen kurzen Blick in das bisherige Evangelium zurückwerfen:

Bis Kapitel 10 hatte Matthäus zunächst mehrere Heilungswunder berichtet, die er seinen beiden Vorlagen, dem Markusevangelium und der Logienquelle, entnommen hatte:
– Die Heilung eines Aussätzigen: 8,1–4 (vgl. Mk 1,40–45)
– Die Heilung des gelähmten Knechts des Hauptmanns von Kafarnaum: 8,5–13 (vgl. Lk 7,1–10)
– Die Heilung der Schwiegermutter des Petrus: 8,14–15 (vgl. Mk 1,29–31)
– Die Heilung der Besessenen von Gadara: 8,28–34 (vgl. Mk 5,1–20)
– Die Heilung eines Gelähmten: 9,1–8 (vgl. Mk 2,1–12)
– Die Heilung der blutflüssigen Frau und die Auferweckung eines Mädchens vom Tod: 9,18–26 (vgl. Mk 5,21–43)
Als letztes aber hatte Matthäus zwei Heilungen geschildert – die Heilung zweier Blinder und eines besessenen Stummen (9,27–31.32 f.) –, die er später *noch einmal* berichten wird – und zwar an eben jenen Stellen, an denen sie auch im Markusevangelium und in der Logienquelle erzählt werden (die Heilung zweier Blinder: 20,29–34 = Mk 10,46–52; die Heilung des besessenen Stummen als Einleitung des Streitgesprächs um den Sinn der Dämonenaustreibung: Mt 12,22–24 = Lk 11,14 f.). Frage: Weshalb begnügte sich Matthäus nicht damit, diese Wunder einfach *später* zu berichten – wie Markus und Lukas?

Weil – so sagen alle Exegeten – Matthäus für *jeden* Teil der Antwort an Johannes wenigstens *ein* Beispiel, einen *historischen* Beweis erbracht haben wollte:

Blinde sehen wieder: 9,27–31 (!)
Lahme gehen: 8,5–13; 9,1–8
Aussätzige werden rein: 8,1–4
Taube hören: 9,32 f. (!)
Tote stehen auf: 9,18–26
Armen wird das Evangelium verkündet: 5,3

Gewiß, in Jesu Antwort klingen auch prophetische Heilsbeschreibungen an. So ist bei Jesaja beispielsweise im Blick auf das zukünftige Heil zu lesen:

»Dann werden die Augen der Blinden geöffnet,
auch die Ohren der Tauben sind wieder offen.

Dann springt der Lahme wie ein Hirsch,
die Zunge des Stummen jauchzt auf.«
(Jes 35,5 f.; vgl. 29,18 f.)

Ähnlich steht am Beginn des 61. Kapitels:

»Der Geist Gottes, des Herrn, ruht auf mir;
denn der Herr hat mich gesalbt.
Er hat mich gesandt, damit ich den Armen
eine frohe Botschaft bringe
und alle heile, deren Herz zerbrochen ist,
damit ich den Gefangenen die Entlassung verkünde
und den Gefesselten die Befreiung...«
(Jes 61,1)

Doch Matthäus wollte eben nicht nur »die Bibel« *zitieren.*
(Dann hätte er auf die beiden letzten Heilungen verzichten können!) Es war für ihn wichtig, daß sich durch Jesus *tatsächlich*
»uralte Hoffnungen« erfüllten. Zugegeben, es blieb noch vieles
unerfüllt. Es waren keineswegs alle Aussätzigen rein und alle
Stummen redend geworden, und auch der Tod hatte weiterhin
Macht über das Leben. Durch Jesus war keineswegs alles gut
geworden – und eben daran kann man Anstoß nehmen. Daher
auch die abschließende Mahnung:

»Und selig ist, wer an mir keinen Anstoß nimmt!«

Denn trotz aller berechtigten Hinweise auf das noch vorhandene
Elend bleibt das zuerst Gesagte *wahr:* Wer in die Geschichte, die
Jesus bewirkte, hineinblickt, kann erkennen, daß die Welt durch
sie besser, heiler wurde – und wird (V. 4 gebrauchte Matthäus im
Unterschied zu Lk 7,22 das Präsens!).

Wem das nicht genügt, muß sich nun seinerseits von Jesus fragen
lassen, was er *eigentlich* will: »Als sie gegangen waren, begann
Jesus zu der Menge über Johannes zu reden; er sagte: Was habt ihr
denn sehen wollen, als ihr in die Wüste hinausgegangen seid?«
(V. 7).

»Was wollt ihr eigentlich?«

Nichts deutet darauf hin, daß die Menge, die um Jesus war (V. 7),
noch ein aktuelles Interesse an Johannes dem Täufer hatte. Jesus
war es, der ihn jetzt ins öffentliche Gespräch brachte – als Frage
an ihre, der Zuhörer, Vergangenheit: »Was habt ihr denn sehen
wollen...?«

Die Antwort ist »eigentlich« klar: Als sie zu Johannes hinausgezogen waren, da hatte sie das Gespür geleitet, einen Propheten
hören zu können. (Denn hätten sie einen von jenen Rednern hören
wollen, die ihre Mäntelchen stets nach dem Wind drehen, oder
hätten sie einen von den »feinen Leuten« treffen wollen, wären sie
gewiß nicht in die Wüste hinausgezogen: VV. 7 f.!) Sie wollten
einen *Propheten* sehen, und sie hatten recht: Johannes war ein
Prophet gewesen, ja er war weit mehr als ein Prophet gewesen
(VV. 9–11) – auch wenn man sagen muß, daß seine Größe bereits
der Vergangenheit angehört; »denn der Kleinste im Himmelreich
ist größer als er« (V. 11. – Und wenn jetzt nochmals jemand fragen
sollte, weshalb man von dem Himmelreich denn so wenig sehe, ist
die Antwort einfach: »Seit den Tagen Johannes' des Täufers bis
heute wird dem Himmelreich Gewalt angetan, und Gewalttätige
reißen es an sich« [V. 12]).

Sie hatten recht gehabt, als sie zu Johannes dem Täufer hinausgezogen waren. Er war etwas Besonderes gewesen; denn bis zu
ihm hatten die Propheten und das Gesetz prophezeit (V. 13). Ja,
recht verstanden (V. 15), war er der gewesen, in dem sich die
Hoffnung des Volkes auf den wiederkehrenden Elija erfüllt hatte
(V. 14).

Weshalb hatte das alles auf Jesu Zeitgenossen so wenig Eindruck
gemacht? Weshalb bewegte sie Johannes der Täufer nicht mehr
länger?

Die Antwort darauf gibt das folgende Gleichnis: Jesu Zeitgenossen gleichen Kindern, die *andere* nach ihrer Pfeife tanzen lassen
wollen, dabei aber gar nicht wissen, was sie *eigentlich* wollen
(VV. 16 f.): Als der Täufer kam, lehnten sie ihn letztlich ab, weil er
ihnen zu asketisch, zu weltfremd war. So jemand mußte »besessen« sein (V. 18). Warteten sie also auf einen, der trank und aß und
voller Lebenslust war? Da kam »der Menschensohn«, er tafelte

gern und hatte keinerlei Berührungsängste. Doch ihn lehnten sie nun gerade deshalb ab (V. 19)! Nein, die wußten wirklich nicht, was sie eigentlich von denen wollten, um die sie sich scharten. Nur darin waren sie sich offensichtlich einig: *Sie* wollten die Musik machen – auch dem Täufer, auch Jesus gegenüber –, und die anderen sollten sich danach bewegen!

Und eben dadurch *»wurde die Weisheit von ihren Taten her gerechtfertigt«* (V. 19)!

Noch einmal verwendet Matthäus ein sehr zeitgebundenes Bild.

Jesus – Gottes Weisheit

»Gott sah alles an, was er gemacht hatte: Es war sehr gut. Es wurde Abend, und es wurde Morgen: der sechste Tag. So wurden Himmel und Erde vollendet und ihr ganzes Gefüge. Am siebten Tag vollendete Gott das Werk, das er geschaffen hatte, und er ruhte am siebten Tag, nachdem er sein ganzes Werk vollbracht hatte. Und Gott segnete den siebten Tag und erklärte ihn für heilig; denn an ihm ruhte Gott, nachdem er das ganze Werk der Schöpfung vollendet hatte.«
(Gen 1,31 – 2,3)

So bekannte Israel schon früh seinen Glauben daran, daß die Welt kein zufälliges, sinnloses Chaos, sondern Gottes gute, weise geordnete Schöpfung war. Und diesen Glauben konnten all die Katastrophen nicht zerstören, von denen ja auch die Menschen in Israel nicht verschont blieben. Zu allen Zeiten galt:

»Der Herr hat die Erde *mit Weisheit* gegründet und *mit Einsicht* den Himmel befestigt.«
(Spr 3,19)

Israels Glaube drückte sich jedoch nicht nur in derart lapidaren Sätzen, sondern auch *in Bildern* aus – vor allem, seitdem der Ein-Gott-Glaube in Israel nicht mehr länger durch den Götterglauben der Umwelt gefährdet war. So sprach man nicht nur von *der* Weisheit, mit der Gott »all seine Werke gemacht« hatte (vgl. Ps 104,24), man stellte sie sich allmählich auch vor – als Gottes »geliebtes Kind«, das bereits vor der Weltschöpfung bei Gott war und vor ihm spielte. Im *Buch der Sprüche* bekennt beispielsweise »die Weisheit«:

»Der Herr hat mich geschaffen im Anfang seiner Wege,
vor seinen Werken in der Urzeit;
in frühester Zeit wurde ich gebildet,
am Anfang, beim Ursprung der Erde.
Als die Urmeere noch nicht waren,
wurde ich geboren,
als es die Quellen noch nicht gab, die wasserreichen.
Ehe die Berge eingesenkt wurden,
vor den Hügeln wurde ich geboren.
Noch hatte er die Erde nicht gemacht und die Fluren
und alle Schollen des Festlands.
Als er den Himmel baute, war ich dabei,
als er den Erdkreis abmaß über den Wassern,
als er droben die Wolken befestigte
und Quellen strömen ließ aus dem Urmeer,
als er dem Meer seine Satzung gab
und die Wasser nicht seinen Befehl übertreten durften,
als er die Fundamente der Erde abmaß,
da war ich als geliebtes Kind bei ihm.
Ich war seine Freude Tag für Tag
und spielte vor ihm allezeit.
Ich spielte auf seinem Erdenrund,
und meine Freude war es, bei den Menschen zu sein.«
(Spr 8,22–31)

Den *Menschen* begegnet die Weisheit allerdings nicht als Kind, sondern als Frau, als jugendliche Braut, die die Menschen in ihr Haus einlädt und den jungen Mann voll Verlangen entbrennen läßt:

»Die Weisheit hat ihr Haus gebaut,
ihre sieben Säulen behauen.
Sie hat ihr Vieh geschlachtet, ihren Wein gemischt
und schon ihren Tisch gedeckt.
Sie hat ihre Mägde ausgesandt
und lädt ein auf der Höhe der Stadtburg:
Wer unerfahren ist, kehre hier ein.
Zum Unwissenden sagt sie:
Kommt, eßt von meinem Mahl,

und trinkt vom Wein, den ich mische.
Laßt ab von der Torheit, dann bleibt ihr am Leben,
und geht auf dem Weg der Einsicht.«
(Spr 9,1–6)

Jesus Sirach aber bekennt am Ende seines großen Werkes:

»Als ich jung und noch nicht unstet war,
suchte ich eifrig die Weisheit.
Sie kam zu mir in ihrer Schönheit,
und bis zuletzt will ich sie erstreben.
Und wie nach dem Blühen die Trauben reifen,
die das Herz erfreuen,
so schritt mein Fuß auf geradem Weg;
denn schon von Jugend an habe ich sie erkannt.
Nur kurz hörte ich hin,
und schon fand ich Belehrung in Menge.
Sie ist für mich zur Amme geworden;
meinem Lehrer will ich danken.
Ich hatte im Sinn, Freude zu erleben,
ich strebte ohne Rast nach Glück.
Ich verlangte brennend nach ihr
und wandte von ihr meinen Blick nicht ab.
Ich richtete mein Verlangen auf sie,
und auf ihren Höhen wanke ich nicht.
Meine Hand öffnete ihre Tore,
und ich nahm sie leibhaftig wahr.
Ich habe ihretwegen meine Hände gereinigt,
und ich fand die Weisheit in ihrer Reinheit.
Einsicht erwarb ich durch sie von Anfang an,
darum lasse ich nicht von ihr.
Mein Herz war erregt, sie zu schauen,
darum erwarb ich sie als kostbares Gut.«
(Sir 51,13–21)

Nein, die Weisheit war für die Juden zur Zeit Jesu kein
»abstrakter Begriff«, sondern eine *Wirklichkeit bei Gott,* die
aus Gottes Welt heraustreten und den Menschen in dieser
Welt geradezu leibhaftig begegnen konnte. Doch auf welche
Weise? In welcher Gestalt?

In der Gestalt der Tora, im Gesetz des Mose! Denn das Volk
Israel war ihr Lebensraum, und das Gesetz des Mose war ihre
»Äußerung«:

»Die Weisheit lobt sich selbst,
sie rühmt sich bei ihrem Volk.
Sie öffnet ihren Mund in der Versammlung Gottes
und rühmt sich vor seinen Scharen:
Ich ging aus dem Mund des Höchsten hervor,
und wie Nebel umhüllte ich die Erde.
Ich wohnte in den Höhen,
auf einer Wolkensäule stand mein Thron.
Den Kreis des Himmels umschritt ich allein,
in der Tiefe des Abgrunds ging ich umher.
Über die Fluten des Meeres und über alles Land,
über alle Völker und Nationen hatte ich Macht.
Bei ihnen allen suchte ich einen Ort der Ruhe,
ein Volk, in dessen Land ich wohnen könnte.
Da gab der Schöpfer des Alls mir Befehl;
er, der mich schuf,
wußte für mein Zelt eine Ruhestätte.
Er sprach: In Jakob sollst du wohnen,
in Israel sollst du deinen Erbbesitz haben.
Vor der Zeit, am Anfang, hat er mich erschaffen,
und bis in Ewigkeit vergehe ich nicht.
Ich tat vor ihm Dienst im heiligen Zelt
und wurde dann auf dem Zion eingesetzt.
In der Stadt, die er ebenso liebt wie mich,
fand ich Ruhe,
Jerusalem wurde mein Machtbereich...
Kommt zu mir, die ihr mich begehrt,
sättigt euch an meinen Früchten!
An mich zu denken ist süßer als Honig,
mich zu besitzen ist besser als Wabenhonig.
Wer mich genießt, den hungert noch,
wer mich trinkt, den dürstet noch.
Wer auf mich hört, wird nicht zuschanden,
wer mir dient, fällt nicht in Sünde.
Dies alles ist das Bundesbuch des höchsten Gottes,
das Gesetz, das Mose uns vorschrieb
als Erbe für die Gemeinde Jakobs.«
(Sir 24,1–11.19–23)

Die Weisheit, die schon vor aller Zeit war und vor Gott
spielte, begegnet Israel in *dieser* Welt in Gestalt der Tora – so
glaubt und bekennt das Judentum seit dem 3. Jh. v. Chr.!

Vielleicht können wir von hier aus verstehen, weshalb die

Urchristenheit an diesem Punkt noch ein Stück weitergegangen war: War es nicht *Jesus* gewesen, der dem Gesetz – in der Bergpredigt etwa oder in den verschiedenen Streitgesprächen – zur letzten Klarheit verholfen hatte?

Und so erschien ihnen *Jesus* als die personifizierte, menschgewordene Weisheit Gottes.

Wenn uns Menschen in Jesus die Weisheit Gottes begegnet, dann sind *seine* Taten – jene Taten, von denen der Täufer im Gefängnis gehört und mit denen Jesus sich vor ihm »ausgewiesen« hatte (10,2–5) – *die Taten der Weisheit.* Sie hatte Matthäus vor Augen, als er das Gleichnis für die Zeitgenossen Jesu mit der Bemerkung abschloß: »Und gerechtfertigt wurde die Weisheit von ihren Taten« (V. 19). Wie sollen wir das verstehen?

Wehe denen, die nichts brauchen und nichts suchen!

So unterschiedlich die biblischen Texte auch sind, die von der Weisheit handeln, sie stimmen in einem überein: Die Weisheit sucht Menschen, die nach ihr Verlangen haben: »Sie geht selbst umher, um die zu suchen, die ihrer würdig sind« (Weish 6,16; s. S. 155 f.).

Doch eben solch unruhig Suchende hatte die Weisheit, die in Jesus Mensch geworden war, unter Jesu »normalen« Zuhörern *nicht* gefunden, waren diese sich doch noch nicht einmal darüber im klaren, was sie eigentlich wollten. *Deshalb* war die Weisheit *im Recht,* als sie sich in Christus (V. 2) – und seinen Aposteln (10,5–8)! – denen zuwandte, die Heil und Leben *erwarteten:* den Blinden und Lahmen, den Aussätzigen, den Tauben und Armen. Und für sie, die dadurch ihr Heil gefunden hatten, war es nicht mehr schwer, der Botschaft zu glauben: »Das Himmelreich ist da!«

Unsere Angst, die »Sprache der Tatsachen« könnte eher gegen Jesus als für ihn sprechen (s. S. 149 f.) – kommt sie nicht letztlich daher, daß wir sein Evangelium nicht dort zur Sprache bringen, wo es auf Menschen treffen würde, die auf Hilfe warten? Hat diese unsere Angst nicht vielleicht auch damit zu tun, daß wir »die

Wahrheit des Evangeliums« auf Marktplätzen vor Zuhörern nachweisen wollen, die weder wissen, was sie wirklich wollen, noch bereit sind, ihren »Sitzplatz« aufzugeben und selbst mitzuspielen?

Natürlich könnte man hier wiederum einwenden: Ist es denn so schlimm, wenn Menschen mit sich und ihrer Welt zufrieden sind? Wenn sie keine besondere Unruhe spüren und deshalb auch kein Verlangen nach der *göttlichen* Weisheit haben?

Läge die Welt nicht im argen; würde sie nicht fortwährend vom Chaos bedroht; würde der, der die Weisheit nicht sucht, nicht zwangsläufig zum Toren, und hätte nicht inmitten der Menschheitsgeschichte die Geschichte eines Volkes damit begonnen, daß Gott zu *einem* sagte: »Ein Segen sollst du sein!« (vgl. Gen 12,1–3) – wir könnten tatsächlich fragen: »Ist es denn so schlimm, wenn Menschen mit sich und ihrer Welt zufrieden sind?«

Doch wer die Weisheit nicht sucht, verweigert der Schöpfung das Leben:

»Denn die Abtrünnigkeit der Haltlosen ist ihr Tod, die Sorglosigkeit der Toren ist ihr Verderben.«
(Spr 1,32)

Deshalb hat Gott in Jesus seine ganze Weisheit geoffenbart – und es ist ihm nicht gleichgültig, ob wir uns darum kümmern oder nicht (Mt 10,20–24; vgl. auch S. 271–274).

3. »Er wird den Völkern das Recht verkünden!« (11,25 – 12,50)

Wir können es uns nicht oft genug bewußt machen, da unser Denken normalerweise in die andere Richtung geht:

Jesus kam, um seinem Volk *das* Heil zu bringen, das Gott uns Menschen *auf Erden* schenken möchte. Deshalb begnügte sich Jesus nicht mit Anweisungen, wie wir Menschen »das ewige Leben« gewinnen können (vgl. 19,16–22). Deshalb begnügte sich Jesus auch nicht damit, vor Vergehen und Verfehlungen zu warnen (vgl. die Bergpredigt), und deshalb zog Jesus mit seinen Jüngern auch nicht aus Galiläa in die Wüste. Nein, er wollte das volle Leben der Menschen erreichen.

Dieses wurde nun aber nicht nur durch die privaten Nöte und Bedürfnisse, Fragen und Sehnsüchte des einzelnen bestimmt, sondern auch durch die für alle verbindliche Tora, das Gesetz des Mose. Deshalb genügte es nicht, sich nur um die *persönlichen* Nöte zu kümmern, die sich für den einzelnen aus seiner ganz individuellen Situation ergaben. Wenn Jesus das *ganze* Leben der Menschen erreichen wollte, mußte er auch zur Auslegung und Anwendung der Tora Stellung beziehen, da sie ja das Leben *aller* beeinflußte und mitbestimmte.

So verwundert es nicht, daß die Evangelien uns Jesus immer wieder in *Streitgesprächen* mit den »Pharisäern und Schriftgelehrten« schildern, in denen Jesus *seine* Deutung vorträgt und verteidigt. Doch offensichtlich leuchtete *seine* Auslegung nicht allen in seinem Volk ein. Die Mehrzahl der Schriftgelehrten und Pharisäer, aber auch der Priester und Leviten war – und blieb – anderer Meinung.

Das konnte auch Jesus nicht verborgen bleiben. Wie wurde er damit »fertig«?

»Ich preise dich, Vater...!«

Jesu Reaktion auf das Unverständnis und die Ablehnung durch die maßgebenden, gebildeten, geschulten Leute in seinem Volk *kann* ein zwiespältiges Gefühl hervorrufen:

> »Ich preise dich, Vater, Herr des Himmels und der Erde, daß du all das den Weisen und Klugen verborgen, den Unmündigen aber offenbart hast. Ja, Vater, so hat es dir gefallen« (VV. 25 f.).

Wird hier nicht die eigene Unfähigkeit, zu überzeugen, ideologisch kaschiert? Natürlich, wenn es Gott ist, der den Weisen und Klugen die Einsicht verwehrt, dann muß »ich« mich ja mit *meiner* Deutung und mit *meinen* Methoden nicht in Frage stellen lassen! Erst recht nicht, wenn das Ganze mit dem Bekenntnis (oder Selbstlob?) abschließt:

> »Mir ist von meinem Vater alles übergeben worden; niemand kennt den Sohn, nur der Vater, und niemand kennt den Vater, nur der Sohn und der, dem es der Sohn offenbaren will« (V. 27).

Was gibt uns die Gewißheit, daß wir einem solch »vollmundigen« Bekenntnis vertrauen können? Schließlich kennen wir heute auch andere große Religionsstifter, und wir wissen nur zu gut, zu welch verhängnisvoller Intoleranz eine derartige elitäre Selbstlegitimation führen kann!

Wir müssen uns hier zunächst noch einmal daran erinnern, welche Bedeutung *Ostern* für die Urchristenheit gehabt hatte (s. S. 28 f.). Weil Frauen und Männer aus Jesu Jüngern dem Auferstandenen begegnet waren (vgl. Mt 28,9 f.16–20), gab es für Jesu Jünger keinen Zweifel daran, daß ihr Herr in einer ganz außergewöhnlichen Weise Gottes Sohn (gewesen) war (weshalb nicht wenige Exegeten annehmen, daß wir in 11,27 eigentlich ein nachösterliches Bekenntnis der Jünger Jesu vor uns haben!). Daher hatten die ersten Christen auch keinerlei Grund, die Wahrheit von Worten wie Verse 25 f. in Frage zu stellen.

Das leuchtet gewiß ein, aber es muß nicht unbedingt überzeugen; denn wenn jemand aus der ersten Begeisterung heraus es unterläßt, kritisch nachzufragen, dann heißt das doch nicht, daß auch in späterer Zeit sich derart kritische Fragen nicht einstellen könnten – oder dürften.

Gibt es nicht irgendwelche *vorösterliche* Anhaltspunkte, die uns ermutigen könnten, an die Wahrheit der Verse 25–27 zu glauben? Ich glaube: ja!

»Niemand kennt den Vater…!«

Es gehört wohl zum Auffälligsten in Jesu Redeweise, daß Jesus Gott zwar immer als »Vater« anredete (vgl. Mk 14,36; Mt 11,25; Lk 23,34.46; Joh 11,41 u. ö.) und daß er auch oft von Gott als dem »Vater« sprach (vgl. Mk 11,25; 13,32; Mt 5,16.45; 6,1.9; Lk 11,13; 12,30.32 u. ö.), daß er aber niemals Gott als *»unseren«* (gemeinsamen) Vater« bezeichnete. (Vgl. *G. Schrenk* im Theologischen Wörterbuch zum Neuen Testament, Band V, S. 988: »Wohl hat nach Matthäus Jesus die Jünger beten gelehrt: ›unser Vater‹. Nie aber bei den Synoptikern, auch nicht in Spuren der ältesten Quellen, hat er sich mit den Seinen in solchem ›Unser‹ zusammengeschlossen.«) Jesus unterschied sehr genau zwischen »meinem Vater« (vgl. Mt 7,21; 18,35; 20,23; Lk 10,22; 22,29 u. ö.) und »eurem Vater« (Mk 11,25; Mt 7,11; 10,20; Lk 6,36; 12,32 u. ö. – An dieser Feststellung ändert auch die Tatsache nichts, daß vor allem Matthäus den Ausdruck »mein Vater – euer Vater« des öfteren in seine Textvorlagen einfügte!). Wie läßt sich diese eigentümliche Redeweise Jesu verstehen, die uns sonst nirgendwo mehr begegnet – weder bei einem der alttestamentlichen Propheten noch bei einem der christlichen Heiligen?

Wir haben keinen Grund zur Annahme, Jesus habe sich den anderen Menschen »überlegen« gefühlt und deshalb Schwierigkeiten gehabt, sich mit den übrigen Menschen zusammenzuschließen, zu »solidarisieren«. Schließlich finden wir ihn sowohl an den Tischen der Zöllner (Mt 9,10; Lk 15,1f.) als auch an den Tischen der Pharisäer (Lk 7,36; 14,1). Und trotzdem sprach Jesus nie von »unserem *gemeinsamen* Vater«! Das ist doch nur verständlich, wenn es für Jesus sozusagen aus »sachlichen« Gründen unmöglich war, in unserer Gottesbeziehung den Anschein der Gleichartigkeit zu erwecken – weil er *wußte,* daß Gott ihm in einer besonderen, unvergleichlichen Weise nahe war.

Noch einmal: eine bloße Ein-bildung Jesu? Jesu ganzes Verhalten bietet keinerlei Anhaltspunkte zu einer derartigen Annahme.

So bleibt nur der Schluß: Gott *war* Jesus näher gewesen als allen anderen Menschen. Gott war Jesus so vertraut wie keinem anderen sonst – und Jesus wußte darum. Aus diesem Grund sah niemand so klar, *wer* Gott ist und *was* Gottes Wille ist, wie eben er.

Bedenkt man das alles, wird sowohl Jesu Wort Mt 11,25f. als auch das Bekenntnis in Vers 27 *glaubwürdig.* Es gibt auch »vorösterliche Gründe«, in diesen Worten nicht nur das Zeugnis einer »elitären Selbstlegitimation« zu sehen.

Wir haben zu Beginn gefragt: Wie ist Jesus wohl damit »fertig« geworden, daß die Mehrzahl der Schriftgelehrten und Pharisäer, aber auch der Priester und Leviten in der Auslegung der Tora anderer Meinung war – und blieb – als er?

Wir können die Antwort, die Jesus 11,25f. gibt, jetzt wohl besser verstehen: Jesus *wußte* aufgrund der außergewöhnlichen Nähe, die Gott, *sein* Vater, ihm schenkte, daß er mit einem derart umfassenden Einverständnis überhaupt nicht rechnen konnte: Nach Gottes *eigenem* Willen leuchtete sein Wort und seine Lehre nicht den Weisen und Klugen, sondern den Unmündigen ein (vgl. dazu auch SKK/NT 2, S. 63–71).

Wer aber ist damit gemeint?

Darauf geben bereits die nächsten Verse unseres Evangeliums
Antwort (VV. 28–30).

»Kommt her zu mir all ihr Mühseligen und Beladenen...!«

So wie *die Weisheit* die Menschen, die nach ihr Verlangen haben,
einlädt (vgl. Sir 24,19; s. S. 157!), so lädt auch Jesus – *Gottes*
Weisheit – ein:

> »Kommt her zu mir all ihr Mühseligen und Beladenen, ich werde euch
> Ruhe verschaffen« (V. 28).

An wen Matthäus hierbei denkt, ist klar, da Jesus in 23,4 den
Pharisäern und Schriftgelehrten vorwirft, den Menschen durch
ihre Tora-Interpretation schwere Lasten aufzuerlegen. Das heißt,
Jesus wendet sich hier an diejenigen, die sich unter der Last der
pharisäischen Gesetzesauslegung abmühen.

In die gleiche Richtung weist auch Mt 9,36, wo Matthäus seine
Markus-Vorlage »... denn sie waren wie Schafe, die keinen Hirten
haben« (Mk 6,34) durch die beiden Eigenschaftswörter »ermüdet,
geplagt« und »(leblos) hingestreckt« ergänzt: »denn sie waren
ermüdet (geplagt) und *hingestreckt* wie Schafe, die keinen Hirten
haben«. Die »verlorenen Schafe« (10,6) sind für Matthäus nicht
einfach »die Sünder« in Israel – schließlich fehlt 10,7 f. der Ruf zur
»Umkehr« (s. o.) –, sondern die Menschen, die ihren Weg ohne
Leitung durch den rechten Hirten gehen müssen.

Und so wie die Menschen bei der Weisheit Ruhe finden (Sir
6,28; 51,27), so werden die, die sich unter der Last des Gesetzes
mühen, bei Jesus ihre Ruhe finden.

Freilich, die Menschen werden nicht deshalb bei Jesus Ruhe
finden, weil er ihnen ihre Last abnehmen würde! Nein, noch
einmal verhält sich Jesus wie die Weisheit. Er erwartet, daß
diejenigen, die zu ihm kommen, *sein* Joch aufnehmen – und
dadurch die Ruhe finden. Hier kann uns nochmals der Vergleich
mit einem alttestamentlichen Text weiterhelfen.

Der Weisheitslehrer Jesus Sirach mahnt seine Schüler:

> »Rauch ist sie (die Weisheit) für den Toren,
> wer ohne Einsicht ist, erträgt sie nicht.
> Wie ein schwerer Stein *lastet* sie auf ihm,

er zögert nicht, sie abzuwerfen.
Denn die Zucht ist wie ihr Name,
vielen ist sie unbequem.
Höre, mein Sohn, nimm meine Lehre an,
verschmäh nicht meinen Rat.
Bring deine Füße in ihre Fesseln,
deinen Hals unter ihr Joch!
Beuge deinen Nacken, und trage sie,
werde ihrer Stricke nicht überdrüssig!
Mit ganzem Herzen schreite auf sie zu,
mit voller Kraft halte ihre Wege ein!
Frage und forsche, suche und finde!
Hast du sie erfaßt, laß sie nicht wieder los!
Denn schließlich wirst du bei ihr *Ruhe finden,*
sie wandelt sich dir in Freude!«
(Sir 6,20–28)

In ähnlicher Weise ruft Jesus:

»Nehmt mein *Joch* auf euch und lernt von mir;
denn sanftmütig bin ich und demütigen Herzens,
und ihr werdet *Ruhe finden* für eure Seele.
Denn mein Joch drückt nicht,
und meine *Last* ist leicht« (VV. 29f.).

Auch wer zu Jesus kommt, muß ein *Joch* und eine *Last* auf sich nehmen, wenn er *Ruhe* finden will.

Für das Verständnis unseres Textes ist es nun allerdings wichtig, daß Jesu Zuhörer bei diesen Worten nicht nur an das »Joch der Weisheit« dachten, da es damals auch üblich war, vom »Joch der Tora« oder vom »Joch der Gebote« zu reden. So sagte beispielsweise Rabbi Nechunja, ein Zeitgenosse unseres Evangelisten:

»An jedem, der das Joch der Tora auf sich nimmt, läßt man (d.h. Gott) das Joch der Regierung und das Joch des Berufskampfes (d.h. den Druck der Steuern und Frondienste sowie des Existenzkampfes) vorübergehen. Jedem aber, der das Joch der Tora von sich lädt, gibt man das Joch der Regierung und das Joch des Berufskampfes auf.«
(Awot III,5)

Jesu Wort stellte den Zuhörern, die sich unter dem »Joch der Tora«, unter der »Last des Gesetzes« mühten, also nicht einfach »das Ende des Gesetzes« in Aussicht. Das Joch, die Last wird bleiben, nur – *Jesu* Joch drückt nicht.

Das scheint sofort einzuleuchten; denn – so kann man immer wieder hören – Jesus bürdete den Menschen eben keine so schweren Lasten auf wie die Pharisäer, für die keineswegs nur die Zehn Gebote, sondern 613 Ge- und Verbote maßgebend waren! Doch so einfach ist es nicht – nicht nur, weil uns die Pharisäer mit gleichem Recht auf die 1752 Ge- und Verbote des *Codex Iuris Canonici,* des Codex des kanonischen Rechts, ansprechen könnten, sondern weil die Pharisäer wegen ihrer *liberalen* Auslegung des Gesetzes angesehen und beliebt waren (s. auch den Exkurs: Die Pharisäer, in SKK/NT 2, S. 40f.).

Die Pharisäer und das Gesetz

Schon diese beiden, eher zufälligen Beobachtungen müßten uns nachdenklich machen:

1. Es war weder das Verdienst der Sadduzäer noch das der Gemeinschaft von Qumran, daß das Judentum nach der Zerstörung des Zweiten Tempels überlebte, sondern allein das Verdienst der Pharisäer. Daran besteht heute (auch unter uns Christen) kein Zweifel. Wäre dieser große, (wieder-)aufbauende und bewahrende Einfluß der Pharisäer auf das geschlagene jüdische Volk jedoch wirklich möglich gewesen, wenn sie die Menschen durch *ihre* Auslegung des Gesetzes belastet und vergrämt hätten?

2. Rabbi Schimon, ein Enkel Hillels, gehörte zu den geachteten Männern in den letzten Jahrzehnten des Tempelbestandes. Von ihm wird im Zusammenhang mit dem Wasserschöpffest am Ende des Laubhüttenfestes erzählt:

> »Wenn immer er am Feste teilnahm, dann jonglierte er mit acht Fackeln. Während er die einen in die Höhe warf, fing er die anderen auf, ohne daß je eine die andere berührte. Beim Bücken stemmte er die beiden Daumen gegen die Erde, berührte mit dem Gesicht den Boden und richtete sich wieder allein auf. Das konnte ihm keiner nachmachen.« (Sukka 53b)

Ist es denkbar, daß ein Lehrer, der sich so freuen und – zur Freude der übrigen Wallfahrer – sich so ausgelassen geben konnte, darauf aus gewesen sein sollte, den Menschen »schwere Lasten aufzubürden«?

Doch wir sind nicht nur auf derartige Überlegungen angewiesen.

Schutz der Ordnung oder Weisungen zum Leben?

Wir wissen aus dem Neuen Testament, wie ernst die Juden zur Zeit Jesu den Sabbat nahmen. Um ihn zu schützen, waren 39 »Hauptarbeiten« ausdrücklich verboten. Nun gab es allerdings immer wieder Situationen, bei denen es sehr schwer, ja in den Augen vieler unmöglich war, sich an das Sabbatgebot zu halten. Wie sollte man da *verantwortlich* entscheiden?

Für die Gemeinschaft von Qumran gab es hier überhaupt keine Frage, da für sie die Gebote der Tora genau so verbindlich waren wie die Naturgesetze; denn so wie diese die Natur in Ordnung hielten, sollten die Gebote der Tora die Ordnung des auserwählten Volkes bewahren. Deshalb galt:

> »Niemand soll bei sich Medikamente tragen, um damit aus- und einzugehen am Sabbat. Man darf nicht in seinem Wohnhaus einen Stein oder Erde aufheben. Ein Pfleger darf nicht den Säugling tragen, um aus- und einzugehen am Sabbat. Niemand darf seinen Knecht oder seine Magd oder seinen Tagelöhner erzürnen am Sabbat. Niemand soll Vieh beim Werfen helfen am Sabbattag. Und wenn es in einen Brunnen fällt oder in eine Grube, so soll er es nicht am Sabbat wieder herausholen. Niemand soll den Sabbat an einem Ort in der Nähe der Heiden verbringen. Niemand darf den Sabbat entweihen wegen Besitz oder Gewinn am Sabbat. Einen lebendigen Menschen, der in ein Wasserloch fällt oder sonst einen Ort, soll niemand heraufholen mit einer Leiter oder einem Strick oder einem (anderen) Gegenstand.«
> (Damaskusschrift XI,9–17)

Wie anders entschieden da die Pharisäer! Ihr Grundsatz lautete: »Schon die Möglichkeit der Lebensgefahr verdrängt den Sabbat« (Joma 8,6). Und so entschieden sie beispielsweise:

> »Wenn jemand Halsschmerzen hat, so darf man ihm am Sabbat Arznei in den Mund einflößen, weil ja die Möglichkeit der Lebensgefahr besteht... Wenn Trümmer über jemandem zusammengestürzt sind und es ist zweifelhaft, ob er sich da befindet oder nicht, ob er lebendig oder tot, ob es ein Ausländer oder ein Israelit ist, so lichte man den Schutthaufen über ihm. Findet man ihn lebend, erweitere man über ihm die Öffnung; ist er aber tot, lasse man ihn liegen.«
> (Joma 8,6f.)

Oder:

»Die Rabbanan lehrten: Man darf am Sabbat das Leben retten; je schneller, desto lobenswerter, und man braucht nicht erst bei Gericht um Erlaubnis fragen. Zum Beispiel: sieht man, wie ein Kind ins Meer gefallen ist, so werfe man ein Netz aus und hole es heraus; je schneller, desto lobenswerter, und man braucht nicht erst das Gericht um Erlaubnis fragen, obgleich man dabei Fische mitfängt. Sieht man, wie ein Kind in eine Grube gefallen ist, so reiße man eine Erdscholle fort und hole es herauf; je schneller, desto lobenswerter, und man braucht nicht erst bei Gericht um Erlaubnis zu fragen, obgleich man dabei eine Stiege errichtet...«
(Joma 84 b)

Doch nicht nur in solch offensichtlichen Notfällen ist die Lebensrettung das oberste Gebot. Es gilt vielmehr auch:

»Man darf für einen Kranken am Sabbat Wasser aufwärmen, ob zum Trinken oder zur Kräftigung (d. h. wohl: zum Baden); und sie (die Lehrer) sagten dies nicht nur von diesem Sabbat, sondern auch vom folgenden Sabbat. Man sage nicht, man warte damit, denn er könnte genesen, vielmehr wärme man es für ihn sofort auf, weil jede Möglichkeit der Lebensgefahr den Sabbat verdrängt, und nicht nur eine Möglichkeit für diesen, sondern auch für den folgenden Sabbat. Man braucht dies nicht durch Nichtjuden oder Samaritaner verrichten zu lassen, sondern auch durch bedeutende Männer Israels.«
(Joma 84 b)

Solch *menschenfreundliche* Entscheidungen fällten die Pharisäer jedoch nicht nur im Zusammenhang mit dem Sabbatgebot (weshalb sie sich von den Qumranleuten den Vorwurf, »Grenzverrükker« zu sein, gefallen lassen mußten!). Auch bei der Anwendung des Strafrechts waren »die Pharisäer von Natur mild im Bestrafen« (*Josephus Flavius*, Jüdische Altertümer 13,10.6), und wenn sie schon einmal ein Todesurteil fällen mußten, so galt der Grundsatz:

»Die Schrift sagt: ›Du sollst deinen Nächsten lieben wie dich selbst!‹ Wähle für ihn einen leichten Tod.«
(Sota 8 b)

Die Quellen, die uns zur Verfügung stehen, widersprechen in jeder Hinsicht der Annahme, die Pharisäer hätten mit ihrer Gesetzesauslegung die Menschen bedenkenlos belastet. Das verbot ihnen schon ihr Grundsatz:

»Die Einwohnung (Gottes) verweilt nicht, wo Trübsinn ist, und nicht, wo Trägheit ist, und nicht, wo Ausgelassenheit ist, und nicht, wo Leichtsinn ist, und nicht, wo Geschwätz ist, und nicht, wo unnützes Gerede ist, sondern wo ein Antrieb der *Freude* ist *auf Grund von Gebotserfüllung.*«
(Schabbat 30b)

So überrascht es nicht, daß es in der von den Pharisäern bestimmten talmudischen Literatur eine »weit verbreitete Meinung war: ›Man darf der Gemeinschaft nur dann eine erschwerende Bestimmung auferlegen, wenn die Mehrheit der Gemeinschaft nicht durch sie überfordert wird‹ (Babylon. Talmud Baba Kamma 79 b; Baba Batra 60 b usw.). Und auch wenn die Gesetzgeber (der ›Gerichtshof‹) eine erschwerende Bestimmung aufstellen, diese aber keinen Anklang fand und von der Mehrheit der Gemeinschaft nicht angenommen wurde, so war sie nicht gültig (Jerusalem. Talmud Schabbat I,3 d; Babylon. Talmud Aboda Zara 36 a)« (*S. Safrai,* Tora und Gebote in der tannaitischen Zeit, in: H. Kremers [Hg.], Juden und Christen lesen dieselbe Bibel, Verlag Walter Braun, Duisburg 1973, S. 88–101, hier S. 99 f.).

Der Vorwurf unseres Evangeliums gegen die Pharisäer und Schriftgelehrten, den Menschen »schwere Lasten aufzubürden« (vgl. 23,4), muß sich auf etwas anderes beziehen.

Davon handelt der Abschnitt Mt 12,1–21.

Wenn Gebote einander widersprechen

Mit Kapitel 12 kehrt Matthäus endgültig zu seiner Markus-Vorlage zurück. Dadurch können wir von nun an viel häufiger als bisher seinen Text mit dem des Markusevangeliums vergleichen und so feststellen, worauf *er* bei den jeweiligen Texten das Gewicht legen wollte. Das ist bereits bei den ersten beiden Streitgesprächen und dem abschließenden »Sammelbericht« (Mk 2,23–28; 3,1–6.7–12 = Mt 12,1–8.9–14.15–21) so hilfreich, daß die Matthäus-Fassung immer wieder direkt der Markus-Fassung gegenübergestellt werden soll.

²³Und es geschah, daß er am Sabbat durch die Getreidefelder ging, und seine Jünger begannen, unterwegs Ähren zu raufen.

²⁴Und die Pharisäer sagten ihm: Siehe, warum tun sie am Sabbat, was nicht erlaubt ist?

²⁵Und er sagte ihnen: Habt ihr noch nie gelesen, was David tat, als er Mangel litt und hungerte, er und die mit ihm?

²⁶Wie er hineinging in das Haus Gottes unter Abjatar, dem Hohenpriester, und die Schaubrote aß, die zu essen nicht erlaubt ist, außer den Priestern, und auch denen gab, die mit ihm waren?

²⁷Und er sagte ihnen: Der Sabbat ist des Menschen wegen geschaffen, und nicht der Mensch des Sabbats wegen. ²⁸Also ist der Menschensohn auch Herr des Sabbats.

¹In jener Zeit ging Jesus am Sabbat durch die Getreidefelder. *Seine Jünger aber hungerten,* und sie fingen an, Ähren zu raufen und zu essen.

²Die Pharisäer aber sahen es und sagten zu ihm: Siehe, deine Jünger tun, was am Sabbat zu tun nicht erlaubt ist.

³Er aber sagte ihnen: Habt ihr nicht gelesen, was David tat, als er hungerte und die mit ihm?

⁴Wie er hineinging in das Haus Gottes und sie die Schaubrote aßen, was weder ihm erlaubt war zu essen noch denen mit ihm, außer den Priestern allein?

⁵*Oder habt ihr nicht im Gesetz gelesen, daß am Sabbat die Priester im Tempel den Sabbat entweihen und unschuldig sind?*
⁶*Ich sage euch aber, hier ist Größeres als der Tempel.*
⁷*Wenn ihr aber erkannt hättet, was es bedeutet: ›Barmherzigkeit will ich, nicht Opfer!‹, hättet ihr nicht die Unschuldigen verurteilt.*
⁸Denn Herr des Sabbats ist der Menschensohn.

Vergleicht man beide Texte miteinander, fällt mehreres auf:

1. Für Matthäus war es wichtig, daß Jesu Jünger *hungerten* (V. 1).

2. Jesu Jünger werden ausdrücklich als »die Unschuldigen« bezeichnet (V. 7).

3. Es war für Matthäus zu wenig, das Verhalten der Jünger mit Hilfe jener Ausnahmesituation zu rechtfertigen, in der David sich einst befand (VV. 3 f. = 1 Sam 21,2–7).

Aus diesem Grund erinnert er daran, daß es ja auch nach pharisäischer Auffassung eine *innere* Ordnung des Gesetzes gibt; denn nur auf diese Weise ließ sich das Problem lösen, daß es *innerhalb* der Tora Gebote gab, die einander offensichtlich widersprachen. Es konnte nämlich durchaus vorkommen, daß eine sittliche Pflicht gegenüber dem Nächsten mit einer kultischen Pflicht gegenüber Gott zusammenstieß oder daß zwei kultische Gebote miteinander kollidierten.

Der erste Fall trat beispielsweise dann ein, wenn das Gebot der Elternehrung mit der Erfüllung eines anderen Gebots konkurrierte und dieses Gebot durch keinen anderen ausgeübt werden konnte. Der zweite Fall war nicht selten am Sabbat oder an anderen hohen Festtagen gegeben: So gehörte etwa das Anzünden von Feuer zu den am Sabbat verbotenen Arbeiten, und dennoch mußten am Sabbat besondere Opfer dargebracht werden (vgl. Num 28,9 f.). Wie war da zu entscheiden?

Für alle derartigen Fälle der Gesetzeskollision galt nun der Grundsatz: Die Pflicht gegenüber Gott geht der Pflicht gegenüber Menschen voran, und je wichtiger ein Gebot für den Kult ist, um so eher ist es in der Lage, ein anderes kultisches Gebot außer Kraft zu setzen. *Infolgedessen sind die Priester, die am Sabbat im Tempel den Sabbat »entweihen«, unschuldig* (V. 5).

Auch hierfür einige Beispiele:

> »Rabbi Elazar ben Matja sagte: Wenn mein Vater (zu mir) sagt, daß ich ihm Wasser zum Trinken reiche (wozu der Sohn durch das Gebot der Elternehrung verpflichtet ist), ich aber ein Gebot auszuüben habe, so lasse ich die Ehrung des Vaters und übe das Gebot aus, denn ich und mein Vater sind zur Ausübung des Gebotes verpflichtet. Isi ben Jehuda sagte: Wenn das Gebot durch andere ausgeübt werden kann, so mag es durch andere ausgeübt werden, und er begebe sich zur Ehrung seines Vaters. Rabbi Matua sagte: Die Halacha (= Regel) ist wie Isi ben Jehuda.«
>
> (Kidduschin 32 a)

So war es dem Hohenpriester (nach Lev 21,11) immer und dem Nasiräer (vgl. Num 6,1–21) zur Zeit seines Gelübdes sogar verboten, seinen toten Vater und seine tote Mutter zu begraben (vgl. Sifre zu Numeri 6,6 § 26). Deshalb wurde auch ausdrücklich gelehrt:

»Man könnte glauben, die Ehrung von Vater und Mutter verdränge das Sabbatgesetz. Daher heißt es: ›Ihr sollt jeder Mutter und Vater fürchten, und meine Sabbate sollt ihr beobachten‹ (Lev 19,3). Ihr alle seid zu meiner Ehrung verpflichtet.«
(Jewamot 5 b)

Im Zusammenhang mit der Frage, ob auch am Sabbat die Beschneidung vorgenommen werden darf – da sie am *achten* Tag nach der Geburt vorgeschrieben ist (vgl. Gen 17,12; Lev 12,3) –, heißt es:

»Am achten Tag ist zu beschneiden, auch am Sabbat. Wie aber halte ich (die Worte) aufrecht: ›Wer ihn entweiht, soll sterben‹ (Ex 31,14)? Dies bezieht sich auf andere Arbeiten, außer der Beschneidung. Die Beschneidung aber verdrängt ihn, denn es ist (durch einen Schluß) vom Leichteren auf das Schwerere zu folgern: der Aussatz verdrängt den Tempeldienst (d. h. es ist dem Priester verboten, den Aussatz auf operativem Weg zu entfernen, um den Tempeldienst verrichten zu dürfen), *und der Tempeldienst verdrängt den Sabbat,* dennoch verdrängt ihn (d. h. den Aussatz; die Beschneidung darf nämlich erfolgen, auch wenn sich an der Vorhaut ein Aussatzmal befindet) die Beschneidung, um wieviel mehr verdrängt sie den Sabbat, den sogar der Tempeldienst verdrängt.«
(Schabbat 132 a/b)

In der Diskussion um die rechte Interpretation der Tora und ihrer einzelnen Gebote war es für Matthäus also über Markus hinaus von Wichtigkeit, daß die Tora selbst – auch nach pharisäischer Überzeugung – eine Relativierung der einzelnen Gebote kennt: Die Pflichten gegenüber Gott gehen (nach »traditionellem« Verständnis) allen anderen Geboten vor.

Nun ist aber *hier Größeres als der Tempel* (V. 6. – Im griechischen Text steht das Neutrum. Jesus redet nicht einfach von sich!) – nämlich das mit ihm gekommene Gottesreich, in dem der Wille Gottes seine letzte, vollkommene Verwirklichung findet (vgl. 5,20). Dieser *göttliche Wille* ist aber *mehr auf das Wohl des Menschen als auf die eigene Ehre* gerichtet. Das versteht freilich nur, wer begreift, was es heißt: »Barmherzigkeit will ich, nicht Opfer!« (Hos 6,6 = Mt 12,7!).

Damit verkündet Jesus nach Matthäus eine andere *innere* Ordnung als die Pharisäer: Nicht die Ehre Gottes, sondern die Barmherzigkeit ordnet das Gesetz. Das aber bedeutet: Die Gebote Gottes sind um so verpflichtender, sie sind – falls es zu Kollisionen von Einzelgeboten kommen sollte – um so unaufgebbarer, je mehr sie der Barmherzigkeit entsprechen. Ja, es gibt kein Gebot des Gesetzes, durch das Gott den Menschen in einer für den Menschen unbarmherzigen Weise in Anspruch nehmen wollte. Deshalb sind die Jünger, die *hungerten, die Unschuldigen.* Sie stehen – auch am Sabbat – als Hungernde gar nicht unter dem Anspruch des Gesetzes.

Wie ist diese Interpretation des Sabbatgebots, die als neuartig empfunden werden mußte, letztlich zu rechtfertigen?

Markus (2,27) begründete die den Jüngern gewährte Freiheit mit dem – wohl auf Jesus selbst zurückgehenden – Rückgriff auf Dtn 5,12–15. *Matthäus* wußte allerdings, daß dieser Sabbatinterpretation, die *den Menschen* in den Mittelpunkt des Sabbats stellte, zu seiner Zeit ein anderes Sabbatverständnis entgegenstand, das nicht nur ebenfalls theologisch zu rechtfertigen war, sondern auch noch die größere religiöse Plausibilität auf seiner Seite hatte (vgl. SKK/NT 2, S. 46–48: *Das Sabbatverständnis zur Zeit Jesu!*). Deshalb gab es für ihn in der theologischen Auseinandersetzung mit dem Judentum letztlich nur *eine* Rechtfertigung dieser »neuartigen« Torainterpretation: *Jesus!* Er ist als der *Menschensohn* (vgl. SKK/NT 2, S. 105–109) auch Herr des Sabbats (V. 8).

Wir werden diese Begründung nie aus dem Auge verlieren dürfen.

Wie soll das Recht angewendet werden?

Gott will Barmherzigkeit; denn er will das Heil des konkreten Menschen. Das beweist für Matthäus auch der folgende Sabbatzwischenfall (12,9–14 = Mk 3,1–6; vgl. SKK/NT 2, S. 50f.) sowie Jesu Reaktion auf die Feindschaft, die er sich durch sein Verhalten von seiten der Pharisäer zugezogen hatte.

Wiederum verstehen wir Matthäus am besten, wenn wir seinen Text mit dem des Markusevangeliums vergleichen:

Mk 3,6–12	*Mt 12,14–21*
[6]Und die Pharisäer gingen hinaus und faßten sofort mit den Herodianern einen Beschluß, damit sie ihn vernichten.	[14]Die Pharisäer aber gingen hinaus und faßten einen Beschluß gegen ihn, damit sie ihn vernichten.

⁷Und Jesus zog sich mit seinen Jüngern an das Meer zurück. Und eine große Menge von Galiläa folgte, und von Judäa ⁸und von Jerusalem und von Idumäa und von jenseits des Jordans und um Tyrus und Sidon – eine große Menge, die hörten, was er tat, kamen zu ihm. ⁹Und er sagte seinen Jüngern, daß ein kleines Boot für ihn bereitstehen solle wegen der Menge, damit sie ihn nicht bedrängten. ¹⁰Denn er heilte viele, so daß sie sich auf ihn stürzten, damit sie ihn berührten, die Leiden hatten. ¹¹Und die unreinen Geister, wenn sie ihn sahen, fielen vor ihm nieder und schrien laut: ›Du bist der Sohn Gottes‹. ¹²Und vielmals fuhr er sie an, damit sie ihn nicht offenbar machten.

¹⁵Jesus aber erkannte es und zog sich von dort zurück, und viele folgten ihm,

und er heilte sie alle,

¹⁶und er fuhr sie an, damit sie ihn nicht offenbar machten. ¹⁷Damit erfüllt würde, was gesagt ist durch den Propheten Jesaja: ¹⁸Siehe, mein Knecht, den ich erwählt habe, mein Geliebter, an dem meine Seele Wohlgefallen fand. Ich werde meinen Geist auf ihn legen, und er wird (das) Recht den Völkern verkünden. ¹⁹Nicht wird er streiten, noch wird er schreien, noch wird einer auf den Straßen seine Stimme hören. ²⁰Geknicktes Rohr wird er nicht zerbrechen, und glimmenden Docht wird er nicht auslöschen, bis er zum Siege führen wird das Recht. ²¹Und auf seinen Namen werden (die) Völker hoffen.

Auch hier fällt mehreres auf:

1. Im Unterschied zu Markus lenkt Matthäus den Blick seiner Leser weder auf die Größe des Zulaufs, den Jesus in seinem Volk fand, noch auf die verschiedenen Arten der Krankheiten, die Jesus heilte.

2. Allem Anschein nach folgten Jesus *die Kranken;* denn er heilte sie *alle* (V. 15. – Vgl. den Unterschied bei Markus: Jesus folgte eine *große Menge,* und er heilte *viele!).*

3. Jesus verbot nicht nur den Dämonen, sondern allen Geheilten, ihn zu offenbaren.

Das ausschließliche Interesse unseres Evangelisten gilt also Jesus: Bedroht von seinen Feinden, zieht er sich zurück – d. h. Jesus geht der Konfrontation so weit wie möglich aus dem Weg –, ohne jedoch sein heilendes Tun aufzugeben; aber auch, ohne daraus für sich – gegen seine Feinde! – »Kapital zu schlagen«!

Dieses sanftmütige (vgl. 11,29!) Verhalten offenbart Jesus als den von Jesaja angekündigten Gottesknecht, der kommt, *um den Völkern das Recht zu verkünden:* nicht indem er für das Recht (das Gottesrecht am Sabbat etwa!) in der Öffentlichkeit streitet, sondern indem er alles tut, damit ein geknicktes Rohr nicht zerbrochen und ein glimmender Docht nicht ausgelöscht wird. Auf diesem Weg wird er Gottes Recht zum Siege führen!

Wer Jesus so (VV. 14–21!) betrachtet, sieht nicht nur, *daß* Gott Barmherzigkeit will – daß also die Barmherzigkeit das Auslegungsprinzip für das Gesetz mit all seinen Geboten sein *muß –,* er versteht auch, weshalb *Jesu* Joch leicht ist und nicht drückt (11,27–29).

Hier wird zum ersten Mal der eigentliche Unterschied greifbar, der nach Auffassung unseres Evangelisten zwischen dem pharisäischen und jesuanischen Gesetzesverständnis besteht: Nach Jesu Verhalten und Verkündigung will das göttliche Gesetz der Barmherzigkeit zum Recht verhelfen. Oder anders ausgedrückt: Wo das Recht dazu führt, daß ein geknicktes Rohr gebrochen und ein glimmender Docht ausgelöscht wird, dort wird nicht Gottes Recht zum Sieg geführt.

Verteufelung

Jesu Lehre und Jesu Verhalten widersprachen an wichtigen Punkten der herrschenden theologischen Meinung und dem allgemeinen religiösen Gefühl. Aber Jesus hatte Erfolg (V. 22) – so sehr, daß alle die Scharen staunten und fragten: »Ist er etwa der Sohn Davids? Als die Pharisäer das hörten, sagten sie: Nur mit Hilfe von

Beelzebul, dem Anführer der Dämonen, kann er die Dämonen austreiben« (VV. 23 f.).

Wunder *bleiben* zweideutig. Doch eben deshalb gibt Jesus denjenigen, die hinter ihm den Bösen am Werk sehen, folgendes (VV. 25 f.) zu überlegen:

Nach allgemeiner Überzeugung bildet das Reich des Bösen eine Einheit. Es ist insgesamt auf die Vernichtung des Lebens aus. Nun kann man aber nicht bestreiten, daß infolge seines, Jesu, Wirkens Menschen aufleben – also genau die Reaktion zeigen, die das Reich des Bösen eigentlich verhindern will. Die bisher stumm waren, fangen plötzlich zu reden an (V. 22)! Steckte also hinter ihm wirklich der Böse, dann würde sich in seinem Verhalten nur das Ende des satanischen Reiches ankündigen. (V. 23: Und im übrigen sollten sie, die Pharisäer, sich einmal fragen, weshalb es denn so etwas ganz anderes sein sollte, wenn *ihre* Söhne letztlich das Gleiche tun!)

Wenn er aber durch *Gottes* Hilfe den kranken, unterdrückten und versklavten Menschen die Freiheit schenkt, dann ist das *Reich Gottes* zu ihnen gelangt (V. 28). Dann erweist sich *Gott* durch sein Tun als der Stärkere in dieser Welt (V. 29). An diesem Punkt, wo es um die Befreiung konkreter Menschen geht, gibt es nur eine Möglichkeit: Jesu Partei zu ergreifen oder zu seinem Gegner zu werden (V. 30)!

Und noch etwas sollten die bedenken, die sein Tun verteufeln: Es geht letztlich gar nicht um ihn, den Menschensohn. Es geht nicht einfach darum, was sie ihm (oder auch anderen) nachsagen (VV. 31 f.). Es geht viel mehr darum, daß ihr negatives Urteil – *wenn* es Gottes Heiligen Geist trifft (und damit müßten sie ja auch rechnen; denn wie oft stellten sich Verurteilungen im nachhinein als falsch heraus!) – bei Gott ganz anders wiegt (V. 32).

Wie aber kann man ein solches Fehlurteil vermeiden?

Die Antwort, die Matthäus auf diese Frage gibt, mag uns erstaunen: Man entgeht einem derartigen Fehlurteil einfach dadurch, daß man *gut* ist; denn »ein guter Mensch bringt Gutes hervor, weil er Gutes in sich hat, und ein böser Mensch bringt Böses hervor, weil er Böses in sich hat« (vgl. VV. 33–35).

Wer über andere ein Urteil fällt, sollte – auch wenn es sich wie hier bei den Pharisäern (V. 24) um den »theologischen Gegner«

handelt – nicht vergessen, daß diese seine Worte im Gericht nicht weniger wiegen als seine Taten (VV. 36 f.).

Es ist nicht möglich, noch länger zu zögern und abzuwägen

Hätte es in Israel nicht auch *falsche* Propheten gegeben und hätte nicht Gott selbst in kritischen Situationen seine Boten immer wieder durch Zeichen ausgewiesen (s. SKK/NT 2, S. 99–101), man könnte den Pharisäern und Schriftgelehrten wohl leichter Verstocktheit und mangelnden guten Willen vorwerfen. Doch sie fühlten sich nun einmal für das Volk *verantwortlich* (s. SKK/NT 2, S. 40 f.), und deshalb wollten sie *sicher* gehen. Deshalb wollten sie von Jesus *ein Zeichen* sehen (V. 38).

Matthäus begnügt sich nicht damit, Jesu Ablehnung dieser Forderung zu referieren (vgl. Mk 8,11 f.). Offensichtlich gab es eine derartige Forderung auch noch *zu seiner Zeit*. Unter Aufnahme eines in der Logienquelle überlieferten Wortes (zu dessen ursprünglicher Bedeutung vgl. SKK/NT 21, S. 62–64) begründet er auf *seine* Weise, weshalb es nicht möglich ist, einen Beweis für die Richtigkeit der Botschaft und des Wirkens Jesu zu erhalten: Gott hat durch die Auferweckung Jesu bereits *das* Zeichen *für* Jesus gegeben (V. 40. – So nur Matthäus.). Wer sich dadurch nicht überzeugen läßt, wird sich einmal seinen Unglauben von den Menschen vorhalten lassen müssen, die sich schon durch eine »mindere« Predigt und eine geringere Weisheit bewegen ließen.

Wer sich aber – angerührt von Jesu befreiendem Wirken – die Entscheidung für Jesus *offen*halten will, der übersieht, daß sich eine derartige Unentschiedenheit nicht durchhalten läßt. Er wird nach kurzer Zeit von all dem in vielfacher Weise aufs neue erfüllt und umgetrieben werden, wovon er schon zuvor besessen war (VV. 43–45)! (Matthäus sieht in dem *Rückfall,* der allem Anschein nach auch bei *geheilten* Besessenen vorkommen konnte, ein Beispiel für »diese böse Generation«: V. 45 Ende. So nur Matthäus!)

Es ist einfach nicht möglich, die Entscheidung *für* Jesu Botschaft noch länger hinauszuziehen.

Das mußte auch Jesu eigene Familie erfahren (VV. 46–48). Nur »wer den Willen meines himmlischen Vaters erfüllt«, nur der ist für Jesus »Bruder und Schwester und Mutter« (VV. 49 f.).

V. Der Same ist gesät (13,1 – 16,12)

1. Von der Wirksamkeit des Evangeliums (13,1–23)

Was sich bereits im Verlauf des öffentlichen Wirkens Jesu angekündigt hatte, war zur Zeit unseres Evangelisten zur Gewißheit
geworden: Jesu Botschaft »Das Himmelreich ist da!« (4,17) findet
nur einen begrenzten Glauben. Nicht alle trauen der Verheißung:
»Selig die Armen im Geiste; denn ihrer ist das Himmelreich!«
(5,3). Nur eine Minderheit ist bereit, in ihrer Gerechtigkeit »weiter
zu gehen als die Pharisäer und Schriftgelehrten« (5,20) – und
selbst sie erweisen sich oft als »Kleingläubige« (s. zu 14,31).

Ist es da wirklich sinnvoll, zu »Jesu Familie« (s. 12,48–50) gehören zu wollen? Wer sich ihr anschließt – verurteilt der sich nicht
selbst zur Unwirksamkeit und gesellschaftlichen Bedeutungslosig-
keit? Wird er am Ende nicht mit leeren Händen dastehen und so
vergebens gelebt haben?

Nein!, antwortet das erste der folgenden Gleichnisse Jesu
(13,3–8); denn wenn irgendwo (im Großen, auf dem Feld und
nicht in einem kleinen Gartenbeet: V. 3!) gesät wird, dann trägt
diese Aussaat ganz selbstverständlich am Ende Frucht (V. 8) –
auch wenn keineswegs alles aufgeht und manches von dem Aufge-
gangenen noch vor der Ernte fruchtlos zugrunde geht (VV. 4–7).

Weshalb Jesus Gleichnisse erzählte

Ist das die ganze Antwort? Ja und nein! Ja – in den Augen Jesu;
denn die (bald folgenden) *Deutungen* der Gleichnisse stammen
nach allgemeiner Überzeugung nicht mehr von Jesus selbst, sondern von der Urgemeinde (13,18–23 = Mk 4,13–20) beziehungsweise von Matthäus (13,36–43).

Als Hauptgründe für diese Unterscheidung zwischen Jesu Gleichnissen
und den nachfolgenden Deutungen der Urgemeinde werden bei der
Deutung des Gleichnisses vom Sämann genannt: a) Vom »Wort« im
absoluten Sinn (so in der Markus-Vorlage Mk 4,14; Matthäus verdeutlicht 13,19: »das Wort vom Reich«) spricht die urchristliche Gemeinde
oft, Jesus nie. b) Während bei Jesus das eigene Wirken und das Kommen des Gottesreiches im Mittelpunkt des Interesses stehen, tritt im

Lauf der Zeit der fromme oder unfromme Mensch an diese Stelle. c) Mk 4,14 (= Mt 13,19) ist der Same noch »das Wort (vom Reich)«, Mk 4,16–20 (= Mt 13,20–23) ist der Same hingegen der wankelmütige, unbeständige oder fruchtbringende Mensch. (Diesen Unterschied verdunkelt die Einheitsübersetzung durch eine »sinngemäße« Übertragung. Wörtlich wäre zu übersetzen: »Der aber auf felsigem Boden Gesäte, dieser ist, der das Wort hört und es gleich mit Freude nimmt...« Mt 13,20.) Das aber bedeutet: Diejenigen, die das Gleichnis deuteten, dachten des öfteren an etwas anderes als der Erzähler des Gleichnisses selbst.

Auch die Deutung des Gleichnisses vom Unkraut unter dem Weizen (13,36–43) weist Besonderheiten auf, die gegen Jesus als dessen Verfasser sprechen: Jesu redete weder von den »Söhnen des Reiches« (so V. 38) noch von den »Engeln des Menschensohnes« (V. 41. – So noch Mt 16,27; 24,31, sonst nicht mehr im Neuen Testament), und auch die Wendungen »aus seinem (d. h. des Menschensohnes) Reich« (V. 41) und »das Ende der Welt« (V. 39) finden sich nur im Munde unseres Evangelisten (vgl. 16,28; 13,49; 24,3; 28,20). Und schließlich zeigt auch nur Matthäus – nie Jesus – ein derart ausgeprägtes Interesse am Weltgericht, wie es in den Versen 40–43 begegnet.

Jesus ›begnügte‹ sich offensichtlich damit, die Bedenken, Zweifel und Fragen seiner Zuhörer mit Hilfe von Gleichnissen zu beantworten (vgl. etwa Lk 15,1 f.!). Allem Anschein nach war er überzeugt, daß die (Lebens-)Vorgänge, die er in seinen Gleichnissen schilderte, auf *ihre* Weise die Wahrheit und Zuverlässigkeit, die Richtigkeit und Vertrauenswürdigkeit seiner Botschaft bestätigten. Wer beispielsweise sah, daß jede Saat – normalerweise – Frucht bringt, weshalb sollte der ausgerechnet an der Fruchtbarkeit *seiner* Saat zweifeln? Mußte ihm diese Tatsache nicht vielmehr ganz selbstverständlich Mut machen?

Wie fruchtbar ist Gottes Wort?

Gewiß, hier werden sich nicht erst bei uns Bedenken melden! Läßt sich denn Jesu Wirken so einfach mit dem Säen des Bauern vergleichen?!

Daß *Samen* Frucht tragen – davon kann man ausgehen, sei es aufgrund langer Erfahrung, sei es aufgrund des Glaubens, daß die Schöpfung von Natur aus auf Fruchtbarkeit hin angelegt ist (vgl. Gen 1,11 f.22.28). Doch muß deshalb auch *Jesu* Tun fruchtbar sein? Diese Folgerung wäre ja nur zwingend, wenn Jesus einen Samen ausstreuen würde, der dem des Bauern gleicht! Doch eben davon war Jesus zutiefst überzeugt, da er sich – auch und gerade dort, wo er dem landläufigen Denken widersprach – in vollkommener Übereinstimmung mit Gott, seinem Vater, wußte (vgl. 11,27!), der von sich sagte:

>»Meine Gedanken sind nicht eure Gedanken,
>und eure Wege sind nicht meine Wege –
>Spruch des Herrn.
>So hoch der Himmel über der Erde ist,
>so hoch erhaben sind meine Wege über eure Wege
>und meine Gedanken über eure Gedanken.
>Denn wie der Regen und der Schnee vom Himmel fällt
>und nicht dorthin zurückkehrt,
>sondern die Erde tränkt
>und sie zum Keimen und Sprossen bringt,
>wie er dem Sämann Samen gibt und Brot zum Essen,
>so ist es auch mit dem Wort,
>das meinen Mund verläßt:
>Es kehrt nicht leer zu mir zurück,
>sondern bewirkt, was ich will,
>und erreicht all das, wozu ich es ausgesandt habe.«
>(Jes 55,8–11)

Jesus erwartete von seinen Zuhörern keinen *blinden* Glauben. Er wollte, daß ihnen seine Verkündigung vom Himmelreich *plausibel* würde. Sie sollten ihm aus *guten* Gründen glauben und nachfolgen. Um dieses Ziel zu erreichen, benützte Jesus nun freilich keine theologischen Begriffe und Vorstellungen. (Es fällt hier nochmals auf, wie wenig Jesus – im Unterschied zu Paulus etwa – mit Hilfe »der Bibel« argumentiert!) Jesus erinnerte seine Zuhörer vielmehr an *Vorgänge im Leben,* die ihnen aus eigener Erfahrung bekannt waren. Sie konnten ihnen zeigen, welche Lebensgesetze in *Gottes* Welt – und damit auch »im Himmelreich«! – gelten; denn schließlich war das Himmelreich nichts Geistiges, nichts Jenseitiges – etwas also, wo »alles anders« ist –, sondern die Welt, in der Gottes Wille *vollkommen* verwirklicht wird (vgl. 6,10 sowie S. 182–188).

Auf unser Gleichnis bezogen: Der Same des Bauern zeigt *beispielhaft,* daß die Fruchtbarkeit, die irgendeinem Geschaffenen nach Gottes Willen innewohnt, trotz unbestreitbarer Ausfälle ihr Ziel erreicht. Das ist nicht die Ausnahme, das ist kein Wunder, sondern normal! Nun ist aber auch Gottes Wort von Natur aus (vgl. Jes 55,10f.!) fruchtbar. Wer also diesem von Jesus verkündigten göttlichen Wort – dem »Wort vom Reich« (Mt 13,19) – vertraut und Raum gibt, braucht sich durch die Fruchtlosigkeit dieses Wortes in seinem Umfeld nicht beirren zu lassen. Er kann gewiß sein, daß sein Leben dadurch am Ende reichen Ertrag bringen wird.

Dieses Vertrauen, zu dem Jesus uns ermutigen möchte, würden wir nun allerdings gründlich mißverstehen, glaubten wir jetzt, die Hände in den Schoß legen und das eigene Denken aufgeben zu dürfen. Mit Absicht setzte Matthäus an dieser Stelle seines Evangeliums die Akzente anders als Markus.

Es ist wichtig, daß wir verstehen

Mk 4

[10]Und als er (Jesus) allein war, fragten ihn die um ihn mit den Zwölfen nach den Gleichnissen. [11]Und er sagte ihnen: Euch ist das Geheimnis des Reiches Gottes gegeben, denen aber, die draußen sind, wird alles zu Rätseln, [12]damit sie sehend sehen und doch nicht einsehen, und hörend hören und doch nicht verstehen, damit sie sich nicht bekehren und ihnen vergeben wird.

Mt 13

[10]Und die Jünger traten herzu und sprachen zu ihm: *Warum* redest du in Gleichnissen zu ihnen? [11]Er aber antwortete ihnen: Euch ist es gegeben, *die Geheimnisse* des Himmelreiches zu *erkennen,* jenen aber ist es nicht gegeben. [12]*Denn wer hat, gegeben wird ihm, und er wird Überfluß haben. Wer aber nicht hat, auch was er hat, wird von ihm genommen.*
[13]*Deshalb rede ich* in Gleichnissen zu ihnen, *weil* sie sehend nicht sehen und hörend nicht hören und nicht verstehen. [14]Und es erfüllt sich an ihnen die Prophetie...
[16]Eure Augen aber (sind) selig, *weil* sie sehen, und eure Ohren, *weil* sie hören. [17]Denn: Amen ich sage euch: Viele Propheten und Gerechte sehnten sich, zu sehen, was ihr seht, und sahen nicht, und zu hören, was ihr hört, und hörten nicht.

¹³Und er sagte zu ihnen: Ihr wißt dieses Gleichnis nicht? Und wie werdet ihr alle die Gleichnisse erkennen? ¹⁴Der Sämann sät das Wort. Diese aber sind »die auf den Weg (Gesäten)«, wo das Wort gesät wird, und wenn sie gehört haben, gleich kommt der Satan und trägt das in sie gesäte Wort weg... ²⁰Und jene sind die auf die gute Erde Gesäten, die das Wort hören und aufnehmen und Frucht tragen...

¹⁸Ihr nun hört das Gleichnis vom Sämann:

¹⁹Bei jedem, der das Wort vom Reich hört *und nicht versteht,* kommt der Böse und raubt das in sein Herz Gesäte...

²³Der aber auf die gute Erde Gesäte, dieser ist, der das Wort hört *und versteht,* der also *auch wirklich* Frucht bringt...

Im Unterschied zu Markus ist für Matthäus das *Erkennen* und *Verstehen* des einzelnen Menschen sehr wichtig (VV. 11.13.19. 23). Gewiß, der Glaube an das Evangelium ist auch, ja vor allem ein *Geschenk;* denn »es kommt nicht auf das Wollen und Streben des Menschen an, sondern auf das Erbarmen Gottes« (Röm 9,16). Auf diese Tatsache hatte Markus großen Wert gelegt (s. SKK/NT 2, S. 63–71). Aber – und hier meldet sich Matthäus zu Wort: Ob ein Mensch dem »Wort vom Reich« glauben kann oder nicht, das ist *nicht nur* Gnade. Das hängt auch davon ab, ob der einzelne *schon zuvor* sieht und hört und versteht: »*Deshalb* rede ich in Gleichnissen zu ihnen, *weil* sie sehend nicht sehen und hörend nicht hören und nicht verstehen« (V. 13). Und umgekehrt: Den Jüngern ist es gegeben, die Geheimnisse des Himmelreiches zu *erkennen;* »denn wer hat, gegeben wird ihm, und er wird Überfluß haben« (VV. 11 f.). Und sie *haben* den rechten Blick und das rechte Verständnis, *weil* sie sehen und *weil* sie hören (V. 16).

Es ist also keineswegs gleichgültig, ob wir blind und unansprechbar durchs Leben gehen oder ob wir mit offenen Augen und Ohren zu begreifen versuchen – das Leben, unseren Glauben, ja Gott selbst. Wer mit dem zufrieden ist, was er »mitbekommen« hat, läuft Gefahr, daß ihm genommen wird, was er hat (vgl. V. 12!). Wem es nicht darauf ankommt, daß er ein-sieht und versteht, kann nicht damit rechnen, daß ihm die Geheimnisse des Himmelreichs *zu erkennen* gegeben werden (V. 11).

Gott will keinen blinden Glauben. Er will verstanden werden; denn nur im Leben eines solch verständigen Menschen kann sein

»Wort vom Reich« Frucht tragen (V. 23). Es mag uns überraschen, aber für Matthäus ist es ganz wichtig: Nicht bei dem hat der Teufel das leichteste Spiel, der *verstehen* will, sondern bei dem, »der das Wort vom Reich hört und *nicht* versteht« (V. 19).

2. Denn das Himmelreich hat seine eigenen Gesetze (13,24–53)

Matthäus läßt seine Leser nicht lange im unklaren darüber, weshalb »der Böse« (13,19) gerade bei jenen ein so leichtes Spiel hat, die »das Wort vom Reich« nicht verstehen. Noch einmal ändert er seine Vorlage:
Anstelle des Gleichnisses von der selbstwachsenden Saat, mit dem Markus (4,26–20) seine Leser zum Vertrauen in das Wachstum des Reiches Gottes ermutigte (s. SKK/NT 2, S. 71 f.), erzählt er das Gleichnis vom Unkraut unter dem Weizen (Mt 13,24–30), um seinen Lesern deutlich zu machen, wie es sich mit dem Himmelreich, d. h. mit dem Reich Gottes (s. S. 59 f.), verhält.

Das ist der Sinn aller Himmelreichsgleichnisse: Sie wollen das Himmelreich *nicht* mit etwas Bestimmtem *identifizieren* – mit dem Senfkorn, dem Kaufmann oder mit den zehn Jungfrauen etwa –, sie wollen vielmehr *illustrieren,* wie es sich mit dem Himmelreich verhält. Die Formeln, mit denen die Gleichnisse in unseren Evangelien eingeleitet werden, stellen nämlich eine *Abkürzung* jener Einleitungsformel dar, die zur Zeit Jesu auch bei den Rabbinen üblich war und ausgeführt lautete: »Ich will dir ein Gleichnis erzählen. Womit läßt sich die Sache vergleichen. Es verhält sich mit ihr wie mit...«
Eine derartige *Illustration* war für Jesu Zuhörer deshalb wichtig, weil sie mit dem Begriff des Himmelreichs bzw. der Königsherrschaft Gottes bereits bestimmte Vorstellungen verbanden – und sie stimmten nicht unbedingt damit überein, wie Jesus das Himmelreich verstand.

Das Himmelreich – Gottes Königsherrschaft
Gottes Herrschaft – die große Hoffnung
Schon in einem sehr alten Lied preist Israel Gottes Königsherrschaft:
   Damals sang Mose mit den Israeliten dem Herrn dieses Lied; sie sagten:

»Ich singe dem Herrn ein Lied,
denn er ist hoch und erhaben.
Rosse und Wagen warf er ins Meer.
Meine Stärke und mein Lied ist der Herr,
er ist für mich zum Retter geworden.
Er ist mein Gott, ihn will ich preisen;
den Gott meines Vaters will ich rühmen.
Der Herr ist ein Krieger,
Jahwe ist sein Name.
Pharaos Wagen und seine Streitmacht
warf er ins Meer.
Seine besten Kämpfer versanken im Schilfmeer...
Als die Völker das hörten, erzitterten sie,
die Philister packte das Schütteln.
Damals erschraken die Häuptlinge Edoms,
die Mächtigen von Moab packte das Zittern,
Kanaans Bewohner, sie alle verzagten.
Schrecken und Furcht überfiel sie,
sie erstarrten zu Stein
vor der Macht deines Arms,
bis hindurchzog, o Herr, dein Volk,
bis hindurchzog das Volk, das du erschufst.
Du brachtest sie hin
und pflanztest sie ein
auf dem Berg deines Erbes.
Einen Ort, wo du thronst, Herr,
hast du gemacht;
ein Heiligtum, Herr, haben deine Hände gegründet.
Der Herr ist König für immer und ewig.«
(Ex 15,1–18)

Gottes Königsherrschaft – das bedeutete für Israel von früh an: Befreiung aus feindlicher Sklaverei und sicheres Wohnen im eigenen Land.

Von dieser königlichen Macht zum Heil Israels, die letztendlich von allen Völkern anerkannt werden wird, spricht auch Psalm 47:

»Ihr Völker alle, klatscht in die Hände;
jauchzt Gott zu mit lautem Jubel!
Denn furchtgebietend ist der Herr, der Höchste,
ein großer König über die ganze Erde.
Er unterwirft uns Völker

und zwingt Nationen unter unsre Füße.
Er wählt unser Erbland für uns aus,
den Stolz Jakobs, den er liebt.
Gott stieg empor unter Jubel,
der Herr beim Schall der Hörner.
Singt unserm Gott, ja singt ihm!
Spielt unserm König, spielt ihm.
Denn Gott ist König der ganzen Erde.
Spielt ihm ein Psalmenlied!
Gott wurde König über alle Völker,
Gott sitzt auf seinem heiligen Thron.
Die Fürsten der Völker sind versammelt
als Volk des Gottes Abrahams.
Denn Gott gehören die Mächte der Erde;
er ist hoch erhaben.«

Es ist verständlich, daß diese Königsherrschaft Gottes für
das Judentum von besonderer Bedeutung wurde, als die
Babylonier 586 v. Chr. nicht nur den Tempel zerstörten, sondern auch der Herrschaft der Jerusalemer Könige aus dem
Hause David ein Ende bereiteten. Auf wen konnte man jetzt
noch hoffen? Auf *Gott* und *seine* Herrschaft! Und so betete
man im wiederaufgebauten Tempel:

»Gott, wir hörten es mit eigenen Ohren,
unsere Väter erzählten uns
von dem Werk, das du in ihren Tagen vollbracht hast,
in den Tagen der Vorzeit.
Mit eigener Hand hast du die Völker vertrieben,
sie aber eingepflanzt.
Du hast Nationen zerschlagen,
sie aber ausgesät.
Denn sie gewannen das Land nicht mit ihrem Schwert,
noch verschaffte ihr Arm ihnen den Sieg;
nein, deine Rechte war es,
dein Arm und dein leuchtendes Angesicht;
denn du hattest an ihnen Gefallen.
Du, mein König und mein Gott,
du bist es, der Jakob Sieg verleiht ...
Doch nun hast du uns verstoßen und mit Schmach bedeckt,
du ziehst nicht mit unserem Heer in den Kampf.
Du läßt uns vor unsern Bedrängern fliehen,
und Menschen, die uns hassen, plündern uns aus ...

Wach auf! Warum schläfst du, Herr?
Erwache, verstoß nicht für immer!
Warum verbirgst du dein Gesicht,
vergißt unsere Not und Bedrängnis?
Unsere Seele ist in den Staub hinabgebeugt,
unser Leib liegt am Boden.
Steh auf und hilf uns!
In deiner Huld erlöse uns!«
(Ps 44,2–5.10–11.24–27)

Wie sich die Menschen in Palästina Gottes zukünftiges Königtum, das sie so erflehten, vorstellten, erfahren wir beispielsweise aus dem Buch des Propheten Sacharja. Darin wird »der Tag des Herrn«, d. h. der Tag, an dem Gott seine Herrschaft antreten wird, folgendermaßen geschildert:

»An jenem Tag wird aus Jerusalem lebendiges Wasser fließen, eine Hälfte zum Meer im Osten und eine Hälfte zum Meer im Westen; im Sommer und Winter wird es fließen. Dann *wird der Herr König sein über die ganze Erde.* An jenem Tag wird der Herr der einzige sein und sein Name der einzige. Das ganze Land von Geba bis Rimmon im Süden Jerusalems (d. h. das Gebirgsland Judäa) wird sich in eine (fruchtbare) Ebene verwandeln, Jerusalem aber wird hoch emporragen und an seinem Platz bleiben... Man wird darin wohnen. Es wird keine Vernichtung mehr geben, und Jerusalem wird sicher sein...

Wer dann übrig bleibt von allen Völkern, die gegen Jerusalem gezogen sind, wird Jahr für Jahr hinaufziehen, um den König, den Herrn der Heere, anzubeten und das Laubhüttenfest zu feiern.« (Sach 14,8–11.16)

Wenn Gott seine Herrschaft in aller Öffentlichkeit antreten wird, dann wird dieses Ereignis die ganze Welt zum Heile Israels verändern. Dieser Hoffnung begegnen wir auch in einer jüdischen Schrift aus dem 2. Jh. v. Chr. Dort heißt es im Blick auf den »letzten Tag«:

»Dann wird seine Herrschaft über seine ganze Schöpfung
erscheinen,
und dann wird der Teufel nicht mehr sein,
und die Traurigkeit wird mit ihm hinweggenommen sein.
Dann werden die Hände des Engels (Israels) gefüllt werden,
der an höchster Stelle steht,

und sogleich wird er sie (die Gerechten Israels) rächen
an ihren Feinden.
Denn es wird aufstehen der Himmlische vom Sitz
seiner Herrschaft
und heraustreten aus seiner heiligen Wohnung
mit Empörung und Zorn wegen seiner Kinder.
Und die Erde wird erbeben, bis zu ihren Enden erschüttert werden,
und die hohen Berge werden niedrig gemacht und
erschüttert werden,
und die Täler werden einsinken.
Die Sonne wird kein Licht mehr geben und sich
in Finsternis verwandeln;
die Hörner des Mondes werden zerbrechen,
und er wird sich ganz in Blut verwandeln,
und der Kreis der Sterne wird verwirrt.
Und das Meer wird bis zum Abgrund zurückweichen,
und die Wasserquellen werden versiegen,
und die Flüsse werden erstarren.
Denn der höchste Gott, der allein ewig ist, wird sich erheben,
und er wird offen hervortreten, um die Heiden zu strafen,
und alle ihre Götzenbilder wird er vernichten.
Dann wirst du glücklich sein, Israel,
und du wirst auf die Nacken und Flügel des Adlers hinaufsteigen,
und so werden sie ihr Ende haben.
Und Gott wird dich erhöhen,
und er wird dir festen Sitz am Sternenhimmel verschaffen,
am Ort ihrer Wohnung.
Und du wirst von oben herabblicken
und deine Feinde auf Erden sehen
und sie erkennen und dich freuen,
und du wirst Dank sagen und dich zu deinem Schöpfer
bekennen.«
(Himmelfahrt Moses 10,1–10 – Übersetzung nach *E. Brandenbur-ger*, Himmelfahrt Moses, in: Jüdische Schriften aus hellenistisch-römischer Zeit V, Gütersloh 1976, S. 76 f.)

Wenn jemand im Judentum der Zeitenwende voll Sehn-
sucht von Gottes Herrschaft sprach, dann wußte ein jeder,
was da erhofft wurde: Israels Befreiung aus der Herrschaft
seiner Feinde und die Möglichkeit, sicher in Gottes Gemeinschaft zu leben. Und wenn man sich auch nicht einig war, ob
Gott selbst oder sein Messias diese entscheidende Wende in

der Weltgeschichte herbeiführen würde (s. dazu SKK/NT 2, S. 18f.84), so herrschte doch darin Übereinstimmung: Der öffentliche Beginn der Königsherrschaft Gottes wird ein weltbewegendes Ereignis darstellen.

Das Joch der Königsherrschaft Gottes
Neben dieser freudigen Erwartung gab es nun allerdings auch noch eine zweite Einstellung zu Gottes Königsherrschaft. Kein frommer Jude zweifelte ja daran, daß Gott schon immer König war – zunächst im Himmel (nachdem die Menschen ihn im Paradies verworfen hatten), dann aber auch wieder auf der Erde, nachdem Abraham und Israel sich aufs neue zu Gott bekannt hatten. So heißt es beispielsweise in einer rabbinischen Auslegung des Buches Deuteronomium:

»Bevor unser Vater Abraham in die Welt kam, war Gott gewissermaßen nur über den Himmel König, wie es Gen 24,7 heißt: ›Der Herr, der Gott des Himmels, der mich weggeholt hat aus dem Haus meines Vaters und aus meinem Heimatland‹. (D.h. zur Zeit von Gen 12,1 war Gott nur »ein Gott des Himmels«!) Aber nachdem unser Vater Abraham in die Welt gekommen war, machte er ihn zum König über Himmel und Erde; denn Gen 24,3 konnte Abraham seinem Großknecht folgendes sagen: ›Ich will dir einen Eid beim Herrn, dem Gott des Himmels und der Erde, abnehmen...‹ (D.h., zu dieser Zeit war Gott ein Gott des Himmels *und* der Erde!).«
(Zitiert bei *P.Billerbeck,* Kommentar zum NT aus Talmud und Midrasch. Band I, S.173)

Über Israel aber heißt es in einer Auslegung von Ex 15,1: »Damals [nach dem Durchzug durchs Schilfmeer] sang Mose mit den Israeliten dieses Lied« (s. S. 182f.!):

»Das steht auch geschrieben Ps 93,2: ›Fest steht dein Thron von damals an‹. Rabbi Berachja sagte im Namen des Rabbi Abuhu: Obgleich du von Ewigkeit her bist, so ist dennoch dein Thron in deiner Welt nicht eher anerkannt worden, als bis deine Kinder dieses Lied gesungen haben. Darum heißt es: ›Fest steht dein Thron von damals an‹. Gleich einem König, welcher einen Krieg führte und siegte und in Folge dessen zum Augustus (d.h. zum Kaiser) gemacht wurde. Man sprach zu ihm: Vor dem Krieg warst du König, jetzt aber haben wir dich zum Augustus gemacht.«

(Zitiert nach *A. Wünsche,* Der Midrasch Schemot Rabba, Hildesheim 1967, S. 175)

Besiegelt aber wurde dieses Bündnis, durch das Israel Gott
»zum König« machte, am Sinai, als Israel Gottes Gesetz
übernahm und sich so dem »Joch der Herrschaft Gottes«
unterstellte; denn so heißt es in einer anderen Auslegung des
Buches Exodus:

> »Weshalb sind die zehn Gebote nicht am Anfang der Tora (d. h. der
> 5 Bücher Moses) gesagt worden? Man hat ein Gleichnis gesagt.
> Womit läßt sich dies vergleichen? Mit jemandem, der in eine Stadt
> (Provinz) kam und zu den Leuten sagte: Ich will über euch als
> König herrschen. Sie antworteten: Hast du irgend etwas für uns
> getan, daß du als König über uns herrschen willst? Was tat er? Er
> baute ihnen eine Mauer, leitete ihnen Wasser in die Stadt und
> führte für sie Kriege. Er sprach zu ihnen: Ich will über euch als
> König herrschen! Sie antworteten ihm: Ja! Ja! So hat Gott die
> Israeliten aus Ägypten geführt, spaltete ihnen das Meer, ließ ihnen
> Manna herabkommen und den Brunnen emporsteigen, brachte
> ihnen Wachteln (vom Meer) herüber und führte für sie den Krieg
> mit Amalek. Dann sprach er zu ihnen: Ich will über euch als König
> herrschen. Sie antworteten ihm: Ja! Ja! Rabbi(?) sagte: Es will den
> Ruhm Israels verkündigen; denn als sie alle am Berg Sinai stan-
> den, um die Tora zu empfangen, waren sie alle Ein Herz, die
> Gottesherrschaft mit Freuden anzunehmen.«
> (Zitiert bei *Billerbeck* I, S. 174)

Seit dieser Zeit können die Menschen in Israel »das Joch
der Königsherrschaft« auf sich nehmen und so ihr Herz, ihr
Leben *schon heute* zum Ort der Königsherrschaft Gottes, des
Himmelreichs, machen.

Freilich, wenn man in Israel vom *Kommen* der Königsherrschaft Gottes, des Himmelreichs, sprach, dann dachte man
nicht daran, daß jeder einzelne bereits in der Gegenwart die
Möglichkeit hatte, Gottes Herrschaft in seinem Leben Raum
zu geben, dann dachte man vielmehr an die *weltweite* Offenbarung der Macht Gottes zur Rettung und Befriedung Israels.

Vielleicht verstehen wir es jetzt besser, weshalb für Matthäus das *Verständnis* »des Wortes vom Reich« (13,19) so wichtig ist. Offensichtlich hatte Jesus darin *beide* Möglichkeiten, das Kommen des Reiches Gottes sich vorzustellen, *verbunden.* Deshalb bedeutete sein »Wort vom Reich« recht verstanden:

»Das Reich Gottes, das Himmelreich ist da! Ihr müßt nicht länger auf ein zukünftiges, wunderbares und weltumstürzendes Ereignis warten; denn das Kommen des Reiches Gottes geschieht von jetzt an – indem ihr *auf Erden* persönlich so handelt, *wie* es dem königlichen Willen Gottes *im Himmel* entspricht. Ihr müßt euch nicht – wie die Gemeinschaft von Qumran oder die Pharisäer – von der Welt absondern und zurückziehen. Ihr dürft euch aber auch nicht damit begnügen, wie bisher zu handeln; denn das Himmelreich hat wahrhaftig andere Gesetze als jene, nach denen ihr bis jetzt euer Leben gestaltet habt. Ihr müßt beispielsweise bei eurem Verhalten bedenken, daß es sich mit dem Himmelreich wie mit einem Mann verhält, unter dessen guten Samen ein Feind Unkraut säte...«

Vertrauen hat viele Gesichter

Wie wir bereits sahen (s. S. 182), berichtet Matthäus das Gleichnis vom Unkraut unter dem Weizen (13,24–30) an der Stelle, an der sich innerhalb des Markusevangeliums das Gleichnis von der selbstwachsenden Saat befindet. Diese Änderung könnte zunächst den Eindruck erwecken, als ob Matthäus mit dem Gleichnis aus dem Markusevangelium »Schwierigkeiten« gehabt hätte. Fürchtete er vielleicht, dieses Gleichnis könnte *seine* Leser zu einem *falschen* Vertrauen, d. h. zum Nichtstun, verführen? Doch dem ist nicht so. Bei genauerem Zusehen zeigt sich nämlich, daß Matthäus mit dem Gleichnis vom Unkraut in *seiner* Gemeinde dasselbe erreichen wollte, worauf es auch Markus angekommen war. Wir können dies sehr rasch erkennen, wenn wir uns bewußt machen, wozu *Jesus* das Gleichnis »Vom *Lolch* unter dem Weizen« erzählt hatte (denn so wäre das griechische Wort *zizania* genau zu übersetzen).

Nicht zufällig hatte Jesus den *Lolch* als Beispiel für das Unkraut gewählt; denn dieser sieht dem begrannten Weizen zunächst sehr ähnlich. Wer ihn zu früh jätet, läuft deshalb Gefahr, an seiner Stelle Weizen auszureißen. Wer ihn aber erst dann entfernt, wenn er sich durch seine Frucht vom Weizen unterscheiden läßt, muß unter Umständen mit dem Unkraut auch Weizen vernichten, da sich bis dahin die Wurzeln des Unkrauts mit denen des Weizens verflochten haben. Aus diesem Grund ließ man in Palästina den Lolch teilweise bis zur Ernte stehen. Erst der Schnitter, der das Getreide mit der Sichel schnitt, ließ den Lolch fallen und verhinderte damit, daß das Unkraut auch noch in die Garben kam.

So war das Gleichnis »Vom Lolch unter dem Weizen« für Jesu Hörer ohne weitere Erklärung verständlich. Jeder begriff, daß Jesus damit alle Versuche ablehnte, durch irgendwelche gewaltsamen Aktionen »das Unkraut« unter uns entfernen zu wollen – obgleich dessen Existenz gewiß nicht *Gottes* Willen entspricht: »Ein Feind hat dies getan« (13,28)! Und trotzdem lehnte es Jesus ab, das Wachstum des Guten durch die Ausrottung des Bösen zu unterstützen. Denn wir Menschen sind nun einmal – nach Jesu Urteil – nicht nur unfähig, Böses bereits in seinen Anfängen als solches zu erkennen, so daß wir immer in Gefahr stehen, irrtümlicherweise Gutes im Ansatz zu zerstören. Wir können auch das erkennbar gewordene »Unkraut« nicht aus der Welt entfernen, ohne Gutes mitzuvernichten!

Natürlich liegen hier schwerwiegende Einwände nahe: Laufen wir bei einer derart langmütigen Geduld nicht Gefahr, daß die Guten nicht nur durch die Aktivitäten, sondern bereits durch das Vorbild derer verdorben werden, die sich eben nicht an Gottes Weisungen halten und sich nicht um das Gute mühen? Erweckt eine Familie, eine Gemeinde, die Gesellschaft, die in ihrem Raum alles Verhalten duldet, nicht doch den Eindruck, als ob das Verhalten des einzelnen aufs Ganze gesehen gleich-gültig sei? Wird bei einer derartigen Zurückhaltung nicht doch übersehen, daß das Unkraut den Wachstumsprozeß des Weizens sehr beeinträchtigen, ja dieses sogar völlig überwuchern kann?

Diese Einwände wären berechtigt, wenn *wir* – die Glaubenden – das Himmelreich schaffen und bauen müßten; wenn *wir* als Jesu Jünger für den Zustand des Himmelreichs verantwortlich wären und wenn wir dabei mit *unseren* Möglichkeiten rechnen müßten. Doch dem ist *nicht* so – und zwar aus einem doppelten Grund:

1. Das Himmelreich ist und bleibt bis zuletzt *das Reich des Menschensohnes!* Wie wichtig diese Tatsache für Matthäus ist, können wir daran erkennen, daß er als einziger der Evangelisten das Himmelreich auch als das »Reich des Menschensohnes« bezeichnet (13,41; 16,28; vgl. 20,21).

2. Wir dürfen deshalb nicht nur mit *unseren* Kräften rechnen, weil es sich mit dem Himmelreich »wie mit einem Senfkorn verhält, das ein Mann auf seinen Acker säte. Es ist das kleinste von allen Samenkörnern; sobald es aber hochgewachsen ist, ist es größer als alle anderen Gewächse« (13,31 f.). Und schließlich verhält es sich mit dem Himmelreich auch »wie mit dem Sauerteig, den eine Frau unter einen großen Trog Mehl mischte, bis das Ganze durchsäuert war« (13,33). Das aber bedeutet: Das Himmelreich wächst aus *eigener* Kraft. Es hängt in seinem Wachstum nicht von unseren »Kraftakten«, sondern von unserer Bereitschaft ab, es nach *seinen* Gesetzen unter uns, durch uns wachsen zu lassen.

Die Gegenwart des Himmelreichs in unserer Welt hängt also von dem *Vertrauen* ab, das wir ihm und seinem Herrn entgegenbringen. Und dieses Vertrauen kann für bestimmte Gemeinden – wie etwa die des Matthäus – *auch* bedeuten: Unkraut wachsen zu lassen und allen Neigungen, zwischen Guten und Bösen in der Gemeinde zu scheiden, zu widerstehen. Vielleicht verstehen wir es jetzt besser, weshalb Matthäus lieber das Gleichnis »Vom Lolch unter dem Weizen« als das Gleichnis »Von der selbstwachsenden Saat« niederschrieb, als es ihm (wie Markus) um das Vertrauen seiner Gemeinde in das Wachstum des Himmelreichs ging.

Vorsicht vor Mißverständnissen

Nicht nur der Weizen, sondern auch das Unkraut, nicht nur die Guten, sondern auch die Bösen haben *heute* im Himmelreich Existenzrecht, weil *Gott* heute grenzenlos gut ist (vgl. 5,45).

Das bedeutet allerdings nicht, daß damit der Unterschied zwischen Gut und Böse, zwischen rechtem und verkehrtem Tun aufgehoben würde, so daß es letztlich für den einzelnen unerheblich wäre, welchen Einfluß er auf andere Menschen ausübte, und ob er auch selbst »Gottes Gesetz« beachtete oder nicht (13,41!). Ein Mensch, dessen Leben andere beeinträchtigte und am Ende fruchtlos war; ein Mensch, der durch sein Leben »ungenießbar« (vgl. 13,48!) wurde – wie kann er auf Gottes endgültige Zustimmung rechnen? Es genügt nicht, nur in der Gemeinschaft »der Söhne des Reiches« aufzuwachsen und zu leben. Das tut auch das Unkraut unter dem Weizen – und dennoch findet es »in der Scheune« des himmlischen Vaters keine Aufnahme (vgl. 13,30. 41 f.). Es genügt nicht, im Zuge »der allgemeinen Missionierung« unter die Schar der Jesusjünger zu geraten. Auch *schlechte* Fische gelangen ins Netz der Fischer – und doch werden sie am Ende als wertlos ausgesondert und weggeworfen (vgl. 13,47–50).

Gerade deshalb wäre es aber auch zu wenig, würden wir uns *nur aus Angst* fürs Himmelreich entscheiden! Mit einer solch ängstlichen Entscheidung offenbarten wir nur, daß uns das Himmelreich noch immer fremd ist; denn es ist in Wahrheit etwas Hinreißendes – wer auf es stößt, kann nicht anders als alles dafür hinzugeben, um in seinen Besitz zu gelangen:

> »Denn mit dem Himmelreich ist es wie mit einem Schatz, der in einem Acker vergraben war. Ein Mann entdeckte ihn, grub ihn aber wieder ein. Und in seiner Freude verkaufte er alles, was er besaß, und kaufte den Acker« (V. 44).

Natürlich könnte man jetzt einwenden: Wer findet schon einen Schatz im Acker? Wer hat schon so viel Glück? Wenn es sich mit dem Himmelreich tatsächlich so verhält, wie es das Gleichnis schildert, können wir dann überhaupt noch etwas anderes tun als warten, warten, bis wir *zufällig* auf diesen Schatz stoßen?

Um dieses – naheliegende – Mißverständnis auszuschließen, war das eben gelesene Gleichnis von Anfang an mit einem zweiten, dem folgenden verbunden:

> »Auch ist es mit dem Himmelreich wie mit einem Kaufmann, der schöne Perlen suchte. Als er eine besonders wertvolle Perle fand, verkaufte er alles, was er besaß, und kaufte sie« (VV. 45 f.).

Wir müssen *nicht warten*, bis wir – zufällig – auf den Schatz des Himmelreichs stoßen. Wir können ihn auch *suchen!*

Doch wie?

Indem wir in unserer Gerechtigkeit »*weiter gehen* als die Schriftgelehrten und Pharisäer« (5,20) und indem wir zu *verstehen* suchen (13,19!), weshalb Gott Barmherzigkeit will und nicht Opfer (9,13; 12,7).

Habt ihr das alles verstanden?

Nicht ohne Absicht beendet Matthäus diese Gleichnisse mit Jesu Frage: »Habt ihr das alles verstanden?« (V. 51). Auch für Jesu Jünger ist es nicht selbstverständlich, daß sie »die Geheimnisse des Himmelreichs« (V. 11), die »seit der Schöpfung verborgen waren« (V. 35), verstehen; denn sie bestehen letztlich in Gottes Menschenfreundlichkeit und in der Langmut des Menschensohnes, der ausstreut, ohne sich um den Erfolg zu kümmern, und der *alles* leben läßt, ohne damit dem Leben des einzelnen seinen Ernst zu nehmen. Diese Einsicht ist auch bei Jesu Jüngern nicht selbstverständlich.

Doch wer das verstanden hat und *dann* die Schrift auslegt, »der wird einem Hausherrn gleichen, der es versteht, aus seinem reichen Vorrat Neues und Altes hervorzuholen« (vgl. V. 52).

3. Wo Scheidung unvermeidlich wird (13,54–16,12)

Mit dem Bericht von Jesu Wirken in Nazaret (13,54–58) schloß sich Matthäus wieder an das ihm vorliegende Markusevangelium an. Freilich, auch jetzt hielt sich Matthäus nicht sklavisch an den Markus*text*. Er kürzte oder erweiterte ihn überall dort, wo dies nach seinem Verständnis nötig war, damit *seine* Leser möglichst klar erkennen konnten, was *Gott* ihnen durch Jesu Reden und Tun sagen wollte.

Prophetenschicksale

Zwei Änderungen fallen auf, wenn man die matthäische Darstellung von *Jesu Wirken in seiner Vaterstadt* (13,54–58) mit der des Evangelisten Markus (6,1–6a; s. SKK/NT 2, S. 77–80) vergleicht: Matthäus läßt die Jünger, die Jesus begleiteten (vgl. Mk 6,1), unerwähnt. Damit rückt Jesus allein in die Mitte der Erzählung. *Er* begegnet seiner Vaterstadt – und er erlebt das Gleiche wie *alle* Propheten:

»Ein Prophet ist nicht verachtet, außer in seiner Vaterstadt und in seinem Hause!« (V. 57).

Doch diese Ablehnung hat Folgen:

»Und er wirkte dort nicht viele Machttaten wegen ihres Unglaubens« (V. 58).

Indem Matthäus *nicht wie Markus* (6,5) davon redet, daß Jesus in Nazaret »auch *nicht* eine Machttat wirken *konnte*«, zeichnet er Jesu begrenztes Wirken viel mehr als Jesu *eigene* Re-aktion. Jesus reagiert *auch* auf den Unglauben, der ihm entgegengebracht wird!

Auch die Erzählung vom *Tod des Täufers* (Mt 14,1–12; vgl. Mk 6,14–29 sowie SKK/NT 2, S. 82–86) strafft Matthäus: Allein Herodes ist von Bedeutung – und zwar als Gegner des Johannes!

Aus diesem Grunde streicht Matthäus das unterschiedliche Urteil *der Leute* über Johannes (Mk 6,14f.), die Erwähnung der Herodias als der eigentlich treibenden Kraft gegen den Täufer (Mk 6,19), aber auch das positive Urteil des Markus über Herodes (Mk 6,20) sowie alle ausmalenden Züge bei der Schilderung des Gastmahls.

Weil Johannes es gewagt hatte, dem, der die Macht hatte, *als Prophet* entgegenzutreten, mußte er sterben (Mt 14,5.10). Nur darauf kam es unserem Evangelisten an; denn wenn man bedenkt, daß dies das Schicksal des Propheten ist – spricht dann der *Kreuzestod* wirklich gegen *Jesu* Sendung? Müßte dann die Tatsache, bei den Mächtigen (über Jahrhunderte hinweg) »ungeschoren« davon zu kommen, nicht weit mehr beunruhigen?

Sich nicht mit dem scheinbar Nur-Möglichen begnügen

Noch immer folgt Matthäus dem Markusevangelium (vgl. dazu SKK/NT 2, S. 86–92). Um so deutlicher fallen die Akzente auf, die Matthäus sowohl bei der Schilderung der ersten wunderbaren Brotvermehrung (14,13–21) als auch bei dem Bericht von Jesu Erscheinung auf dem See (14,22–33) durch seine Änderungen am Markustext (6,32–44.45–52) setzt.

Drei Änderungen wollen bei dem Bericht von der *Speisung der Fünftausend* (14,13–21) beachtet sein:

Während das Mitleid mit den Scharen, die ihm gefolgt waren,

bei Markus (6,34) Jesus dazu veranlassen, »sie viel zu lehren«, wird Jesus nach Matthäus (14,14) dadurch bewogen, »ihre Kranken zu heilen«! Jesus will, daß die Menschen sein Mitleid *leibhaftig* erfahren. Das ist für Matthäus sehr wichtig, weshalb wir auch über seine nächste Ergänzung innerhalb des Markustextes nicht einfach hinweglesen dürfen:
Heißt es bei Markus:

»Er aber antwortete ihnen: Gebt ihr ihnen zu essen« (6,37),

so schreibt Matthäus:

»Jesus aber sprach zu ihnen: Sie haben nicht nötig fortzugehen. Gebt ihr ihnen zu essen« (14,16).

Diese Hinzufügung – die sich nur bei unserem Evangelisten findet! – ist deshalb so auffällig, weil die Fortsetzung zeigt, daß der Speisungsbericht bei Matthäus bereits durch die Feier des Herrenmahls mitbeeinflußt wird. (Die Fische werden – anders als bei Mk 6,41.43 – sowohl beim Austeilen als auch beim Einsammeln der Gaben einfach »vergessen«!) Das aber bedeutet: Für Matthäus kommt es offensichtlich sehr darauf an, daß das Herrenmahl dann *Jesu* Mitleid mit den Menschen bezeugt, wenn »es sich um ein wirklich sättigendes Mahl handelt, bei dem die Hungernden ›nicht wegzugehen brauchen‹, um Vorräte einzukaufen, weil die Jünger ›ihnen zu essen geben‹« (*E. Schweizer*, S. 208).
Wenn wir solches jetzt für praktisch unmöglich halten, haben wir gewiß viele Argumente auf unserer Seite. Nur – sie wären für unseren Evangelisten wohl ein Grund mehr, sich in seiner Erzählung von *Jesu Erscheinung auf dem See* (14,22–33) nicht einfach mit dem Markustext (6,45–52; s. SKK/NT 2, S. 88–92) zu begnügen.
Die Erzählung von Jesu Seewandel gehört zu den Geschichten, die Matthäus *erweiterte* – u. U. durch Rückgriff auf eine Ostererzählung, »vielleicht die nirgends geschilderte Ersterscheinung Jesu vor Petrus (1 Kor 15,5; Lk 24,34). Nach Joh 21,7 f. stürzt sich Petrus dem auferstandenen Jesus entgegen ins Wasser und watet durch (nicht über) den See ihm entgegen. Sollte dies zu einer Episode im irdischen Leben Jesu umgestaltet worden sein? Darauf könnte vielleicht hindeuten, daß Matthäus den Satz des Markus,

das Herz der Jünger sei verstockt geblieben, durch einen gegenteiligen ersetzt, der ihr anbetendes Niederfallen vor Jesus und ihr Bekenntnis zu ihm als zum Gottessohn berichtet. Das entwertet eigentlich das Petrusbekenntnis 16,16, paßt aber gut in eine Ostergeschichte« (*E. Schweizer,* S. 209).

Vergleicht man den Matthäus- mit dem Markustext, zeigt sich sehr schnell, worauf es unserem Evangelisten bei dieser Geschichte ankommt:

Markus hatte mit der Erzählung von Jesu Erscheinung seiner Gemeinde verkündigt: »Dieser Jesus, in dem Gott uns heimsucht, verliert seine Jünger auch in dunklen Zeiten nicht aus den Augen, und er wird ihnen entgegenkommen – wenn es Zeit ist« (SKK/NT 2, S. 91 f.). Daran *zu glauben,* war für Matthäus nun »zu wenig«. Ihm kam es darauf an, daß wir es wagen, auf Grund dieses Glaubens jene *Schritte zu tun,* zu denen wir uns durch Jesu Wort gerufen fühlen:

> »Petrus aber antwortete Jesus und sprach: Herr, wenn du es bist, so befiehl, daß ich auf dem Wasser zu dir komme! Er aber sprach: Komm!« (VV. 28 f.).

Nicht weil die Situation dafür günstig war, sondern weil Jesu Wort ihn rief, wagte Petrus den Schritt aus dem bergenden Boot – und er erlebte, daß scheinbar Unmögliches *möglich* wurde:

> »Da stieg Petrus aus dem Boot und ging über das Wasser auf Jesus zu« (V. 29).

Freilich, dann reagierte Petrus wieder »normal«. Da galt für ihn nicht mehr nur Jesu Wort und Jesu Nähe, da hatte er auch wieder einen Blick für seine ganz konkrete Situation:

> »Als er aber sah, wie heftig der Wind war, bekam er Angst – und begann unterzugehen« (V. 30).

Gewiß, in diesem Augenblick schrie er: »Herr, rette mich!« Und das war seine Rettung: »Jesus streckte sofort die Hand aus und ergriff ihn« (V. 31). Doch Petrus hätte auch anders reagieren können: Er hätte in dem Augenblick, in dem er zu sinken begann, sich ebenfalls mit vollem Recht sagen können: »Das hätte ich mir schließlich denken können! Es *ist* einfach unmöglich, auf dem Wasser zu gehen – daran ändert auch *Jesu* Wort nichts!« Und so hätte er sich selbst bewiesen, daß diejenigen Recht haben, die sich mit dem *Möglichen* begnügen.

Oder anders ausgedrückt: Wir sind durchaus in der Lage, uns mit Hilfe unseres *Kleinglaubens* (V. 31) die nötigen *Beweise* dafür zu liefern, daß wir auch als Jesu Jünger »auf dem Wasser« *nicht* gehen können. Offensichtlich war ein derartiger Kleinglaube, der sich stets mit seinen *eigenen Erfahrungen* rechtfertigen läßt, bereits für die Gemeinde des Matthäus eine Gefahr (vgl. 28,17!). Und so erzählte er ihnen die Geschichte von Jesu Seewandel auf *seine* Weise. Vielleicht würden sie sich doch noch Jesu Wort zu Herzen nehmen: »Du Kleingläubiger, warum hast du gezweifelt?« (V. 31).

Blendende Frömmigkeit

Die folgende *Rede über Reinheit und Unreinheit (15,1–20)* gehört zu den Stücken des Matthäusevangeliums, die besonders deutlich erkennen lassen, daß Markus und Matthäus ihr Evangelium für zwei sehr verschiedene Gemeinden schrieben und deshalb jeweils auch recht unterschiedliche Akzente setzten.

Das *Erste,* was bei einem Vergleich von Mk 7,1–23 (s. SKK/NT 2, S. 92–97) und Mt 15,1–20 ins Auge springt, ist von eher äußerlicher Art:

Markus mußte (VV. 2–4) seine Leser über die levitischen Reinheitsvorschriften und die damit zusammenhängenden Riten und Bräuche informieren. Das ist nur verständlich, wenn sie – zumindest in ihrer Mehrzahl – nicht aus dem Judentum, sondern aus dem Heidentum stammten, d. h. wenn *Markus* sein Evangelium vor allem für *Heidenchristen* schrieb. Im Unterschied zu Markus konnte *Matthäus* bei seinen Lesern offensichtlich voraussetzen, daß es für sie selbstverständlich war, weshalb »man« (im Judentum) sich vor jedem Essen die Hände wäscht. Dann dürfte es sich bei seinen Lesern aber in der Mehrzahl um *Judenchristen* gehandelt haben – und *diese* Tatsache gibt dem *zweiten* Unterschied schon ein größeres Gewicht.

Nach dem Markusevangelium fragten die Pharisäer und Schriftgelehrten Jesus:

»Warum *wandeln* deine Jünger nicht nach der Überlieferung der Alten, sondern essen das Brot mit ungewaschenen Händen?« (V. 5. – Die

Einheitsübersetzung ist hier sehr ungenau, da sie das griechische Wort *peripatein* sonst mit »leben« wiedergibt!).

Nach dem Matthäusevangelium lautet die Frage der Pharisäer und Schriftgelehrten hingegen:

> »Weshalb *übertreten* deine Jünger die Überlieferung der Alten? Denn sie waschen ihre Hände nicht, wenn sie Brot essen« (V. 2. – Auch hier ist die Einheitsübersetzung ungenau!).

Auf den ersten Blick könnte es so scheinen, als ob in beiden Fällen die gleiche Frage gestellt würde, doch bei genauerem Zusehen zeigt sich ein wichtiger Unterschied:

Vom Lebens*wandel* ist im Neuen Testament immer dann die Rede, wenn *die ganze Art und Weise zu leben* gemeint ist. So sagt Jesus beispielsweise im Johannesevangelium:

> »Ich bin das Licht der Welt. Wer mir nachfolgt, wird nicht in der Finsternis *wandeln,* sondern das Licht des Lebens haben.«
> (Joh 8,12; vgl. 12,35)

In ähnlicher Weise schreibt Paulus im Römerbrief:

> »Wir wurden mit ihm begraben durch die Taufe auf den Tod, damit wie Christus durch die Herrlichkeit des Vaters von den Toten auferweckt auch wir als neue Menschen *wandeln*« (6,4).

Oder:

> »Laßt uns ehrenhaft *wandeln* wie am Tag, ohne maßloses Essen und Trinken...« (13,13).

Bei *Markus* fragen die Pharisäer und Schriftgelehrten Jesus also eigentlich: »Warum richten sich deine Jünger in ihrer *ganzen Art und Weise zu leben* nicht nach der Überlieferung der Alten?« Die Frage der Pharisäer ist hier demnach viel grundsätzlicher gemeint: Die Tatsache, daß Jesu Jünger »mit unreinen Händen« essen, dient bei Markus nur als »Aufhänger«, um das viel tiefergehende Problem zur Sprache bringen zu können: »Weshalb *leben* Jesu Jünger *nicht* mehr *nach der Tradition* der Alten?«

Das ist nun aber nicht das Problem bei Matthäus; denn von *Übertretungen* wird im Neuen Testament immer dann gesprochen, wenn an bestimmte *Gebote* gedacht wird, die der Mensch im

Einzelfall übertritt. So hält Paulus beispielsweise dem Juden, der sich des göttlichen Gesetzes rühmt, entgegen:

>»Du predigst: Du sollst nicht stehlen!, und stiehlst. Du sagst: Du sollst die Ehe nicht brechen!, und brichst die Ehe. Du verabscheust die Götzenbilder, begehst aber Tempelraub. Du rühmst dich des Gesetzes, entehrst aber Gott durch die *Übertretung* des Gesetzes.«
>(Röm 2,21–23)

In ähnlicher Weise lesen wir im Jakobusbrief:

>»Wenn ihr nach dem Ansehen der Person urteilt, begeht ihr eine Sünde, und aus dem Gesetz selbst wird offenbar, daß ihr es *übertreten* habt. Wer das ganze Gesetz hält und nur gegen ein einziges Gebot verstößt, der hat sich gegen alle verfehlt. Denn er, der gesagt hat: Du sollst nicht die Ehe brechen!, hat auch gesagt: Du sollst nicht töten! Wenn du nicht die Ehe brichst, aber tötest, hast du das Gesetz *übertreten!*«
>(Jak 2,9–11)

Wer vom Lebens*wandel* spricht, denkt an den Lebens*stil* eines Menschen; wer vom *Übertreten* redet, denkt an ganz konkrete Handlungen, durch die ein *bestimmtes* Gebot mißachtet wird. Das aber bedeutet: Indem Matthäus bei der Frage der Pharisäer und Schriftgelehrten das Wort »übertreten« verwendet, gibt er zu verstehen, daß es in dem folgenden Streitgespräch tatsächlich um diese *eine* Übertretung der Tradition durch Jesu Jünger geht: »Sie waschen ihre Hände nicht, wenn sie (das Brot) essen!« (Das Brot galt als Hauptbestandteil einer jeden Mahlzeit!).

Dieses Verhalten *war* ein Verstoß gegen eine alte, *gutgemeinte* Tradition, die sich – wie viele andere – dem einen Anliegen verdankte: Die eigene Welt immer enger mit Gottes Welt zu verbinden, ja geradezu zu bekleiden, und alles abzustreifen, was mit dieser göttlichen Welt unvereinbar zu sein schien. Weshalb ließ es Jesus zu, daß sich seine Jünger über eine solch *gutgemeinte* religiöse Übung einfach hinwegsetzten?

Zwei Gründe nennt unser Evangelium, von denen der erste (VV. 3–9) mehr grundsätzlicher Art ist, während der zweite (V. 11) sich direkt auf das Gebot des Händewaschens bezieht:

1. Jene ebenfalls hochgehaltene religiöse Tradition, nach der eine für den Tempel gelobte Gabe den bedürftigen Eltern vorenthalten werden darf, ja muß (s. dazu SKK/NT 2, S. 94–96), zeigt,

welch herz-lose (V. 8!), unverständige Frömmigkeit sich in Wahrheit in all den »Überlieferungen der Alten«, d. h. in den maßgebenden religiösen *Traditionen* äußert.

2. Wer glaubt, das Waschen der Hände könnte einen Menschen für Gott gemeinschaftsfähig machen, übersieht: »Nicht was in den Mund hineingeht, verunreinigt den Menschen. Vielmehr, was aus dem Mund herauskommt, dies verunreinigt den Menschen« (V. 11).

Dieses klare Wort Jesu *gegen* einen (fast allgemein) akzeptierten religiösen Brauch erregte bei den Pharisäern Anstoß (V. 12. – Schließlich hatten ja auch sie sich bei dessen Propagierung etwas gedacht!). Doch das von Matthäus in Vers 13 f. eingefügte Wort Jesu läßt keine Nachgiebigkeit und keine Rücksicht auf »die gute Meinung« erkennen, die gewiß nicht wenige erfüllte, die den Brauch des Händewaschens übten. Jesus antwortete – im Blick auf die Pharisäer, die sich gerade aus der Sorge um das Gesetz des Mose für die Beachtung dieser Tradition einsetzten (s. S. 165–168):

»Jede Pflanze, die nicht mein himmlischer Vater gepflanzt hat, wird ausgerissen werden. Laßt sie! Blinde Wegführer sind sie von Blinden. Wenn aber ein Blinder einen Blinden des Wegs führt, werden beide in eine Grube fallen« (VV. 13 f.).

Wir mögen über die Härte von Jesu Urteil erschrecken. Weshalb war Jesus an diesem Punkt so wenig kompromißbereit? Die Antwort (VV. 17–20) ist klar:

Allem Anschein nach hatte dieser fromme Brauch, um den es Matthäus ganz konkret geht, dazu geführt, daß diejenigen, die ihn übten, nicht (mehr) daran dachten, daß es *allein auf das Herz des Menschen* ankommt (V. 18. – Auch diesen Hinweis auf das Herz finden wir nur bei Matthäus!). Mag das fromme Brauchtum, die »Überlieferung der Alten«, auch auf ein noch so positives Anliegen zurückgehen – wenn es dazu führt, daß sich der einzelne nicht mehr *vor allem* um die Lauterkeit seines Herzens müht; wenn er »böse Gedanken, Falschzeugnisse, Verleumdungen« (vgl. V. 19) weniger wichtig nimmt als bestimmte religiöse Übungen, dann findet er in Jesus keinen Fürsprecher. Im Gegenteil! Wer solche Traditionen, die (gewiß oft ungewollt) zur Veräußerlichung der Frömmigkeit führen, rechtfertigt und verteidigt, muß sich von

Jesus sagen lassen: »Laßt sie! Blinde Wegführer sind sie von Blinden!« (V. 14).

Es war ernst gemeint

Obgleich Matthäus sich auch jetzt noch bei der Komposition seines Evangeliums an das Markusevangelium hielt, griff er stärker als bisher in seine Vorlage ein. Der Grund dafür läßt sich unschwer erkennen:

Deutlicher als Markus charakterisiert *Matthäus (15,21–28)* die Syrophönizierin, die Jesus um die Heilung ihrer Tochter bittet (vgl. Mk 7,24–30 sowie SKK/NT 2, S. 97 f.), als *Heidin:* Sie war eine *kanaanäische* Frau und kam aus der Gegend von Tyrus *und Sidon* (Mt 15,21 f.): Mit diesen Namen wurden in Israels Heiliger Schrift die vom Gottesvolk geschiedenen *Heiden* bezeichnet (vgl. Jos 7,9; Ri 1,1.31 f.).

Deutlicher als Markus stellt Matthäus aber auch die *begründete* Ablehnung durch Jesus heraus: Er ist *nur zu Israel* gesandt (V. 24. – Mit der Wendung »zu den verlorenen Schafen des Hauses Israel« ist *ganz* Israel gemeint, vgl. 10,6!). Und: »Es ist nicht gut, das Brot den Kindern wegzunehmen und den Hunden vorzuwerfen« (V. 25. – Matthäus streicht die markinische Einschränkung: »Laß *zuerst* die Kinder satt werden!«). Nicht an Jesus und an Gott lag es also, wenn das Evangelium seinen Weg zu den Heiden nahm! Gott *hatte* Jesus als *seinen* Boten zu Israel gesandt – doch Glauben hatte er bei den Heiden gefunden (V. 28).

Indem *Matthäus (15,29–31)* anstelle der von Markus (7,31–37) geschilderten Heilung eines Taubstummen ganz allgemein davon berichtet, daß »viele Menschen kamen und Lahme, Krüppel, Blinde, Stumme und viele andere Kranke zu Jesus brachten... und er heilte sie« (vgl. V. 30), zeichnete er Jesus noch deutlicher, als es Markus getan hatte, im Lichte der Verheißung des Propheten Jesaja:

»Sagt den Verzagten:
Habt Mut, fürchtet euch nicht!
Seht, hier ist euer Gott...
er selbst wird kommen und euch erretten.
Dann werden die Augen der Blinden geöffnet,

auch die Ohren der Tauben sind wieder offen.
Dann springt der Lahme wie ein Hirsch,
die Zunge des Stummen jauchzt auf.«
(Jes 35,4–6)

Gott *hatte* in Jesus sein damals gegebenes Versprechen eingelöst. Dem nun folgenden Unterschied zwischen Markus und Matthäus scheint zunächst keine große Bedeutung zuzukommen. Beendete Markus den *zweiten Speisungsbericht* (8,1–10; s. SKK/ NT 2, S. 99) mit der Notiz:

»Gleich darauf stieg er mit seinen Jüngern ins Boot und fuhr in das Gebiet von Dalmanuta« (V. 10),

so lesen wir bei *Matthäus (15,32–39)* am Ende:

»Danach schickte er die Menge nach Hause, stieg ins Boot und fuhr in die Gegend von Magadan« (V. 39).

Mit dieser kleinen Änderung erreicht Matthäus, daß in der *(16,1–4)* unmittelbar daran anschließenden Auseinandersetzung sich allein Jesus und die Pharisäer *und Sadduzäer* (V. 1. – So nur Matthäus.), d. h. die Vertreter des *ganzen* damaligen Judentums, gegenüberstehen. In dieser Auseinandersetzung haben die Jünger zunächst keinen Platz. Für den weiteren Fortgang des Evangeliums ist allein entscheidend, daß *Jesus* sich bewußt von den Führern seines Volkes trennte, da sie – bei aller sonstigen Urteilsfähigkeit – die Zeichen der Zeit nicht zu deuten vermögen (VV. 2b.3. – Diese beiden Verse, die auch Lk 12,54–56 begegnen, fehlen zwar in einigen alten Handschriften, doch dürften sie dort in Anlehnung an Mk 8,12 ausgelassen worden sein!).
Diese Trennung hat dann allerdings auch für die Jünger Konsequenzen, die *nach* dieser Trennung zu Jesus kommen (16,5–12): Sie müssen *sich* von nun an »vor dem Sauerteig der Pharisäer und Sadduzäer«, d. h. »*vor deren Lehre*« (16,12. – So nur Matthäus.) hüten!
Schließlich setzen Markus und Matthäus auch am Ende ihres vierten bzw. fünften großen Evangelienteils noch einmal ihre eigenen Akzente:
Obgleich Markus noch im vorletzten Abschnitt (8,14–21) das völlige Unverständnis der Jünger Jesu Worten gegenüber aus-

drücklich betont (VV. 17f.21), beendet er das Ganze mit einer hoffnungsvollen Geschichte – mit der Heilung eines Blinden bei Betsaida (8,22–26): »Alle, die als Jünger Jesu betroffen sind, daß selbst sie (ohne es zu begreifen!) blind sein können, erinnert Markus abschließend daran, daß Jesus auch blinde Augen öffnen konnte – selbst bei solchen, denen nicht sofort die Augen aufgingen!« (SKK/NT 2, S. 103).

Matthäus hingegen streicht diese Heilungsgeschichte. Das letzte Wort dieses Abschnitts bleibt für ihn die Warnung vor der Lehre der Pharisäer und Sadduzäer (16,6.12); denn sie begründet nicht nur, weshalb es zur »Kirche des Christus Jesus« kam, sie erinnert die Jünger auch fortwährend daran, wovor sie sich in Wahrheit hüten müssen, wenn sie *die Existenz dieser Kirche rechtfertigen* wollen.

VI. Die Kirche des Christus Jesus (16,13–20,34)

Noch folgt Matthäus seiner Markusvorlage, doch er gestaltet sie wiederum im Interesse jenes theologischen Anliegens um, das bereits am Ende des vorangegangenen Evangelienabschnitts erkennbar wurde.

1. Das Petrusbekenntnis und die Antwort Jesu (16,13–20)

Auch Matthäus eröffnet diesen neuen Teil seines Evangeliums mit dem sog. Petrusbekenntnis bei Cäsarea Philippi. Im Vergleich mit dem Markustext (Mk 8,27–30) fallen jedoch folgende Unterschiede auf:

a) Petrus bekennt Jesus nicht nur als den Messias, d.h. als den Christus (so Mk 8,29), sondern *zugleich* als den »Sohn des lebendigen Gottes« (Mt 16,16). Jesus ist *als* der Sohn des lebendigen Gottes (vgl. dazu Mt 1,18–25; 4,1–11; 11,25–27) der Messias.

b) Jesus wendet sich nach dem Petrusbekenntnis nicht sogleich an *alle* Jünger mit dem Verbot, ihn als den Messias bekannt zu machen (so Mk 8,30). Er antwortet vielmehr zuerst allein dem Petrus:

> »Selig bist du, Simon Barjona; denn nicht Fleisch und Blut haben dir (das) geoffenbart, sondern mein Vater im Himmel. Ich aber sage dir: Du bist Petrus, und auf diesen Felsen werde ich meine Kirche bauen, und die Pforten der Unterwelt werden sie nicht überwältigen. Ich werde dir die Schlüssel des Himmelreiches geben, und was immer du auf Erden binden wirst, wird in den Himmeln gebunden sein, und was immer du auf Erden lösen wirst, wird im Himmel gelöst sein« (VV. 17–19).

Dieses Wort Jesu an Petrus, das uns nur bei Matthäus begegnet, wirft zunächst ein geschichtliches Problem auf:

Können wir annehmen, daß die übrigen Evangelisten dieses so gewichtige Wort Jesu an Petrus übergangen hätten, wenn es ihnen aus der Geschichte des *irdischen* Jesus bekannt gewesen wäre? Wohl kaum! Aus diesem Grund ist heute auch die katholische Exegese davon überzeugt, daß die Verse Mt 16,17–19 so, wie sie uns innerhalb des Matthäusevangeliums begegnen, nicht von Jesus selbst gesprochen wurden (vgl. dazu R. *Schnackenburg*, S. 149–153).

Aber, so mögen wir jetzt vielleicht erstaunt-beunruhigt fragen, wurden sie dann von Matthäus »erfunden«? Stellen diese Worte, die für die Kirchengeschichte dann so bedeutsam wurden, gar eine spätere »Fälschung« dar? Doch auch das verneint nicht nur die katholische, sondern auch die evangelische Exegese. Aber wie müssen wir dann diese Verse verstehen?

Die Antwort auf diese Frage umfaßt mehrere Teile:

1. Nach dem einhelligen Zeugnis des Neuen Testaments nahm *Simon Barjona* (Mt 16,17), d. h. Simon, Sohn des Jona (= Johannes, vgl. Joh 1,44), unter den Jüngern Jesu von Beginn an eine Sonderstellung ein (vgl. Mk 1,29–31.36f.). Er erscheint stets als Sprecher der Jünger (Mk 8,29; 10,28; Mt 18,21), und mit ihm beginnt jede Liste der Zwölf (Mk 3,16–19; Mt 10,2–4; Lk 6,14–16; Apg 1,13). Von der besonderen Hochschätzung des Simon durch Jesus zeugt auch der keineswegs seltene aramäische Beiname, den Jesus dem Simon – wohl im Zusammenhang mit der Berufung der Zwölf (Mk 3,16) – gab: *Kepha,* d. h. (Edel- oder Grund-)*Stein,* griechisch: *petros.*

2. Simon wurde als erstem der Männer die Offenbarung des von den Toten auferweckten Jesus zuteil (1 Kor 15,4f.; vgl. Lk 24,34). Auch *nach* Ostern räumte der Auferstandene dem Simon eine Vorrangstellung unter den Jüngern ein. Das aber bedeutet: Die besondere Hochschätzung, die der irdische Jesus dem Simon entgegengebracht hatte, war offensichtlich in Jesu Tod *nicht* an ihr Ende gelangt.

3. So gewiß Gott den gekreuzigten Jesus dadurch vor aller Welt *rechtfertigte,* daß er ihn als den Auferweckten offenbarte (vgl. Apg 10,39–42) – die Erscheinungen des Auferstandenen dienten *nicht nur* der Rechtfertigung Jesu. Vielmehr: Jesus kehrte zurück, damit *seine* Jünger *sein* Evangelium weiterverkündigten (vgl. Mt 28,16–20; s. S. 301–303). Oder anders ausgedrückt: Der Auferstandene offenbarte sich gewiß nicht deshalb seinen Jüngern, um sie gleichsam in den Schoß derer zurückzuführen, die er zuvor als »blinde Blindenführer« (Mt 15,14) bezeichnet hatte. Es ging ihm vielmehr darum, daß die Gemeinschaft *seiner* Jünger, die sich aufgrund *seiner* Verkündigung ja schon zuvor im Gegensatz zu den Pharisäern und Sadduzäern befunden hatten, *fortdauerte.*

Und in dieser fortdauernden Gemeinschaft sollte dem *Simon*

Kepha, d.h. dem Simon Petrus eine *fundamentale Bedeutung* zukommen!

Wir verstehen dies noch besser, wenn wir kurz in zwei *jüdische* Schriften aus der damaligen Zeit blicken.

»... und auf diesen Felsen will ich meine Kirche bauen!«

Die Zerstörung der Heiligen Stadt Jerusalem und ihres so prächtigen Tempels durch die Römer im Jahr 70 n.Chr. stellte die Judenheit der damaligen Zeit vor schwere Fragen; denn mehr als die anderen Völker hatte Israel Gottes Gesetz beachtet, und dennoch mußte es mehr als alle anderen Völker Unbill und Schmach erleiden. Welchen Sinn hatte es also, den Weisungen Gottes zu gehorchen und Gottes Verheißungen zu trauen?

Mit diesen Fragen setzt sich auch das sog. 4. Esra-Buch auseinander, das von einem jüdischen Schriftsteller am Ende des 1.Jh. n.Chr. unter dem Namen des aus dem babylonischen Exil bekannten Esra verfaßt wurde. Die Antwort, die er darin dem jüdischen Volk gibt, führt der Verfasser des 4. Esra-Buches auf eine besondere Offenbarung zurück, die Gott ihm in mehreren Visionen geschenkt habe – indem er ihn beispielsweise nicht nur das zerstörte Zion in Gestalt einer trauernden Frau, sondern auch das zukünftige, herrliche Zion in Gestalt einer prächtigen Stadt sehen ließ. Nach dieser Vision – so schildert es der Verfasser von 4 Esra – sprach der Engel Uriel folgendes zu ihm:

»Da nun der Höchste sah, daß du im Gemüt betrübt bist und von ganzem Herzen um sie [= die Heilige Stadt] Leid trägst, zeigte er dir den Glanz ihrer Herrlichkeit und die Schönheit ihrer Pracht. Darum nämlich sagte ich dir, du solltest auf dem Gefilde bleiben, wo noch kein Haus erbaut ist. Denn ich wußte, daß der Höchste dir dies zeigen wollte. Deshalb habe ich dir gesagt, du solltest auf das Feld kommen, wo noch kein Fundament eines Gebäudes gelegt ist. Denn es kann kein menschliches Bauwerk an dem Ort bestehen, wo die Stadt des Höchsten sich zeigen soll. Fürchte dich also nicht, und dein Herz erschrecke nicht, sondern geh hinein und schau die Pracht und die Größe des Baus, so viel deine Augen zu fassen und zu sehen vermögen. Und danach hör, soviel deine Ohren zu fassen und zu hören vermögen. Denn *du bist selig vor vielen und wirst bei dem Höchsten mit Namen genannt wie nur wenige.«*

(4 Esra 10,50–57. – Übersetzung nach *J. Schreiner, Das 4. Buch Esra*, Gütersloh 1981, S. 382 f.)

Weil nicht »Fleisch und Blut«, sondern »der Höchste« Esra eine Wahrheit offenbarte, die für den weiteren Glauben des ganzen jüdischen Volkes von entscheidender Bedeutung war, wird er von dem Engel *selig gepriesen*. Und deshalb preist ihn auch das Volk, dessen Glaube in seiner Botschaft wieder Halt findet:

»Du bist uns allein von allen Propheten übriggeblieben wie eine Traube aus der Weinlese, wie eine Leuchte an einem dunklen Ort und wie der Hafen für das aus dem Sturm gerettete Schiff.«
(4 Esra 12,42)

Eine ähnliche *Seligpreisung* finden wir auch noch in einer zweiten, aus der ägyptischen Diaspora stammenden jüdischen Schrift, die der Heirat Josephs mit Asenat (vgl. Gen 41,45) gewidmet ist. Mittelpunkt dieses jüdischen Romans ist die Bekehrung der heidnischen Priestertochter zum wahren Gott, die in einer Erscheinung des höchsten Erzengels gipfelt. Dieser spricht (unter anderem) zu ihr:

»Sei guten Muts, du reine Jungfrau Asenat!
Heut gab dich Gott, der Herr, zur Braut dem Joseph;
er wird dein Bräutigam für ewig sein.
Auch heißt du nicht mehr Asenat von heute ab,
dein Name ist jetzt Zufluchtsstadt;
denn viele Völker fliehen zu dir
und rasten unter deinen Flügeln,
und viele Völker finden durch dich Schutz ...
O selig bist du, Asenat.
Denn Gottes unaussprechliche Geheimnisse sind dir enthüllt.
Und selig sind,
die Gott dem Herrn in Umkehr anhängen.«
(Joseph und Asenat 15,6 f.; 16,14. – Übersetzung nach *P. Riessler, Altjüdisches Schrifttum außerhalb der Bibel*, Darmstadt 1966, S. 516.519)

Auch Asenat wird selig gepriesen, weil Gott ihr – zum Heil vieler Völker – unaussprechliche Geheimnisse enthüllte.

Was bedeuten diese beiden *jüdischen* Texte für unsere Stelle aus dem Matthäusevangelium?

Nun, auch an diesen beiden Stellen wird jeweils ein Mensch selig gepriesen, weil Gott ihm eine besondere Offenbarung schenkte:

»Du [= Esra] bist selig vor vielen und wirst bei dem Höchsten mit Namen genannt!«

»O selig bist du, Asenat. Denn Gottes unaussprechliche Geheimnisse sind dir enthüllt!«

»Selig bist du, Simon Barjona; denn nicht Fleisch und Blut haben dir das offenbart, sondern mein Vater im Himmel!«

Diese besondere Offenbarung ist nun aber nicht nur für Esra, Asenat und Simon Barjona wichtig, vielmehr erhält deren dadurch möglich gewordener persönlicher Glaube jeweils *für eine ganze Gemeinschaft* rettende Bedeutung:

> »Du [= Esra] bist uns ... wie der Hafen für das aus dem Sturm gerettete Schiff.«
> (4 Esra 12,42)

> »Auch heißt du nicht mehr Asenat von heute ab;
> dein Name ist jetzt Zufluchtsstadt;
> denn viele Völker fliehen zu dir
> und rasten unter deinen Flügeln,
> und viele Völker finden durch dich Schutz ...«
> (Joseph und Asenat 15,7)

> »Du bist Petrus, und auf diesen Felsen werde ich meine Kirche bauen, und die Mächte der Unterwelt werden sie nicht überwältigen.«
> (Mt 16,18)

Das aber bedeutet: Mit 16,17 drückt unser Evangelist in einer *damals geläufigen Weise* die urchristliche Überzeugung aus, daß Simon Petrus aufgrund seiner Bevorzugung durch den irdischen *und* auferstandenen Jesus für die Gemeinschaft der Jünger Jesu eine tragende und bewahrende Funktion hat. Wenn Petrus zu Lebzeiten Jesu *und* nach Ostern innerhalb der Jüngerschaft eine führende Rolle spielte, dann nicht, weil er sich diese Rolle angemaßt hätte, sondern weil sie ihm von Gott her durch Jesus zugekommen war (vgl. auch Joh 21,15–17: »Als sie gegessen hatten, sagte Jesus zu Simon Petrus: Simon, Sohn des Johannes, liebst du mich mehr als diese? Er antwortete ihm: Ja, Herr, du weißt, daß ich dich liebe. Jesus sagte zu ihm: Weide meine Lämmer! ...«).

Doch – so müssen wir jetzt weiterfragen – worin besteht denn diese tragende und bewahrende Funktion des Simon Petrus?

Auf diese Frage antwortet der folgende Vers:

»Ich werde dir die Schlüssel des Himmelreiches geben...!« (V. 19).

Da das *Himmelreich* keineswegs »den Himmel«, d. h. das ewige Leben, bezeichnet (s. S. 59 f. sowie SKK/NT 2, S. 144 f.), kann Mt 16,19 auch nicht an die »Himmelsschlüssel« gedacht sein – so als ob Petrus hier in das Amt eines »Himmelspförtners« eingesetzt und ihm damit die (Vor-)Entscheidung über den Zutritt eines Menschen »in den Himmel« anvertraut würde! Die Rettung eines Menschen und die »Zuweisung der himmlischen Plätze« sind auch nach dem Matthäusevangelium allein *Gottes* Angelegenheit (vgl. 19,26; 20,23).

Aber auch noch ein zweites Mißverständnis können wir von vornherein ausschließen: Wenn wir bedenken, daß Jesus keinerlei gesetzliche Bedingungen aufstellte, die erfüllt sein mußten, ehe er einem Menschen den Zutritt zu seiner Gemeinschaft gewährte – weshalb sollte Jesus den Simon Petrus dann mit der gesetzlichen Regelung des Zugangs zu *seiner* Gemeinschaft, zu *seiner* Kirche beauftragt haben? Daß Matthäus auch an *diese* Vollmacht *nicht* dachte, kann uns schon ein kurzer Blick auf Mt 22,10 lehren (s. S. 246 f.)!

Wie müssen wir aber dann das Wort von der »Schlüsselgewalt« des Simon Petrus verstehen?

Hier hilft uns ein Blick in jene Rede weiter, in der Jesus nach der Darstellung unseres Evangelisten sich grundsätzlich mit den »Pharisäern und Schriftgelehrten« auseinandersetzt (s. S. 255–267). Darin hält nämlich Jesus den Pharisäern und Schriftgelehrten als erstes vor:

> »Ihr schließt das Himmelreich vor den Menschen zu; denn ihr geht nicht hinein, und auch die, die hineingehen, laßt ihr nicht hineinkommen« (23,13).

Nach diesen Worten hatten *auch schon die Pharisäer und Schriftgelehrten* die Möglichkeit, das Himmelreich *aufzuschließen* und so sich und anderen Menschen den Eintritt in das Himmelreich zu ermöglichen. Nur – statt aufzuschließen *verschlossen* sie das Himmelreich (s. dazu S. 265). Das ändert jedoch nichts an der Tatsache, daß sie »die Schlüsselgewalt« *hatten*. Sie ist demnach nichts Neues, das von Jesus gleichsam erst für Petrus »geschaffen« worden wäre. Auch die Pharisäer *hatten* die Macht, »zu binden und zu lösen« (vgl. 23,2 f.: »Auf dem Lehrstuhl des Mose haben sich die Schriftgelehrten und die Pharisäer gesetzt. Alles nun, was immer sie zu euch sprechen, tut und bewahrt...«!). Wie müssen wir das verstehen?

Die Binde- und Lösegewalt

Wir sahen bereits (s. S. 44ff.): Seit der Rückkehr aus dem babylonischen Exil hatte die Tora, Gottes Weisung mit all ihren Geboten, in Israel eine immer größere Bedeutung erlangt; denn man war überzeugt:

»Alle, die deine Weisung lieben, empfangen Heil in Fülle; es trifft sie kein Unheil.«
(Ps 119,165)

Gottes Gebote weisen dem Menschen den *Weg des Lebens,* indem sie ihm helfen, das Richtige *zu tun.*

Nun waren allerdings die meisten biblischen Gebote ursprünglich für ganz bestimmte gesellschaftliche Situationen gegeben worden, um in ihnen Israel den rechten Weg zu weisen. Das hatte zur Folge, daß die meisten dieser Gebote im Laufe der Zeit den veränderten Lebensbedingungen angepaßt werden mußten, sollten sie auch weiterhin für die Menschen ein Weg zum Leben sein und nicht zu einer immer unerträglicheren Last werden.

Das bekannteste Beispiel hierfür bildet das Gesetz, nach dem jedes Darlehen, das ein Israelit einem anderen gewährt, im nächsten Sabbatjahr verfällt (vgl. Dtn 15,2). Dieses – ursprünglich sehr soziale! – Gesetz wirkte sich mit der Zeit gerade für die Armen und Bedürftigen *immer negativer* aus, da auch die Gutwilligen in Israel begreiflicherweise kaum bereit waren, beim Nahen des Sabbatjahres einem anderen ein Darlehen zu gewähren. Wie sollte man also mit einem solchen Gebot »umgehen«?

In dieser Situation kam den Schriftgelehrten, den Rabbinen, nun eine maßgebende Bedeutung zu. *Sie* mußten entscheiden, *ob* ein Gebot noch gültig war, *wie* es dann anzuwenden war oder *ob* es gar (ganz oder für eine bestimmte Zeit) aufzuheben sei. Das heißt: Die Schriftgelehrten, die Rabbinen, hatten *bindende,* d. h. verbietende, und *lösende,* d. h. erlaubende/aufhebende, Entscheidungen zu fällen – weshalb Rabbi Nechonja (um 70 n. Chr.) beim Betreten des Lehrhauses zu beten pflegte:

> »Es sei wohlgefällig vor dir, Herr, mein Gott und Gott meiner Väter, daß ich nicht aufbrause gegen meine Kollegen, und daß meine Kollegen nicht aufbrausen gegen mich; daß wir das Reine nicht für unrein und das Unreine nicht für rein erklären; daß wir das Erlaubte nicht verbieten und das Verbotene nicht erlauben.«
> (Zitiert nach *P. Billerbeck,* Kommentar zum NT aus Talmud und Midrasch I, S. 741)

Ein gutes Beispiel für derartiges »Binden und Lösen« berichtet uns der Talmud im Zusammenhang mit einer Entscheidung von Rabbi Jehuda, dem Fürsten (ca. 135–220 n. Chr.):

Ein Gerichtshof hebt den Spruch eines anderen auf
Obgleich Hillel und Schammai (beide 1. Jh. v. Chr.), die beiden großen Lehrer, einander sehr oft in der Auslegung der Gebote der Tora widersprachen, waren sie sich doch *in 18 Bestimmungen* über »rein oder unrein« *einig,* weshalb diese 18 Bestimmungen *als unaufhebbar* galten. Zu ihnen gehörte auch die Bestimmung, daß das Öl, das von Nichtjuden produziert und verkauft wurde, für Juden (als u. U. nicht *koscher*) verboten sei. Dennoch wurde diese Bestimmung von Rabbi Jehuda und seinem Gelehrtenkollegium *aufgehoben.* Weshalb? Wir lesen darüber im Talmud:

> »Wie konnte Rabbi Jehuda, der Fürst, eine Verordnung der Schüler Schammais und Hillels auflösen? Wir haben gelernt: Ein Rechtskollegium kann nur dann den Spruch eines anderen Rechtskollegiums aufheben, wenn es größer ist als dieses an Weisheit und Zahl. Und Rabba, Chanas Sohnessohn, sagte noch, Rabbi Jochanan habe gesagt: In jedem anderen Fall kann ein Rechtskollegium den Spruch eines anderen Rechtskollegiums aufheben, *ausgenommen die 18 Dinge.* Und selbst wenn Elia mit seinem Rechtskollegium käme, sollten wir nicht auf ihn hören.

Raw Mescharscheja sagte: Was ist der Grund für diese Ausnahme? Weil ihr Verbot bei der Mehrheit Israels verbreitet [und
damit anerkannt] ist. Aber das Verbot des Öls ist bei der Mehrheit
Israels nicht verbreitet. Rabbi Schmuel, Abbas Sohn, sagte nämlich, Rabbi Jochanan habe gesagt: Unsere Lehrer [d. h. Rabbi
Jehuda, der Fürst, und sein Gelehrtenkollegium] saßen und berie-
ten sich über das Verbot des Öls: Es sei nämlich bei der Mehrheit
Israels nicht verbreitet. Da stützten sich unsere Lehrer auf die
Worte Rabban Schimons, Gamliels Sohn (2. Jh. n. Chr.), und auf
die Worte Rabbi Elasars, Zadoks Sohn (2. Jh. n. Chr.), die gesagt
haben: Man solle nur eine solche Verordnung über die Gemeinde
festsetzen, in der die Mehrheit der Gemeinde bestehen kann. [Das
aber bedeutete in diesem Fall: Da Öl ein Hauptprodukt des Landes
war und auch Andersgläubige immer mehr bei dessen Erzeugung
und Handel beteiligt waren, hätte das Verbot Hillels und Scham-
mais die Juden in Palästina fast unausweichlich dazu gebracht,
dieses zu übertreten. Deshalb mußte es aufgehoben werden!] Raw
Adda, Ahawas Sohn, sagte: Was ist der Schriftvers dafür [d. h. für
die Rechtfertigung dieser Aufhebung? Er steht beim Propheten
Maleachi:] ›Mit dem Fluch seid ihr verflucht; denn mich beraubt ihr,
das ganze Volk‹ (3,9). Wenn das ganze Volk Gott beraubt, wird es
verflucht, wenn nicht, dann nicht. [Raw Adda meint damit: Wenn
ein Gebot, welches das Volk auf sich genommen hat, nicht befolgt
wird, so wird Gott dadurch – seines Ansehens und seines Rechts
– beraubt. Als Strafe dafür ist der Fluch angedroht. Wenn das Volk
also ein bestimmtes Gebot in seiner Gesamtheit angenommen
und übertreten hat, dann kommt die Strafe. Diese müssen die
Gelehrten verhüten, indem sie keine Gebote auferlegen, die nicht
gehalten werden können!]«
(Awoda sara 36a/36b; Übersetzung und Erklärung nach *R. Mayer,*
S. 308 f.)

Vielleicht können wir die Bedeutung dieses Vorgangs doch
noch nicht ganz ermessen. Denn – so mögen wir vielleicht
einwenden – kann man die Vollmacht, ein bestimmtes Rein-
heitsgebot zu erlassen oder aufzuheben, wirklich mit jener
Vollmacht vergleichen, die Jesus dem Simon Petrus verlieh –
die Vollmacht, *das Himmelreich* aufzuschließen? Handelt es
sich bei der Frage, ob ein gläubiger Israelit Öl auch von
Heiden kaufen und verwenden darf, nicht doch nur um eine
»Lapalie«?

Ein solcher Einwand wäre ohne Zweifel verständlich, und doch zeigten wir mit ihm nur, daß wir das Denken der damaligen Juden *und* Judenchristen immer noch nicht verstanden hätten. Denn auch dieses »Ölverbot« war im Grunde nichts anderes als der *durchgehende* Versuch, jenes göttliche Gebot *auf das Leben* anzuwenden, das die Basis für das ganze Leben *des auserwählten Volkes* bildete:

»Seid heilig, denn ich, der Herr, euer Gott, bin heilig.«
(Lev 19,2)

Aus *diesem* Grund galt für *alle* Gesetzesverfügungen der Schriftgelehrten und der Rabbinen:

»Was immer ihr auf Erden binden werdet...«
Als Gott dem Mose das Gesetz übergab, da »informierte« er ihn weder über abstrakte Wahrheiten noch über *das* Naturgesetz oder sonstige unwandelbare himmlische Verfügungen. Nein, da gab er Mose – und durch Mose dem ganzen Volk Israel – die *Tora als Hilfe zum Leben in die Hände.* Seitdem gilt:

»Dieses Gebot, auf das ich dich heute verpflichte, geht nicht über deine Kraft und ist nicht fern von dir. Es ist nicht im Himmel, so daß du sagen müßtest: Wer steigt für uns in den Himmel hinauf, holt es herunter und verkündet es uns, damit wir es halten können? Es ist auch nicht jenseits des Meeres, so daß du sagen müßtest: Wer fährt für uns über das Meer, holt es herüber und verkündet es uns, damit wir es halten können? Nein, das Wort ist ganz nah bei dir, es ist in deinem Mund und in deinem Herzen, du kannst es halten.«
(Dtn 30,11–14)

Aus diesem Text, der die Tora so ausdrücklich »aus dem Himmel« auf die Erde, ja in das Leben (Israels) holt, zogen die Lehrer Israels nun eine Folgerung, die wir vielleicht als atemberaubend, als ungeheuerlich empfinden – und doch setzt auch Mt 16,19 die Gültigkeit dieser Überzeugung voraus:

»Nachdem die Tora Israel übergeben worden ist, steht auch die Entscheidung darüber, was nach der Tora rechtens ist, ausschließlich Israel zu, *und Gott unterwirft sich der*

Entscheidung des rabbinischen Gerichtshofes« (vgl. *P. Biller-beck*, S. 741 f.).

So berichtet der Talmud folgenden Fall: Die Lehrer Israels diskutierten darüber, ob ein transportabler Backofen aus Lehmziegeln »rein« oder »unrein« sei, ob er also auch dort verwendet werden kann, wo *Reines* gebacken werden muß. Rabbi Elieser meinte nun, die einzelnen Teile blieben durch den Sand getrennt und der Ofen könne dadurch nicht unrein werden, weil er als zerbrochenes Gefäß gilt. Die Weisen aber meinten, der äußere Anstrich mit Lehm mache ein einziges Gerät daraus, das demnach auch unrein werden könne. Über den Fort- und Ausgang dieser Diskussion berichtet nun der Talmud:

»An jenem Tage brachte Rabbi Elieser alle Einwendungen der Welt vor. Aber sie nahmen diese nicht von ihm an [d. h. sie lehnten alle Begründungen für seine Entscheidung ab]. Er sagte zu ihnen: Wenn die geltende Norm meiner Meinung entspricht, so wird es dieser Johannisbrotbaum beweisen. Da rückte der Johannisbrotbaum hundert Ellen weit von seinem Ort, andere sagten: Vierhundert Ellen. Sie sagten zu ihm: Von dem Johannisbrotbaum bringt man keinen Beweis. Wiederum sagte er zu ihnen: Wenn die geltende Norm meiner Meinung entspricht, so wird es dieser Wasserlauf beweisen. Da zog sich der Wasserlauf zurück. Sie sagten zu ihm: Von dem Wasserlauf bringt man keinen Beweis. Wiederum sagte er zu ihnen: Wenn die geltende Norm meiner Meinung entspricht, so werden es die Wände des Lehrhauses beweisen. Da neigten sich die Wände des Lehrhauses, um einzustürzen. Da bedrohte sie Rabbi Jehoschua und sagte zu ihnen: Wenn Gelehrte miteinander um den Sieg der geltenden Norm ringen – ihr da, was ist denn das für eine Art von Euch! Sie stürzten nicht ein wegen der Ehre Rabbi Jehoschuas, und sie richteten sich nicht auf wegen der Ehre Rabbi Eliesers. Und noch immer stehen sie geneigt. Wiederum sagte Rabbi Elieser zu ihnen: Wenn die geltende Norm meiner Meinung entspricht, so werden sie es vom Himmel her beweisen. Da ging eine Art Stimme hervor und sprach: Was habt ihr mit Rabbi Elieser? Die geltende Norm ist auf jeden Fall, wie er sagt. Da stellte sich Rabbi Jehoschua auf seine Füße und sagte: ›Nicht im Himmel ist sie‹ (Dtn 30,12). Was bedeutet: ›Nicht im Himmel ist sie?‹ Rabbi Jirmeja sagte: Daß die Weisung schon am Berge Sinai gegeben worden ist. Wir kümmern uns nicht um eine Art Stimme, denn schon am Berge Sinai hast du in die Weisung geschrieben: ›Sich zur Mehrheit neigen‹ (Ex 23,2).

Rabbi Natan traf Elia und sagte zu ihm: Was tat der Heilige, gelobt sei er, in dieser Stunde? Er sagte zu ihm: Er lächelte und sprach: Meine Söhne haben mich besiegt, meine Söhne haben mich besiegt.«

(Bawa mezia 59a/59b; Übersetzung und Erklärung nach *R. Mayer,* S. 312 f.)

Gott *hat* seinen Willen Israel geoffenbart, doch er läßt sich bei dessen konkreter Anwendung »von seinen Söhnen besiegen« (s. dazu weiter S. 265). Weil sie nach seinen Weisungen *leben* müssen, wissen *sie* aufgrund ihrer Erfahrung, wann Gottes geoffenbarter Wille für den Menschen *in der Praxis* zum Leben *oder* zum Tod führt (vgl. 1 Makk 2,29–41!). Und eben deshalb wird ihre, der Söhne, Entscheidung von Gott auch ganz ernstgenommen.

Binden = bannen
Die Begriffe »binden« und »lösen« wurden im frühen Judentum noch in einem zweiten Sinn verwendet: Sie konnten – wie Mt 18,15–18 – auch bedeuten: *den Bann verhängen und aufheben.*

Um diese Bannpraxis verstehen zu können, müssen wir mehreres beachten (vgl. *P. Billerbeck* IV, S. 293–333: Der Synagogenbann):

1. Den (einfachen) Bann, der in der Regel 30 Tage dauerte, konnte *ein jeder* in Israel verhängen, sofern sich der Bann sachlich rechtfertigen ließ. Die Hauptinstanz für das Verhängen des Bannes war freilich ein *Gerichtshof,* d. h. entweder das in den einzelnen Ortschaften vorhandene »Dreimännergericht« oder ein eigenes (von Gelehrten) gebildetes Gremium.

2. Der Bann konnte um 30 Tage verlängert werden, ja er konnte schließlich in den verschärften Bann übergehen, wenn der zweimal ausgesprochene 30tägige Bann fruchtlos geblieben war.

3. Die Folgen des Banns waren beträchtlich: Beim *einfachen* Bann war es zwar nicht verboten, mit dem Gebannten

zu sprechen und mit ihm das Geschäfts- und Arbeitsverhält-
nis aufrecht zu erhalten, doch sollte sich ihm keiner – mit
Ausnahme der eigenen Familie – mehr als vier Ellen nähern,
wodurch beispielsweise *die Tischgemeinschaft* unmöglich
wurde. Beim *verschärften* Bann war der wirtschaftliche Verkehr mit dem Gebannten dann völlig unterbunden.

4. Jeder Bann war aufhebbar. Er sollte grundsätzlich durch
den aufgehoben werden, der ihn ausgesprochen hatte.

5. Das Ziel des Bannes war die Rückgewinnung des
Gebannten, nicht dessen Ausschließung aus der Synagoge.

Wenn wir nun Jesu Worte, die Matthäus (16,17–19) in seine
Vorlage, das Markusevangelium, einfügte, im Zusammenhang mit
den damals geläufigen jüdischen Vorstellungen und Gedanken
hören, kann kein Zweifel mehr daran bestehen, wie die *judenchristlichen* Leser des Matthäus diese Jesusworte verstanden:

Jesus übergibt hier Simon Petrus die (bis dahin von den Schriftgelehrten und Rabbinen besessene) Vollmacht, das Gesetz Gottes
so auszulegen und anzuwenden, daß den Menschen das Himmelreich *aufgeschlossen* wird (s. auch S. 265) – und »der Himmel«
wird sich diesen Entscheidungen fügen! *Darauf* baut Jesus seine
Kirche, d. h. die Gemeinschaft derer, die ihm »Bruder und Schwester und Mutter« (12,50) sind, da sie bereit sind, in ihrer Gerechtigkeit *weiter* zu gehen als die Schriftgelehrten und die Pharisäer
(5,20). Wer aber fürchtet, daß durch diese »aufschließende« Funktion des Simon Petrus der Bestand der Kirche Jesus Christi gefährdet werden könnte, soll wissen: Die Pforten der Unterwelt – und
das bedeutet: die alles verschlingende Macht des Todes und der
Vergänglichkeit (vgl. die Anmerkung der Einheitsübersetzung zu
Mt 16,18) – sie werden nie und nimmer den Sieg davontragen.

2. Die Nachfolge Jesu (16,21–17,23)

Matthäus hält sich noch einmal sehr eng an seine Markusvorlage (16,21–17,23 = Mk 8,31–9,32; vgl. dazu SKK/NT 2,

S. 109–125). Die daran angebrachten Änderungen fallen auf den ersten Blick kaum auf, doch zeigen sie *im gesamten,* daß sie keineswegs auf Zufall beruhen.

Im Zusammenhang mit der *ersten Leidensweissagung (16,21–23)* ist es für Matthäus wichtig, daß der gleiche Simon Petrus, der eben als »*Fels* für die Kirche« bezeichnet wurde, unmittelbar darauf für Jesus zum »Stolperstein«, zum »Stein des Anstoßes« *(skandalon)* werden konnte. (So nur Matthäus! Die Wiedergabe von V. 23 in der Einheitsübersetzung ist wiederum sehr ungenau!) Daher Jesu Aufforderung:

> »Auf, hinter mich, Satan!... Denn du denkst nicht das, was Gottes ist, sondern das, was der Menschen ist« (V. 23).

Petrus ist nicht selbstverständlich und automatisch »der Fels«. Er ist es nur dort, wo er in der Nachfolge Jesu das Anliegen Gottes zum Inhalt seines Denkens macht.

Anders als Markus (8,34) läßt Matthäus Jesu *Rede über die Kreuzesnachfolge (16,24–28)* nicht an jedermann, sondern nur an die Jünger gerichtet sein. Jesu Wort gilt hier bewußt *der bedrängten Gemeinde,* die auf ihrem Weg nur eine Aussicht hat: das kommende Gericht des Menschensohnes (VV. 27.28), der »einem jeden nach seinem Tun vergelten wird« (V. 27. – So nur Matthäus.).

Daß Matthäus das *zukünftige* Gericht vor Augen hat, wird auch daran erkennbar, daß er – im Unterschied zu Mk 8,36 f. – nicht formuliert: »Denn was nützt es einem Menschen...; denn was hätte er zu geben...«, sondern schreibt: »Denn was für einen Nutzen *wird* ein Mensch haben...; oder was *wird* er geben...«. (Leider läßt die Einheitsübersetzung auch diesen Unterschied nicht erkennen!)

Doch genügt *diese* Aussicht auf das kommende Gericht des Menschensohns, um *leben* zu können? (Zum »Menschensohn« vgl. SKK/NT 2, S. 105–109.) Matthäus beantwortet diesen Einwand mit seiner Erzählung von der *Verklärung Jesu (17,1–9):*

Deutlicher als Markus schildert Matthäus die Verklärung Jesu als eine Begegnung von himmlischer und irdischer Welt. Jesu Angesicht leuchtet – wie das Gesicht der Gerechten bei der Auferstehung (4 Esra 7,97) – gleich der Sonne (V. 2. – So nur Mat-

thäus.). D. h., *Jesus* erscheint hier vorweggenommen als *der Auferstandene.* Deshalb ist das Angebot des Petrus an seinen *Herrn:*

> »*Wenn du willst* (so nur Matthäus), werde ich hier drei Hütten bauen,
> dir eine, Mose eine und Elija eine.« (V. 4)

keineswegs Zeichen seines Unverständnisses (so Mk 9,6; von
Matthäus gestrichen), sondern eine sachgemäße Reaktion.

Gottes Antwort (aus der *lichten* Wolke) auf dieses verständliche
Angebot lautet freilich anders:

> »Dieser ist mein geliebter Sohn, an dem ich Wohlgefallen fand; auf ihn
> sollt ihr hören« (V. 6).

Es gibt für die Jünger, obgleich sie *heute* immer schon ihrem
auferstandenen Herrn begegnen, keine Vorwegnahme der himmlischen Ruhe.

Diese Auskunft kann niederschmetternd und furchterregend
sein (V. 6), da sie Jesu Jünger eben keine Ruhe gibt, sondern sie
»nur« aufs neue an Jesu *Wort* verweist – und eben dieses hatte sie
ja in Bedrängnis gebracht (vgl. zu 16,24)! Um so wichtiger ist der
nächste Satz, mit dem (wiederum nur) Matthäus seine Erzählung
fortsetzt:

> »Da trat Jesus zu ihnen, faßte sie an und sagte: Steht auf, habt keine
> Angst!« (V. 7).

Mit eben dieser Geste hatte Jesus einst den Aussätzigen geheilt
(8,3) und die Tochter des Synagogenvorstehers vom Tode erweckt
(9,25). Jesu Jünger können darauf *vertrauen,* daß sie ihren auferstandenen Herrn, den Menschensohn, als den erfahren werden,
der *zum Leben erweckt!*

Gewiß, solches zu glauben, ist letztlich erst *nach* Ostern möglich
(V. 9). Doch seitdem *könnten* wir es wissen: Gott bringt seine
Geschichte mit dieser Welt – all unseren Bedenken und Widerstän-
den zum Trotz – zum Ziel (vgl. 17,10–13).

Noch einmal konkretisiert Matthäus das Markusevangelium für
seine Gemeinde: Hatte Markus die *Heilung eines besessenen Knaben* (Mk 9,14–29) für all jene erzählt, die – wie der Vater des
besessenen Jungen (Mk 9,24) – zum Glauben kommen wollten,
um so des Heiles teilhaft werden zu können, das uns Menschen

von Gott angeboten wird (vgl. SKK/NT 2, S. 123 f.), so verfolgt Matthäus bei seiner Erzählung eine andere Absicht:

Stärker als Markus konzentriert er zunächst das Augenmerk seiner Leser auf Jesus. (Die Jünger treten noch nicht in Erscheinung! Sie kommen erst 17,19 vor.) In Jesus *wird* offenbar, daß menschliche Heillosigkeit überwunden werden kann.

Doch weshalb sind dann selbst Jesu Jünger oft so machtlos (17,16.19)?

»Wegen eures Kleinglaubens!« (V. 20)

Die Unfähigkeit, das zu bewegen, was dem Heil, d. h. dem Himmelreich, im Wege steht (V. 20), erklärt sich weniger durch die Macht des Bösen als vielmehr durch den Kleinglauben von Jesu Jüngern. Doch was ist der Grund *dafür?*

Wiederum ändert Matthäus seine Vorlage: Heißt es bei Markus nach Jesu zweiter Leidensweissagung: »Sie aber verstanden den Spruch nicht« (Mk 9,32 = Lk 9,45), so schreibt Matthäus:

»Da wurden sie sehr traurig« (V. 23).

Es ist die Trauer über das bevorstehende Leiden, das dem Glauben der Jünger seine bewegende Größe nimmt.

3. Im Blick auf Gott, den guten Hirten (17,24 – 19,12)

Mit 17,24 eröffnet Matthäus einen zunächst bis 18,35 reichenden neuen Abschnitt, der sich nach Form und Inhalt nur bei ihm findet. Durchgängiges Thema dieses Abschnitts ist die Frage nach dem rechten *Jünger*verhalten, d. h. nach dem rechten Verhalten derer, die zur Kirche Jesu Christi (16,18) gehören wollen.

»Damit wir ihnen nicht Anstoß geben!«

Gleich zu Beginn dieses neuen Abschnitts nennt Matthäus das Stichwort, das dessen ersten Teil bestimmt und uns damit zeigt, worum es Matthäus geht: »Anstoß geben; (den) Fall verursachen; zu Fall bringen« (V. 27).

Leider macht die Einheitsübersetzung dieses sachliche Anliegen des Evangelisten unkenntlich, indem sie das gleiche griechische Wort *skan-*

dalizein 17,27 mit »Anstoß erregen«, 18,6.8.9 aber mit »zum Bösen verführen« wiedergibt und den Plural *skandala = Anstöße zum Fallen* 18,7 zum Singular »verdichtet«, als ob »die Verführung« mit dem Wesen der Welt zusammenhängen würde! Dabei lautete 18,7 richtig übersetzt: »Wehe der Welt wegen der Anstöße«, und nicht: »Wehe der Welt mit ihrer Verführung!«!

»Damit wir ihnen *keinen Anstoß geben! Damit wir sie nicht zu Fall bringen!*«: Was ist damit gemeint? Um dies ermessen zu können, ist es nötig, daß wir uns zuerst bewußt machen, was die hier zur Debatte stehende *Tempelsteuer* (17,24–27) zur Zeit Jesu für jeden Juden bedeutete.

Die Tempelsteuer

Jeder zwanzig Jahre alt gewordene männliche Israelit hatte – in Anlehnung an Ex 30,11–16 – jährlich eine Tempelsteuer zu bezahlen, gleichgültig ob er in Palästina oder im Ausland lebte. Aus ihr wurden alle Opfer und alle übrigen Bedürfnisse, die für die Gottesdienste und den Kult im Jerusalemer Tempel nötig waren, bestritten. Dadurch konnte sich jeder Israelit sagen, daß die täglich im Tempel dargebrachten Opfer auch aus *seinen* Mitteln stammten.

Die Tempelsteuer betrug den Wert einer *halben* Scheqelmünze = 2 Drachmen. Sie wurde zunächst an jedem Ort von dazu bestimmten Personen entgegengenommen (vgl. Mt 17,24), um dann – oft unter großer Beteiligung des Volkes – nach Jerusalem überbracht zu werden. Deshalb verordnete beispielsweise der Prokonsul Julius Antonius dem Volk von Ephesus:

>»An den Magistrat, den Senat und das Volk von Ephesus. Die in Asien wohnenden Juden haben mir am 13. Februar zu Ephesus in öffentlicher Gerichtssitzung angezeigt, daß der Caesar Augustus und Agrippa ihnen gestattet hätten, nach ihren eigenen Gesetzen und Gebräuchen zu leben und die Erstlinge, die ein jeder als Tribut seiner Frömmigkeit freiwillig Gott darbringt, unbehindert *unter feierlichem Geleit nach Jerusalem* zu senden. Sie haben dann gebeten, ich möge in Übereinstimmung mit der Bewilligung Agrippas und des Caesars ihnen diese Freiheit bestätigen. Ich tue euch daher kund und zu wissen, daß es sowohl mein als des Caesars und Agrippas Wille ist, die Juden nach ihren Gesetzen und Gebräuchen leben zu lassen.«
>(*Josephus Flavius,* Jüdische Altertümer 16,6.7)

Daß mit diesem »Tribut der Frömmigkeit«, der unter festlichem Geleit nach Jerusalem gesandt wurde, die *Tempelsteuer* gemeint war, wird aus eben den von Julius Antonius erwähnten Erlassen des Kaisers Augustus und Agrippas deutlich. So hatte Kaiser Augustus eigens verordnet,

> »daß die Juden bei ihren Einrichtungen und dem Gesetze ihrer Väter zu belassen sind, ... daß ferner ihre Tempelgelder nicht angetastet werden dürfen, sondern daß es ihnen freistehen soll, dieselben nach Jerusalem zu schicken und den dortigen Tempelschatzmeistern abzuliefern...«.
> (Jüdische Altertümer 16,6.2)

In gleicher Weise hatte Agrippa befohlen:

> »Agrippa an den Magistrat, den Senat und das Volk von Ephesus. Die Sammlung und Aufbewahrung der Gelder, welche nach Jerusalem zum Tempel geschickt zu werden pflegen, soll nach altem Brauch den Juden in Asien freistehen, und wer nach Entwendung jüdischer Tempelgelder in ein Asyl geflohen ist, soll von dort weggeführt und den Juden zur Bestrafung ausgeliefert werden, wie das einem Tempelräuber von Rechts wegen geschieht.«
> (Jüdische Altertümer 16,6.4)

Die Tempelsteuer hatte also im *religiösen* Leben des jüdischen Volkes einen hohen Stellenwert; denn durch sie konnte ein jeder Jude seine *persönliche* Verbundenheit mit der *Liturgie im Tempel* zum Ausdruck bringen!

Von der Freiheit eines Jesusjüngers

Um so erstaunlicher ist daher die eher skeptische Frage der Steuereinnehmer an Petrus:

> »Zahlt euer Meister die Doppeldrachme (d.h. die Tempelsteuer) nicht?«
> (Mt 17,24)

Nun ist es allerdings umstritten, ob der Mt 17,24–27 berichtete Vorfall aus dem Leben Jesu oder aus dem Leben der Urchristenheit stammt. Auch wenn ersteres angesichts der tempelkritischen Haltung Jesu durchaus denkbar wäre, sprechen doch mehrere Gründe für das Zweite:

1. Der in Vers 27 erwähnte Stater ist eine *griechische* Zahlungseinheit, die in Antiochien und Damaskus gerade 4 Drachmen entspricht.

2. Nicht Jesus, sondern Petrus wird gefragt – und das entspricht der Situation der matthäischen Gemeinde, in der Petrus als der eigentliche Interpret des Willens Gottes gilt (vgl. 16,17–19).

3. Vieles spricht dafür, daß in Antiochien, dem wahrscheinlichen Entstehungsort unseres Evangeliums, zumindest ein Teil der Gemeindemitglieder dem Tempelkult in Jerusalem skeptisch bis ablehnend gegenüberstand (s. S. 10).

4. Wir wissen schließlich aus dem Galaterbrief (2,11–14), daß gerade in Antiochien die – auch hier zur Debatte stehende – Frage unterschiedlich beantwortet wurde, bis zu welchem Grad »die Freiheit eines Christenmenschen« von Jesu Jüngern in Anspruch genommen werden soll!

Die Steuereinnehmer zweifelten, ob Jesus die Tempelsteuer zahlen würde. Doch Petrus antwortete mit einem klaren: »Gewiß! Er zahlt!« (vgl. V. 25).

Freilich, *wir* dürften mit dieser kurzen, knappen Antwort kaum zufrieden sein – gleichgültig, ob die Frage der Steuereinnehmer tatsächlich dem irdischen Jesus gegolten hatte oder erst durch das Verhalten mancher urchristlichen Gruppen provoziert worden war. Hatte sie sich auf Jesus selbst bezogen, hatte Petrus dann nicht doch zu schnell *bejahend* geantwortet; denn schließlich können wir gerade hier nicht von Jesu auffälliger Zurückhaltung dem Tempelkult gegenüber absehen. Wurde die Entscheidung, die Tempelsteuer *zu zahlen,* von Petrus jedoch im Blick auf die urchristliche Praxis gefällt, begegnet uns dann hier nicht der gleiche Petrus, dem Paulus eben in Antiochien »offen entgegengetreten« war, da er die von Christus gebrachte Freiheit zu verraten schien (vgl. Gal 2,11–14)?

Allem Anschein nach kannte bereits Matthäus solche Bedenken. Deshalb begnügte er sich nicht einfach mit dem Faktum der von Petrus gefällten Entscheidung. Er begründete sie (nachträglich) *von Jesus her.* Worauf es ihm hierbei ankam, zeigt sich uns besonders deutlich, wenn wir seine nun folgende Erzählung mit einer ähnlichen Geschichte aus dem babylonischen Talmud vergleichen:

»Als Petrus dann ins Haus hineinging, kam ihm Jesus mit der Frage
zuvor: Was meinst du, Simon, von
wem erheben die Könige dieser Welt
Zölle und Steuern? Von ihren eigenen
Söhnen oder von den anderen Leuten? Als Petrus antwortete: Von den
anderen!, sagte Jesus zu ihm: Also
sind die Söhne frei. *Damit wir aber
bei niemand Anstoß erregen,* geh an
den See und wirf die Angel aus; den
ersten Fisch, den du heraufholst,
nimm, öffne ihm das Maul, und du
wirst einen Stater (= ein Vierdrach-
menstück) finden. Das gib den Männern als Steuer für mich und dich.«
(Mt 17,25–27)

»Rabbi Jochanan sagte im Namen
Rabbi Schimons, Jochais Sohn: Was
bedeutet es, daß geschrieben steht:
›Ich bin der Herr, der Recht liebt, der
Raub und Fälschung haßt‹ (Jes 61,8)?
Das gleicht einem König von Fleisch
und Blut, der an einem Zollhaus vor-
überging und zu seinen Dienern sagte: Gebt den Zöllnern den Zoll! Sie
sagten zu ihm: Ist nicht der Zoll ganz
und gar dein? Er sagte zu ihnen: *Von
mir sollen alle lernen,* die des Weges
vorübergehen, selber dem Zoll nicht
zu entfliehen. So spricht auch der
Heilige, gelobt sei er: ›Ich bin der
Herr, der Raub durch Fälschung
haßt‹. Von mir sollen meine Söhne
lernen und selber vom Geraubten
fliehen.«
(Sukka 30a, zitiert nach *R. Mayer,*
S. 286)

Verzichtet »der König« in der rabbinischen Erzählung deshalb
darauf, von seiner Freiheit Gebrauch zu machen, um die *Verbind-
lichkeit* des (von ihm erlassenen) *Rechts* zu demonstrieren, so
besteht Jesus in diesem Fall nicht auf seiner (und seiner Jünger)
Freiheit, *um keinen Anstoß zu erregen.* Das aber bedeutet für
Matthäus: Selbst die Freiheit, die uns als Jesu Jünger unbestreitbar
zukommt, ist *kein Wert an sich.* Sie muß nicht in Anspruch
genommen werden, ja sie soll nicht in Anspruch genommen werden, wenn wir dadurch Anstoß geben würden.

Daß wir durch einen derartigen Verzicht nicht unsere Situation
als *Gottes freie Kinder* mißachten, wird für Matthäus durch das
(V. 27) abschließend berichtete Wunder bestätigt – ein Wunder, zu
dem wir sowohl im Judentum wie im Heidentum Parallelen finden.

Der Talmud berichtet beispielsweise: »Joseph, der Schabbatverehrer,
hatte einen aus den Völkern in seiner Nachbarschaft, der sehr begütert
war. Chaldäer (d. h. Wahrsager) sagten zu ihm: Alle deine Güter wird
Joseph, der Schabbatverehrer, verzehren. Da ging er hin, verkaufte alle
seine Güter, kaufte dafür eine Perle und setzte sie in seine Schildkappe.
Während er eine Furt überquerte, blies sie ein Windstoß weg und warf

sie ins Wasser. Da verschlang sie ein Fisch. Man zog ihn herauf und brachte ihn zur Vesperzeit am Eingang des Schabbat [noch zum Verkauf]. Sie riefen: Wer kauft jetzt noch? Man sagte zu ihnen: Geht und bietet ihn Joseph, dem Schabbatverehrer, an, denn er kauft gewöhnlich. Da boten sie ihn diesem an. Er kaufte ihn, schlitzte ihn, fand in ihm die Perle und verkaufte sie für dreizehn Gemächer Golddenare (d. h. für eine überaus große Summe Geldes). Da begegnete ihm ein Greis, der sagte: Wer dem Schabbat leiht (d. h. wer zu Ehren des Schabbat viel ausgibt), dem zahlt's der Schabbat zurück.«
(Schabbat 119a. Übersetzung nach *R. Mayer, S.* 573)

Einen ähnlichen wunderbaren Fischfang erzählt auch der griechische Geschichtsschreiber Herodot (gest. ca. 425 v. Chr.) aus dem Leben des Polykrates von Samos (522 v. Chr. von den Persern gekreuzigt): »Das große Glück des Polykrates blieb auch (dem König von Ägypten) Amasis nicht verborgen, doch gab es ihm zu denken. Und als dessen Glück immer größer und größer wurde, schrieb er diesen Brief und sandte ihn nach Samos: ›Amasis spricht also zu Polykrates. Es ist angenehm zu vernehmen, daß es einem lieben Gastfreund wohl geht, mir aber will dein großes Glück nicht gefallen; denn ich weiß, daß das Göttliche neidisch ist. Ich habe es lieber, daß mir und denen, die mir am Herzen liegen, das eine glücklich gelingt, anderes aber fehlschlägt, und ich in solchem Wechsel meine Tage verbringe, als daß mir alles glückt. Denn noch habe ich von keinem gehört und weiß von niemand, der nicht schließlich ein schlimmes Ende fand, wenn ihm alles geglückt war. Du aber folge mir nun und tu etwas gegen dein Glück, etwa dies: Überleg's dir und such etwas aus, was dir das Teuerste ist, und dessen Verlust dir am meisten wehtut, und das wirf fort, und zwar so, daß es nie wieder auftaucht unter den Menschen. Und wenn danach Glück und Leid dir noch nicht im Wechsel begegnen, behandle dich weiter mit dem Verfahren, das ich dir empfehle.‹
Polykrates las das aufmerksam und sah wohl ein, daß Amasis ihm eine gute Empfehlung gab, und dann suchte er nach einer Kostbarkeit, deren Verlust seinem Herzen wohl den größten Kummer machen würde, und fand beim Suchen dieses: Er hatte einen Siegelring, den er stets trug, in Gold gefaßt, der Stein ein Smaragd, und war eine Arbeit des Theodoros, Telekles' Sohn von Samos. Als er sich nun entschlossen hatte, diesen fortzuwerfen, machte er folgendes: Er bemannte einen Fünfzigruderer, bestieg ihn und befahl hinauszufahren auf die hohe See; und als er weit von der Insel weg ist, zieht er den Ring vom Finger und wirft ihn vor den Augen der ganzen Mannschaft ins Meer. Dann fuhr er davon, und als er wieder zu Hause war, fühlte er sich wirklich unglücklich.

Am fünften oder sechsten Tage danach aber geschah ihm das Folgende: Ein Fischer hatte einen großen, prächtigen Fisch gefangen und meinte, der verdiene es, Polykrates als Geschenk überreicht zu werden. Er brachte ihn also an das Tor und sagte, er möchte gern Polykrates persönlich sprechen, und als der ihm das gestattete, überreichte er den Fisch und sprach: ›Mein König, ich habe mir, als ich den hier fing, gedacht, den solltest du nicht auf den Markt bringen, obwohl ich von meiner Hände Arbeit leben muß, sondern er schien mir nur deiner würdig und deiner Herrschaft. Dir bringe und schenke ich ihn also.‹ Er aber freute sich der Worte und erwiderte: ›Da hast du recht daran getan und mich doppelt zu Dank verpflichtet, mit deinen Worten und deinem Geschenk; und wir laden dich zu Tisch.‹ Der Fischer fühlte sich hoch geehrt und ging nach Hause, den Fisch aber schneiden die Diener auf und finden in seinem Magen Polykrates' Ring. Und wie sie ihn erblickten, nahmen sie ihn und brachten ihn sogleich voller Freude zu Polykrates, gaben ihm den Ring und erzählten, wie er gefunden war. Da geht ihm auf, daß hier eine höhere Fügung am Werk ist, und er schreibt in einem Brief alles, was er getan und was sich begeben, und als er's geschrieben, sandte er ihn ab nach Ägypten.
Als aber Amasis diesen Brief von Polykrates las, sah er ein, daß es nicht in der Macht eines Menschen steht, einen Menschen zu bewahren vor dem, was da kommen soll, und daß es kein gutes Ende nehmen sollte mit Polykrates, dem alles zum Guten ausschlägt, der auch, was er wegwirft, wiederfindet. Und er sandte einen Herold nach Samos und kündete die Gastfreundschaft auf. Das tat er darum, daß er nicht selber, wenn den Polykrates ein furchtbares und gewaltiges Schicksal ereilte, Schmerzen hätte in seiner Seele, weil er sein Gastfreund war.«
(Geschichten und Geschichte. Buch III, S. 40–43. Übersetzung von *W. Marg*, Artemis Verlag, Zürich–München 1973, S. 246–248)

Was aber, so mögen wir jetzt fragen, wenn jenes Wunder, das Matthäus offensichtlich als Gottes Zustimmung zu dem hier propagierten »Verzicht auf die christliche Freiheit« empfand – wenn dieses Wunder nur eine »schöne Geschichte« ist? Läßt sich die von Petrus gefällte und im Rückgriff auf Jesus begründete Entscheidung damit tatsächlich so rechtfertigen, daß sie auch für die Späteren, für uns, noch maßgebende Bedeutung hat? So kann man gewiß fragen – und deshalb ist das hier angesprochene Problem auch für Matthäus noch keineswegs abgeschlossen.

Auf den ersten Blick scheint Matthäus am Beginn seines 18. Kapitels *(18,1–5)* nur seine Markusvorlage (Mk 9,33–37; vgl. dazu SKK/NT 2, S. 125–127) übernommen zu haben. Dann allerdings fallen doch mehrere Unterschiede auf:

Nicht Jesus ist es, der seine Jünger befragt, die sich hinter seinem Rücken darüber unterhalten hatten, wer denn der Größte – unter ihnen! – sei (so Mk 9,33 f.). Nein, bei Matthäus sind es die Jünger, die zu eben jener Stunde (so Mt 18,1), in der Jesus auf seine und seiner Jünger Freiheit verzichtet hatte, um keinen Anstoß zu erregen, zu Jesus kommen und *von ihm* geklärt haben möchten:

> »Wer ist der Größte *im Himmelreich?*« (V. 2).

Und Jesus beantwortet diese Frage zunächst einmal mit einer grundsätzlichen Feststellung (die an dieser Stelle bei Markus *fehlt!*):

> »Amen, das sage ich euch: Wenn ihr nicht kehrt macht und wie die Kinder werdet, werdet ihr gewiß nicht in das Himmelreich hineinkommen!« (V. 3).

Ehe sich die Frage beantworten läßt, wer denn der Größte *im* Himmelreich ist (zum Begriff des *Himmelreichs* vgl. nochmals S. 59 f.!), muß zuerst klar sein, wer überhaupt in das Himmelreich hineinkommt: Das ist nur dem möglich, der zu jener Lebens*wende* bereit ist, die es ihm möglich macht, *wie die Kinder* zu leben. (Im Unterschied zu Mk 10,15 geht es Matthäus hier also nicht darum, *wie* wir das Himmelreich »empfangen« sollen, sondern *wozu* wir *werden* müssen, wenn wir in das Himmelreich hineinkommen wollen!) Was aber ist das Kennzeichen derer, die »wie die Kinder« leben?

> »Ein jeder nun, der sich wie dieses Kind erniedrigen wird, dieser ist der Größte im Himmelreich« (V. 4).

Gewiß, wir lieben dieses Wort nicht: »sich erniedrigen« (weshalb es auch die Einheitsübersetzung mied und es verharmlosend mit »so klein sein können wie dieses Kind« umschrieb). Wir denken bei diesem Wort sehr schnell an jene vielen erniedrigenden »Demutshaltungen«, mit denen man sich das Wohlwollen der

Mächtigen, den Aufstieg u. ä. »erdienert«. Matthäus freilich konnte dieses Wort ohne Scheu benützen, da es für ihn – sichtbar an einer späteren Stelle – einen klaren Inhalt hatte:

> »Der Größte von euch soll euer Diener sein. Denn wer sich selbst erhöht, wird erniedrigt werden, wer sich aber selbst erniedrigt, wird erhöht werden« (23,12f.).

»Sich erniedrigen« – das bedeutet für Matthäus etwas ganz Konkretes: den anderen so selbstverständlich dienen, wie es für die Kinder in der damaligen Welt üblich war.

Das ist *der tiefere Grund,* weshalb nicht der im Himmelreich der Größte ist, der auf seine Freiheiten pocht, sondern der, der bereit ist, sie dann nicht in Anspruch zu nehmen, wenn er Gefahr läuft, anderen dadurch Anstoß zu geben. Und das ist auch der Grund dafür, weshalb ein jedes Kind Christus, *den eigentlich Großen* im Himmelreich, ganz real und unmittelbar repräsentiert (Mt 18,5).

Es gibt allerdings noch einen weiteren Grund, unter Umständen bewußt auf seine *christliche* Freiheit zu verzichten.

Der Vorrang der Kleinen

Mit Vers 6 ändert sich die Blickrichtung. Nicht mehr den Kindern *(tois paidiois)* – als Beispiel für diejenigen, die durch ihren bewußten Verzicht auf Herrschaft und Macht das größte Ansehen Gottes gewinnen –, sondern »den Kleinen« *(tois mikrois)* gilt jetzt Jesu Aufmerksamkeit:

> »Wer aber einem dieser Kleinen, die an mich glauben, Anstoß gibt (oder: Wer aber einen dieser Kleinen, die an mich glauben, zu Fall bringt) – es wäre besser für ihn, daß ein Eselsmühlstein um seinen Hals gehängt und er in der Tiefe des Meeres ertränkt würde« (V. 6).

Allem Anschein nach gab es bereits in der urchristlichen Gemeinde Menschen, denen es nichts ausmachte, daß sie anderen – »Kleinen« – durch ihr Verhalten Anstoß gaben und sie *dadurch* zu Fall brachten!

> Diese doppelte Bedeutung hat ja das hier verwendete griechische Wort *skandalizein* (s. S. 219f.)! Wenn daher die Einheitsübersetzung schreibt: »Wer einen dieser Kleinen, die an mich glauben, *zum Bösen verführt...*«, dann läßt sie Matthäus Banalitäten sagen!

Gewiß, in der Welt – und damit auch innerhalb der christlichen Gemeinde – wird es immer *Anstöße* (*skandala* – nicht: »Verführungen« wie die Einheitsübersetzung möchte) geben. Das macht ihr Elend und ihre Not aus. (Dies meint Matthäus, wenn er in V. 7 von der *anagkē* spricht!) Dennoch wäre es verhängnisvoll, wenn sich der einzelne damit abfinden würde: »Wehe dem Menschen, durch den der Anstoß kommt!« (V. 7. – Zur Bedeutung dieses »Wehe!« vgl. SKK/NT 2, S. 195–197; zur genaueren Auslegung dieser nicht leicht verständlichen VV. 6–9 vgl. im übrigen SKK/NT 2, S. 128–131.)

Wer sich jetzt aber damit trösten wollte, daß es ja niemand Bedeutendes, Entscheidendes und Gewichtiges innerhalb der Gemeinde sei, der da an seinem Verhalten Anstoß nimmt, muß sich nochmals sagen lassen:

> »Hütet euch davor, einen von diesen Kleinen zu verachten! Denn ich sage euch: Ihre Engel im Himmel sehen stets das Angesicht meines Vaters!« (V. 10).

Gerade denen, die manche in der Gemeinde verachten zu können wähnen, gilt Gottes besondere Sorge. *Ihre* Engel gehören zu den »höchstrangigen«, den sog. »Engeln des Angesichts«. Das sollte, ja das muß auch der bedenken, der »nur« seine (theologisch durchaus begründbare) *christliche* Freiheit in Anspruch nimmt; denn schließlich kann eine derartige *praktische* Rücksichtslosigkeit verhängnisvolle Folgen haben.

Davon spricht Matthäus im folgenden Gleichnis.

Die Verführten

Wir kennen alle *das Gleichnis vom verlorenen Schaf.* Es wird uns sowohl von Matthäus als auch von Lukas überliefert, doch ein jeder erzählt es ein wenig anders:

Mt 18,12–14	Lk 15,4–7
[12]Was dünkt euch? Wenn einem Menschen hundert Schafe gehören und eines aus ihnen *ging in die Irre,* wird er nicht die neunundneunzig auf den Bergen zurücklassen und das *umher-*	[4]Welcher Mensch von euch, der hundert Schafe hat, läßt nicht, wenn er eines aus ihnen *verloren* hat, die neunundneunzig in der Wüste und geht in der Richtung des *Verlorenen,*

irrende suchen? ¹³Und wenn es geschieht, daß er es findet, amen, ich sage euch: Er freut sich über es mehr als über die neunundneunzig, die nicht *in die Irre gegangen* sind. ¹⁴So ist es nicht Wille vor eurem Vater im Himmel, daß eines dieser Kleinen verlorengeht.

bis er es findet. ⁵Und wenn er es gefunden hat, legt er es freudig auf seine Schultern. ⁶Zu Hause angekommen, ruft er die Freunde und Nachbarn und sagt ihnen: Freut euch mit mir, denn ich habe mein *verlorenes* Schaf gefunden. ⁷Ich sage euch: So wird Freude im Himmel sein über *einen* Sünder, der umkehrt, (mehr) als über neunundneunzig Gerechte, die der Umkehr nicht bedürfen.

Wenn wir die beiden Fassungen miteinander vergleichen, fallen mehrere Unterschiede auf:

a) Matthäus redet nicht vom »verlorenen Schaf« (so Lukas, VV. 4.6), sondern immer vom »Schaf, das in die Irre ging; das umherirrt« (V. 12) bzw. von den »Schafen, die nicht in die Irre gegangen sind« (V. 13).

b) Matthäus vergleicht das »wiedergefundene Schaf« nicht mit einem »Sünder, der umgekehrt« (so Lukas, V. 7). Es ist für ihn wie »eines dieser Kleinen« (V. 14)!

c) Matthäus ersetzt das wohl ursprüngliche Wort von der *himmlischen Freude* (so Lukas, V. 7) durch den Hinweis auf den *Willen* des himmlischen Vaters (V. 14).

Nun könnte man natürlich fragen: Ist es denn ein so großer Unterschied, ob man vom *verlorenen* oder vom *verirrten* bzw. vom *umherirrenden* Schaf redet? So könnte man fragen, würde nicht allein Matthäus nochmals davon reden, daß in einer Situation, in der viele in der Gemeinde *Anstoß nehmen*, sich Falschpropheten erheben und viele aus der Gemeinde *in die Irre führen* werden (24,10f.; s. dazu S. 280f.). Das aber bedeutet: Wir haben allen Grund anzunehmen, daß Matthäus in dem Gleichnis 18,12f. bewußt von dem *in die Irre geführten* und *umherirrenden* Schaf sprach. Er wollte nicht einfach für den verlorengegangenen Sünder werben. Ihm ging es bei diesem Gleichnis um ein anderes Gemeindeproblem:

Diejenigen, die durch ihre »Verachtung der Kleinen« (18,10) bestimmten Menschen innerhalb der Gemeinde Anstoß gaben und sie daher für die Verführung durch Falschpropheten anfällig machten, sollten sich an *Gottes Willen* erinnern: Das in die Irre geführte, umherirrende Schaf verlangt mehr Rücksicht als die neunundneunzig, die nicht in die Irre gegangen sind. Auch das kann ein Grund sein, auf *christliche* Freiheiten *zu verzichten!*

Kirchenzucht...

Zu den »anstößigen« Texten des Matthäusevangeliums gehören auch die folgenden vier Verse:

> [15]»Wenn dein Bruder sündigt, dann geh zu ihm und weise ihn unter vier Augen zurecht. Hört er auf dich, so hast du deinen Bruder zurückgewonnen. [16]Hört er aber nicht auf dich, dann nimm einen oder zwei Männer mit, denn jede Sache muß durch die Aussage von zwei oder drei Zeugen entschieden werden. [17]Hört er auch auf sie nicht, dann sag es der Gemeinde. Hört er aber auch auf die Gemeinde nicht, dann sei er für dich wie ein Heide oder Zöllner. [18]Amen, ich sage euch: Alles, was ihr auf Erden binden werdet, das wird auch im Himmel gebunden sein, und alles, was ihr auf Erden lösen werdet, das wird auch im Himmel gelöst sein« (VV. 15–18).

Wenn wir diesen Versen gerecht werden wollen, müssen wir uns zuerst über ein Doppeltes klar werden:

1. Die Verse 15–17 stammen mit Sicherheit nicht vom irdischen Jesus, da Jesus sich sonst selbst durch sein Tun widerlegt hätte: Er, der sich bedenkenlos mit Sündern und Zöllnern an einen Tisch setzte (vgl. 9,9–13); er, der sich deshalb sogar einen »Freund von Zöllnern und Sündern« (11,15) heißen lassen mußte – wie hätte er plötzlich »die Zöllner« als Beispiel für solche Personen anführen können, mit denen seine Jünger *keine* Gemeinschaft pflegen sollen?

2. Die Zurechtweisung des Bruders hatte im Judentum bereits eine lange Tradition, heißt es in der Tora doch ausdrücklich:

> »Weise deinen Stammesgenossen zurecht, so wirst du seinetwegen keine Schuld auf dich laden« (Lev 19,17).

Weil jedes Vergehen für den Täter *und* für die Gemeinschaft negative Folgen hat; ja weil der einzelne durch sein Vergehen geradezu zum Widersacher Gottes wird, der eine *heile* Welt will, handelt (nach jüdischer Überzeugung) auch der verantwortungslos, der zum Vergehen, zur Sünde seines Bruders schweigt. Deshalb konnte beispielsweise Rabbi Chanina sagen:

»Jerusalem wurde nur deshalb zerstört, weil sie einander nicht zurechtgewiesen haben, denn es heißt: ›Ihre Fürsten waren wie Widder, die
keine Weide fanden‹ (Klgl 1,6). Wie bei den Widdern der eine seinen
Kopf am Schwanz des anderen hat, so haben sie in Israel in jenem
Zeitalter ihr Gesicht zu Boden gepreßt [d.h. sie wollten das Unrecht
nicht sehen] und einander nicht zurechtgewiesen.«
(Schabbat 119b)

Ziel der vom Gesetz geforderten Zurechtweisung war demnach
nicht die Verurteilung, sondern die Zurückgewinnung des Bruders
und damit auch die Wiederherstellung der gottgewollten Ordnung. *Keiner* sollte deshalb den anderen *im Zorn* zurechtweisen:

»Man soll zurechtweisen ein jeder seinen Nächsten in Wahrheit und
Demut und huldvoller Liebe untereinander. Keiner soll zum anderen
sprechen in Zorn oder Murren oder Halsstarrigkeit oder im Eifer
gottlosen Geistes. Und er soll ihn nicht hassen in seinem unbeschnitte-
nen Herzen; sondern am selben Tag soll er ihn zurechtweisen, aber
nicht soll er seinetwegen Schuld auf sich laden. Ferner soll niemand
gegen seinen Nächsten eine Sache vor die Vielen bringen, wenn es nicht
vorher zur Zurechtweisung vor Zeugen gekommen ist.«
(Gemeinderegel von Qumran 1 QS V,24 – VI,1)

Hörte der einzelne auf die Zurechtweisung seines Bruders, so
war er »zurückgewonnen« (Mt 18,15). So war alles wieder *in
Ordnung*. Hörte er jedoch weder auf seinen Bruder noch auf die
beigezogenen Zeugen (s. o.), so mußte sich die Gemeinde mit
einem solch unbußfertigen Sünder auseinandersetzen – bis hin zur
begrenzten oder endgültigen Aufkündigung der Gemeinschaft (vgl.
1 QS VI,24 – VII,25 sowie S. 215 f.).

Wie müssen wir also Mt 18,15–17 verstehen? Nun, wenn wir
beide eben genannten Punkte ernst nehmen, kann wohl kein
Zweifel daran bestehen, daß wir in der hier aufgestellten *Regel*
einen der ersten für uns greifbaren Versuche bestimmter urchrist-
licher Gemeinden vor uns haben, den *Heilswillen* Gottes (Mt
18,14!) in Anlehnung an bisherige Gemeindepraktiken für die
eigene Gemeinschaft *rechtlich* zu fixieren – bis hin zu einer auf vor
Gott und für Gott verbindlichen Aufhebung der Gemeinschaft;
denn »was immer ihr auf Erden binden werdet, das wird auch im
Himmel gebunden sein...« (V. 18).

Wie »verarbeitete« Matthäus dieses Gemeinde*recht* als Teil
seines Evangeliums? Zwei Dinge sind hier wichtig:

Auch für Matthäus gilt als Ausgangspunkt, als Überschrift über dieses Stück Gemeinderecht: »So will euer himmlischer Vater nicht, daß einer von diesen Kleinen verlorengeht« (18,14). Doch eben deshalb kann für ihn der Hinweis auf die Rechtsvollmacht der Gemeinde nicht das *letzte* Wort sein. Gewiß, er bestreitet ihr das Recht zum Binden und Lösen nicht. Sie hat dieses Recht. Aber er erinnert sie dann auch noch an ein weiteres Wort Jesu:

> »Weiter sage ich euch: Alles, was zwei von euch auf Erden gemeinsam erbitten, werden sie von meinem himmlischen Vater erhalten« (V. 19).

Das aber bedeutet: Die zeitweilige oder endgültige Aufhebung der (Tisch-)Gemeinschaft ist keinesfalls das *letzte* Mittel, mit dessen Hilfe eine Gemeinde versuchen kann, einen unbußfertigen Sünder doch noch zur Umkehr zu bewegen. Sie kann ihn *auch* in ihr Gebet einschließen – und dieses hat die gleiche Erhörungs*gewißheit* wie ihr Rechtsspruch.

Ja, Matthäus geht noch einen Schritt weiter. Er erinnert seine Gemeinde an Jesu Verheißung:

> »Wo zwei oder drei in meinem Namen versammelt sind, da bin ich mitten unter ihnen« (V. 20).

Die Gemeinde, die zusammenkommt, um den Ausschluß über einen sündigen Bruder zu verhängen, sollte nie vergessen, daß dann auch *Er* unter ihnen ist –, Er, der gerade die Frommen mahnte: »Lernt, was es heißt: Barmherzigkeit will ich, nicht Opfer?« (9,13); er, der gekommen war, »sein Volk von seinen Sünden zu erlösen« (1,21) und nicht den einzelnen mit den Folgen seiner Taten zu behaften, damit das geknickte Rohr nicht gar zerbreche und der glimmende Docht nicht auslösche (vgl. 12,18–21 sowie S. 277f.).

Petrus sieht das Problem, das nun entsteht: Wenn der sündigende Bruder nicht aus-, sondern in das Gebet eingeschlossen wird, das mit Gewißheit Erhörung findet, dann wird er ja immer wieder zurückkehren! Wie oft wird man ihm dann vergeben müssen (und das bedeutet: ihn in seine *Rechte* wieder voll einzusetzen, vgl. Lk 15,22, aber auch 1 QS VII,21; IX,2!)? So fragt Petrus als der, der Gottes Willen der Gemeinde auszulegen hat, seinen *Herrn:*

»Herr *(kyrie)*, wie oft muß ich meinem Bruder vergeben, wenn er sich gegen mich versündigt? Siebenmal? Jesus sagte zu ihm: Nicht siebenmal, sondern siebenundsiebzigmal« (V. 21 f.).

Jesu Antwort spielt auf einen Bibeltext aus der Urgeschichte an. Dort prahlt Lamech vor seinen beiden Frauen:

»Ada und Zilla, hört auf meine Stimme,
ihr Frauen Lamechs, lauscht meiner Rede!
Ja, einen Mann erschlage ich für eine Wunde
und einen Knaben für eine Strieme.
Wird Kain siebenfach gerächt,
dann Lamech siebenundsiebzigfach.«
(Gen 4,23 f.)

Solch maßlose Bosheit machte von Anfang an immer und immer wieder Gottes Heilswillen zunichte. Deshalb bleibt alles Gute *letztlich* so lange wirkungslos, so lange es nicht *gleichermaßen* auf das Böse antwortet. Erst wo die Vergebung das letzte Wort hat, wird das Gute *zum Sieg* gebracht!

Freilich, so unbegrenzt zu vergeben, wird von der *Kirche Jesu Christi* (vgl. 16,17–19) noch aus einem anderen Grund verlangt: Sie erfuhr ja *Gottes Herrschaft,* aus der sie den Schuldiggewordenen unter Umständen ausschließen möchte, in ganz anderer Weise – *als Vergebung,* gleich jenem Knecht, der seinem Herrn zehntausend Talente schuldete und von diesem nicht nur die erbetene Geduld, sondern den totalen Nachlaß geschenkt erhielt (18,23–35).

Nicht zufällig verwendet Matthäus hier wie auch 13,24 und 22,1 in der Gleichniseinleitung nicht das Präsens, sondern den Aorist: »Mit dem Himmelreich *verhielt* es sich ...« (vgl. als Gegensatz 25,1: »Mit dem Himmelreich *wird* es sich verhalten« ...!). In allen drei Fällen aktualisiert Matthäus das – vorgegebene – Gleichnis im Blick auf seine Gemeinde, die in Gefahr steht, in der Auseinandersetzung mit dem »Unkraut« (13,25–28), mit dem schuldig gewordenen Bruder (18,28–30), d. h. mit den Bösen *in ihrem Raum* (22,10) die ihr bereits zuteil gewordene Berufung mißzuverstehen.

Die Parallele zwischen dem Ende des Gleichnisses vom Schalksknecht (18,35: »Ebenso wird mein himmlischer Vater jeden von euch behandeln, der seinem Bruder nicht von ganzem Herzen vergibt«) und der Matthäus eigentümlichen fünften Bitte des

Vaterunsers (6,12: »Und erlaß uns unsere Schulden, wie auch wir sie unsern Schuldnern erlassen *haben!*«) läßt keinen Zweifel daran: Die Kirche Jesu Christi ist – nach Matthäus – die Gemeinschaft, in deren Raum niemandem eine Schuld nachgetragen werden darf, dürfen ihre Glieder doch erst dann zum Altar treten, wenn sie einander vergeben *haben* (vgl. 5,25 f.). Allein das Erbarmen darf *ihre* innere Ordnung bestimmen; denn zu ihm sind all diejenigen verpflichtet, die bereits an sich erfuhren, wie Gott in dieser Zeit Abrechnung hält. Oder anders ausgedrückt: Da Gott nicht will, daß auch nur eines von diesen Kleinen, die an Jesus Christus glauben, verlorengeht (18,14), kann *ein doppelter Verzicht* von uns gefordert sein: der Verzicht auf *die* Freiheit, die uns als Kinder Gottes auszeichnet (17,24 – 18,10), *und* der Verzicht auf *das* Recht, das wir in der Kirche Jesu Christi haben (18,15–35).

Von der Ehe, Ehescheidung und Ehelosigkeit

Die »Anwendung des Rechts« beschäftigt unseren Evangelisten auch noch im folgenden Abschnitt (19,1–12). Mit ihm kehrt er zwar wieder zu seiner Markusvorlage (10,1–12) zurück, jedoch verändert er sie in wichtigen Punkten:
Lautet die Frage, die die Pharisäer Jesus stellen, bei Markus:

»Darf ein Mann seine Frau aus der Ehe entlassen?« (V. 2),

so läßt Matthäus die Pharisäer fragen:

»Darf man seine Frau aus *jedem beliebigen Grund* aus der Ehe entlassen?« (V. 3).

Und antwortet *Jesus* in der Darstellung des Markusevangeliums den Pharisäern sofort mit der Gegenfrage:

»Was hat euch Mose geboten?« (V. 3),

so stellen bei Matthäus *die Pharisäer* die Frage, die jetzt – *nach* Jesu grundsätzlicher Stellungnahme (19,4–6) – allerdings lautet:

»Wozu hat dann Mose geboten, eine Scheidungsurkunde zu geben...?« (V. 7).

234

Das heißt: Während Markus das Problem der Ehescheidung *grundsätzlich* angeht (vgl. dazu SKK/NT 2, S. 134–140), geht es Matthäus um die Frage, wie es zu verstehen ist, daß man – nach dem Deuteronomium (24,1) – offensichtlich eine Frau entlassen kann, ihr dann aber einen Scheidebrief zu geben hat.

Gewiß, auch bei Matthäus antwortet Jesus zunächst mit dem grundsätzlichen Hinweis auf die Schöpfungsordnung und folgert daraus:

>»Was aber Gott verbunden hat, soll der Mensch nicht trennen« (V. 6).

Doch mit dieser Antwort lassen sich die Pharisäer nicht abweisen – zumal Jesus (nach Matthäus) ja selbst gesagt hatte, *nicht* gekommen zu sein, um das Gesetz aufzuheben (vgl. 5,17–19!). Was bedeutet es da, daß Mose gebot, eine *Scheidungsurkunde* zu geben, wenn man sich trennen will (vgl. V. 7)?

Jesu Antwort ist klar:

>»Nur weil ihr so hartherzig seid, hat Mose euch erlaubt, eure Frauen aus der Ehe zu entlassen« (V. 8).

Das aber bedeutet: Wer *für* die Ehescheidung plädiert, tritt letztlich dafür ein, daß die menschliche *Herzenshärte* zu ihrem Recht kommt. »Am Anfang war das nicht so« (V. 8).

Freilich, nach Matthäus gibt es von diesem grundsätzlichen Nein Jesu zur Ehescheidung *eine* Ausnahme; denn hier sagt Jesus:

>»Wer immer seine Frau entläßt, außer bei Unzucht, und eine andere heiratet, begeht Ehebruch« (V. 9).

Matthäus selbst liefert ein Beispiel dafür, *wie* er diese Ausnahme versteht. Es begegnete uns gleich zu Beginn unseres Evangeliums:

>»Maria, Jesu Mutter, war mit Josef verlobt; noch bevor sie zusammengekommen waren, zeigte sich, daß sie ein Kind erwartete – durch das Wirken des Heiligen Geistes. Josef, ihr Mann, der *gerecht* war und sie nicht bloßstellen wollte, beschloß, sich *in aller Stille* von ihr zu *trennen*« (1,18 f.).

Weil Josef die Schwangerschaft Marias nur auf Unzucht, d. h. auf einen Ehebruch, zurückführen kann (da bereits die Verlobung rechtlich bindend war!), ist es für ihn selbstverständlich, Maria aus der Ehe zu entlassen. Seine Gerechtigkeit besteht also nicht darin,

daß er seine Ehe *trotz* des (vermeintlichen) Ehebruchs »durch-
hält«, sondern daß er das Recht *barmherzig* anwendet
(s. S. 277–279). Er liefert sie nicht der Steinigung aus – wozu er
das Recht hätte (vgl. Dtn 22,20f.; 22,22; 22,23f. sowie Joh
8,1–11!) –, sondern er will sie in aller Stille von ihrer Familie
zurückholen lassen. Doch daran, daß die Ehe in diesem Fall *nicht*
fortzuführen ist, daran gibt es für ihn – und für Matthäus – keinen
Zweifel, da dies im Widerspruch zum eigentlichen Ziel des Gesetzes stünde (s. S. 253 f.).

In *diesem* Fall, nicht aber in jedem beliebigen Fall (vgl. 19,3),
darf der Mann seine Frau aus der Ehe entlassen. In allen anderen
Fällen hat der Mann zu seiner Frau – d. h. der eine Partner zum
anderen – zu stehen.

> »Da sagten die Jünger zu Jesus: Wenn das die Stellung des Mannes in
> der Ehe ist, dann ist es nicht gut zu heiraten« (V. 10).

Jesu Wort, mit dem Matthäus im folgenden auf dieses »männliche« Erschrecken reagiert, geht – genau betrachtet – auf das
Denken der Jünger *nicht* ein. Aus Angst vor der geforderten Treue
nicht heiraten zu wollen – auf dieser Ebene läßt sich nicht argumentieren. Und trotzdem bildet das *von Matthäus* hier angefügte
Jesuswort – es fehlt sowohl bei Markus (10,12) als auch bei Lukas
(vgl. 16,18) – eine *indirekte* Antwort auf die in Vers 10 geschilderte Jüngerreaktion:

> »Nicht alle fassen dieses Wort, vielmehr die, denen es gegeben ist. Denn
> es gibt Eunuchen, die aus dem Mutterschoß so geboren wurden, und es
> gibt Eunuchen, die zu Eunuchen gemacht wurden von den Menschen,
> und es gibt Eunuchen, die sich selbst zu Eunuchen machten um des
> Himmelreiches willen. Der es fassen kann, der fasse es!« (VV. 11f.).

Nicht grundlos beginnt dieses Jesuswort mit der Feststellung:
»Nicht alle fassen dieses Wort...«. Es ist aus mehreren Gründen
schwer verständlich:

a) Das Wort »Eunuch« hatte sowohl für jüdische wie für griechische Ohren *keinen* guten Klang (weshalb es die Einheitsübersetzung auch vornehm mit »zur Ehe unfähig« umschreibt!). Und
trotzdem benützte es Jesus! Weshalb?

b) Der Eunuch ist »nicht der Ehelose oder der auf die Ehe
Verzichtende, sondern der Zeugungsunfähige und damit zum Voll-

zug und zur Eingehung einer Ehe Untaugliche. *Nicht von der Ehelosigkeit, sondern von der Eheuntauglichkeit* handelt also das Logion [Mt 19,12]« (*J. Blinzler,* »Zur Ehe unfähig...«, in : *ders.,* Gesammelte Aufsätze. Stuttgart 1969, S. 20–40, hier S. 23 f.). Inwiefern können *sich* aber Menschen wegen des Himmelreichs *selbst eheuntauglich machen?*

c) Die Bezeichnung *Eunuch* muß in den beiden ersten Fällen mit Sicherheit wörtlich genommen werden. Muß dann aber nicht auch der Ausdruck »sich selbst zum Eunuchen machen« *wörtlich* verstanden werden, so daß Mt 19,12 von Menschen die Rede wäre, die sich um des Himmelreiches willen selbst entmannten?

Gegen dieses Verständnis spricht

d) die Tatsache, daß (Selbst-)Kastration im palästinischen Judentum grundsätzlich verboten war (vgl. Dtn 23,2 sowie *Josephus Flavius,* Jüdische Altertümer 4,8.40: »Man verabscheue die Entmannten und meide ein Zusammentreffen mit ihnen, die sich der Manneskraft und der Fähigkeit der Kinderzeugung beraubt haben, die Gott uns Menschen zur Vermehrung des Menschengeschlechts verliehen hat... Sie haben offenbar weibische Seelen und weibische Leiber zugleich.«). Dazu kommt, daß wir kein einziges Zeugnis dafür haben, daß sich Menschen zur Zeit Jesu unter dem Eindruck von Jesu Reich-Gottes-Predigt selbst entmannt hätten. Und trotzdem sagt hier Jesus:

»...und es gibt Eunuchen, *die sich* selbst zu Eunuchen *machten* wegen des Himmelreichs« (V. 12).

Wie ist dieses Wort also zu verstehen?

Jesus liebte es, durch zugespitzte Formulierungen seine Zuhörer aufzuschrecken. Denken wir nur an die Worte: »Laß die Toten ihre Toten begraben!« (Mt 8,22), oder: »Eher geht ein Kamel durch ein Nadelöhr, als daß ein Reicher in das Reich Gottes gelangt« (19,24) oder an Jesu Wort vom »Balken im Auge« (7,3–5). Nichts spricht daher dagegen, daß Jesus auch das Wort *Eunuch* beziehungsweise *zum Eunuchen machen,* das seine Zuhörer zunächst wörtlich-dinglich verstehen mußten, sehr überlegt wählte, um auf einen geistig-seelischen Sachverhalt hinzuweisen. Dann aber wollte Jesus mit diesem »anstößigen« Wort klar machen, daß es *auch* Menschen gibt, die sich wegen des Himmelreichs selbst außerstande

setzten, noch eine Ehe einzugehen – und zwar durch einen einmali-
gen, der Vergangenheit angehörenden, freiwilligen Akt (so ist der
griechische Aorist *eunouchisan* zu verstehen). »Dieser einmalige
Akt der Vergangenheit dürfte zusammenfallen mit dem Eintritt in
die unmittelbare und dauernde Nachfolge Jesu« (*J. Blinzler*, S. 28).

Nicht zu heiraten kann also einen triftigen – wenn auch für viele
(vgl. VV. 11.12 Ende) nur schwer verständlichen – Grund haben:
die Entscheidung für das Himmelreich (auf Erden!, s. S. 189).
Diese Tatsache sollten die bedenken, die meinten, angesichts der in
der Ehe *geforderten Treue* sei es besser, nicht zu heiraten (vgl.
V. 10)!

4. Unterwegs zum letzten Platz (19,13–20,34)

Matthäus folgt weiterhin seiner Markusvorlage (Mk 10,13–52;
vgl. SKK/NT 2, S. 142–152). Im Vergleich mit ihr fallen folgende
theologische Akzentsetzungen auf:

Der reiche Jüngling

Deutlicher als bei Markus kreist bei Matthäus (19,16–19) das
Gespräch zwischen dem reichen Jüngling und Jesus um *das Gute,*
das von dem zu tun ist, der in das ewige Leben hineinkommen will
(VV. 16 f.). Es sind die Gebote des *einen* Guten – die Gebote
Gottes, d. h. konkret: die Zehn Gebote, die – so nur bei Mat-
thäus – auf das Liebesgebot »hinauslaufen« (V. 19).

Deutlicher als Markus betont Matthäus auch die *menschlichen*
Voraussetzungen, die gegeben sein müssen, wenn Jesu Ruf zur
Nachfolge Erfolg haben soll: Der einzelne *muß von sich aus* wissen
wollen, was ihm noch fehlt (V. 20 Ende!), und er muß von einem
ganz bestimmten Verlangen erfüllt sein: »Wenn du vollkommen
sein willst...« (V. 21; so nur Matthäus.). Das aber bedeutet für
unseren Evangelisten (vgl. 5,48 sowie S. 93; denn nur an diesen
beiden Stellen kommt innerhalb der vier Evangelien das Wort
»vollkommen« vor!): »Wenn du sein willst *wie Gott;* wenn du
seinen Willen *ganz* zu dem deinigen machen willst« – dann »geh
hin, verkaufe deine Habe und gib sie den Armen – und du wirst
einen Schatz in den Himmeln haben. Und auf, folge mir!« (V. 21).

Nur wer dies von sich aus will, kann *heute* in das Gottesreich gelangen (vgl. dazu SKK/NT 2, S. 144 f.: Vom Reichtum und der Nachfolge).

Die Männer der ersten Stunde

Weist Petrus im Markusevangelium Jesus nach dem Weggang des reichen Jünglings nur darauf hin: »Siehe, *wir* haben alles gelassen und sind dir nachgefolgt« (10,28), so stellt Petrus im Matthäusevangelium ausdrücklich auch noch die Frage:

»Was also werden wir bekommen?« (V. 27).

Die Antwort, die Jesus bei Matthäus auf die Bemerkung des Petrus gibt, unterscheidet sich in doppelter Weise von dem im Markusevangelium Berichteten:

a) Jesus wendet sich gezielt an die Zwölf:

»Amen, ich sage euch: Ihr, die ihr mir nachgefolgt seid, bei der Wiedergeburt, wenn der Menschensohn sich auf den Thron seiner Herrlichkeit setzt, werdet auch ihr auf zwölf Thronen sitzen und die zwölf Stämme Israels richten« (V. 28).

b) Die von Markus so betonte hundertfältige Zurückerstattung *in diesem Äon* (Mk 10,29 f.) wird von Matthäus *gestrichen*.

Wie sollen wir diese Änderungen verstehen?

Auch das Lukasevangelium kennt eine Zusage Jesu an die Zwölf, wonach sie einmal auf Thronen sitzen und die zwölf Stämme Israels richten werden (vgl. Lk 22,28 f.). D. h., in der Urchristenheit muß ein solches Jesuswort im Umlauf gewesen sein, das den Zwölfen nicht nur eine wichtige Rolle am Ende der Zeiten zuwies, sondern ihnen gewiß auch in den Augen derer ein *besonderes* Ansehen verlieh, die sich erst später den urchristlichen Gemeinden angeschlossen hatten – ein Ansehen, das wohl in dem Maße noch zunahm, als die Zahl der »Männer der ersten Stunde« durch Todesfälle abnahm.

Gewiß, bereits bei Markus wurde in diesem Zusammenhang auch davon gesprochen, daß am Ende der Zeiten eine totale Umkehrung stattfinden werden:

»Viele aber werden sein: Erste – Letzte und die Letzten – Erste« (Mk 10,31).

Aber dieses Wort ließ sich ja auch so verstehen (und vielleicht war dies sogar seine ursprüngliche Bedeutung): Viele, die früher die Letzten gewesen waren – die Heiden etwa oder auch die Sünder und Zöllner –, werden dann im ewigen Leben die Ersten sein (vgl. Mt 8,11 f.). Und so verstanden, schien dieses Wort *für die Christenheit* keine Bedeutung mehr zu besitzen.

Doch damit konnte sich Matthäus angesichts der offenkundigen Tatsache nicht abfinden, daß sich auch in seiner Gemeinde aufs neue »Erste und Letzte« herausbildeten (vgl. 18,10; 23,8–12) – vielleicht sogar unter dem Einfluß des von ihm in Vers 28 zitierten Jesuswortes. Und so verdeutlichte er seiner Gemeinde Jesu Wort von den »Ersten-Letzten« und »Letzten-Ersten« mit Hilfe des Gleichnisses von den Arbeitern im Weinberg (20,1–16).

Der ursprüngliche Sinn dieses Gleichnisses ist klar: Es möchte die Zuhörer *für die Güte Gottes* gewinnen, der letztlich alle »zu Ersten« machen möchte (VV. 8–10) – unabhängig von den Leistungen, die der einzelne erbringt. Nicht als ob damit die Arbeit der Ersten entwertet würde – sie werden gerecht honoriert (V. 13)! Deshalb ist ihr Ärger über die Belohnung derer, die sich weit weniger als sie abgemüht hatten, auch nicht berechtigt. Das Verhalten des Weinbergbesitzers raubt ihrem Tun keinesfalls den Wert, aber es schafft eine andere Atmosphäre: Alle Arbeit im Weinberg könnte *von nun an ohne* Leistungs*druck* geschehen.

Diese nicht berechnende Güte Gottes den Menschen nahezubringen, war für *Jesus* bei diesem Gleichnis wichtig. Für *Matthäus* war dieses Gleichnis nun freilich noch unter einem anderen Aspekt von Bedeutung:

Wenn die Ersten tatsächlich nicht mehr empfangen werden wie die Letzten, dann hat auch die Gemeinde keinen Grund, den Ersten in ihren Reihen einen Vorrang einzuräumen. Gerade die, die heute »im Weinberg des Herrn« die Ersten sind, sollen nicht vergessen, daß sie eines Tages die Letzten sein werden (V. 16. Darauf legt Matthäus in diesem Zusammenhang das ganze Gewicht. Deshalb streicht er aus 19,30 das »viele«, das Ausnahmen denkbar macht, und deshalb endet er nicht mit dem Ausdruck: »Letzte-Erste«, sondern mit der Feststellung: »die Ersten [werden sein] Letzte«! – Zu Mt 20,17–34 vgl. die Auslegung des parallelen Markustextes in SKK/NT 2, S. 146–152.).

VII. Das entscheidende Ende (21,1 – 25,46)

1. Jesu Einzug in Jerusalem und die Reinigung des Tempelvorhofs (21,1–22)

Nicht anders als bei Markus (11,1–11) eröffnet auch bei Matthäus (21,1–11) die Schilderung von Jesu *bewegendem* (V. 10!) Einzug in Jerusalem den Bericht von Jesu letzten Tagen in der Heiligen Stadt. Freilich, der Vergleich mit der Markusvorlage (vgl. dazu SKK/NT 2, S. 153–156) zeigt auch hier, daß Matthäus bei seiner Erzählung von *eigenen* theologischen Interessen geleitet wird.

Als erstes fällt auf, daß sich für Matthäus in Jesu Einzug ganz eindeutig eine prophetische Verheißung erfüllte:

»Dies aber geschah, damit erfüllt würde, was durch den Propheten gesagt wurde, der spricht:
Sagt der Tochter Zion:
Siehe, dein König kommt zu dir,
sanftmütig, reitend auf einem Esel
und auf einem Füllen, dem Jungen des Lasttiers.«
(Mt 11,4f.; vgl. Sach 9,9)

An diesem Tag kam zur »Tochter Zion« ihr von Gott verheißener König, dessen Joch nicht drückt und dessen Last leicht ist (vgl. 11,29f.: »...denn ich bin sanftmütig und von Herzen demütig...!«) und dessen wahre Angehörigen das Land erben werden (vgl. 5,5: »Selig die Sanftmütigen; denn sie werden das Land erben«. – Nur an diesen drei Stellen kommt innerhalb unseres Evangeliums das Wort »sanftmütig« vor!).

Wie wichtig diese Tatsache für Matthäus war, daß sich in Jesu Einzug in Jerusalem jene *göttliche* Zusage erfüllte, können wir daran erkennen, daß er bei *seiner* Erzählung sogar die (scheinbare) Ungereimtheit des Bibeltextes in Kauf nahm, wonach »der König« auf einem Esel *und* einem Füllen reiten würde (VV. 2 und 7; vgl. dagegen Mk 11,2.4.7. – Im Bibeltext war das »und« ursprünglich als Erklärung gedacht: »auf einem Esel, *und zwar* auf einem Füllen...!«). Diese göttliche Zusage ging für Matthäus an jenem Palmsonntag nun keineswegs nur ungefähr, beinahe und annäherungsweise, sondern *wortwörtlich*, d. h. genau und vollständig, in Erfüllung!

Auffällig ist ferner, wie Matthäus die Begrüßung Jesu durch die Volksscharen verändert:

»Und die voranzogen und die nachfolgten schrien:	»Die Scharen aber, die ihm voranzogen und nachfolgten, schrien:
›Hosanna!	›Hosanna dem Sohne Davids!
Gesegnet, der kommt im Namen des Herrn!	Gepriesen, der kommt im Namen des Herrn!
Gesegnet das kommende Reich unseres Vaters David!	Hosanna in den Höhen!‹
Hosanna in den Höhen!‹«	Und als er nach Jerusalem hineinzog,
(Mk 11,9 f.)	erbebte die ganze Stadt und sagte:
	›Wer ist dieser?‹ Die Scharen aber
	sagten: ›Dieser ist der Prophet Jesus,
	der von Nazaret in Galiläa‹.«
	(Mt 21,9–11)

Mit Jesus, dem Propheten aus Nazaret, kommt – obgleich er der Sohn Davids ist! – nicht einfach »das Reich unseres Vaters David« (so Markus)! Hier kommt der, der die *Gegenwart des Himmelreichs* ankündigte (4,17) und der eines Tages in der Herrlichkeit *seines* Reiches wiederkehren wird (vgl. 13,41).

Und noch ein Drittes fällt auf:

Nach Mk 11,11 kehrte Jesus am ersten Tag nach der Besichtigung des Tempels nach Betanien zurück, um *am darauffolgenden Tag* nach der Verfluchung des Feigenbaums den Tempelvorhof zu reinigen (Mk 11,12–19; vgl. dazu ausführlich SKK/NT 2, S. 156–169). Matthäus hingegen erzählt die »Tempelreinigung« im unmittelbaren Anschluß an Jesu Einzug in Jerusalem (21,12–17) – und auch hierbei lassen sich Unterschiede feststellen:

a) Matthäus übergeht nicht nur den kultkritischen Vers 16 seiner Markusvorlage (vgl. dazu SKK/NT 2, S. 163 f.), er vermeidet es auch, Jesu Urteil über den Tempel den Eindruck der Endgültigkeit zu geben (statt des Perfekts »ihr *habt* gemacht« verwendet Matthäus das Präsens »ihr *macht*«), *und* er verkürzt das Jesajazitat um die Worte »für alle Völker« (vgl. Mk 11,17 mit Mt 21,13). Das heißt: Jesus setzt sich in der Darstellung unseres Evangelisten mit dem *augenblicklichen* Zustand des Tempels auseinander. Die Händler und Käufer, die Geldwechsler und Taubenverkäufer machen den Tempel *gegenwärtig für Israel* zu einer Räuberhöhle – und er soll doch ein Haus des Gebets sein!

b) Den Hinweis auf Jesu Lehren (so Mk 11,17.18) ersetzt Matthäus durch einen Heilungsbericht:

»Im Tempel kamen Lahme und Blinde zu ihm, und er heilte sie« (V. 14).

Diese Veränderung der Markusvorlage ist deshalb besonders auffällig, weil die ersten drei Evangelien sonst *keine* Heilungen Jesu in Jerusalem berichten. Sie wird jedoch verständlich, wenn wir bedenken, daß gerade den Lahmen und Blinden der Zugang *zum Tempel selbst* verwehrt war. (Sie durften nur in den Tempel-*vorhof* gebracht werden: vgl. Apg 3,2.8!). So zeichnet Matthäus Jesus nicht nur als den, der den Tempelvorhof reinigt, sondern zugleich als den, der den Tempel *für alle* in Israel zugänglich macht.

Das aber bedeutet: Für Matthäus war Jesus nicht einfach der, der den Tempel mit seinem Kult ablehnte. Der Tempel – der ja zur Zeit der Niederschrift unseres Evangeliums bereits zerstört war (s. S. 10) – hätte durch Jesus eine bessere Zukunft haben können. So wenig Jesus gekommen war, um das Gesetz aufzuheben (vgl. 5,17), so wenig war er gekommen, um dem Tempelkult einfach ein Ende zu bereiten. Oder anders ausgedrückt: Auch wenn »die Tempelreinigung« – historisch gesehen – den Anlaß für die Ablehnung und Verwerfung Jesu durch die Hohenpriester und Schriftgelehrten gebildet haben dürfte (vgl. Mk 11,18), so wäre es nach Matthäus doch zu kurzatmig, würde man die Verwerfung Jesu durch die Führer seines Volkes einfach damit *begründen!* Die Einstellung zum Kult ist immer nur etwas Sekundäres. Weit maßgebender ist das ihr zugrunde liegende Gottesverständnis. (So ist es nur folgerichtig, daß Matthäus in diesem Zusammenhang den Mk 11,18 erwähnten Todesbeschluß der Hohenpriester und Schriftgelehrten übergeht!). Der Tempel hätte auch dann, wenn Israel Jesu Botschaft angenommen hätte, eine Zukunft gehabt (weshalb Mt 21,18–22 die Verfluchung des Feigenbaums nicht wie Markus als Urteil Jesu über den Tempelkult schildert [s. SKK/NT 2, S. 156–160], sondern als mahnendes *Zeichen für die Jünger,* Früchte des Glaubens zu bringen!).

Der eigentliche Grund, weshalb Jesus und die Führer des Volkes nicht »zusammenkamen«, war deren *Unfähigkeit zu hören* – und das Gehörte im Lichte der Schrift recht zu deuten (Mt 21,15–17).

Dies deutlich zu machen, ist das Anliegen der nun folgenden Reden Jesu.

2. Das Versagen der Führenden (21,23–45)

Bereits im Markusevangelium sind die letzten Tage Jesu in Jerusalem ausgefüllt mit Auseinandersetzungen zwischen Jesus und den verschiedenen Führern des jüdischen Volkes (vgl. Mk 11,27 – 12,40). Diese Auseinandersetzungen boten Markus noch einmal die Gelegenheit, in aller Deutlichkeit klarzustellen, welche Botschaft Jesus seinem Volk brachte und wie er sich selbst und seine eigene Situation verstand. Nicht anders ist es in unserem Evangelium – wobei Matthäus allerdings noch deutlicher als Markus zum einen die Frage nach der Lehrvollmacht Jesu in den Vordergrund stellt (vgl. 21,23 f.: Zur Debatte steht nicht mehr wie Mk 11,27 f. die Tempelreinigung!) und zum anderen die damaligen Reden Jesu auf die Situation seiner eigenen Gemeinde hin aktualisiert. Da Matthäus hier wiederum an seine Markusvorlage anknüpft, werden im folgenden nur die Besonderheiten der matthäischen Darstellung bedacht (vgl. im übrigen SKK/NT 2, S. 170–181).

Weshalb war Jesus mit seiner Botschaft in seinem Volk nicht aufgenommen worden? Weshalb fanden das (damalige) Judentum und die matthäische Gemeinde – als Verkörperung der Kirche des Christus Jesus – nicht doch noch zusammen? Darauf antwortet Matthäus zunächst mit drei Gesprächsgängen:

a) Mit der Frage nach der Johannestaufe (21,24–27):

Da den Hohenpriestern und Ältesten bereits bei Johannes die Wahrheit gleich-gültig war, waren sie für Jesus keine echten Gesprächspartner.

b) Mit dem Gleichnis von den ungleichen Söhnen (21,28–32):

Die Hohenpriester und Ältesten (vgl. V. 23. Der Adressatenkreis hat sich noch nicht geändert!) waren – und sind – nicht bereit, ihr Verhalten Johannes dem Täufer gegenüber zu korrigieren (vgl. V. 32). Obgleich ihnen durch das Verhalten der Zöllner und Dirnen, das ihnen ja keineswegs verborgen blieb, der Anspruch Gottes in der Verkündigung des Täufers hätte aufgehen müssen (zur Begründung dafür vgl. Mt 7,15–20), weigern sie sich, ihr Fehlverhalten zu bereuen und doch noch auf Gottes, ihres *Vaters,*

Ruf einzugehen. Und so gleichen sie in ihrem Bekenntnis zu Gottes Weisung jenem ersten Sohn, zu dem der Vater sagte: »Mein Sohn, geh und arbeite heute im Weinberg! Er antwortete: Ja, Herr!, ging aber nicht« (VV. 28 f.).

c) *Mit dem Gleichnis von den bösen Winzern (21,33–46):*
Da die Hohenpriester und Pharisäer (V. 45!) das Volk hindern, wenigstens auf Jesu Kommen hin Gott die fälligen Früchte abzuliefern (VV. 34.37–39), wird ihnen verständlicherweise (VV. 40 f.) das Reich Gottes weggenommen »und einem Volk gegeben, das die erwarteten Früchte bringt« (V. 43; vgl. V. 41).

Mit dieser – nur bei Matthäus begegnenden Bemerkung – macht Matthäus nicht nur deutlich, worauf es *ihm* bei diesem Gleichnis ankommt, er leitet damit auch zum folgenden Gleichnis über, mit dem er sich nun sehr gezielt *seiner* Gemeinde zuwendet.

3. Eine bleibende Gefahr (22,1–14)

Mehrere Dinge lassen erkennen, daß das »Gleichnis vom königlichen Hochzeitsmahl« (Mt 22,1–14) für unseren Evangelisten sehr wichtig war:

1. Matthäus unterbricht seinetwegen den Zusammenhang seiner Markusvorlage (Mk 12,1–12 = Mt 21,33–46; Mk 12,13–17 = Mt 22,15–22). D. h., er will das Gleichnis unbedingt an *dieser* Stelle seinen Lesern erzählen.

2. Innerhalb der ersten drei Evangelien findet sich ein ähnliches Gleichnis – das »Gleichnis vom Festmahl«. Es wird uns von Lukas (14,16–24) überliefert, und es dürfte auf dasselbe Gleichnis (Jesu) zurückgehen, das auch dem unsrigen (Mt 22,1–14) zugrunde liegt. Vergleicht man nun beide Fassungen dieses *einen* Mahlgleichnisses (Jesu), zeigt sich, daß Mt 22,1–14 bereits den urchristlichen Glauben widerspiegelt – und deshalb wohl erst von Matthäus in dieser Weise erzählt worden sein dürfte. Dafür sprechen folgende Beobachtungen:

a) Bei Lukas (14,16) wird das Gastmahl von irgendeinem Menschen – ohne nähere Angabe des Anlasses – veranstaltet, bei Matthäus (22,2) jedoch von einem König, der das Hochzeitsmahl für seinen Sohn zubereitet.

b) Bei Lukas (14,17) schickt der Gastgeber seinen *einen* Knecht aus, um die Geladenen zum Mahl zu bitten, bei Matthäus (22,3 f.) ergeht eine doppelte Einladung durch die Knechte (Plural!) des Königs.

c) Die Argumente, mit denen sich die Geladenen bei Lukas (14,18–20) entschuldigen, sind durchaus begreiflich, während es überaus unwahrscheinlich ist, daß die Geladenen – nur weil sie nochmals zum Mahl gedrängt wurden – »die Knechte ergriffen, mißhandelten und töteten« (Mt 22,6).

d) Unwahrscheinlich ist es auch, daß der König vor dem (ja bereiten!) Hochzeitsmahl noch einen Kriegszug gegen »jene Mörder« veranstaltete und deren Stadt verbrannte (Mt 22,7), um dann endlich Menschen von der Landstraße zu dem längst paraten Mahl rufen zu lassen (22,8 f.)! Viel normaler und sachgerechter ist da die Reaktion des Gastgebers bei Lukas, wenn er seinem Knecht befiehlt:

»Geh schnell auf die Straßen und Gassen der Stadt und hol die Armen und die Krüppel, die Blinden und die Lahmen herbei. Bald darauf meldete der Diener: Herr, dein Auftrag ist ausgeführt; aber es ist immer noch Platz. Da sagte der Herr zu dem Diener: Dann geh auf die Landstraßen und vor die Stadt hinaus und nötige die Leute zu kommen, damit mein Haus voll wird.«
(Lk 14,21–23)

Es kann kein Zweifel daran bestehen: Das Mahlgleichnis bei Lukas ist lebensnaher. Auch wenn es schwer vorstellbar ist, daß tatsächlich einmal *alle* geladenen Gäste absagen – daß viele, ja vielleicht sogar die meisten auf einmal nicht mehr kommen können, wenn der seit langem ins Auge gefaßte Termin da ist, wer hätte nicht schon ähnliches erlebt? Andererseits: All das Auffällige innerhalb des matthäischen Gleichnisses verliert seine Unwahrscheinlichkeit, wenn wir in ihm einen Ausdruck des *urchristlichen* Glaubens sehen:

Dann ist der König *Gott*, der für Jesus, seinen Sohn, das endzeitliche Mahl zubereitet (vgl. Mt 25,1–10). Zu ihm lud er nicht nur einmal durch seine Knechte, Israels Propheten, ein, vielmehr erneuerte er diese seine Einladung durch die urchristlichen Missionare. Sie aber wurden für ihre Predigt mißhandelt, ja getötet (vgl. Mt 10,17–22). Darauf reagierte – nach urchristlichem Verständnis – Gott mit der Zerstörung der »Mörderstadt«, d. h.

Jerusalems im Jahre 70 n. Chr. Seitdem ergeht die Einladung Gottes an die »Menschen der Landstraße«, d. h. an die Heiden – und seitdem füllt sich der Hochzeitssaal nicht nur mit Menschen, die am Rande der Gesellschaft lebten (mit »Armen und Krüppeln, Blinden und Lahmen«), sondern einfach mit »Guten und Bösen« (so nur Matthäus anstelle jener »Randgruppen« bei Lukas)!

Das aber bedeutet: Matthäus schildert mit diesem Gleichnis *seiner* Gemeinde, wie es (auch) *zu ihr* gekommen ist – als einer ›gesellschaftlichen Wirklichkeit‹, in der *Gute und Böse* beisammen sind.

Erst wenn uns dies klar ist, können wir auch die Fortsetzung unseres Gleichnisses verstehen; denn es schildert ja wiederum *Unbegreifliches:*

> »Als man sich gesetzt hatte und der König eintrat, um sich die Gäste anzusehen, bemerkte er unter ihnen einen Mann, der kein Hochzeitsgewand anhatte. Er sagte zu ihm: Freund, wie konntest du hier ohne Hochzeitsgewand erscheinen? Darauf wußte der Mann nichts zu sagen. Da befahl der König seinen Dienern: Bindet ihm Hände und Füße, und werft ihn hinaus in die äußerste Finsternis. Dort wird Heulen und Zähneknirschen sein« (VV. 11–13).

Diese Geschichte *ist* unbegreiflich; denn – so werden wir uns jetzt wohl wehren – wie kann man von einem Mann, der von der Straße direkt zum Hochzeitsmahl geholt wird, erwarten, daß er »im Hochzeitsgewand« erscheint? (Daß dieser *eine* es eben abgelehnt hätte, ein angebotenes Hochzeitsgewand überzuziehen – davon steht weder etwas im Text, noch wissen wir von einem solchen Brauch im damaligen Judentum!) Wenn der König schon jedermann zum Mahl holen läßt, muß er dann nicht auch jeden so nehmen, wie er ist?

Unsere Empörung über das Verhalten des Königs bestünde zurecht, *wenn* die Verse 11–13 von Anfang an zu diesem Mahlgleichnis gehört hätten. Doch ein Blick in das Lukasevangelium zeigt uns, daß gerade diese anstößige Fortsetzung erst später mit dem Mahlgleichnis (Jesu) verbunden wurde (vgl. Lk 14,24 als *Ende* des Gleichnisses) – von Matthäus, der ähnliche Gleichnisse aus dem Judentum kannte. So wird beispielsweise von Rabbi Joachanan (gest. um 80 n. Chr.) folgendes Gleichnis erzählt – als

Auslegung des Bibelverses: »Allezeit mögen deine Kleider weiß sein, und deinem Haupt mangle es nicht an Öl« (Koh 9,8):

> »Dies ist gleich einem König, der seine Knechte zu einem Mahl einlud. Er setzte ihnen aber keine Zeit fest. Es waren Kluge unter ihnen, die sich schmückten und sich an das Tor des Königspalastes setzten. Sie sagten: Es mangelt an nichts im Königspalast (d. h., weil viel Vorräte da sind, kann das Fest jederzeit beginnen). Da waren aber auch Toren unter ihnen, die gingen an ihre Arbeit und sagten: Es gibt kein Mahl ohne Vorbereitung. Plötzlich bat der König seine Knechte zu sich. Die Klugen unter ihnen traten vor ihn, geschmückt wie sie waren. Die Toren aber traten vor ihn, beschmutzt wie sie waren. Da freute sich der König über die Klugen, aber er war zornig über die Toren und sprach: Diejenigen, die sich für das Mahl geschmückt haben, sollen sitzen und essen und trinken, diejenigen aber, die sich nicht für das Mahl geschmückt haben, sollen stehenbleiben und zusehen.«
> (Schabbat 153a. Übersetzung nach *R. Mayer*, S. 93)

Oder von Rabbi Elieser (um 100 n. Chr.) wird erzählt:

> »Es ist gelehrt worden: Tue Buße einen Tag vor deinem Tod. Da fragten die Schüler den Elieser: Rabbi, weiß denn der Mensch, wann er sterben wird, damit er Buße tue? Um so mehr, antwortete er, soll der Mensch jeden Tag an seiner Besserung arbeiten, vielleicht daß er den folgenden Tag schon stirbt, auf welche Weise er alle Tage in Buße verlebt, wie es heißt, ›Zu aller Zeit seien deine Kleider weiß‹.«
> (Übersetzung nach *A. Wünsche*, Bibliotheca Rabbinica I, S. 123)

Die Geschichte, die Matthäus 22,11–13 im Anschluß an Jesu Mahlgleichnis erzählte, war für seine (zumeist aus dem Judentum kommenden) Leser also durchaus verständlich – durchsichtig auf jene letzte, alles entscheidende Begegnung des Menschen mit dem richtenden Gott.

Und eben darauf kam es Matthäus an – nicht nur, weil es auch in seiner Gemeinde Gute *und* Böse gab; weil es sich für den einzelnen also verhängnisvoll auswirken konnte, wähnte er, es könne ihm nun nichts mehr passieren, *nachdem* er die Einladung angenommen hatte und sich so bereits *im* Hochzeitssaal befand. Nein, Matthäus war dieser letzte Ausblick vor allem deshalb von so großer Bedeutung, weil es die Kirche Jesu Christi doch nur deshalb gibt, weil »der Weinberg« Israel genommen und einem anderen Volk in der Erwartung gegeben wurde, daß dieses »die erwarteten Früchte bringt« (vgl. 21,33–43)! Auch wer zur christlichen Gemeinde gehört, sollte nicht vergessen, daß das *letzte* Wort noch nicht gesprochen ist; daß es auch jetzt nicht einfach genügt, nur Ja zu sagen, *ohne* dann den Willen des Vaters zu tun (vgl. 21,28–32)!

Um dieses Bewußtsein ging es Matthäus – und daher fügte er noch ein weiteres, ebenfalls erschreckendes Wort an:

»Denn viele sind gerufen, wenige aber auserwählt« (V. 14).

Daß dieses Wort nicht unmittelbar zu dem Gleichnis 22,11–13 gehört, können wir schon daran erkennen, daß in dem Gleichnis (nur) von *einem* und *nicht von der Mehrzahl* die Rede ist, die vom Mahl ausgeschlossen wird. Des weiteren fällt auf, daß die übrigen Evangelien dieses Wort *nicht* kennen. Es begegnet uns nur bei Matthäus – und auch bei ihm nur hier: 22,14! Und schließlich will noch ein Drittes beachtet sein: Dem Ausdruck »die Auserwählten« begegnete Matthäus im *Markusevangelium* als Bezeichnung der (Jesus-)Jünger, die bis zum Ende ausharren (vgl. Mk 13,20.22.27).

All diese Beobachtungen legen den Schluß nahe, daß *Matthäus* – in Anlehnung an den Sprachgebrauch des Markusevangeliums – den Satz 22,14 selbst formulierte, um seiner Gemeinde in recht zugespitzter Weise noch einmal einzuschärfen:

Es genügt nicht, berufen – d. h. getauft – zu sein; es genügt nicht, die Einladung zum Hochzeitsmahl angenommen zu haben; es genügt nicht, dem Vater zugesagt zu haben, in den Weinberg zu gehen! Es kommt vielmehr darauf an, wie wir am Ende vor Gott »aussehen«; ob wir dem ersten oder dem zweiten Sohn gleichen; ob wir den Willen des Vaters *getan* haben – oder nicht!

Doch was ist nun der Wille des Vaters?

Auf diese Frage antwortet Matthäus sofort – mit dem nächsten von ihm bearbeiteten Stück des Markusevangeliums.

4. Vom Gesetz und seinen Geboten (22,34–40)

Während Matthäus die beiden nächsten Abschnitte aus dem Markusevangelium ohne größere Veränderungen übernahm (vgl. dazu SKK/NT 2, S. 175–178) –, gestaltete er die darauffolgende Diskussion um das wichtigste Gebot (Mk 12,28–34) in tiefgreifender

Weise um. Zwar scheinen die Änderungen, die er an der Markus-
vorlage anbrachte, auf den ersten Blick nur unwesentlich zu sein,
doch ändert sich diese Beurteilung bei näherem Zusehen – und
genauer Übersetzung (auch hier ist die Einheitsübersetzung nicht
sehr hilfreich)! – sehr rasch. Sie ist deshalb der Auslegung vorange-
stellt:

Mk 12,28–34	Mt 22,34–40
[28]Und es kam einer der Schriftgelehr-ten hinzu. Er hatte sie disputieren gehört (und) er hatte gesehen, daß er ihnen treffend antwortete. Da fragte er ihn:	[34]Die Pharisäer aber, als sie hörten, daß er die Sadduzäer zum Schweigen gebracht hatte, versammelten sich al-lesamt, [35]und es fragte einer von ihnen, ein Gesetzeskundiger, indem er ihn prüfte:
Welches ist das erste Gebot von allen?	[36]Lehrer, welches Gebot (ist) groß im Gesetz?
[29]Und es antwortete Jesus: Das erste ist: »Höre, Israel, der Herr, unser Gott, ist der einzige Herr.	[37]Er aber antwortete ihm:
[30]Und du sollst den Herrn, deinen Gott, lieben aus deinem ganzen Her-zen und aus deiner ganzen Seele und aus deinem ganzen Denken und aus deinem ganzen Vermögen.	Du sollst den Herrn, deinen Gott, lieben mit deinem ganzen Herzen und mit deiner ganzen Seele und mit dei-nem ganzen Denken.
[31]Ein zweites (ist) dieses: Du sollst deinen Nächsten lieben wie dich selbst. Größer als diese gibt es kein anderes Gebot.	[38]Dies ist das große und erste Gebot. [39]Ein zweites (ist) ihm gleich: Du sollst deinen Nächsten lieben wie dich selbst.
[32]Und es sagte ihm der Schriftgelehr-te: Trefflich, Lehrer, wahrheitsgemäß sagtest du: *Einer* ist er, und es gibt keinen anderen außer ihm,	[40]In diesen beiden Geboten hängt das ganze Gesetz und die Propheten.
[33]und ihn zu lieben aus dem ganzen Herzen und aus dem ganzen Verstand und dem ganzen Vermögen, und den Nächsten lieben wie dich selbst, ist mehr als alle Brandopfer und (Speise-) Opfer.	
[34]Und Jesus, als er ihn sah, daß er verständig antwortete, sagte ihm: Nicht fern bist du vom Reiche Gottes.	

Das erste, was ins Auge fällt, ist die Kürzung der Markusvorlage. Nicht nur das ausdrückliche Bekenntnis zu dem *einen* Gott (Mk 12,29), sondern auch die Verse, die eine wesentliche Übereinstimmung zwischen dem Schriftgelehrten und Jesus feststellen (Mk 12,32–34), werden von Matthäus übergangen. Den Grund dafür läßt bereits der veränderte Beginn des Streitgesprächs erkennen:

Bei *Markus* (12,28) stehen sich *ein* Schriftgelehrter und Jesus gegenüber – wobei der Schriftgelehrte offensichtlich jenes Judentum vertritt, das in der hellenistischen Diaspora, unter den Heiden also, vor allem durch die Verkündigung des biblischen Ein-Gott-Glaubens und einer gewissen Distanz zu den blutigen Tieropfern im Tempel geprägt war. D. h., Mk 12,28–34 beantwortet im Grund zugleich die Frage: Was hat die Jesusverkündigung (der urchristlichen Missionare) dem hellenistischen Judentum *außerhalb Palästinas* als Wichtigstes zu sagen? Gibt es zwischen beiden nur Differenzen oder auch wesentliche Übereinstimmungen?

In der Darstellung des Matthäus (22,34) erfährt hingegen *das gesamte pharisäische Judentum*, das sich in einem seiner Gesetzeskundigen zu Wort meldet, wie Jesus das Gesetz versteht. Oder anders ausgedrückt: Auch Mt 22,34–40 ist nicht nur ein Protokoll einer vergangenen Diskussion zwischen den Pharisäern und Jesus. Hier diskutieren zugleich das pharisäische Judentum Palästinas (*nach* der Zerstörung des Tempels) mit dem Judenchristentum über das rechte Verständnis des Gesetzes und seiner Gebote: Was will Gott letztlich mit seiner Weisung – der Tora, dem Gesetz – erreichen? Wann gleichen wir dem Sohn, der den Willen des Vaters *tut* (vgl. Mt 21,28–32)?

Nimmt man diese Fragestellung ernst, erscheint auch der nächste Unterschied nicht nur als Zufall:

Fragt der Schriftgelehrte Mk 12,28 nach dem »*ersten* aller Gebote«, so fragt der Gesetzeskundige Mt 22,36 nach einem »*großen* Gebot im Gesetz«.

Die meisten Übersetzungen geben die Frage des Gesetzeskundigen zwar mit »Welches Gebot im Gesetz ist das wichtigste?« wieder, doch zu Unrecht; denn an die Stelle des Superlativs tritt im hellenistischen Griechisch der Komparativ – auch bei Matthäus (vgl. 11,11; 13,32; 18,1.4; 23,11). Die einzige Stelle, die normalerweise für den Gebrauch des Positivs als Superlativ angeführt wird, ist Mt 22,36 – und diese

Bedeutung wird allein mit der Markus-Parallele begründet, als ob von vornherein sicher wäre, daß Matthäus dasselbe sagen wollte wie Markus. Doch an keiner Stelle, an der Matthäus *megas* = groß verwendet, hat *megas* komparativischen oder superlativischen Sinn (vgl. 5,19.35; 7,27; 8,24.26; 15,28; 20,26).

Dieser Unterschied scheint so lange unbedeutend zu sein, als man voraussetzt, daß in beiden Fällen dasselbe erfragt werden sollte, er erhält aber ein großes Gewicht, wenn man folgendes beachtet:

a) Das (palästinische) Judentum der Zeitenwende vermochte – ja nach Schwierigkeit der Erfüllung – »schwere« und »leichte« beziehungsweise »große« und »kleine« Gebote im Gesetz zu unterscheiden.

b) Im frühen Judentum konnte auch nach einem möglichen *Prinzip* im Gesetz gefragt werden, von dem aus es möglich war, die einzelnen Gebote abzuleiten. So wird beispielsweise von Hillel (1. Jh. v. Chr.) erzählt:

> »Wiederum geschah es, daß einer aus den Völkern vor Schammai kam und zu ihm sagte: Mache mich zum Proselyten, unter der Bedingung, daß du mich die Weisung ganz und gar lehrst, während ich auf einem Bein stehe! Da stieß er ihn mit dem Meßbrett weg, das er gerade in der Hand hatte. Er kam vor Hillel, der machte ihn zum Proselyten und sagte zu ihm: Was dir verhaßt ist, das tue deinem Genossen nicht an! Das ist die Weisung [d. h. das Gesetz] ganz und gar, das andere ist ihre Auslegung. Geh und lerne.«
> (Schabbat 31a. – Übersetzung nach R. *Mayer*, S. 227f.)

c) In den frühjüdischen Schriften kann auch die Forderung der Gottes- und Nächstenliebe unmittelbar nebeneinanderstehen – ohne daß damit allerdings diese beiden Forderungen zum Prinzip des Gesetzes gemacht würden.

d) Innerhalb des (palästinisch-pharisäischen) Judentums konnte aber *nicht* nach einem »ersten« oder »zweiten« Gebot gefragt werden, als ob es möglich wäre, eine bestimmte Rangordnung der Gebote aufzustellen, die zugleich über die mehr oder minder verpflichtende Geltung dieser Gebote unterrichten würde. Die Frage nach dem ersten und zweiten Gebot konnte sich erst dort stellen, wo im Gesetz lediglich eine Summe *einzelner* Vorschriften gesehen wurde, von denen die einen mehr und die anderen weniger verpflichtend zu sein schienen. Diese Situation war aber erst in der hellenistisch-jüdischen Diaspora beziehungsweise erst seit der Heidenmission (vgl. Apg 15) gegeben – weshalb der Schriftgelehrte als »Vertreter« (s. o.) des *hellenistischen* Judentums Mk 12,28–34 Jesus (d. h. die urchristlichen Missionare) durchaus nach dem *ersten* und *zweiten* Gebot fragen konnte!

Das Gesetz ist mehr als nur die Summe vieler Vorschriften!

Indem nun Matthäus die bei Markus begegnende Frage nach dem »ersten« Gebot in die Frage nach einem »großen Gebot im Gesetz« änderte, bezog er eine *doppelte* Frontstellung:

Zum einen machte er dem Heidenchristentum und bestimmten hellenistisch beeinflußten judenchristlichen Kreisen gegenüber deutlich, daß sich das Problem des Gesetzes nicht dadurch lösen läßt, daß man im Gesetz wichtige und weniger wichtige Gebote unterscheidet. Mit dem pharisäischen Judentum war Matthäus der Überzeugung, daß wir dem – in der Tora ausgedrückten und festgehaltenen – Willen Gottes nicht gerecht werden können, wenn wir nicht davon ausgehen, daß Gott *alle* seine Willensäußerungen gleichermaßen wichtig sind.

Durch die Änderung der Markusvorlage in eine auch für das pharisäische Judentum akzeptable Fragestellung erreichte Matthäus aber noch ein Zweites: Er konnte jetzt die Eigenart der Gesetzesinterpretation Jesu dem rabbinischen Judentum gegenüber so vortragen, daß dieses Jesu Gesetzesinterpretation nicht von vornherein als ein grundsätzliches Mißverständnis der Tora ablehnen mußte.

Um dieser Verständlichkeit willen änderte Matthäus auch Jesu Antwort (VV. 38 f.): Jetzt ist das Gebot der Gottesliebe nicht eines der beiden Gebote, »über die hinaus es kein größeres mehr gibt« (so Mk 12,31 b), vielmehr ist es als »das *große* Gebot« das erste, das *Grund*gebot! »Groß« ist hier (V. 38) wiederum matthäische Einfügung, doch auch das folgende »ihm *gleich*« – wodurch das zunächst als *erstes* bezeichnete Grundgebot ein *gleichwertiges* an die Seite gestellt erhält.

Diese beiden Gebote der Gottes- und Nächstenliebe sind nun aber deshalb von solcher Bedeutung, weil *in* ihnen das ganze

Gesetz, die Tora und die Propheten, »*hängen*« (V. 40. – So wiederum nur Matthäus.)!

Die volle Bedeutung dieses Wortes wird uns wiederum nur im Zusammenhang mit der rabbinischen Gesetzesdiskussion klar; denn auch in ihr wurde immer wieder gefragt, wie sich bestimmte Gebote, die die Schriftgelehrten bei ihrer Auslegung des Gesetzes formuliert hatten, *letztlich* begründen lassen; worauf sie sich zurückführen lassen; woran sie »hängen«.

So lehrte beispielsweise Rabbi Bar Qappara (um 220 n. Chr.):

> »Welches ist ein kleiner Abschnitt, an dem alle Bestandteile der Tora *hängen*? [Es ist Spr 3,6:] ›In allen deinen Wegen erkenne ihn, so wird er dich recht führen‹!«
> (Brachot 63 a)

Und umgekehrt wußten die Rabbinen des 2. Jahrhunderts:

> »Die Lösung der Gelübde schwebt in der Luft [d. h. sie ist in der Heiligen Schrift nicht begründet]; sie hat nichts [als nur die Überlieferung], worauf sie sich stützen könnte. Die Satzungen über den Sabbat, über die Festopfer und über die Veruntreuungen sind wie Berge, die an einem Haar *hängen;* denn sie bestehen aus wenigen Schriftworten und zahlreichen Bestimmungen. Die Rechtspflege und die Opfergesetze, die Vorschriften über Reinheit und Unreinheit und über Blutschande – sie haben, worauf sie sich stützen können; sie sind Hauptstücke der Tora.«
> (Mischna Chagiga I,8)

Wenn Jesus also Mt 22,40 den Pharisäern gegenüber die Gebote der Gottes- und Nächstenliebe als *die* Gebote bezeichnet, an denen (oder in denen) das ganze Gesetz und die Propheten hängen, dann bedeutet dies:

Die Gottes- und Nächstenliebe sind nicht bloß das Wichtigste des Gesetzes, vielmehr hängen alle Einzelgebote des Gesetzes *wesentlich* mit diesen beiden Geboten zusammen. Oder anders ausgedrückt: In allen Einzelgeboten begegnet der Mensch letztlich den Weisungen *des* Gottes, der will, daß der Mensch ihn und den Nächsten liebt. Das Gesetz mit seinen Geboten will und soll der Liebe dienen, indem es den Menschen auf dem Weg der Liebe voranbringt.

Doch, so werden wir uns fragen lassen müssen, übertreiben wir hier nicht? Lassen wir hier unseren Evangelisten nicht viel mehr sagen, als *er* sagen wollte?

Gewiß nicht; denn für Matthäus – und wiederum: *nur* für ihn –
ist auch das eines jener negativen Zeichen der Endzeit:

>»Weil die Gesetzlosigkeit zunimmt, wird die Liebe vieler erkalten«
>(24,12).

Wenn die Liebe erkaltet, dann kann das – für Matthäus – gerade
nicht am Gesetz liegen; denn ein Gesetz, das die Liebe nicht
fördert, stimmt nicht mit *Gottes* Willen überein (s. auch S. 115. –
Vielleicht können wir jetzt schon besser verstehen, weshalb für
Matthäus 19,2–9 die Ehescheidung *im Falle des Ehebruchs* nicht
gegen Gottes Willen verstößt!).

Dieses Gesetzesverständnis war für Matthäus keineswegs nur
»graue Theorie«. Das folgende Kapitel wird uns vielmehr erkennen lassen, wie sehr Matthäus davon überzeugt war, daß dieses
jesuanische Gesetzesverständnis von den Jüngern Jesu einen
Lebensstil verlangt, der sie in sehr typischer Weise von »den
Pharisäern und Schriftgelehrten« unterscheidet. (Zu Mt 22,41–46
= Mk 12,35–37 vgl. SKK/NT 2, S. 180.)

5. Was Christsein bedeutet (23,1–39)

Es gibt wohl kein Kapitel des Matthäusevangeliums, das im Lauf
der Kirchengeschichte so mißverstanden wurde wie Kapitel 23 mit
seinem sechsmaligen »Weh euch, ihr Schriftgelehrten und Pharisäer, ihr Heuchler!« (VV. 13.15.23.25.27.29). Einige klärende
Vorbemerkungen sind daher unerläßlich.

An wen wendet sich Mt 23,1–39?

Die Antwort scheint einfach zu sein: Wenn es im Lauf des Kapitels
immer wieder »Wehe euch, ihr Schriftgelehrten und Pharisäer...«
heißt, dann können doch nur die Schriftgelehrten und Pharisäer
angesprochen sein! Aber so einfach ist es nicht – und zwar aus
einem doppelten Grund:

a) Am Ende des vorangegangenen Kapitels (22,41–46) wird
Jesus von Matthäus in der *letzten* (V. 46!) Diskussion mit den
Pharisäern geschildert. Dann aber notiert Matthäus:

>»Dann redete Jesus zu den Scharen und seinen Jüngern« (23,1).

Von nun an sind nicht mehr die Pharisäer, sondern das Volk und die Jünger die Angesprochenen. Von nun an wird nur noch *über* die Pharisäer und die Schriftgelehrten gesprochen – deutlich bereits im nächsten Vers:

»Die Schriftgelehrten und die Pharisäer haben sich auf den Stuhl des Mose gesetzt« (V. 2).

b) Die Verse 8–12 wenden sich ausdrücklich an die Jünger Jesu: Sie sollen sich so verhalten, daß sie sich *wesentlich* von den in den Versen 3–7 charakterisierten Schriftgelehrten und Pharisäern unterscheiden. D. h., die Adressaten dieses Kapitels sind (zunächst einmal am Beginn) eindeutig *die Christen* (vgl. V. 10!), während die Schriftgelehrten und Pharisäer »nur« als *Negativfolie* dienen – und diese Funktion behalten sie auch im weiteren Verlauf des Kapitels, da es an keiner Stelle einen Wechsel der Adressaten erkennen läßt (vgl. dagegen 22,15.23.34.41!).

Das aber bedeutet: Matthäus schrieb dieses Kapitel nicht, weil es ihm abschließend um ein besonders negatives Urteil über die Pharisäer gegangen wäre, sondern weil er *seine* christlichen Leser zu einem ganz bestimmten Verhalten bewegen wollte. Wir hätten ihn also völlig mißverstanden, wenn wir am Ende des Kapitels sagen würden: »So also waren die Pharisäer und Schriftgelehrten!« anstatt: »So also sollten, ja müßten *wir* leben!«.

Für dieses Verständnis spricht auch noch eine weitere Beobachtung:

Mt 23 ist eine Rede unseres Evangelisten

Bereits im *Markusevangelium* (12,37b–40) begegnet uns am Ende von Jesu Aufenthalt im Tempel, *nach* der Diskussion mit den Pharisäern, eine *Warnung* Jesu *vor den Schriftgelehrten*. Im *Lukasevangelium* hingegen lesen wir anläßlich eines Gastmahls Jesu bei einem Pharisäer drei *Weherufe über die Pharisäer* (11,42.43.44; vgl. 11,39f.) und – davon getrennt – drei *Weherufe* Jesu *über die Gesetzeslehrer* (11,46.47.52). Diese »Wehe«-Sprüche waren Lukas in der sogenannten Redequelle Q vorgegeben (vgl. SKK/NT 21, S. 65–72), die ja auch unserem Evangelisten bekannt war (s. S. 12).

Vergleicht man nun die bei Lukas überlieferten »Wehe«-Sprüche mit denen des Matthäusevangeliums, so fällt auf, daß die bei Lukas noch getrennten Sprüche von Matthäus »zusammengefaßt« und mit einer

Reihe weiterer »Wehe«-Sprüche aufgefüllt wurden (23,15.16–22) und daß Matthäus jenes Wort, das bei Lukas (11,49–51) noch von der Weisheit Gottes gesprochen wird, Jesus selbst in den Mund legt (vgl. Mt 23,34–36).

Bereits diese Beobachtungen lassen keinen Zweifel daran, daß »die Rede *Jesu*« Mt 23,2–39 eigentlich eine *Rede des Matthäus* ist (vgl. die Anmerkung zu 23,1–39 in der Einheitsübersetzung) – eine Rede, die Matthäus mit Hilfe von Jesusworten, die ihm bereits vorgegeben waren, an seine *christliche* Gemeinde richtete. Doch weshalb?

Hier kann uns eine letzte Beobachtung weiterhelfen.

Nur der Gleichgültige kritisiert nicht!

Nicht wenige Christen stören sich an dem *Ton,* der in diesem Kapitel den jüdischen Schriftgelehrten und den Pharisäern gegenüber angeschlagen wird: »Wehe euch, ihr Schriftgelehrten und Pharisäer, ihr Heuchler!«. – »Kann man eine solch harte Redeweise tatsächlich dem ›doch so gütigen‹ Jesus zutrauen?«, fragen die einen, und: »Provozieren solche Sätze nicht fast zwangsläufig antijüdische Gefühle? Können wir auch heute noch – nach Auschwitz! – solche Sätze als *Teil eines Evangeliums* akzeptieren?«, geben die anderen zu bedenken.

So verständlich derartige Bedenken sind, wir dürfen auch ein Kapitel wie Mt 23 nicht zeitlos, unabhängig von dem Lebensraum hören, in dem es entstand. Und in ihm war sogar solch scharfe Kritik (selbst-)verständlich.

So charakterisierte beispielsweise ein frommer Jude am Beginn des 1. Jahrhunderts in einer Streitschrift andere Fromme, »die lehren, sie seien gerecht«, mit Wendungen, die uns nicht nur einmal an Mt 23 erinnern:

»Und es werden verderbliche und gottlose Menschen über sie herrschen, *welche lehren, sie seien gerecht.* Und diese werden den Zorn ihrer Freunde erregen; sie sind betrügerische Leute, sich selbst zu Gefallen lebend, verstellt in ihrem ganzen Verhalten und zu jeder Tageszeit Liebhaber von Gastmählern, unersättliche Schlemmer... Leute, die die Güter der Armen verzehren, wobei sie behaupten, sie täten das aus Barmherzigkeit... Vertreiber, Streitsüchtige, Betrüger, die sich verstek-

ken, um nicht erkannt zu werden; Gottlose, voll Frevel und Ungerechtigkeit vom Morgen bis zum Abend, welche sagen: ›Wir wollen Festgelage und Überfluß haben, wollen essen und trinken und uns für Fürsten halten!‹. Und ihre Hände und ihre Gedanken werden Unreines treiben, und ihr Mund wird große Dinge sprechen, und sie werden ferner sagen: ›Rühr mich nicht an, damit du mich nicht unrein machst…‹«
(Himmelfahrt Moses 7,3–9. – Übersetzung von *E. Brandenburger,* in: Jüdische Schriften aus hellenistisch-römischer Zeit V, 2, Gütersloh 1976, S. 74)

In ähnlicher Weise urteilten die Leute von Qumran über die Pharisäer, die nach ihrer Überzeugung (und im Gegensatz zur qumranischen Exegese) eine verführerische Schriftauslegung vortrugen, indem sie die Forderungen der Tora abmilderten und den menschlichen Situationen anpaßten:

»Sie suchten glatte Dinge und erwählten Täuschungen und spähten aus nach Rissen und erwählten ›die Schönheit des Halses‹ [vgl. Hos 10,11] und sprachen den Gottlosen gerecht, aber erklärten den Gerechten für gottlos. Und sie verursachten Übertretungen des Bundes und brachen die Satzung. Und sie taten sich zusammen gegen das Leben des Gerechten, und alle, die wandeln in Vollkommenheit, verabscheut ihre Seele, und sie verfolgten sie mit dem Schwert und freuten sich am Streit des Volkes. Da entbrannte der Zorn Gottes gegen ihre Gemeinde, so daß er ihre gesamte Menge verstörte, und ihre Werke sind Unreinheit vor ihm.«
(Damaskusschrift 1,18 – 2,1)

Die Sorge um die rechte Frömmigkeit, um die aufrichtige Treue zu Gottes Bund und Gesetz ließ viele zu solch harten Worten greifen; denn schließlich hatten auch die Propheten in ihrem *Kampf für Israel* überaus harte Worte gebraucht. Denken wir nur an das Wort des Propheten Ezechiel gegen die *falschen* Hirten:

»Das Wort des Herrn erging an mich: Menschensohn, sprich als Prophet gegen die Hirten Israels, sprich als Prophet, und sag zu ihnen: So spricht Gott, der Herr: *Wehe* den Hirten Israels, die nur sich selbst weiden. Müssen die Hirten nicht die Herde weiden? Ihr trinkt die Milch, nehmt die Wolle für eure Kleidung und schlachtet die fetten Tiere; aber die Herde führt ihr nicht auf die Weide. Die schwachen Tiere stärkt ihr nicht, die kranken heilt ihr nicht, die verletzten verbindet ihr nicht, die verscheuchten holt ihr nicht zurück, die verirrten sucht ihr nicht, und die starken mißhandelt ihr… Darum, ihr Hirten, hört

das Wort des Herrn: So spricht Gott, der Herr: Nun gehe ich gegen die
Hirten vor und fordere meine Schafe von ihnen zurück. Ich setze sie ab,
sie sollen nicht mehr die Hirten meiner Herde sein. Die Hirten sollen
nicht länger nur sich selbst weiden: Ich reiße meine Schafe aus ihrem
Rachen, sie sollen nicht länger ihr Fraß sein.«
(Ez 34,1–10)

Hinter der scharfen *religiösen* Kritik, wie sie uns in nicht
wenigen jüdischen Schriften der Zeitenwende begegnet, steckt also
ein *positives* Anliegen: Weil die einzelnen religiösen Gruppen
davon überzeugt waren, daß nur ihr eigener Weg der richtige sei,
alle anderen Wege hingegen die Menschen in Israel ins Verderben
führen würden – denn man glaubte ja, daß Gottes Gericht all
denen drohte, die den Weg des Lebens verschmähten (s. S. 274) –,
deshalb ging man *mit den anderen* so unerbittlich ins Gericht: die
Leute von Qumran, die Pharisäer, die Sadduzäer, die Zeloten –
und letztlich auch jene urchristlichen Gruppen, denen wir die
Redequelle Q verdanken (s. dazu unten weiteres).

»Ihr Heuchler!«

Auf dem Hintergrund dieses Ringens, ja Kämpfens um das wahre
Israel müssen wir schließlich auch noch jenes Wort verstehen, das
in unseren Übersetzungen in der Regel als »Heuchler« wiedergegeben wird und das im Griechischen zunächst den »Schauspieler«
(= *hypokritēs*; s. S. 98) bezeichnet.

Verständlicherweise konnte dieses Wort neben seinem neutralen
Gebrauch als Berufsbezeichnung ganz allgemein für den Menschen
verwendet werden, der sich anders gab, als es »in seinem Herzen«
aussah. So mahnte etwa Jesus Sirach:

»Sei nicht mißtrauisch gegen die Gottesfurcht,
und nahe ihr nicht mit zwiespältigem Herzen!
Sei kein Heuchler vor den Menschen,
und hab acht auf deine Lippen!
Überhebe dich nicht, damit du nicht fällst
und Schande über dich bringst;
sonst enthüllt der Herr, was du verbirgst,
und bringt dich zu Fall inmitten der Gemeinde,
weil du dich der Gottesfurcht genaht hast,
obwohl dein Herz voll Trug war.«
(Sir 1,28–30)

Diese (fast) allgemeine, menschliche »Schauspielerei« bekam eine besonders negative Wertung, wenn sie zur Verleugnung des eigenen Glaubens eingesetzt wurde – so wie es wohlmeinende Freunde dem greisen Schriftgelehrten Eleasar rieten, der sich trotz der angedrohten Todesstrafe weigerte, Schweinefleisch zu essen:

> »Die Leute, die bei dem gesetzwidrigen Opfermahl Dienst taten und die den Mann von früher her kannten, nahmen ihn heimlich beiseite und redeten ihm zu, er solle sich doch Fleisch holen lassen, das er essen dürfe, und es selbst zubereiten. Dann solle er tun, als ob er vom Opferfleisch esse, wie es der König befohlen habe. Wenn er es so mache, entgehe er dem Tod; weil sie alte Freunde seien, würden sie ihn mit Nachsicht behandeln.
> Er aber faßte einen edlen Entschluß, wie es sich gehörte für einen Mann, der so alt und wegen seines Alters angesehen war, in Würde ergraut, der von Jugend an vorbildlich gelebt und – was noch wichtiger ist – *den heiligen, von Gott gegebenen Gesetzen gehorcht* hatte. So erklärte er ohne Umschweife, man solle ihn ruhig zur Unterwelt schikken. Wer so alt ist wie ich, soll sich *nicht verstellen*. Viele jungen Leute könnten sonst glauben, Eleasar sei mit seinen neunzig Jahren noch zu der fremden Lebensart übergegangen. *Wenn ich jetzt heucheln würde*, um eine geringe, kurze Zeit länger zu leben, würde ich sie *irreleiten*, meinem Alter aber Schimpf und Schande bringen.«
> (2 Makk 6,21–25)

Ein »Schauspieler« (= *hypokritēs*) zu sein bedeutete hier: im *religiösen* Bereich einen falschen, *irreführenden* Anschein zu erwecken, weil man dem Anspruch, den Gott *durch das Gesetz* an den Menschen richtete, nicht wahrhaftig gerecht wurde.

Genau dies warf nun aber die eine religiöse Partei der anderen vor: daß sie mit *ihrer* Schriftauslegung und ihrer religiösen Praxis zwar den Anschein erwecke, dem Gesetz zu gehorchen, es aber in Wahrheit *nicht* tun würde. Das heißt: Mit dem Wort »Heuchler« *(hypokritēs)* wurde dem einzelnen weniger vorgeworfen, daß er sich bewußt verstellen würde. Er konnte persönlich durchaus der Meinung sein, das Richtige zu tun (so wie die Freunde des Eleasar überzeugt waren, das Richtige zu raten!). Mit dem Wort »Heuchler« sollte vielmehr zum Ausdruck gebracht werden, daß der andere trotz seines religiösen Lebensstils Gottes Weisung nicht wahrhaftig erfüllte. Der Eindruck, den er in den Augen der anderen erweckte, wurde so als letztlich unbegründet, als »bloßes Theater« bezeichnet (vgl. Mt 23,27f.!).

In diese seit dem 2. Jahrhundert v. Chr. eigentlich ununterbrochene Auseinandersetzung einzelner religiöser Gruppen mit »dem Rest« ihres Volkes traten nun – nach Ostern und Pfingsten – auch die ersten urchristlichen Missionare sehr rasch ein: Petrus, Johannes, Stephanus, Philippus... (vgl. Apg 2–8). Überzeugt, daß die Wiederkunft des Menschensohnes Jesus (vgl. dazu SKK/NT 2, S. 105–109) nicht lange auf sich warten lasse (vgl. Mt 16,28), drängten sie ihr Volk, wenigstens *nach* Ostern das Evangelium Jesu anzunehmen. Die Ablehnung war freilich stärker als die Zustimmung (vgl. Apg 6,8 – 8,3; 1 Thess 2,14 f.). Dies aber führte fast zwangsläufig dazu, daß mit der Zeit die kritischen Töne, die Wehe-Rufe, die Androhung des Gerichts in der Predigt dieser *jüdischen* urchristlichen Missionare überwogen (vgl. dazu SKK/NT 21, S. 93 f.) – wohl bis zu dem Zeitpunkt, an dem Jerusalem und der Tempel zerstört und die christlichen Gruppen aus dem Synagogenverband ausgeschlossen wurden (vgl. Joh 9,22).

Damit wurden die Predigttexte dieser ersten urchristlichen Missionare allerdings nicht überflüssig. Sie waren als *Reden Jesu* ja nicht nur in der theologischen Auseinandersetzung mit dem jüdischen Volk, sondern auch als Mahnung an die eigene christliche Gruppe verwendet worden. Sie wurden daher auch noch *nach* der Trennung von dem pharisäischen Judentum (s. dazu S. 10) in den christlichen Gemeinden gelehrt, abgeschrieben und weitergegeben. Auf diese Weise konnten sie immer wieder *neu* verwendet werden – auch von Matthäus, der ihnen beispielsweise die Weherufe über die Pharisäer (vgl. Lk 11,39–44) und die Weherufe über die Gesetzeslehrer (vgl. Lk 11,46–52) entnahm, sie dann aber zusammenfaßte, um so seiner Gemeinde *Beispiele* religiöser Fehlhaltungen vor Augen zu führen. D. h., unserem Evangelisten ging es in seinem 23. Kapitel gar nicht darum, die Schriftgelehrten und Pharisäer herabzusetzen, sondern *seiner* Gemeinde mit diesen kritischen Jesusworten einen Spiegel vorzuhalten, in welchem sie erkennen konnten, wann ihre *eigene* Frömmigkeit vor *ihrem* Lehrer Jesus, dem Christus (vgl. 23,10), zu bestehen vermag und wann nicht. Zwei Erscheinungen waren für ihn dabei von besonderer Bedeutung:

An die Verantwortlichen

Nicht weil sie als einzige religiöse *Gruppe* den Krieg mit den Römern überlebt hatten, setzt sich Matthäus in Kapitel 23 mit den »Schriftgelehrten und Pharisäern« auseinander – die Priester und Leviten waren ohne Tempel bedeutungslos geworden (und damit auch ihre Partei: die Sadduzäer), und die Zeloten waren zusammen mit den Leuten von Qumran im Kampf gegen die Römer gefallen –, sondern weil sie sich »auf den Stuhl des Mose gesetzt« haben (V. 2) und damit die entscheidende Lehrautorität im jüdischen Volk besaßen. Deshalb auch die Fortsetzung:

> »Alles nun, was immer sie euch sagen, tut und bewahrt!« (V. 3).

So wenig Matthäus in der Aufhebung einzelner Gebote eine Möglichkeit zur Lösung jener Probleme sieht, die mit dem Gesetz gegeben sind (vgl. den Exkurs: *Das Gesetzesverständnis des Matthäusevangeliums*, S. 270–280), so wenig sieht er in der Verweigerung des persönlichen Gehorsams einen Ausweg, wenn man mit denen, die im Volke Gottes »das Sagen« haben, *nicht* einverstanden sein kann. Anderes ist gefordert:

> »Nach ihren Werken aber tut nicht; denn sie sagen, tun aber nicht!« (V. 3).

Wie ist das zu verstehen?

Die Antwort scheint klar zu sein – zumindest, wenn man den folgenden Vers in der Wiedergabe der Einheitsübersetzung liest; denn dann heißt es:

> »Sie schnüren schwere Lasten zusammen und legen sie den Menschen auf die Schultern, wollen selber aber keinen Finger rühren, um die Lasten zu tragen« (V. 4).

Erfährt man nun noch: »Die ›schweren Lasten‹ sind die vielen Gebote und Verbote, die die Schriftgelehrten aus dem Alten Testament, vor allem aus dem Gesetz des Mose, ableiteten. Zur Zeit Jesu zählte man 613 solcher heiligen Vorschriften« (so die Anmerkung der Einheitsübersetzung zu Mt 23,4), dann scheint alles klar zu sein: Jesus wirft hier den Schriftgelehrten und Pharisäern vor, daß sie das Leben ihrer Mitmenschen durch vielerlei Gebote belasten, ohne diese Gebote auch selbst auf sich zu nehmen!

Doch so einfach ist es nicht – und zwar aus einem dreifachen Grund:

a) Liest man Mt 23,4 in der Form der 1972 erschienenen Probefassung der Einheitsübersetzung, dann lautet der Vers an entscheidender Stelle *anders:*

»Sie schnüren schwere Lasten zusammen und legen sie den Menschen auf die Schultern, sie selbst aber rühren keinen Finger, *um die Lasten wegzuschaffen*« (V. 4).

Das ist nun aber ein ganz anderer Vorwurf: Daß sie die Lasten *nicht wegschaffen!* Welche der beiden Übersetzungen ist aber im Recht?

Hier hilft nur noch der Blick in den Urtext – und da lautet das entscheidende Ende: »*ou thelousin kinēsai auta*«. *Kinein* ist das Schlüsselwort: 8mal begegnet es im Neuen Testament (Mt 23,4; 27,39; Mk 15,29; Apg 17,28; 21,30; 24,5; Offb 2,5; 6,14), über 40mal in der griechischen Übersetzung des Alten Testaments (Gen 7,14.21; 8,17.19; 9,2; Ri 9,9.11.13; 2 Kön 23,18 u.ö.), und an *keiner* Stelle bedeutet es jemals »tragen«, sondern immer »bewegen, entfernen; (übertragen:) anstiften«.

Das aber bedeutet: Wenn wir den Vorwurf, der Mt 23,4 gegen die Schriftgelehrten und Pharisäer erhoben wird, recht verstehen wollen, müssen wir von dem Wortlaut der Probeübersetzung von 1972 ausgehen! Dafür spricht auch noch folgendes:

b) Weder in dem unmittelbar anschließenden Vers 5 noch in den Versen 15–26 werden die Pharisäer als Menschen geschildert, die sich vor der Last der Gebote drücken! Im Gegenteil: Sie tragen Gebetsriemen und Quasten; sie ziehen über Land und Meer, um einen einzigen Menschen für ihren Glauben zu gewinnen; sie geben den Zehnten von Minze, Dill und Kümmel; sie achten auf die Reinheit von Bechern und Schüsseln. Den hier angegriffenen Schriftgelehrten und Pharisäern kann gewiß nicht vorgeworfen werden, daß sie die Last der Gebote *nicht* tragen wollten.

c) Gegen einen derartigen Vorwurf – und damit auch gegen die jetzige Wiedergabe von Mt 23,4 in der Einheitsübersetzung – lassen sich schließlich auch noch genügend *jüdische* Beispiele anführen:

Nach Rabbi Meir (1. Hälfte des 2. Jh. n. Chr.) – einem Schüler

Rabbi Akiwas (ca. 40–135 n. Chr.) – war es beispielsweise erlaubt, für einen Kranken auch am Sabbat Wein mit Öl zu mischen. Als er nun selbst an Leibschmerzen litt, wollten dies seine Schüler auch für ihn tun. Doch er ließ sie nicht. Daraufhin fragten ihn seine Schüler erstaunt: »Hebst du deine Worte durch dein eigenes Beispiel auf?« Er aber antwortete: »Obwohl ich so sage, habe ich es nie unternommen, die Worte meiner Genossen [nach denen eine solche Erleichterung nicht erlaubt ist] zu übertreten« (vgl. Schabbat 134a).

Und von R. Akiwa selbst wird erzählt:

»Es geschah einmal, daß Rabbi Akiwa gefesselt im Gefängnis war, und Rabbi Jehoschua, der Schröter, diente ihm. An jedem Tag brachte man ihm ein bestimmtes Maß Wasser. Als ihn eines Tages der Gefängniswärter traf, sprach er zu ihm: Du hast heute so sehr viel Wasser, du willst wohl das Gefängnis untergraben? Da schüttete er die Hälfte aus und gab ihm die Hälfte wieder.

Als er zu Rabbi Akiwa kam, sagte dieser zu ihm: Jehoschua, weißt du nicht, daß ich ein Greis bin und mein Leben von deinem Leben abhängt [da niemandem sonst es erlaubt war, dem Gefangenen etwas zu bringen]? Da erzählte er ihm jene ganze Begebenheit. Da sagte Rabbi Akiwa: Gib mir Wasser, damit ich mir die Hände abspüle! Rabbi Jehoschua antwortete: Wo es zum Trinken nicht reicht, wie soll es da zum Abspülen deiner Hände reichen? Er sagte zu ihm: Was soll ich machen, wenn man deshalb den Tod verdient [denn die Erfüllung des Gebots schafft Leben, die Vernachlässigung des Gebots erwirkt Tod]? Lieber würde ich des natürlichen Todes sterben [d. h.: wenn er das Gebot streng nimmt, dann verhungert bzw. verdurstet er zwar, weil er ja mit unreinen Händen nicht essen kann, vor Gott aber wäre er errettet; andernfalls würde er zwar sein Leben fristen, aber vor Gott wäre er tot] – aber ich will nicht gegen die Ansicht meiner Kollegen [nach der das Händewaschen vor dem Essen geboten ist] verstoßen. Man sagte: Er hat nichts davon gekostet, bis dieser ihm Wasser gebracht und er die Hände abgespült hatte. Als die Weisen von der Sache hörten, sagten sie: Wenn er es in seinem Greisenalter tut, um wieviel mehr hätte er es in seinem Jugendalter getan; und wenn er es im Gefängnis tut, um wieviel mehr hätte er es getan, wäre er nicht im Gefängnis.«

(Eruwin 21b. – Vgl. dazu R. Mayer, S. 430 f.)

»Damit stehen diese Rabbinen aber innerhalb der jüdischen Gemeinde ihrer Zeit nicht vereinzelt da, wie Eruwin 21b zeigt: ›Es sagte die Gemeinde Israels vor dem Heiligen, gepriesen sei er: Herr der Welt,

ich habe mir mehr Verordnungen auferlegt, als du mir auferlegt hast, und ich habe sie alle eingehalten.‹«
(*G. Stemberger,* Das klassische Judentum, München 1979, S. 155)

Keine Kritik an den Schriftgelehrten und Pharisäern wäre also so unsinnig und unhaltbar gewesen wie der Vorwurf: »...sie wollen selber aber keinen Finger rühren, um die Lasten zu tragen!« Das wußte auch Matthäus, und deshalb konnte er solches auch nicht behaupten. Nein, *sein* Vorwurf lautet (recht übersetzt):

»...sie selbst aber rühren keinen Finger, um die Lasten wegzuschaffen« (V. 4)!

Doch was ist damit nun wirklich gemeint?

Die nichts bewegen wollen!

In Vers 13 wird Jesus den Schriftgelehrten und Pharisäern vorwerfen (und damit an VV. 2–7 anknüpfen!):

»Wehe euch, ihr Schriftgelehrten und Pharisäer, ihr Heuchler; denn ihr verschließt das Himmelreich vor den Menschen. Ihr selbst geht nicht hinein, und ihr laßt auch die nicht hinein, die hineingehen wollen« (V. 13).

Nach diesen Worten verfügten bereits die Schriftgelehrten und Pharisäer – und nicht erst Petrus (vgl. Mt 16,19) – über »die Schlüssel des Himmelreichs« (s. dazu S. 210–216!). Sie hätten also durchaus die Möglichkeit gehabt, durch ihre bindende *und* lösende Auslegung des göttlichen Gesetzes »den Himmel zu besiegen« (vgl. Bawa mezia 59a/59b, S. 214f.!) und dadurch auch »Lasten *wegzuschaffen*« – doch eben dafür rührten sie keinen Finger!

Dies aber bedeutet: Mt 23,3f. wird keineswegs vor denen gewarnt, die sich vor der »Last der Gebote« drücken, sondern vor denen, die (*als* Lehrautorität im Volke Gottes: V. 2!) nichts bewegen und erleichtern wollen; die die Möglichkeit nicht wahrnehmen, Gesetzesauslegungen, die für die Menschen zur Last werden, bewegen und entfernen zu können; die zwar davon reden, daß Gott Barmherzigkeit will, aber nicht danach handeln.

Was aber war der Grund dafür, daß die Schriftgelehrten und Pharisäer die Lasten nicht im geringsten bewegen wollten?

Weil sie das Leben mit den Menschen nicht wirklich teilten, es vielmehr liebten, in ihm eine besondere, herausgehobene *Rolle* zu spielen (VV. 5–7).

Wehret den Anfängen – auch wenn sie gut gemeint sind!

Erst wenn wir begriffen haben, wie sehr die konkrete Interpretation des Willens Gottes – die ja auch der Kirche Jesu Christi aufgetragen ist (28,20!) und sie damit in die gleiche Situation bringt wie »die Schriftgelehrten und Pharisäer«, die sich *auf den Stuhl des Mose* gesetzt haben (V. 2)!–; erst wenn wir begriffen haben, wie sehr diese Interpretation von der Rolle mitbeeinflußt wird, die die Lehrautoritäten im Leben ihrer Gemeinschaft spielen, verstehen wir die plötzliche Wendung in der Rede Jesu:

> »Ihr aber, nicht sollt ihr ›Rabbi‹ genannt werden; denn einer ist euer Lehrer, ihr alle aber seid Brüder; und ›Vater‹ nennt keinen von euch auf Erden, denn einer ist euer Vater – der im Himmel; auch sollt ihr nicht ›Führer‹ genannt werden, denn euer Führer ist *einer* – der Christus. Der Größte von euch sei euer Diener. Ein jeder (nämlich), der sich selbst erhöht, wird erniedrigt werden, und wer sich selbst erniedrigt, wird erhöht werden« (VV. 8–12).

»Rabbi« (= mein Herr; mein Lehrer) war der Titel der Gesetzeslehrer, konnte aber auch einfach als ehrende Anrede verwendet werden (vgl. Mk 9,5; 11,21).

Als »Vater« wurden nicht nur die Patriarchen bezeichnet (vgl. Lk 16,24: »Vater Abraham!«), »Vater« war auch ein Ehrenname von Gelehrten und angesehenen Männern (vgl. den Mischnatraktat *Awot* = [Sprüche der] *Väter,* der von früh an ein so hohes Ansehen im Judentum genoß, daß er sogar in die synagogale Liturgie Eingang fand; oder die Gelehrtennamen: Abba Chilqijja [um 50 n. Chr.], Abba Jose ben Jochanan [um 70 n. Chr.], Abba Saul ben Batuit [um 100 n. Chr.] u. ö.).

»Führer« war eine sehr häufige Bezeichnung des Gemeindevorstehers.

Weil Titel – gewollt oder ungewollt – Menschen auszeichnen und damit *hervorheben* und weil es fast unausweichlich ist, daß die so Ausgezeichneten nicht nur den übrigen Mitmenschen vorgezogen werden, sondern im Lauf der Zeit gar selbst noch wähnen, eine solche Bevorzugung sei rechtens (da sie ja letztlich dem gälte, den sie repräsentieren!), so daß sie das Leben der anderen gar nicht mehr begreifen können (und wie sollten sie dann deren Lasten noch wirklich bedrücken, so daß sie sie *bewegen* wollten?) – deshalb Jesu unerbittliches *Nein* gerade zu jenen Titeln, die bestimmte Menschen unter *seinen* Jüngern als »Lehr- und Führungsautoritäten« auszeichnen und herausheben könnten. Die Gemeinschaft *seiner* Jünger soll von Anfang an alles vermeiden, was sie in der Praxis vergessen lassen könnte, daß alle ihre Glieder gleichermaßen von niemandem anderen als *allein von Christus* belehrt und geführt werden und daß sie nie und nimmer auf Erden einen »Patriarchen« oder einen »Vater« haben, zu dem sie aufschauen und auf den sie sich verlassen dürften; denn *wir alle* haben nur *einen* Vater: den im Himmel!

Gewiß, es gibt auch in der Gemeinschaft der Jesusjünger eine Rangordnung – und damit auch einen Größten (V. 11). Er aber soll diese Stellung »unterlaufen«; denn allein dann kann er darauf vertrauen, daß er – als einer der Letzten (vgl. 20,16) – am Ende auch von Gott erhöht werden wird (V. 12).

So läßt Matthäus seine Gemeinde keinen Augenblick im Zweifel darüber, daß die Kirche Jesu Christi nur dann jenem verhängnisvollen Verhalten entkommen wird, das auch noch in den weiteren »Wehe«-Rufen über die Schriftgelehrten und Pharisäer beklagt wird (VV. 13–33), wenn sie sehr konsequent allen Formen in ihrem Leben widersteht, die sie vergessen lassen könnte, daß allein Christus ihr Lehrer und nur Gott ihr Vater ist.

Von Möglichkeiten, sich korrekt zu verhalten und doch den Willen Gottes zu verfehlen

Auch wenn wir nicht mehr in der Lage sind, die Vorwürfe, die Matthäus in den Versen 13–33 gegen die Schriftgelehrten und Pharisäer erhebt, im einzelnen zu belegen, so können wir doch nicht annehmen, daß er sie einfach erfunden hat; denn schließlich wollte er mit diesen Beispielen seiner eigenen Gemeinde vor Augen führen, welches Fehlverhalten auch für *fromme* Menschen möglich ist. Und was hätte er da erreicht, wenn die von ihm angeführten Beispiele bei seinen Lesern nur Kopfschütteln und die Bemerkung ausgelöst hätten: »So etwas gibt es doch nicht!«? – Da die Verse 13–30 nun aber sehr zeitbedingte Beispiele anführen, versucht die folgende Auslegung »hinter« das Zeitbedingte zurückzufragen, um auf die *Haltungen* zu stoßen, die sich in den einzelnen Beispielen äußern.

Verse 13.15: Selbst das größte Engagement für den eigenen Glauben ist noch kein Beweis dafür, daß wir den anderen »das Himmelreich« aufschließen (wollen). Wir können sie auch – unbewußt und ungewollt – zu Gefangenen unserer eigenen (belasteten und belastenden: V. 4) Religiosität machen.

Verse 16–22: Wo versucht wird, den Menschen mit Spitzfindigkeiten »das Gesetz« zu erleichtern, dürfen wir sicher sein, daß dort nicht nur jedes theologische Gespür, sondern auch das Wissen um die Wirklichkeit Gottes verlorenging.

Verse 23–26: Es ist zu wenig, auf das korrekte Einhalten der Gebote und Vorschriften zu achten. Viel wichtiger ist es, wofür (V. 23) und wovon (V. 25) wir eigentlich leben.

Verse 27.28: Auch das gelungene Bemühen, bei seinen Mitmenschen einen guten, rechtschaffenen Eindruck zu machen, sagt noch nichts darüber aus, ob dabei tatsächlich *Gottes* Wille zur Ausführung kam.

Verse 29–32: Nichts wurde dort begriffen, wo man sich zwar von den Verurteilungen distanziert, durch die sich die Früheren an Menschen vergangen haben, die in Gottes Namen dem Glauben und der Frömmigkeit ihrer Zeit widersprachen, wenn man sich aber dennoch nicht scheut, in der Gegenwart in der gleichen Weise und aus denselben Gründen Menschen zu verurteilen.

Vers 33: Wer all diese gefährlichen Möglichkeiten, sich an Gottes Willen »vorbeizuschlängeln«, nicht ernst nimmt – wie will er am Ende bestehen können?

Seid nicht so sicher!

Die beängstigende Frage in Vers 33 ist nun allerdings nicht Jesu letztes Wort. Gerade weil das Gericht droht, handelt (der von den Toten auferweckte) Jesus noch einmal:

> »Deshalb, siehe ich sende zu euch Propheten, Weise und Schriftgelehrte...« (V. 34).

Doch auch gegen diese seine Boten wird sich sein Volk wehren und damit ein Geschehen heraufbeschwören, das das katastrophale Ende aller vorangegangenen Ereignisse, bei denen unschuldiges Blut vergossen wurde, darstellen wird (VV. 34–36).

Nur, ein solches Ende war von Jesus her *nicht* beabsichtigt:

>»Jerusalem, Jerusalem, du tötest die Propheten und steinigst die Boten, die zu dir gesandt sind. Wie oft wollte ich deine Kinder um mich sammeln, so wie eine Henne ihre Küken unter ihre Flügel nimmt; *aber ihr habt nicht gewollt*. Siehe, euer Haus wird euch verwüstet gelassen; denn ich sage euch: Ihr werdet mich von jetzt an nicht (mehr) sehen, bis ihr ruft: Gesegnet, der kommt im Namen des Herrn!« (VV. 37–39).

Der Zusammenbruch des jüdischen Staates, die Zerstörung Jerusalems und seines Tempels war die bittere Konsequenz der Ablehnung Jesu, deren Folge in die Gegenwart fortdauert: Der Tempel, in dem Gott unter seinem Volk wohnte, bleibt verwüstet – bis Jesu Volk bereit ist, ihn, »den Sohn Davids, den Sohn Abrahams« (1,1), als den zu begrüßen, der im Namen des Herrn kommt.

Christen – Juden

Den vorangegangenen, letzten Satz zu schreiben, fiel nicht leicht: Vergiftet ein solcher Satz nicht das *gegenwärtige* Verhältnis von Christen und Juden? Soll damit gar wiederum die »Judenmission« propagiert werden – die ja auch von nicht wenigen *christlichen* Theologen abgelehnt wird.

Auf diese und ähnliche Bedenken ist folgendes zu sagen:

1. Zunächst sollten wir nicht vergessen, daß Matthäus auch das Ende seines 23. Kapitels nicht deshalb für seine Gemeinde schrieb, damit sie sich über das jüdische Volk erhebe, sondern damit sie *für sich selbst* begreift: Auch sie, die Kirche Jesu Christi, muß *mit dem Gericht* rechnen, wenn sie nicht wirklich *Gottes* Willen zur Grundlage und zum Maßstab ihres Lebens macht. Auch Mt 23,34–39 ist nicht ein Wort gegen Israel, sondern ein Wort an die Kirche.

2. Wenn die Botschaft unseres Evangeliums wahr ist, daß die Geschichte, die mit Abraham begann, deshalb in Jesus von Nazaret an ihr Ziel gekommen ist (vgl. 1,1–17), weil mit Jesus – seiner

Person und Botschaft – das Himmelreich für uns Menschen eine *gegenwärtige* Wirklichkeit wurde (vgl. 4,17; 10,7), dann gilt dies nicht nur für uns, die Heiden, sondern auch, ja zuerst (vgl. 10,5) für Israel als Gottes auserwähltem Volk.

3. Dennoch wäre es verkehrt, wenn wir Christen das Gespräch mit den Juden auf die Frage zuspitzten: »War Jesus der Messias, der Sohn Gottes: ja oder nein?« Denn nicht das ist nach unserem Evangelium die entscheidende Frage, sondern: Ist die Interpretation, die Jesus von *Gottes* Willen gab, richtig? Ist *seine* Torainterpretation überzeugend?

Gerade das Gespräch mit dem gegenwärtigen Judentum müßte uns daran erinnern, daß der Name Jesus »für ein Programm« steht! Aus diesem Grund soll jetzt noch einmal zusammenfassend gefragt werden: Was verkündete *Jesus* als Gottes Willen? Was macht das Eigentümliche seiner Torainterpretation aus, wenn wir unser Evangelium ernst nehmen?

Das Gesetzesverständnis des Matthäusevangeliums
Die gemeinsame Ausgangsbasis
Mit Israel und dem (frühen) Judentum teilt Matthäus die folgenden vier Grundüberzeugungen. Sie bilden auch für sein Gesetzesverständnis die Ausgangsbasis:
1. Die Schöpfung ist *gut*, d.h. »*in Ordnung*« (vgl. Gen 1,31). Wer sich daher dieser in Gottes Willen gründenden Ordnung entsprechend verhält, tut Recht. Er handelt *gerecht* und weise (s. auch S. 82–84; sowie S. 154–157) – und das wirkt sich für ihn positiv, d.h. *als Segen* aus:

> »Ein kluger Sohn macht dem Vater Freude,
> ein dummer Sohn ist der Kummer seiner Mutter.
> Unrecht Gut gedeiht nicht,
> Gerechtigkeit aber rettet vor dem Tod.
> Das Verlangen des Gerechten sättigt der Herr,
> die Gier der Frevler stößt er zurück.
> Lässige Hand bringt Armut,
> fleißige Hand macht reich.
> Wer im Sommer sammelt, ist ein kluger Mensch;
> in Schande gerät, wer zur Erntezeit schläft.

Segen ruht auf dem Haupt des Gerechten,
im Mund der Frevler versteckt sich Gewalttat.
Das Andenken des Gerechten ist gesegnet,
der Name der Frevler vermodert.
Verständiger Sinn nimmt die Gebote an,
wer Törichtes redet, kommt zu Fall.«
(Spr 10,1–8)

2. Wer sich jedoch gegen diese gottgewollte Ordnung vergeht, wer sie bricht oder verfehlt, fügt ihr – gewollt oder
ungewollt, bewußt oder unbewußt – einen *objektiven* Schaden zu. Und auch dieser wirkt sich aus – *als Strafe:*

»Wenn der Frevler sein Schwert wieder schärft,
seinen Bogen spannt und zielt,
dann rüstet er tödliche Waffen gegen sich selbst,
bereitet sich glühende Pfeile.
Er hat Böses im Sinn;
er geht schwanger mit Unheil, und Tücke gebiert er.
Er gräbt ein Loch, er schaufelt es aus,
doch er stürzt in die Grube, die er selber gemacht hat.
Seine Untat *kommt auf sein eigenes Haupt,*
seine Gewalttat *fällt auf seinen Scheitel zurück.*«
(Ps 7,13–17)

Es ist kein Zufall, daß die hebräische Sprache kein eigenes
Wort für »Strafe« hat. Vielmehr – die Worte, mit denen Israels
Heilige Schrift die *Verfehlung,* die *Verkehrtheit,* den *Frevel,*
das *Verbrechen* eines Menschen bezeichnet, diese Worte
bezeichnen auch die negativen Folgen, die der Täter oder die
Gemeinschaft, in der der Täter lebt, *als* »Strafe« zu tragen hat.

Ein gutes Beispiel hierfür ist die Wiedergabe von Ez 23,49 durch
verschiedene Übersetzer, die sich bei diesem Vers in besonders
auffälliger Weise vor die Frage gestellt sahen, ob sie den hebräischen Text möglichst wörtlich oder eher sinngemäß übersetzen
sollten:

»Man wird euren Frevel über euch kommen lassen, und ihr müßt
die Versündigung (, die ihr) mit euren Götzen (begangen habt,)
tragen und sollt erkennen, daß ich [der Herr] Jahwe bin.«
(*W. Zimmerli,* Ezechiel, Neukirchen 1969, S. 530)
»Man wird euch für euer schändliches Treiben bestrafen, und ihr

müßt für die Sünden büßen, die ihr mit euren Götzen begangen habt. Dann werdet ihr erkennen, daß ich Gott, der Herr, bin.«
(Einheitsübersetzung)
  »Und man wird die Strafe für eure Unzucht auf euch legen, und ihr sollt tragen, was ihr mit euren Götzen gesündigt habt, und ihr sollt erfahren, daß ich Gott der HERR bin.«
(Lutherübersetzung)
  »Man wird euch (die Strafe für) eure Unzucht auflegen, und die Versündigung mit euren Götzen werdet ihr tragen müssen, damit ihr erkennet, daß ich Gott der Herr bin.«
(Zwingli-Übersetzung)
  »Euch trifft die verdiente Strafe für eure Treulosigkeit; ihr müßt die Folgen eures Götzendienstes tragen. Ihr sollt erfahren, daß ich der Herr bin.«
(Die Gute Nachricht)

Das aber bedeutet: Das Ergehen des einzelnen und der Gemeinschaft hängt weniger vom guten Willen als vielmehr vom konkreten Tun und Lassen der einzelnen ab. *So wie wir tun, so ergeht es uns letztlich auch!* (Natürlich wußte Israel, daß es auch von dieser Regel Ausnahmen gibt [vgl. Koh 8,14: »Es gibt gesetzestreue Menschen, denen es so ergeht, als hätten sie wie Gesetzesbrecher gehandelt; und es gibt Gesetzesbrecher, denen es so ergeht, als hätten sie wie Gesetzestreue gehandelt«]. Doch diese Ausnahmen ändern eben nichts daran, daß eine *jede* menschliche Tat positive oder negative Auswirkungen hat, von denen zumindest *die anderen* betroffen werden – selbst wenn sich der Täter den negativen Folgen seiner Taten zu entziehen vermag!)
  3. Weil selbst die Taten desjenigen *negative Auswirkungen* auf das Leben haben, der sich ungewollt und unbewußt gegen die Ordnung der Schöpfung vergeht, *kommt Gott* den Menschen *durch seine Weisungen* und Gebote *zu Hilfe.* Sie sollen dem Menschen *im voraus* sagen, auf welchen Wegen er das Leben findet – oder verliert, entsprechend den Abschiedsworten des Mose an sein Volk:

  »Hiermit lege ich dir heute das Leben und das Glück, den Tod und das Unglück vor. Wenn du auf die Gebote des Herrn, deines Gottes, auf die ich dich heute verpflichte, hörst, indem du den

Herrn, deinen Gott, liebst, auf seinen Wegen gehst und auf seine Gebote, Gesetze und Rechtsvorschriften achtest, dann wirst du leben und zahlreich werden, und der Herr, dein Gott, wird dich in dem Land, in das du hineinziehst, um es in Besitz zu nehmen, segnen... Den Himmel und die Erde rufe ich heute als Zeugen gegen euch an. Leben und Tod lege ich dir vor, Segen und Fluch. Wähle also das Leben, damit du lebst, du und deine Nachkommen.«
(Dtn 30,15f.19)

Die Gebote und Weisungen des Gesetzes wollen also keineswegs den Gehorsam des Menschen erproben, sondern den Menschen davor bewahren, sich gegen sein Leben und das Leben der anderen zu ver-gehen. (Das gilt bereits von Gottes erstem Gebot an Adam: »Von allen Bäumen des Gartens magst essen du, essen, aber vom Baum der Erkenntnis von Gut und Böse, von dem sollst du nicht essen, *denn* am Tag, da du von ihm issest, mußt du Todes sterben« [Gen 2,16f. – Übersetzung nach *M. Buber*]!) Grundsätzlich gilt von *allen* Geboten:

»Ihr sollt auf meine Satzungen und Vorschriften achten. *Wer sie einhält, wird durch sie leben.* Ich bin der Herr.«
(Lev 18,5)

Aus diesem Grund war – und ist – das Gesetz für den frommen Israeliten keine Last, sondern Anlaß fortwährender Freude:

»Entziehe meinem Mund nicht das Wort der Wahrheit!
Ich hoffe so sehr auf deine Entscheide.
Ich will deiner Weisung beständig folgen,
auf immer und ewig.
Dann schreite ich aus auf freier Bahn;
denn ich frage nach deinen Befehlen.
Deine Gebote will ich vor Königen bezeugen
und mich nicht vor ihnen schämen.
An deinen Geboten habe ich meine Freude,
ich liebe sie von Herzen.
Ich erhebe meine Hände zu deinen Geboten;
nachsinnen will ich über deine Gesetze.«
(Ps 119,43–48)

4. Weil Gott *das Leben* der Menschen will, sind ihm Taten des einzelnen, durch die er sich ja faktisch für oder gegen das Leben entscheidet, nicht gleich-gültig. Wer sich *seinen* guten Willen zu eigen macht, dem gehört seine ganze Zuneigung und Hilfe. Wer sich jedoch dagegen vergeht, wird zu seinem Widersacher und Feind:

> »Ich, der Herr, dein Gott, bin ein eifersüchtiger Gott: Bei denen, die mir feind sind, verfolge ich die Schuld der Väter an den Söhnen und an der dritten und vierten Generation; bei denen, die mich lieben und auf meine Gebote achten, erweise ich Tausenden meine Huld.«
> (Dtn 5,9f.)

Ausdruck dessen, daß Gott einen jeden Menschen *in seinem Tun* ernst nimmt, ist somit das Gericht. Das aber bedeutet: Wir mißverstehen alle Stellen, die sich im Alten *und* im Neuen Testament – auch in der Verkündigung Jesu! – auf Gottes Gericht beziehen, wenn wir sie als »Drohbotschaft« empfinden und auslegen. Sie sind für die Bibel – und damit auch für Matthäus – nichts anderes als die nüchterne Erinnerung daran, daß das Tun *keines* Menschen vor Gott und für Gott bedeutungslos ist.

Die Tora vermittelt Leben, weil...
Weil Gott *das Leben* will, weist er dem Menschen, der sich über die Auswirkungen seines Tuns oft so wenig im klaren ist, den Weg *zum* Leben, indem er ihm durch seine Gebote seinen Willen kundtut.

Doch mit dieser Auskunft dürfen wir uns noch nicht zufrieden geben! Denn auch sie läßt immer noch eine, ja die alles entscheidende Frage offen: Was ist es *letztlich,* was das Gesetz und seine Gebote befähigt, dem Menschen das *Leben* zu ver-mitteln?

Ist es dies, daß das Gesetz dem Menschen die Einsicht in die gottgewirkte Schöpfungsordnung schenkt und ihn damit befähigt, sich in die *Ordnungen des Lebens* einzufügen? Vermittelt das Gesetz dem Menschen also dadurch das

Leben, daß es ihn befähigt, in positiver Weise am Leben *teilzuhaben* (vgl. Sir 24; sowie die Ausführungen über die Weisheit S. 154–158)? Erlebt der, der auf das Gesetz, d. h. die (in hebräischer Sprache geschriebene!) Tora hört, also das gleiche, das dem Abraham im Zusammenhang mit seiner Berufung durch Gott zuteil wurde?

> »Und Gott, der Herr, sagte zu mir [dem Engel des Angesichts]: ›Öffne seinen Mund und seine Ohren: Er soll hören und sprechen mit seiner Zunge in der Sprache, welche offenbart worden ist. Denn sie ist gewichen aus dem Mund aller Menschenkinder vom Tage des Falles an.‹ Und ich öffnete seinen Mund und seine Ohren und seine Lippen, und ich begann, mit ihm *Hebräisch* zu reden, in der *Sprache der Schöpfung.*«
> (Jub 12,25f. – Übersetzung nach *K. Berger,* Das Buch der Jubiläen, Gütersloh 1981, S. 395f.)

Oder besteht die lebenspendende Funktion des Gesetzes eher darin, daß es dem Menschen ermöglicht, dank seiner *göttlichen* Weisungen bereits auf Erden am *himmlischen* Leben teilzunehmen? Deshalb gelobten die Männer von Qumran ja nicht nur,

> »Gott zu suchen mit ganzem Herzen und ganzer Seele, zu tun, was gut und recht vor ihm ist, wie er durch Mose und durch alle seine Knechte, die Propheten, befohlen hat; und alles zu lieben, was er erwählt hat, und alles zu hassen, was er verworfen hat«,
> (1 QS I, 1–4)

sondern auch:

> »nicht ein einziges von allen Worten Gottes zu übertreten in ihren *Zeiten* und nicht ihre Zeiten vorzurücken und nicht zurückzubleiben mit allen ihren *Festzeiten;* und nicht abzuweichen von den Geboten seiner Wahrheit, nach rechts oder links zu gehen.«
> (1 QS I,14f.)

Oder ist das Leben, das der Mensch durch die Beobachtung des Gesetzes gewinnt, einfach der göttliche *Lohn* für den *menschlichen* Gehorsam? Dieses Verständnis scheint nicht nur den Beter des 119. Psalms zu bewegen, wenn er zu Gott sagt:

> »Alle, die deine Weisung lieben, empfangen Heil in Fülle;
> es trifft sie kein Unheil.
> Herr, ich hoffe auf deine Hilfe
> und befolge deine Gebote.«
> (Ps 119, 165 f.)

Dieses Verständnis begegnet uns auch bei dem Verfasser des sog. 4. Esrabuches (s. dazu S. 206), wenn er Gottes Engel sagen läßt:

> »Das ist der Sinn des Kampfes, den der Mensch kämpft, der auf Erden geboren ist, daß er, wenn er unterliegt, das leiden muß, was du gesagt hast, wenn er aber siegt, das empfängt, was ich gesagt habe. Denn das ist der Weg, von dem Mose gesprochen hat, als er (noch) lebte, indem er zum Volk sagte: Wähle dir das Leben, damit du lebst.«
> (4 Esra 7,127–129. – Übersetzung nach *J. Schreiner,* S. 359)

Im Unterschied zu all diesen (und anderen) *möglichen* Gesetzesverständnissen betont nun Matthäus (vgl. dazu Mt 22,34–40, S. 249–255!):

Die Tora, d.h. das Gesetz, das Gott durch Mose seinem Volk Israel gab und das er durch die Propheten verdeutlichte, damit Israel »zum Segen für alle Geschlechter der Erde« werde (vgl. Gen 12,1–3) – sie, die Tora, vermittelt dem Menschen dadurch das Leben, daß sie ihn »auf der Straße der Liebe« voranbringt, *sofern* der einzelne bereit ist, ihren Geboten und Weisungen *zu folgen,* die ja im Grunde nichts anderes sind als die Entfaltung der beiden einander gleichwertigen Gebote: »Du sollst Gott und deinen Nächsten lieben« (vgl. Mt 22,40). Oder anders ausgedrückt: Die Tora möchte (nach Matthäus) mit all ihren Geboten den Menschen mehr und mehr in die Lage versetzen, *lieben zu können,* da nur der liebende Mensch in vollkommener Weise am Leben teilhat. Und nur er wird nicht Gefahr laufen, sich – aus welchen Gründen auch immer – *gegen* das Leben zu vergehen (vgl. Lk 10,25–37: Der barmherzige Samariter!).

Aus diesem Grund mißversteht beispielsweise ein jeder das Gesetz, der bei den Geboten: »Du sollst nicht töten!«, »Du sollst nicht die Ehe brechen!«, aber auch: »Auge für

Auge, Zahn für Zahn!« *stehen* bleibt! Denn er begreift nicht, daß Gott mit Hilfe dieser Gebote den Menschen vor Haß und Feindschaft, vor Eifersucht und Treulosigkeit, vor Gewalt und Rache bewahren will, *damit* er zur Liebe und Treue, Güte und Zuneigung *fähig* werde. Aus diesem Grunde befolgen wir Gottes Weisungen nur dann wahrhaftig, wenn wir bereit sind, sie als *Weisungen zur Liebe* zu verstehen und sie *als solche* bis zuletzt ernstzunehmen (vgl. 5,20–48)!

Aus diesem Gesetzesverständnis ergibt sich für Matthäus eine doppelte Folgerung:

Weil Gott mit *all* seinen Geboten den Menschen in der Liebe voranbringen möchte (22,40), kann keines von ihnen – als weniger wichtig – einfach »aufgehoben« werden (5,17–19). Deshalb können wir aber auch bei keinem der Gebote davon absehen, daß wir in ihm nur dann Gottes Anspruch begegnen, wenn es den einzelnen in der Liebe weiterbringt (vgl. 12,1.7, aber auch 19,9).

Damit ergeben sich freilich sofort neue Probleme.

Wie ist das Gesetz anzuwenden?

Daß Gott durch seine Gebote den Menschen *in der Liebe* voranbringen möchte – dies zu glauben fällt vielen Menschen gewiß nicht leicht, da *sie* die Anwendung der Gebote Gottes in *ihrem* Leben als Lieb-losigkeit erfuhren. Für sie galt keineswegs Mt 24,12 (s. S. 255). Im Gegenteil! In ihrem Leben erkaltete die Liebe *als Folge* des Gesetzes! Nicht weil ihre Eltern, ihre Vorgesetzten, ihre Richter – kurzum: die für sie Maßgebenden persönlich lieblos gewesen wären, sondern weil diesen – nach deren eigenen Worten – trotz ihres Verständnisses und Mitgefühls »die Hände gebunden« waren, da sie nicht davon absehen konnten, daß Gott dieses oder jenes eindeutig befohlen habe.

Dieses Problem ist nicht neu. Bereits Matthäus kannte es (s. zu Mt 12,1–21; 18,15–18). Doch es brachte ihn keineswegs zur Aufgabe – oder Einschränkung – *seines* Gesetzesverständnisses. Denn für ihn *vereinfachte* sich das Doppelgebot der Gottes- und Nächstenliebe im Lichte Jesu und im

Blick auf *die* Menschen, denen Gottes Weisungen noch keineswegs selbstverständlich waren; die also ohne oder gegen
das Gesetz lebten und sich damit zu ihrem eigenen Schaden,
zu ihrer eigenen »Krankheit« (Mt 9,12!), gegen das Leben
vergingen und deshalb auch Gefahr liefen, in Gottes Gericht
nicht bestehen zu können (s. S. 271–274) –
im Blick auf sie »verwandelte« sich für Matthäus das Doppelgebot in das einfache

> »Barmherzigkeit will ich, nicht Opfer!«
> (Hos 6,6)

Auch so, so einfach kann Gott durch den Propheten sagen,
was er von uns Menschen will. Und dies haben nach Jesu
Wort gerade die zu lernen, die sich für die Einhaltung des
göttlichen Gesetzes verantwortlich fühlen (vgl. 9,9–13!).

Das aber bedeutet: Im Blick auf Jesus, »Gottes geliebten
Knecht«, der kam, um »in Gottes Geist den Völkern das Recht
zu verkünden« (vgl. Mt 12,18), gibt es für Matthäus keinen
Zweifel daran, daß gerade deshalb, weil die Gebote den
Menschen zur Liebe bewegen sollen, Gottes Gesetz so angewandt werden muß, daß »kein geknicktes Rohr noch zerbrochen und kein glimmender Docht gar ausgelöscht wird« (vgl.
Mt 12,20). Denn nur so erfahren die, die sich unter der
traditionellen Gesetzesauslegung und -anwendung »plagen
und schwere Lasten zu tragen haben«, daß *Jesu* Joch tatsächlich *nicht* drückt und *seine* Last wahrhaftig leicht ist.

Natürlich liegt hier nochmals ein Einwand nahe: Wenn das
Recht gerade im Leben derer, die gegen Gottes Gesetz
verstoßen, (immer nur) barmherzig angewandt wird, muß dies
nicht zwangsläufig zu dessen Aufweichung und Verharmlo-
sung führen?

Die Schlüsselgewalt
Es hat einen doppelten Grund, weshalb Matthäus die eben
geäußerte Befürchtung nicht teilt:

1. Gottes Gesetz *im Leben der anderen* barmherzig anzuwenden, bedeutet ja nicht, es für das eigene Leben nicht

ganz ernst nehmen zu müssen! Für den einzelnen, der sich von Gottes Gebot angesprochen fühlt, der aufrichtigen Herzens mit Jesus betet: »Dein Wille geschehe wie im Himmel, so auf der Erde!« (Mt 6,10) – für ihn persönlich gilt ja weiterhin: »Wenn ihr in eurer Gerechtigkeit nicht wesentlich weiter geht als die Schriftgelehrten und Pharisäer, werdet ihr gewiß nicht in das Himmelreich hineinkommen!« (5,20).

2. Jesus hatte doch gerade deshalb Petrus »die Schlüssel des Himmelreichs« gegeben, *damit* er – im Unterschied zu den Schriftgelehrten und Pharisäern – die Lasten *bewege*, die die Menschen bedrücken (vgl. 23,4 sowie S. 163–174!) – und dies mit der Zusicherung, daß *seine* ent-lastenden Entscheidungen auch für den Himmel bindend seien (»Meine Söhne haben mich besiegt, meine Söhne haben mich besiegt!«). Es bedeutet also eine Preisgabe von *Jesu* Gesetzesinterpretation, wenn auch Jesu Jünger die Menschen mit Weisungen und Geboten belasten, die zwar den Gehorsam des Menschen erproben, vorgegebene Ordnungen schützen oder auch der kultischen Verehrung Gottes dienen, den Menschen jedoch nicht zu neuer oder größerer Liebe befähigen.

Hier liegt für Matthäus der Grund, weshalb es zunächst in Israel (10,5f.) und dann unter den Völkern der Welt (28,19f.) zur *Kirche des Christus Jesus* (16,18) kam:

Weil Gott uns Menschen durch Jesus nicht nur wissen ließ, daß er – glaubhaft und einsichtig durch Israels ganze Geschichte – wahrhaftig nichts anderes will, als daß der Mensch liebt (22,34–40); weil Gott uns vielmehr durch Jesus zugleich aufrief, *seinen* liebevollen Willen doch zum einzigen Maßstab auch für unser eigenes Verhalten zu machen (5,40) – entsprechend unserer Bitte: »Dein Wille geschehe, wie im Himmel, so auf Erden!« (6,10) –, deshalb gibt es in Israel und unter den Völkern der Welt eine Gemeinschaft von Menschen – »Brüdern, Schwestern und Müttern Jesu« (12,50!) –, die bewußt über bestimmte, bis zu diesem Zeitpunkt durchaus berechtigte Verhaltensweisen *hinausgehen* (vgl. 5,20–48), da sie sich durch Jesu Botschaft davon überzeugen ließen, daß jenes Ziel, das Gott mit uns Menschen hat, nur dort erreicht werden kann, wo der Große dem Kleinen dient (23,11); wo nicht länger verurteilt wird (7,1f.; vgl. Joh 8,1–11!); wo Barmherzigkeit die Anwendung des Gesetzes bestimmt (12,1–21) – kurzum: wo das Böse dem Guten begegnet und so das Himmelreich auf Erden gegenwärtig wird.

Der Glaube daran und das Leben danach – das ist für Matthäus die eigentliche Begründung und Rechtfertigung der Kirche Jesu Christi. Und deshalb kann die Diskussion zwischen Christen und Juden (nach Matthäus) letztlich nur darum gehen, ob dieser von *Jesus* gewiesene Weg wahrhaftig Gottes letzte, alles entscheidende Wegweisung ist – oder nicht.

6. Das Endgericht (24,1 – 25,46)

Schon des öfteren war Matthäus auf das göttliche Gericht zu sprechen gekommen (vgl. 5,25 f.; 6,14 f.; 7,21–23; 13,36–43.49 f. u. ö.). Jetzt macht er es in Anlehnung an seine Markusvorlage (Mk 13,1–37) zum ausdrücklichen Thema.

Der Vergleich mit dem Markusevangelium erlaubt es uns auch hier, das besondere Anliegen unseres Evangelisten genauer zu erkennen. (Zum Verständnis der von Markus übernommenen traditionellen »Zeichen der Endzeit« vgl. SKK/NT 2, S. 181–188.)

Worauf wir achten sollten

a) Deutlicher als Markus (13,4) trennt Matthäus zwischen der (bereits zurückliegenden) Zerstörung des Jerusalemer Tempels:

»Sag uns, wann wird das [nämlich die in V. 2 angesagte Zerstörung des Tempels] geschehen...«

und Jesu Wiederkunft, die die Welt vollendet und auf die die Jünger *noch warten:*

»...und was ist das Zeichen für deine Ankunft und das Ende der Welt?« (V. 3)

b) Die eigentliche Not der Endzeit – der Zeit vor der Wiederkunft Christi! – besteht weniger in irgendwelchen Verfolgungen

(V. 9; vgl. dagegen Mk 13,9–13) als vielmehr in innergemeind-
lichen, innerkirchlichen Auseinandersetzungen (V. 10 rechnet
bereits mit »Abgefallenen«; V. 11 rechnet – im Unterschied zu
V. 24 – mit Falschpropheten innerhalb der Gemeinde), die zu Haß
und Lieblosigkeit führen (VV. 10–13).

c) Es ist das Evangelium *vom Reiche Gottes* (so nur Matthäus!),
das verkündigt werden muß (vgl. dazu S. 182–189).

d) Die Möglichkeit, das Gericht Gottes – das theoretisch keineswegs geleugnet wird (VV. 29–31.35 f.) – subjektiv zu vergessen
und zu verdrängen, da so wenig auf seine unmittelbare Nähe
hinweist (VV. 32 f.), bildet die größte Gefahr für die Jünger! Denn
wer nicht täglich *für sich* mit Gottes Gericht rechnet, wird bald so
leben, als ob es nie ein Gericht gäbe (VV. 37–39). Hier kann sich
auch keiner mit dem Lebensstil »der anderen« beruhigen: Die
Gefahr, vom Herrn übergangen zu werden, kann keiner mit dem
Hinweis auf andere ausschließen (VV. 40 f.; vgl. dazu V. 31).

Angesichts dieser Gefahr war es für Matthäus zu wenig, seine
Gemeinde lediglich zur *Wachsamkeit* aufzufordern (so Mk
13,33–37). Solch angespannte Wachsamkeit könnte den einzelnen
ja auch dazu verleiten, sich von der »bösen« Welt abzusondern,
um in aller Abgeschiedenheit auf das Ende zu warten – so wie es
etwa eine jüdische Schrift der Zeitenwende von einem Leviten
namens Taxo erzählte:

> »Er wird sieben Söhne haben, zu ihnen sprechen und bitten: ›Seht,
> meine Söhne, über das Volk ist eine zweite grausame, unreine Rache
> gekommen und eine Strafe ohne Erbarmen, die die erste übertrifft...
> Nun also, meine Söhne, hört auf mich! Seht doch und wißt, daß niemals
> weder die Väter noch deren Vorväter Gott versuchten, daß sie seine
> Gebote überträten. Ihr wißt ja, daß darin unsere Kraft besteht. Und so
> wollen wir dies tun: Laßt uns drei Tage lang fasten und am vierten in
> eine Höhle gehen, die auf dem Felde ist, und laßt uns lieber sterben, als
> die Gebote des Herrn der Herren, des Gottes unserer Väter, übertre-
> ten... Und dann wird seine Herrschaft über seine ganze Schöpfung
> erscheinen...«.
> (Himmelfahrt Moses 9,1–10,1. – Übersetzung von *E. Brandenburger*,
> Himmelfahrt Moses, Gütersloh 1976, S. 75 f.)

Gewiß, auch für Matthäus galt: »Seid also wachsam! Denn ihr
wißt nicht, an welchem Tag euer Herr kommt« (24,42). Doch die
Wachsamkeit muß in die Tat umgesetzt werden!

Wie solches möglich ist – davon handeln die vier letzten Gleichnisse unseres Evangeliums.

Anweisungen zur Wachsamkeit

Das Gleichnis vom treuen und vom schlechten Knecht (24,45–51):

Wachsam zu sein, bedeutet nach diesem Gleichnis zuerst und vor allem, für die anvertrauten Mitmenschen (eigentlich: Mitknechte [V. 49], d. h. die eigenen Gemeindemitglieder) so zu sorgen, daß sie dadurch *Gottes* umsichtige und rechtzeitige Fürsorge erfahren (V. 45 charakterisiert den »treuen und klugen« Knecht fast wörtlich mit Ps 104,27: »Sie alle warten auf dich, daß du ihnen Speise gibst zur rechten Zeit«!).

Wie aber erreicht es der einzelne, daß ihm eine solch *nüchterne* (vgl. als Gegensatz V. 49!), wachsame Fürsorge zur Haltung wird? Den Weg dazu weist:

Das Gleichnis von den zehn Jungfrauen (25,1–13):

Das Gleichnis gehört zum Sondergut unseres Evangelisten. Unsere Kenntnis der zur Zeit Jesu üblichen Hochzeitsbräuche erlaubt es zwar nicht, die einzelnen Züge des Gleichnisses einem bestimmten Festritus zuzuordnen. (Kam der Bräutigam in das Haus der Braut? Oder zog er in sein eigenes bzw. das seiner Eltern, in dem sich die Braut bereits befand? Sollten die Mädchen einen Fackeltanz aufführen, oder ist einfach an mitgeführte Öllampen zu denken?) Diese Unsicherheit ist jedoch nicht allzu schwerwiegend, da sich die Aussageabsicht des Gleichnisses trotzdem klar erkennen läßt:

Sicher ist, daß sich das Gleichnis nicht gegen das Schlafen der Mädchen an sich richtet. (Schließlich schlafen sowohl die törichten als auch die klugen Jungfrauen ein: V. 5!) Die geforderte Wachsamkeit kann also nicht einfach darin bestehen, daß die Jünger keine »Ermüdungserscheinungen« zeigen. Wachsam zu sein heißt nach diesem Gleichnis vielmehr, ernsthaft damit zu rechnen, daß das Himmelreich noch nicht vollendet ist und damit, trotz seiner Gegenwärtigkeit (4,17), auch noch eine *Zukunft* hat – in der Wiederkunft des »Bräutigams« Christus (V. 1: »Dann *wird* es mit dem Himmelreich sein...«). Daraus ergibt sich nämlich ein Doppeltes:

a) Die Tatsache, daß das Himmelreich noch keineswegs die gesamte, ja noch nicht einmal den größten Teil der Wirklichkeit bestimmt, widerspricht keineswegs der Botschaft von der Gegenwart des Himmelreichs. Deshalb sollte auch die gewiß oftmals irritierende Frage: »Wo zeigt sich denn nun das Himmelreich – in der Politik, in der Wirtschaft und Gesellschaft?« für den einzelnen kein Grund sein, in seinem Bemühen, das Himmelreich in *seiner* Welt zu vergegenwärtigen, zu resignieren.

b) Die Tatsache, daß »der Bräutigam« noch aussteht, bedeutet für den einzelnen aber auch, daß er *jederzeit* mit dessen Ankunft in seinem Leben rechnen muß. Dann aber wird es ihm nichts nützen, wenn nur die anderen um ihn dafür bereit sind; denn die Bereitschaft, einem anderen persönlich, herzlich, vertrauend zu begegnen, läßt sich nun einmal nicht vermitteln (VV. 8 f.). Auch deshalb ist Wachsamkeit gefordert (V. 13).

Das Gleichnis vom anvertrauten Geld (25,14–30):
Das Gleichnis hat bei Lukas (19,12–27) eine Parallele, jedoch dürfte Matthäus die ursprüngliche Form wohl besser erhalten haben. Indem Matthäus dieses Gleichnis mit einem einfachen »Es ist wie« (V. 14) an das vorangegangene Gleichnis mit seiner abschließenden Aufforderung zur Wachsamkeit anschließt, macht er den inneren Zusammenhang der beiden Gleichnisse deutlich. Das folgende Gleichnis begründet, weshalb Jesu Jünger die »Zwischenzeit« nicht verschlafen dürfen.

Im Unterschied zur lukanischen Fassung des Gleichnisses werden die Talente je nach Fähigkeit anvertraut (V. 15). Die Zeit zwischen Abreise und Wiederkunft wird ausdrücklich als *lange Zeit* bezeichnet (V. 19; so nur Matthäus). Der erste Diener beginnt *sofort,* mit den Talenten zu wirtschaften. Der dritte handelt korrekt »nach Vorschrift«, indem er das Talent vergräbt (V. 18). Er ist damit nach rabbinischem Recht nicht mehr haftbar, da er das Sicherste getan hat, was zu denken ist. Den Grund für dieses Verhalten nennt Vers 25: »weil ich Angst hatte«. Doch eben sie läßt ihn zu einem »schlechten und faulen Diener« (V. 26) werden.

Die sehr ausführliche Zeichnung des dritten Dieners läßt keinen Zweifel daran, worauf es Matthäus bei diesem Gleichnis ankommt: »Wer überängstlich um sein eigenes Bestehen besorgt ist und gar nicht merkt, daß er damit die Gabe seines Herrn brachliegen läßt..., der hat versagt wie der dritte Knecht. Vom Gleichnis getroffen werden sollen also die, die auf ihre persönliche Integrität und Sekurität aus sind, auf ihr Bestehen im Gericht statt auf Gottes Sache, die in der Welt wirken will. Jesus erklärt also, daß eine Frömmigkeit, die nur darauf bedacht ist, ja nichts Falsches zu tun, um selber einmal gerecht dazustehen, gerade am Willen Gottes vorbeigeht« (*E. Schweizer*, S. 309).

Wie sehr es Matthäus bei diesem Gleichnis auf den *persönlichen* Einsatz des einzelnen ankommt, zeigt ein weiterer Unterschied zur lukanischen Fassung. Dort antwortet der Diener dem Herrn:

»Herr, dein Geld hat sich verzehnfacht!«
(Lk 19,16)

Hier lautet die Antwort hingegen:

»Ich habe noch fünf dazugewonnen!«
(Mt 25,20; vgl. 25,22)

Der Diener steht am Ende *dem* Herrn gegenüber, der zu seiner Gabe auch noch einen *fremden* Ertrag erwartet (vgl. V. 26). Deshalb kann keiner am Ende bestehen, der sich in der langen Zwischenzeit nicht auch selbst eingesetzt, sondern nur bewahrt hat. Das ist der eigentliche Grund, weshalb es sich kein Mensch leisten kann, die Zeit bis zur Ankunft des Bräutigams zu »verschlafen«!

Freilich, muß ein solcher Anspruch nicht verängstigen? Werden damit nicht viele einfach *überfordert?*

Auf solche Bedenken antwortet die abschließende Rede vom Weltgericht.

Das Weltgericht (25,31–46):
Die abschließende Schilderung des Weltgerichts entstammt wiederum dem matthäischen Sondergut. Die Frage, ob sie auf Jesus selbst, auf eine der judenchristlichen Gemeinden oder erst auf unseren Evangelisten zurückgeht, ist umstritten, in unserem Zusammenhang jedoch nicht von entscheidender Bedeutung. Für Matthäus geht es in dieser Schilderung ohne Zweifel um *das* für den Menschensohn (V. 31) maßgebende Kriterium im letzten Gericht. Nach den hier aufgezählten Taten wird er, wenn er nach

langer Zeit zurückkommen wird (vgl. V. 19), sein Urteil fällen. (Nicht zufällig unterläßt es Matthäus, die Schilderung als »Gleichnis« oder wenigstens mit einem: »denn es ist, wie...« einzuführen; vgl. dagegen VV. 1.14.) Nachdem das vorangegangene Gleichnis nur ganz allgemein von der Erwartung des zurückgekehrten Herrn gesprochen hat, wird nun der Maßstab genannt, nach dem dieser mit seinen Dienern abrechnet.

Daß dieser Maßstab *unter allen Umständen* gilt, wird daran deutlich, daß nach ihm nicht nur die Jünger Jesu oder Israel, sondern *alle Völker* (V. 32) beurteilt werden. (Wahrscheinlich ist in der Erzählung an die Scheidung der weißen Schafe und der schwarzen Ziegen gedacht, die in Palästina zwar tagsüber zusammen weiden, nachts aber getrennt werden, da die Ziegen Wärme, die Schafe jedoch frische Luft suchen.)

Das Besondere dieses Textes liegt nicht einfach in den aufgezählten Liebeswerken – sie waren auch im Judentum hochgeschätzt. (Als Liebeswerke galten hier: die Aufnahme von Wanderern, die Erziehung von Waisenkindern, die Einführung der Braut in das Hochzeitsgemach, Krankenbesuche, Bestattung der Toten, Tröstung der Trauernden.) Von Bedeutung ist vielmehr:

a) daß sich der Menschensohn, Christus, mit den Bedürftigen ausdrücklich identifiziert (vgl. auch 10,40–42; Apg 9,4; 22,7; 26,14);

b) daß diejenigen, die Gutes getan oder unterlassen hatten, nicht wußten – und es offensichtlich auch nicht wissen mußten –, wem sie letztlich ihre Liebe geschenkt oder verweigert hatten;

c) daß jede Bezugnahme auf das Gesetz fehlt.

Matthäus wäre allerdings mißverstanden, erblickten wir in dieser Schilderung des Weltgerichts die Propagierung eines »gesetzesfreien Christentums« oder gar den Rückzug auf eine reine »Mitmenschlichkeit«. Auch dieser Text ist noch im Zusammenhang mit der jüdischen Torafrömmigkeit zu sehen; denn nach ihr kann ein jeder Mensch *auch unbewußt* nach der Tora leben und so zum »Gerechten« werden – indem er nach dem *Naturgesetz* lebt. So schreibt beispielsweise Philo von Alexandrien (ca. 20 v. Chr. – 50 n. Chr.) über Abraham (der ja die Tora, das Gesetz des Mose, noch nicht kannte!):

»Da wir jetzt die Gesetze der Reihe nach und in richtiger Aufeinander-
folge erklären müssen, so wollen wir die besonderen als die Abbilder
zunächst noch beiseite lassen und zuerst die allgemeineren, die gleichsam die Urbilder sind, erläutern. Es sind dies die Männer, die tadellos
und sittlich gelebt haben, deren Tugenden in den heiligen Schriften
verewigt sind, nicht bloß zu ihrem Ruhme, sondern auch, um die Leser
anzuregen und zu gleichem Eifer hinzuleiten. Denn die beseelten und
vernünftigen Gesetze sind in jenen Männern verkörpert, die er (Gott)
aus zwei Gründen verherrlicht hat: Weil er erstens zeigen wollte, daß
die gegebenen Verordnungen *mit der Natur in Einklang* stehen, zwei-
tens, daß es den Gutwilligen nicht viel Mühe machen kann, nach den
geschriebenen Gesetzen zu leben, da die Früheren, bevor noch die
besonderen Gesetze überhaupt aufgeschrieben waren, leicht und gern
nach der ungeschriebenen Gesetzgebung gelernt haben, so daß man
wohl sagen muß, daß die gegebenen Gesetze nichts anderes sind als
Kommentare zum Leben der Alten, die uns ihre Taten und Worte
künden.«
(Über Abraham, §§ 3–5. – Übersetzung nach *L. Cohn,* Philo von Alexandrien. Band I, Berlin ²1962, S. 96 f.)

Das heißt also: *Wer nach der Ordnung der Natur lebt,* hält nach
Auffassung des Juden Philo auch die Tora – ob er es weiß oder
nicht. Demgegenüber betont Matthäus: *Wer Liebe erweist,* gehört
zu den Gerechten (25,46); denn er hat die Tora, die ja nichts
anderes als Liebe hervorrufen und bewirken will (vgl. 22,40;
24,12), gehalten; er hat den Willen dessen getan, der Barmherzigkeit will und nicht Opfer – gleichgültig, ob er es wußte oder nicht.

Bei solch tätiger Nächstenliebe hat es der einzelne jedoch nie
»nur« mit seinem Nächsten zu tun. Da Jesus in Wahrheit »Gott
mit uns« ist (vgl. 1,23!), *ist* er mit einem jeden von uns
(VV. 40.45). Und eben deshalb ist der der »schlechte Knecht«, der
»böse und faule Diener«, der anfängt, seine Mitknechte zu schlagen und mit Trinkern Gelage zu feiern, anstatt ihnen zur rechten
Zeit zu geben, was sie zu essen brauchen (24,45–49), und der sich
nicht zur Hingabe an den Bedürftigen bewegen läßt, sondern seine
Talente aus Angst vor dem Risiko vergräbt (25,18.25 f.).

VIII. Jesus-Immanuel – die Zukunft Israels und der Welt (26,1 – 28,20)

1. Der Hirte Israels – verworfen

In dem nun folgenden Passionsbericht übernimmt Matthäus weithin seine Markusvorlage (Mk 14,1–15,47). Dies hindert ihn allerdings nicht daran, doch immer wieder eigene Akzente zu setzen. Auf sie soll im folgenden vor allem geachtet werden. (Zu den Markus und Matthäus gemeinsamen Texten s. SKK/NT 2, S. 189–211.)

Die Weigerung der »Schafhändler«

Zu den auffälligsten Besonderheiten des matthäischen Passionsberichts gehört das Zusammenspiel von Judas Iskariot und den Hohenpriestern. Es soll daher zuerst bedacht werden – wobei wir allerdings nie vergessen dürfen, daß Matthäus nie beabsichtigte, uns in diesem Zusammenhang ein »historisches Porträt« des Judas zu liefern. So wie er beispielsweise die Geburt Jesu durch die Art und Weise seiner Darstellung *deutete* (vgl. S. 30–58!), so deutet er jetzt die Passion Jesu durch die Art und Weise, wie er (in Anlehnung an seine Bibel) von Judas Iskariot erzählt. Darauf weist uns Matthäus bereits durch seine erste größere Notiz, die von Judas handelt, hin.

Judas Iskariot

Mk 14,10–11	Mt 26,14–16
Judas Iskariot, einer der Zwölf, ging zu den Hohenpriestern. Er wollte Jesus an sie ausliefern. Als sie das hörten, freuten sie sich und versprachen, ihm Geld dafür zu geben. Von da an suchte er nach einer günstigen Gelegenheit, ihn auszuliefern.	Darauf ging einer der Zwölf namens Judas Iskariot zu den Hohenpriestern und sagte: Was wollt ihr mir geben, wenn ich euch ihn ausliefere? Und sie zahlten ihm dreißig Silberstücke. Von da an suchte er eine Gelegenheit, ihn auszuliefern.

Der Unterschied zwischen den beiden Berichten fällt zunächst kaum auf, und doch gibt er bereits den entscheidenden Hinweis – nicht nur für das matthäische Judasverständnis, sondern für das gesamte matthäische Passionsverständnis.

Wird Judas bei Markus erst *nach* seinem Angebot Geld in Aussicht gestellt, so erkundigt sich Judas bei Matthäus *zuerst* nach seiner Belohnung. Weshalb diese Änderung? Wollte Matthäus Judas als einen von Geldgier Besessenen charakterisieren? Gewiß nicht; denn Matthäus hatte auch hier einen *biblischen* Text vor Augen, der für uns allerdings (leider!) nicht sofort verständlich ist:

Eine vertane Chance
Im Buch des Propheten Sacharja lesen wir:

[4]»So spricht der Herr, mein Gott: Hüte die Schafe, die geschlachtet werden sollen. [5]Ihre Käufer töten sie, ohne es zu büßen. Ihre Verkäufer sagen: Gepriesen sei der Herr; denn ich bin reich geworden. Ihre Hirten haben kein Mitleid mit ihnen…

[7]Ich hütete die Schafe, die geschlachtet werden sollten, für die Schafhändler, und ich nahm mir zwei Ruten. Eine nannte ich Noam (Freundlichkeit), die andere nannte ich Hobelim (Verbindung), und ich hütete die Herde:

[8]Nach meinem Willen verschwanden in einem einzigen Monat die drei (schlechten) Hirten. Dann aber wurde ich ungeduldig mit ihnen (= den Schafen), und auch sie waren meiner überdrüssig.

[9]Ich sagte: Ich hüte euch nicht. Was im Sterben liegt, soll sterben; was sich verloren hat, sei verloren; und von den Übriggebliebenen soll einer des anderen Fleisch fressen.

[10]Dann nahm ich meine Rute Noam und hieb sie in Stücke, um meinen Bund zu zerbrechen, den ich mit allen Völkern geschlossen hatte. [11]So wurde er an diesem Tag zerbrochen.

Da erkannten die Schafhändler, die auf mich achtgaben, daß dies [wie beispielsweise Jer 7,29; 13,1–11; 19,1f.10–13!] ein Wort des Herrn war.

[12]Ich sagte zu ihnen: Wenn es euch recht scheint, so bringt mir meinen Lohn; wenn nicht, so laßt es! *Doch sie wogen mir meinen Lohn ab, dreißig Silberstücke.*

[13]Da sagte der Herr zu mir: Wirf ihn dem Schmelzer hin! Hoch ist der Preis, den ich ihnen wert bin. Und ich nahm die dreißig

Silberstücke und warf sie im Haus des Herrn dem Schmelzer hin. ¹⁴Danach hieb ich meine zweite Rute, Hobelim, in Stücke, um den brüderlichen Bund zwischen Juda und Israel zu zerbrechen.« (Sach 11,4f.7–14)

Wenn wir verstehen wollen, weshalb dieser Text für Matthäus im Blick auf die Passion Jesu so wichtig war, müssen wir zuerst einen Blick in die Geschichte Israels zurückwerfen:

Schon lange bevor dieser Text niedergeschrieben wurde, hatte Israel aufgehört, ein selbständiger Staat zu sein. 722 v. Chr. hatten die Assyrer Israel, d. h. das Reich der zehn Stämme im Norden, zerstört, und 586 v. Chr. war Juda, das Südreich mit Jerusalem, in die Hände der Babylonier gefallen. Als dann 538 v. Chr. Kyrus von Persien das Erbe der Babylonier antrat, wurden auch Juda und Israel für die folgenden Jahrhunderte Teil des persischen Reiches.

Da kündigte sich 333 v. Chr. durch Alexander d. Gr. eine Wende an. Das persische Reich war offensichtlich an sein Ende gekommen. Mußte das nicht auch auf Palästina seine Auswirkungen haben? So hoffte man in Jerusalem, daß Gott sein Volk endlich befreien werde. Ja, die Hoffnung ging noch weiter: Würde Gott nicht auch dem Nordreich, Israel, seine Huld erweisen? Würde er gar Juda und Israel wieder vereinen?

In dieser Situation fühlte sich der Hirte, von dem in unserem Sacharjatext die Rede ist, beauftragt, sich um das *ganze* auserwählte Volk zu kümmern; denn seine Menschen erschienen ihm wie »Schlachtschafe«, d. h. wie Lebewesen, die von ihren Herren – den Käufern, Verkäufern und Hirten – nur vermarktet und ausgebeutet wurden.

Ein Doppeltes prägte seine Wirksamkeit: Sein Auftreten geschah in einer Zeit, in der in Palästina noch Frieden und Ordnung herrschte (symbolisiert durch die Rute Noam, die ein Zeichen jenes Bundes war, den Gott zugunsten seines Volkes »mit allen Völkern« geschlossen hatte [vgl. V. 10]), und es war getragen von einer Sorge, die den Süden *und* den Norden, Juda *und* Israel, umfaßte (symbolisiert durch die Rute Hobelim [vgl. V. 14]).

Trotz anfänglicher Erfolge (vgl. V. 8 Anfang) kam jedoch kein rechter Kontakt zwischen dem Hirten und den Schafen zustande: »Ich wurde ungeduldig mit ihnen, und auch sie waren meiner überdrüssig«. Der Auftrag erwies sich als undurchführbar. Der Hirte scheiterte mit seinem Bemühen.

Dieses Scheitern war zugleich das Ende der Friedenszeit, die Gott um seines Hirten willen Juda und Israel gewährt hatte. Zum Zeichen dafür zerbrach der Hirte seine Rute Noam (V. 10. – Der Hirte handelt in göttlicher Legitimation und Vollmacht, weshalb sich das »ich« im zweiten Teil des Satzes auf Gott bezieht!). Die Schafhirten erkannten dieses Zerbrechen durchaus als »Gottes Wort« (V. 11). Es beeindruckte sie jedoch keineswegs, da sie auf das Wirken *dieses* Hirten keinen Wert legten. So waren sie auch schnell bereit, ihn auszubezahlen und abzuschieben – *für dreißig Silberstücke!*

Daraufhin zerbrach der Hirte die zweite Rute, das Zeichen für »den brüderlichen Bund zwischen Juda und Israel« (V. 14). Das heißt: Unser Sacharjatext handelt von dem vergeblichen Bemühen eines von Gott gesandten Hirten, der – wie später Jesus (vgl. Mt 10,5 f.!) – den zwölf Stämmen Israels einen neuen Anfang ermöglichen wollte, mit seiner Fürsorge aber weder bei den maßgebenden Leuten noch beim Volk auf wirkliche Gegenliebe stieß. Deshalb waren die Schafhändler sogar bereit, sich den Hirten mit dreißig Silberstücken vom Hals zu schaffen, womit sie freilich einen verhängnisvollen, schweren Bruch in Gottes Volk herbeiführten.

An *diesen* Vorgang wollte Matthäus seine Leser erinnern, als er – angeregt durch die Belohnung, die Judas allem Anschein nach durch die jüdische Obrigkeit für seine Hilfe bei der Gefangennahme Jesu erhalten hatte (vgl. neben Mk 14,11 auch Apg 1,18) – die entscheidende Begegnung von Judas Iskariot und den Hohenpriestern in den Farben jenes prophetischen Berichts malte: »Darauf ging einer der Zwölf namens Judas Iskariot zu den Hohenpriestern und sagte: *Was wollt ihr mir geben,* wenn ich euch Jesus ausliefere? *Und sie zahlten ihm dreißig Silberstücke*« (26,14 f.).

Oder anders ausgedrückt: In den Ereignissen, die Judas

durch seinen Gang zu den Hohenpriestern einleitete, wiederholte sich für Matthäus letztlich nur jenes frühere Geschehen, bei dem sich schon einmal »die Schafhändler« den von Gott gesandten Hirten mit dreißig Silberstücken vom Hals geschafft hatten – zum Schaden für *ganz* Juda und Israel!

Das Zeugnis des Judas
Daß wir den Evangelisten Matthäus bis jetzt richtig verstanden haben, können wir seiner Schilderung vom Ende des Judas entnehmen:

> »Als nun Judas, der ihn überliefert hatte, sah, daß Jesus zum Tod verurteilt war, reute ihn seine Tat. Er brachte den Hohenpriestern und den Ältesten die dreißig Silberstücke zurück und sagte: Ich habe gesündigt, indem ich unschuldiges Blut überlieferte. Sie antworteten: Was geht das uns an? Das ist deine Sache. Da warf er die Silberstücke in den Tempel; dann ging er weg und erhängte sich. Die Hohenpriester aber nahmen die Silberstücke und sagten: Man darf das Geld nicht in den Tempelschatz tun; denn es klebt Blut daran. Und sie beschlossen, von dem Geld den Töpferacker zu kaufen als Begräbnisplatz für die Fremden. Deshalb heißt dieser Acker bis heute Blutacker. So erfüllte sich, was durch den Propheten Jeremia gesagt worden ist: Sie nahmen die dreißig Silberstücke – das ist der Preis, den er den Israeliten wert war – und kauften für das Geld den Töpferacker, wie mir der Herr befohlen hatte« (27,3–10).

Auch wenn Matthäus hier nur vom Propheten Jeremia – dem Propheten, der Jerusalem *das Gericht* angekündigt hatte! – spricht und den Propheten Sacharja unerwähnt läßt, so kann doch kein Zweifel daran bestehen, daß er auch an den Text aus dem Propheten Sacharja gedacht hat; denn nur in ihm finden sich die »dreißig Silberstücke«, und nur in ihm werden sie als »der Preis, den er ihnen wert war«, bezeichnet.
In zwei wichtigen Punkten weicht Matthäus allerdings von der Schilderung des Sacharja ab – freilich, noch einmal sei's wiederholt: nicht einfach unter dem Zwang bestimmter *historischer* Vorgänge (also: weil etwa Judas die Silberstücke wirklich in den Tempel geworfen und sich anschließend selbst erhängt hätte), sondern vor allem, weil er mit seiner

weiteren Schilderung eine »unanschauliche Wahrheit« sichtbar machen wollte (vgl. dazu S. 22 f.):

1. Nicht Gott befiehlt hier, die Silberstücke in den Tempel zu werfen, sondern Judas handelt aus eigenem Antrieb, nachdem er die Hohenpriester zuvor ausdrücklich darauf aufmerksam gemacht hatte: »Ich habe *unschuldiges Blut* ausgeliefert!« Judas wird damit zum Zeugen *gegen* die Hohenpriester. Ihr weiteres Verhalten muß im Lichte dieses (innerjüdischen!) Zeugnisses gesehen und beurteilt werden. (Judas Iskariot steht für Matthäus in der Passionserzählung *außerhalb* des *Jüngerkreises,* weshalb er die Mk 14,22 von allen Jüngern überlieferte Anrede Jesu als »Herr« [= *kyrie*] im Munde des Judas [26,25] in »Rabbi« änderte. Nur die Glaubenden reden Jesus als *Kyrie* an: Mt 8,2.6.21.25; 15,22 u. ö.!)

2. Die dreißig Silberstücke werden nicht dem Tempelschatz zugeschlagen, »denn es klebt Blut daran«. Das heißt: die Hohenpriester werden hier als Menschen geschildert, die bereit sind, mit dem *Blutgeld* das für die Ermordung eines *Unschuldigen* gezahlt wurde, »Grund und Boden« zu kaufen. (Anlaß für diese Schilderung könnte die Tatsache gewesen sein, daß es in Jerusalem offensichtlich ein Grundstück gab, das den Namen *Blutacker* trug, da man allgemein der Auffassung war, daß es von jenem Geld erstanden wurde, das dem Judas als Belohnung ausgezahlt worden war; vgl. dazu auch Apg 1,18).

Was wollte Matthäus nun aber damit zum Ausdruck bringen, daß er den Kauf des sogenannten *Blutackers* den Hohenpriestern und Ältesten zuschrieb?

Das Versagen der Verantwortlichen

Unschuldiges Blut zu vergießen, galt in Israel seit eh und je als schwerstes Verbrechen (vgl. Ex 23,7; Dtn 27,25; 1 Sam 19,5; Ps 94,21 u. ö.). Wurde aber einmal unschuldiges Blut vergossen – und damit das Land verunreinigt (vgl. 1 Makk 1,37) –, so waren die Priester und Ältesten verpflichtet, sich um die Entsühnung des Landes zu kümmern. Sie sollten das Opfer dafür darbringen und dabei »feierlich« sagen:

»Unsere Hände haben dieses Blut nicht vergossen, und unsere Augen habe nichts gesehen; deck es zu, zum Schutz deines Volkes Israel, das du freigekauft hast, Herr, und laß kein unschuldig vergossenes Blut in der Mitte deines Volkes Israel bleiben.« (Dtn 21,7f.)

So *müßten* die handeln, die für das Volk Verantwortung tragen! Doch wie reagierten sie auf das *(jüdische)* Bekenntnis, daß Jesus *als Unschuldiger* ausgeliefert – und getötet – wurde?

»Sie antworteten: Was geht das uns an? Das ist deine Sache!« (27,4)

So ließen sie Judas mit seiner Schuld allein – und das kostete ihm das Leben:

»Da warf er die Silberstücke in den Tempel; dann ging er weg und erhängte sich« (V. 5).

Auch aus dieser abschließenden Notiz über den Tod des Judas können wir *keine* historischen Schlüsse ziehen. Nach Apg 1,18f. hätte sich nämlich Judas selbst (und nicht die Hohenpriester!) von seinem Lohn ein Grundstück gekauft, auf ihm aber einen schrecklichen Tod gefunden, weshalb das Grundstück dann den Namen *Blutacker* erhalten hätte. Nach einem Bericht von Papias (geschrieben etwa 120–130 n. Chr.) wäre Judas hingegen zu einem furchtbaren Fettkloß mit widerlichen Ausscheidungen angeschwollen, um dann »nach vielen Qualen und Strafen an privatem Orte zu sterben«. Die matthäische Notiz, daß Judas sich *erhängte,* dürfte – wie die gesamte Judas-Darstellung unseres Evangelisten – auf ein *biblisches* Vor-Bild zurückgehen: Ahitofel, der vertraute Gefährte des David (vgl. 2 Sam 15,12), der seinen Herrn verraten hatte, *erhängte sich* ebenfalls, als er erkennen mußte, daß sich sein Verrat nicht gelohnt hatte (vgl. 2 Sam 16,20 – 17,23).

Indem Matthäus die Geschichte des Judas Iskariot nicht einfach mit dessen Tod (V. 5) beendet, sondern damit verbunden den Kauf des *Blutackers* schildert (VV. 6–10), macht er deutlich, daß sein Interesse letztlich nicht der Person des Judas, sondern dem Verhalten der verantwortlichen Führer Israels gilt: Es war verantwortungslos! Wie hätten sie sich sonst weigern können, auf das Eingeständnis, daß Jesus als Unschuldiger gekreuzigt wurde (V. 4), *positiv* zu reagieren, nachdem es eben nicht nur aus dem Kreis der *gläubigen* Jesusjünger kam? Nein, in dem ganzen weiteren Verhalten der Hohenpriester zeigte sich Matthäus, wie wenig es ihnen bei ihrem von Judas unterstützten Vorgehen gegen Jesus in Wahrheit um das Heil des ganzen Volkes gegangen war. Diese Verantwortungslosigkeit *zu illustrieren,* ist der Sinn der abschließenden Verse 6–10, wonach die Hohenpriester das Blutgeld in den Kauf von Grund und Boden investierten – und so dieser Blutschuld inmitten Israels Raum und Bestand gaben!

So scheiterte auch hier der von Gott gesandte Hirte, der Juda *und* Israel eine neue Einheit geben wollte, am Verhalten der »Schafhändler«.

Israel und das Blut Jesu

Freilich, es waren nicht nur die »Schafhändler« gewesen, an denen »der Hirte Israels« scheiterte. Auch die Schafe waren dieses Hirten überdrüssig geworden (vgl. Sach 11,8), auch das *Volk Gottes* hatte seinen *Messias* verworfen. Dies deutlich zu machen, ist das Anliegen der von Matthäus in besonderer Weise gestalteten Barabbasszene (27,11–26). Vergleicht man sie nämlich mit ihrer markinischen Vorlage, fällt auf, wie gezielt Matthäus aus der tumultuarischen Szene Mk 15,6–14 eine ausdrückliche Entscheidungssituation machte:

a) Im Unterschied zu Mk 15,8 ist es Mt 27,17 Pilatus, der von sich aus die versammelte Menge fragt: »Wen soll ich freilassen...?«

b) Die Gründe, die zur Gefangennahme des Barabbas führten, interessieren nicht (anders Mk 15,7; Lk 23,19). Barabbas ist lediglich ein »berüchtigter Gefangener« (Mt 27,16). Jesus hingegen ist nicht einfach »der König der Juden« (so Mk 15,9.12), sondern der, »den man *den Messias* nennt« (so nur Mt 27,17.22).

c) Über Mk 15,11 hinaus soll die überredete Menge nicht nur die Freigabe des Barabbas fordern, sondern auch fordern, »Jesus hinrichten zu lassen« (so nur Mt 27,20).

d) Auch die kurze Notiz über die Frau des Pilatus findet sich nur bei Matthäus (27,19): Im Traum ergehen Gottes Anweisungen (vgl. 1,20; 2,12.13.19.22). Das heißt, *Gott* weist Pilatus an, sich aus der hier zu fällenden Entscheidung für oder gegen Jesus herauszuhalten – was Pilatus nach Vers 24 dann auch tut, indem er sich vor der Menge die Hände »in Unschuld wusch« (vgl. dazu Dtn 21,6 f.; Ps 26,6; 73,13).

e) Nur Matthäus verwendet in diesem Zusammenhang (V. 25 sowie V. 64) für die Volksmenge jenes Wort *(laos),* das in der jüdischen Bibel eine *Ehrenbezeichnung des Volkes Gottes* im Unterschied zu den Heiden ist. Vers 25 handelt also von der Entscheidung, die das Volk Gottes bewußt gegen Jesus, seinen Messias, fällte, indem es rief:

»Sein Blut komme über uns und unsere Kinder« (V. 25).

Dieser (oft mißverstandene und mißbrauchte) Ruf, der uns nur im Matthäusevangelium begegnet, wurde von Matthäus absichtlich doppeldeutig formuliert:

Zum einen dokumentiert er *das gute Gewissen* des Volkes. Nach dem Zeugnis von Israels Heiliger Schrift kommt ja das Blut, das ein einzelner oder eine Gemeinschaft *schuldigerweise* vergossen hat, durch Gottes Verfügung auf das Haupt des einzelnen oder der Gemeinschaft zurück (vgl. Jos 2,19; 1 Kön 2,32 f.; Jer 26,15). Wer also bereit ist, das Blut eines anderen auf sich zu nehmen, muß überzeugt sein, durch den Tod des anderen vor Gott *nicht* schuldig zu werden.

Dieser Ruf ist für Matthäus aber auch ein Ausdruck für die Blindheit des jüdischen Volkes, das *als Volk* mit Jesus, dem Messias, nichts zu tun haben will und das wähnt, diese Absage werde ohne Konsequenzen bleiben, da sie von Gott nicht als Schuld gewertet würde.

Und so wählte das *Volk* mit seiner Ablehnung Jesu in Wahrheit doch sein Un-heil (vgl. auch 23,34–36).

Diese Konsequenz, die für Matthäus angesichts der Zerstörung

Jerusalems alles andere als nur »graue Theorie« war (vgl. 22,7), ist nun freilich die totale Verkehrung dessen, was »das Blut Jesu«, d. h. die Lebenshingabe Jesu, in Wahrheit im Leben der Menschen erreichen will. Denn nach der Schilderung des Letzten Mahles Jesu durch Matthäus vergoß Jesus sein Blut ja gerade »zur Vergebung der Sünden« (26,28; so nur Matthäus!).

Nur – *auch Israel* kann nirgendwo anders »die Vergebung der Sünden« erlangen! (Deshalb hatte Matthäus den Zusatz »zur Vergebung der Sünden« bei der Johannestaufe gestrichen: vgl. Mt 3,2 mit Mk 1,4; Lk 3,3.) Doch Israel *wird* sie erlangen, wenn es bereit ist, am Leben dessen zu kommunizieren, der kam, »um sein Volk von seinen Sünden zu erlösen« (1,21).

Auch dies war für Matthäus ein Grund, für die Hinwendung Israels zu Jesus zu werben.

2. Gottes Sohn – gekreuzigt

Eine zweite Besonderheit der matthäischen Passionsgeschichte ist die Charakterisierung der Person Jesu:

Weit klarer als Markus schildert Matthäus Jesus zum einen als den, der *in Freiheit* seinen Weg geht: Noch ehe die Hohenpriester und die Ältesten des Volkes sich im Palast des Kajaphas versammelten und beschlossen, »Jesus mit List in ihre Gewalt zu bringen und zu töten« (26,4f.), tat Jesus seinen Jüngern kund:

> »Ihr wißt, daß in zwei Tagen das Paschafest ist; da wird der Menschensohn ausgeliefert, um gekreuzigt zu werden« (26,2; so nur Matthäus).

Nicht anders ist es bei Jesu letztem Mahl: Im Unterschied zur Markusvorlage (Mk 14,12–16) stehen nicht die wunderbaren Züge bei dessen Vorbereitung im Vordergrund des Interesses (vgl. dazu SKK/NT 2, S. 193), sondern allein die Aktivität Jesu:

> »Meine Zeit ist da« (26,18),

und der Gehorsam der Jünger:

> »Und die Jünger *taten,* wie Jesus ihnen aufgetragen hatte« (26,19; so jeweils nur Matthäus)

Und bleibt bei Markus (und Lukas) die Frage der Jünger offen, wer ihn, Jesus, denn ausliefere, so beantwortet Jesus diese Frage bei Matthäus eindeutig und klar:

»Da fragte Judas, der ihn auslieferte: Bin ich es etwa, Rabbi? Jesus sagte zu ihm: Du sagst es« (26,25).

Jesus weiß, was Judas plant. Dennoch meidet er ihn nicht. Im Gegenteil! Er fordert ihn in Getsemani von sich aus auf:

»Freund, tu, wozu du gekommen bist!« (26,50).

Am deutlichsten schildert Matthäus jedoch Jesu Freiheit bei seiner Gefangennahme, wenn Jesus den Jünger mit dem Schwert fragt:

»Glaubst du nicht, mein Vater würde mir sogleich mehr als zwölf Legionen Engel schicken, wenn ich ihn darum bitte?« (26,53).

Jesus hätte durchaus die Möglichkeit gehabt freizukommen. Diese letzte Stelle zeigt nun aber auch, daß die Freiheit, die Jesus selbst noch in seiner Passion auszeichnete, nichts anderes als die »Kehrseite« seines unbeirrbaren Gehorsams dem Vater gegenüber war. Nicht er war es gewesen, der *von sich aus* das Kreuz gesucht hatte. Solange es möglich gewesen war, hatte er sich den drohenden Gefahren bewußt entzogen (vgl. 4,12; 12,14f.; 14,13; 15,21). Doch nun führte ihn der *Wille des Vaters* einen anderen Weg (vgl. dazu SKK/NT 2, S. 201 f.). Davon spricht vor allem die Getsemaniszene, in der Matthäus – und wiederum: nur er! – Jesu zweite Bitte ausdrücklich an die dritte Vaterunserbitte angleicht:

»Vater, wenn dieser Kelch nicht vorübergehen kann, ohne daß ich ihn trinke – *es geschehe dein Wille!*«
(26,42; vgl. dagegen Mk 14,39)

So erweist sich Jesus auch in der Passion immerfort als Gottes *Sohn.* Was in der Versuchungsgeschichte grundsätzlich klargestellt worden war (s. S. 63–66), wird nun in der Praxis bis zum äußersten bewährt.

Das aber bedeutet: Es ist die *Gottessohnschaft* Jesu, die nach Matthäus im Lauf der Passion ver-handelt wird. Deshalb beschwört der Hohepriester (bei Matthäus!) Jesus:

»Sag uns: Bist du der Messias, *der Sohn Gottes?*« (26,63)

Nichts anderes wollen (wiederum nur nach Matthäus) diejenigen bewiesen haben, die lästernd am Kreuz vorüberziehen:

> »Du willst den Tempel niederreißen und in drei Tagen wieder aufbauen? *Wenn du Gottes Sohn bist,* hilf dir selbst, und steig herab vom Kreuz... Er hat auf Gott vertraut: der soll ihn jetzt retten, wenn er an ihm Gefallen hat; *er hat doch gesagt: Ich bin Gottes Sohn*« (27,40.43).

Und so gilt auch das Bekenntnis des römischen Hauptmanns (und seiner Soldaten) nicht mehr dem *Menschen* Jesus (so Mk 15,39), sondern Jesus als *Gottes* Sohn:

> »Als der Hauptmann und die Männer... sahen, was geschah, erschraken sie sehr und sagten: Wahrhaftig, das war Gottes Sohn!« (27,54).

Daß es sich bei der Passion Jesu um die Passion des Sohnes Gottes handelte, hat für Matthäus schließlich noch eine praktische Konsequenz:

Weil Jesu Jünger nicht damit rechnen können, daß »der Leidenskelch« immer an ihnen vorübergehen wird (vgl. 20,22 f.), erinnert sie Jesu Passion – die Passion *des* Sohnes Gottes – immer wieder daran, wie sie sich *als* Söhne und Töchter des himmlischen Vaters (vgl. 5,45) in solchen Situationen verhalten sollen – und können: Indem sie durch immer neues Beten zum Einverständnis mit dem Willen des Vaters gelangen (26,37–44) und es daher unterlassen können, in solch kritischen, lebensgefährlichen Situationen »zum Schwert zu greifen« (26,52!). Denn spätestens bei der Erinnerung an Jesu Passion müßten wir ja begreifen, daß wir dort eben nicht nach *seinem* Willen handeln, wo wir es nicht wahrhaben wollen, daß er uns gerade das verweigert, was wir immer wieder fordern: »Daß er sichtbare oder unsichtbare Engellegionen schicke und alles Böse mit himmlischer Gewalt ausrotte« (vgl. E. *Schweizer,* S. 325).

Gewiß, auch hier werden wir Bedenken haben: Selbst wenn Jesus sich ohne Widerstand dem Zugriff seiner Feinde auslieferte, »damit die Schrift erfüllt werde« (26,54!) – können wir daraus wirklich die Folgerung ziehen, daß es dann auch seinen Jüngern für immer verwehrt sei, zum Schwert zu greifen? Wurde – beispielsweise – die Katastrophe des jüdischen Volkes in der Zeit des Dritten Reiches nicht deshalb nur möglich, weil es *zu spät* zu den Waffen griff?

Es ist, als ob sogar solche Fragen Matthäus nicht fremd gewesen wären.

3. Auferweckt und bevollmächtigt: der Lehrer der Völker

Zu den auffälligsten Besonderheiten des matthäischen Passionsberichts gehören ohne Zweifel die folgenden Verse:

> »Da [nachdem Jesus seinen Geist ausgehaucht hatte] riß der Vorhang im Tempel von oben bis unten entzwei. Die Erde bebte, und die Felsen spalteten sich. Die Gräber öffneten sich, und die Leiber vieler Heiligen, die entschlafen waren, wurden auferweckt. Nach der Auferstehung Jesu verließen sie ihre Gräber, kamen in die Heilige Stadt und erschienen vielen« (27,51–53).

Ein frag-würdiger Text! Wenn dies alles tatsächlich bei Jesu Tod geschehen sein sollte, weshalb berichten uns dann die übrigen Evangelisten nichts davon? Ja, wenn dies alles tatsächlich bei Jesu Tod geschehen wäre, hätte ein solches Ereignis die Menschen in Jerusalem nicht doch bekehren müssen? Hätten sie nicht spätestens jetzt begreifen müssen, welche Ungeheuerlichkeit es war, diesen Jesus von Nazaret zu kreuzigen?

Wenn wir uns solchen Fragen gegenüber sehen, sollten wir uns vielleicht nur einmal an den Isenheimer Altar erinnern: Matthias Grünewald scheute sich nicht, Johannes den Täufer (!) unter das Kreuz zu stellen! Und kein Mensch nahm und nimmt daran Anstoß; denn es ist klar, daß Grünewald mit diesem Bild Unsichtbares sichtbar machen wollte! Deshalb störte es auch keinen, daß er den Gekreuzigten mit Pestbeulen malte. Natürlich wußten die Menschen (auch schon damals!), daß Jesus *keine* Pest gehabt hatte – im Gegensatz zu den Menschen, für die dieses Bild gemalt wurde. Ihnen wollte Grünewald vor Augen führen, was dieser Gekreuzigte *für sie* bedeutete – der, auf den bereits ein Johannes der Täufer hingewiesen hatte: »Seht, das Lamm Gottes!«

Vielleicht haben wir jetzt schon weniger Schwierigkeiten mit unserem Text: Auch Matthäus wollte ja mit der »Szenerie«, die er da schilderte, seinen (ersten) Lesern etwas Bedeutsames vor Augen führen – mit Bildern, die ihnen etwas sagten. Aus ihrer Bibel war ihnen beispielsweise folgender Text bekannt:

»Und an jenem Tag, wenn Gog gegen das Land Israel heranzieht –
Spruch Gottes, des Herrn –, wird der Groll in mir aufsteigen. In meinem
leidenschaftlichen Eifer, im Feuer meines Zorns, schwöre ich: An jenem
Tag wird es im ganzen Land Israel *ein gewaltiges Erdbeben* geben.
Dann zittern die Fische im Meer und die Vögel am Himmel vor mir, das
Wild auf dem Feld und alle kleinen Tiere, die auf dem Erdboden
kriechen, und alle Menschen auf Erden. *Es bersten die Berge, die
Felswände stürzen ein,* und alle Mauern fallen zu Boden.«
(Ez 38,18–20)

Kurz zuvor aber ist beim gleichen Propheten zu lesen:

»So spricht Gott, der Herr: Ich öffne eure Gräber und hole euch, mein
Volk, aus euren Gräbern herauf. Ich bringe euch zurück in das Land
Israel.«
(Ez 37,12)

Und von diesem Text gab es zur Zeit unseres Evangelisten
bereits bildliche Darstellungen!

Angeregt von solchen Texten und Bildern machte man sich sehr
unterschiedliche Vorstellungen von der zukünftigen Totenauferste-
hung: Nach den einen wird es sie am Beginn der messianischen
Zeit, nach anderen am Beginn der Endzeit geben; nach den einen
werden Gerechte *und* Sünder, nach den anderen werden nur die
Gerechten auferstehen; nach den einen werden alle auf einmal
auferstehen, nach anderen wird es für die Patriarchen und die
jüdischen Märtyrer eine besondere Auferstehung geben. Doch
gleichgültig, welch genauere Vorstellung von der Auferstehung der
einzelne auch hatte – das Bild, das Matthäus ihnen hier schilderte,
war für alle verständlich: Mit Jesu Tod wurde diese unsere Welt
des Todes *aufgebrochen.* Jetzt ist das neue, ewig-unzerstörbare
Leben »durch-gekommen«.

»So ist die Frage, die diese matthäische Schilderung (an uns) stellt, nicht
die, ob noch ein paar weitere absonderliche Ereignisse glaubhaft sind
oder nicht; wohl aber die, ob wir dem Evangelisten darin folgen
können, daß wir wie er im Tode Jesu das weltenwendende Ereignis
sehen können« (*E. Schweizer,* S. 338).

Hier ist die Antwort unseres Evangelisten auf die Bedenken, die
wir am Ende des letzten Abschnitts äußerten: Dadurch, daß Jesus,
Gottes Sohn, sein Leben hingegeben hat, wurde unsere Welt durch
Gottes Leben gleichsam aufgesprengt und zum Aufleben gebracht.

Aus diesem Grunde kommt das *neue,* unzerstörbare Leben (im wahrsten Sinn des Wortes) immer dort vor, wo wir uns ihm öffnen und Raum geben – ihm, dessen Geheimnis darin besteht, daß es das Böse durch das Gute überwindet.

Wenn wir also glauben, das Leben immer noch mit den untauglichen Mitteln unserer »alten« Welt verteidigen zu müssen, zeigen wir nach Matthäus nur, daß wir noch nicht begriffen haben, daß die entscheidende Wende zum Guten für unsere Welt und ihre Menschen bereits hinter uns liegt. Dann zeigen wir nur, daß wir immer noch nicht erkannt haben, daß *Jesu Tod,* d. h. die Hingabe seines *Lebens,* uns nicht nur eine neue Zukunft geschenkt hat, sondern *vor allem* unsere Gegenwart veränderte, indem er ihre Zwänge und Begrenzungen aufsprengte.

Doch, so mögen wir jetzt fragen: Woher will Matthäus dies denn wissen, wenn all die Dinge, die er da schilderte, »nur« Bilder sind? Nun, dies alles hängt für Matthäus unlösbar mit der Auferweckung *und* Inthronisation Jesu durch Gott, seinen Vater, zusammen. Davon zeugt das letzte Kapitel unseres Evangeliums.

Er wurde auferweckt

Die Auferstehung Jesu war für die urchristliche Gemeinde *der* Angelpunkt ihres Glaubens. Seitdem der Gekreuzigte sich ihnen als der aufs neue zum Leben Erweckte offenbart hatte (vgl. 1 Kor 15,4–7), wußte sie: Alles, was er verkündet und getan hatte, war recht gewesen! Gott hat ihn deshalb nicht verworfen, sondern zu sich aufgenommen!

So kann es uns nicht überraschen, daß gerade Jesu Auferweckung im Lauf der Zeit in besonderer Weise umstritten war: Vielleicht hatten die Jünger Jesu Leichnam nur gestohlen? Vielleicht konnten sie nur deshalb sein leeres Grab vorweisen?

Mt 27,62–66 sowie 28,11–15 können wir nicht nur entnehmen, daß es solche Unterstellungen tatsächlich im damaligen Judentum gab, sondern auch, wie sich die ersten Christen gegen ein derartiges Gerede zur Wehr setzten.

Die Historizität beider Erzählungen läßt sich heute nicht mehr aufrechterhalten:

»Das von Matthäus schon vorgefundene Motiv der Grabeswache, das sich mit der Darstellung der übrigen Evangelien nicht vereinbaren läßt, geht mit Sicherheit auf eine volkstümliche Überlieferung zurück. Es ist bekannt, daß sich heute wie früher um bestimmte Vorgänge und Orte sehr schnell Geschichten oder Anekdoten bilden, um ein Ereignis interpretierend auszumalen. Das scheint auch hier geschehen zu sein: um die Verleumdung der Gegner zu widerlegen, entwerfen urkirchliche Erzähler eine solche Geschichte, die sie zunächst untereinander weitergeben. Sie legte sich deshalb nahe, weil bei der Kreuzigung Jesu Soldaten beteiligt waren und damals zur Verhinderung eines Diebstahls mitunter der Leichnam eines Hingerichteten bewacht wurde.«
(*J. Kremer,* Die Osterevangelien – Geschichten um Geschichte, Stuttgart 1977, S. 75 f.)

Jesu Auferstehung durch irgendwelche Vermutungen und Gerüchte (vgl. 28,15) in Frage zu stellen, war (und ist) durchaus möglich. Daher betont Matthäus zuerst und vor allem mit großer Entschiedenheit: Derartige Unterstellungen sind unwahr (vgl. 27,62–66; 28,11–15)! Wahr ist vielmehr: Der Gekreuzigte *ist* auferstanden (28,6 f.9 f.)!

Freilich, diese Feststellung allein genügte Matthäus nicht. Ihm war es wichtig, auch auf die Konsequenzen aufmerksam zu machen, die sich aus Jesu Auferweckung für seine Jünger *und* für die Welt ergaben! Denn schließlich war Jesu Auferweckung ja nicht bloß ein »privates« Ereignis zwischen ihm, dem Sohn, und Gott, dem Vater, gewesen. Als Gott Jesus von den Toten auferweckte, da erfüllte sich vielmehr das Psalmwort:

»So spricht der Herr zu meinem Herrn:
Setze dich mir zur Rechten,
und ich lege dir deine Feinde
als Schemel unter die Füße!«
(Ps 110,1; vgl. Mt 22,44)

Was aber bedeutete dies anderes, als daß nun der zum Herrn über alle Welt eingesetzt ist, der »auf dem Berg« begann, die Menschen die größere Gerechtigkeit, den Weg ins Himmelreich, zu lehren (5,20); der es nicht aushielt, sich nur allein um die Menschen zu kümmern, die »wie Schafe waren, die keinen Hirten haben« (9,36), und ihnen deshalb auch seine zwölf Jünger mit der Botschaft sandte: »Das Himmelreich ist da!« (10,1.7)?
Denn es gab für ihn nichts Wichtigeres als den Willen des Vaters,

dessen Namen er auf der ganzen Welt geheiligt wünschte (6,9 f.). An *ihn* sollten sich die Menschen voll Vertrauen halten (6,19–34). *Seine* Barmherzigkeit sollten sie erfahren, wenn er ihnen Ruhe verschaffte (11,28–30), indem er der Barmherzigkeit zum Recht verhalf (9,9–13; 12,1–21).

Nein, *seine* Geschichte war mit seiner Auferweckung und Erhöhung zum Herrn dieser Welt an kein Ende gekommen. Im Gegenteil! Sie begann damit aufs neue – die Geschichte des Immanuel (1,23) für alle Welt (28,18 f.) und alle Zeit (28,20).

DRITTER TEIL

Anhang

1. Namen und Sachen

Im Folgenden werden nur die Begriffe aufgeführt, die nicht schon in SKK/
NT 2, S. 217 f. erklärt wurden.

Awoda sara: s. Talmud

Awot: Eine im Rahmen der Mischna überlieferte Sammlung von
»(Maximen der) Väter« (*Awot* = Väter), d. h. bedeutender Tora-
lehrer zwischen dem 3. Jh. v. Chr. und dem 3. Jh. n. Chr. Sie gilt
als *die* Zusammenfassung der religiösen und ethischen Anschau-
ungen des pharisäisch-rabbinischen Judentums. Wie groß das
Ansehen dieser »Vätersprüche« innerhalb des Judentums war und
ist, zeigt sich daran, daß sie als einziger Text aus der Mischna auch
in die synagogale *Liturgie* Eingang fanden.

Bawa mezia: s. Talmud

Brachot: s. Talmud

Chagiga: s. Talmud

Damaskusschrift: Eine jüdische Schrift wohl aus dem 1. Jh. v. Chr.
Da die Gruppe, die in diesem Text zur Sprache kommt, sich als
Gemeinde des neuen Bundes im Lande Damaskus bezeichnet
(VI,19), ist die Bezeichnung Damaskusschrift üblich geworden.
Die Bedeutung dieser Schrift liegt darin, daß sie uns zum einen eine
Ahnung davon vermittelt, wie vielfältig die Reformbewegungen
innerhalb des frühen Judentums schon vor dem Auftreten Johan-

nes' des Täufers gewesen sein müssen, daß sie andererseits aber auch erkennen läßt, wie bereits damals derartige Reformbestrebungen vor allem auf eine verstärkte Betonung der Liturgie und der (ursprünglich nur für die Priester geltenden) Reinheitsvorschriften hinausliefen – ganz im Gegensatz zu der mit (Johannes dem Täufer und) Jesus einsetzenden »Evangelisierung«.

Eruwin: s. Talmud

Himmelfahrt Moses: Eine um die Zeitenwende entstandene jüdische Schrift, nach der Mose kurz vor seinem Tod dem Josua die vom Fehlverhalten des Volkes, aber auch von Gottes Treue und Erbarmen gekennzeichnete Geschichte Israels vorhersagte – bis zu ihrem Ende, an dem Gott die Leiden der Gerechten mit dem Erscheinen seiner Herrschaft beantwortet. Ziel der Schrift ist es, die jüdischen Frommen trotz aller Bedrängnis durch die Heiden (und die mit den Heiden sympathisierenden und kollaborierenden eigenen Volksgenossen) zum Gehorsam gegen Gottes Gebote und zur Teilnahme am Tempelkult aufzurufen.

Jewamot: s. Talmud

Joma: s. Talmud

Kidduschin: s. Talmud

Midrasch: Das hebräische Wort Midrasch (Plural: Midraschim) kommt von *darasch = sich nach etwas erkundigen, Auskunft suchen,* und bezeichnet zunächst ganz allgemein, dann vor allem auf die Bibel bezogen: »die Forschung, das Studium« bzw. deren (auch schriftlich festgehaltenes) Ergebnis. Bei den in diesem Kommentar zitierten Midraschim handelt es sich demnach um Schriftwerke, in denen ein bestimmter *Bibeltext* – z.B. der Text des Buches Genesis (hebräisch: *Bereschit*), des Buches Exodus, von Kohelet oder der Text des Hohenliedes (hebräisch: *Schir-ha-Schirim*) – oder ein *biblisches Ereignis* auf seine gegenwärtige, aktuelle Bedeutung hin befragt und *ausgelegt* wird. Da solche Auslegung jedoch nie unabhängig von der bis dahin geleisteten jüdischen

Exegese geschah, enthalten die Midraschim – bei allem Bemühen um Aktualität – Textinterpretationen und Beispielgeschichten aus mehreren Jahrhunderten! (Bereschit Rabba dürfte im 5. Jh. n. Chr., Exodus Rabba um das 10. Jh. niedergeschrieben worden sein, während die Midraschim zu Kohelet und zum Hohenlied ins 8. Jh. anzusetzen sein dürften.)

Mischna: Sie ist die erste, am Ende des 2. Jh. n. Chr. veröffentlichte autoritative Gesetzessammlung des nachbiblischen Judentums. Nach der Zerstörung des Tempels im Jahre 70 n. Chr. und der Niederschlagung des 2. jüdischen Aufstands gegen Rom (132–135 n. Chr.) sahen sich die Rabbinen nämlich vor die Aufgabe gestellt, die Grundsätze des Judentums in einer Umwelt, die ihnen weitgehend feindlich gesinnt war und in der sie ohne jüdischen Staat und ohne Tempel leben mußten, neu zu formulieren. Dementsprechend enthält die Mischna vor allem gesetzlichen Traditionsstoff, der in unterschiedlicher Weise aus der Bibel abgeleitet und zunächst (nur) mündlich überliefert worden war.

Eingeteilt ist die Mischna in 6 Ordnungen, die ihrerseits in insgesamt 63 Traktate unterteilt sind. Das Ansehen der Mischna war von Anfang an so groß, daß alle späteren Entscheidungen religions- und zivilgesetzlicher Art auf ihr basieren mußten (s. Talmud).

1 Qp(escher) Hab(akuk): Eine in Höhle 1 von Qumran gefundene, wohl am Ende des 2./Anfang des 1. Jh. v. Chr. verfaßte Deutung (= *pescher*) der ersten beiden Kapitel des Propheten Habakuk, in denen die Mitglieder von Qumran den Schlüssel zum Verständnis ihrer eigenen, teilweise sehr leidvollen Geschichte erblickten.

Schabbat: s. Talmud

Sifre (Numeri): Ein Auslegungsmidrasch (s. Midrasch) zu den Büchern (= *Sifre*) Numeri und Deuteronomium, der nach der 2. Hälfte des 3. Jh. n. Chr. entstanden sein dürfte.

Sota: s. Talmud

Sukka: s. Talmud

Talmud: Das hebräische Wort Talmud – abgeleitet von *lamad* =
lernen bzw. *limmad* = lehren – bedeutet »Lehre« (auch die von
der Tora ausgehende Belehrung), das »Lernen der Lehre« und
schließlich auch die »Gelehrsamkeit«. – Nachdem die *Mischna*
(s. o.) im Judentum zur hauptsächlichen Grundlage des Studiums
geworden war, bildete *ihr* Text verständlicherweise auch den
Ausgangspunkt weiterer Diskussionen, die dann im Laufe der
Jahrhunderte ebenfalls – in Verbindung mit dem Text der
Mischna! – als Talmud, d. h. als Zusammenfassung der gesamten
traditionellen Lehre, niedergeschrieben wurden. Berücksichtigt
man, daß das Judentum der damaligen Zeit (vor allem) in zwei
sehr *unterschiedlichen* Räumen lebte – einerseits in Palästina,
andererseits in Babylonien –, so wird es verständlich, daß die
Diskussionen, die sich an dem Text der Mischna entzündeten, hier
und dort in recht unterschiedlicher Weise und auch mit unterschiedlichen Argumenten und Beispielen geführt wurden, was im
5. Jh. n. Chr. zur Niederschrift des *palästinischen* Talmuds und im
6./7. Jh. Chr. zur Abfassung des wesentlich umfangreicheren und
später auch einflußreicheren *babylonischen* Talmuds führte.

Als Kommentar zur Mischna ist der Talmud ebenfalls in Ordnungen und Traktate unterteilt, auch wenn der der Mischna
beigegebene Diskussionstext, die sogenannte Gemara, oft nur
noch lose mit dem durch die Mischna vorgegebenen Thema verbunden ist. Die in unserem Kommentar zitierten Texte entstam-
men folgenden Traktaten des babylonischen Talmuds: *Awoda
sara* (= Fremder Dienst: Abgrenzung gegen fremde Religionen);
Bawa mezia (= Mittleres Tor: Zivilrechtliche Fragen; *Brachot*
(= Segenssprüche: Fragen des Gebetes); *Chagiga* (= Festopfer:
Über die drei Wallfahrtsfeste); *Eruwin* (= Vereinigungen: Wie
lassen sich bestimmte Sabbatgesetze erweitern?); *Jewanot*
(= Schwägerinnen: Über die Schwagerehe nach Dtn 25,5 ff.);
Joma (= der Versöhnungstag); *Kidduschin* (= Anheiligungen: Die
Verlobung der Frau mit dem Mann); *Schabbat* (= Die Vorschrif-
ten über den Sabbat); *Sota* (= Über den Ehebruch); *Sukka* (= Über
das Laubhüttenfest).

Targum: Eine Bibelübersetzung. Nachdem das Aramäische (bereits zur Zeit Jesu) die hebräische Sprache im Alltag mehr und mehr verdrängt hatte, wurde es notwendig, die Bibeltexte, die am Sabbat oder an den Festtagen in den Synagogen vorgelesen wurden, in die »Umgangssprache«, d.h. ins Aramäische, zu übersetzen. Hierbei begnügte man sich freilich – im Rahmen des Gottesdienstes! – keineswegs mit einer möglichst wörtlichen Übersetzung. Man bemühte sich vielmehr, durch »eingeflochtene« Erklärungen und erzählende Erweiterungen des Bibeltextes diesen für die Zuhörer verständlich zu machen, da er ihnen – schon damals – eben nicht nur in sprachlicher Hinsicht oft fremd geworden war. Unter diesen Targumim ist das Targum zum Hohenlied deshalb von besonderer Bedeutung, weil es das Hohelied als Geschichte Gottes mit Israel deutet.

Tora: Dieses hebräische Wort bezeichnete zunächst die einzelne (väterliche, mütterliche, priesterliche, weisheitliche) *Weisung,* wurde aber dann zu *der* Bezeichnung der 5 Bücher Mose, des Pentateuchs, die der Jude nicht als Gesetz, sondern als (Weg-) Weisung (ins Leben) versteht.

2. Literatur

Übersetzungen:

Soweit die Texte nicht selbst übersetzt wurden, wurden folgende Übersetzungen verwandt:

Clementz, Heinrich, Des Flavius Josephus Jüdische Altertümer, 2 Bände, Halle–Berlin o.J.

Einheitsübersetzung der Heiligen Schrift – Die Bibel. Gesamtausgabe, Stuttgart 1980.

Jüdische Schriften aus hellenistisch-römischer Zeit. Herausgegeben von *Werner Georg Kümmel* u.a., Gütersloh 1975 ff.

Lohse, Eduard, Die Texte aus Qumran. Hebräisch und deutsch, Darmstadt 1964.

Mayer, Reinhold, Der Talmud. Reihe: Goldmann Klassiker mit Erläuterungen, München ⁵1980.

Synoptisches Arbeitsbuch zu den Evangelien. Bearbeitet und konkordant übersetzt von *Rudolf Pesch* in Zusammenarbeit mit *Ulrich Wilckens* und *Reinhard Kratz*. Band 2: Synopse nach Matthäus, Zürich–Gütersloh 1980.

Kommentare:

Luz, Ulrich, Das Evangelium nach Matthäus: Reihe: Evangelisch-Katholischer Kommentar zum NT. 1. Teilband (Mt 1 – 7), Zürich–Neukirchen 1985. 420 S.
Schnackenburg, Rudolf, Matthäusevangelium 1,1 – 16,20. Reihe: Die Neue Echter Bibel NT, Würzburg 1985. 153 S.
Schweizer, Eduard, Das Evangelium nach Matthäus. Reihe: Das Neue Testament Deutsch 2, Göttingen ³1981. 370 S.

Sonstige Literatur:

Frankemölle, Hubert, Biblische Handlungsanweisungen. Beispiele pragmatischer Exegese, Mainz 1983. 248 S.
Maier, Johann / Schäfer, Peter, Kleines Lexikon des Judentums, Stuttgart 1981. 332 S.
Stemberger, Günther, Das klassische Judentum. Kultur und Geschichte der rabbinischen Zeit. Reihe: Beck'sche Elementarbücher, München 1979. 271 S.
Weder, Hans, Die Gleichnisse Jesu als Metaphern. Reihe: Forschungen zur Religion und Literatur des Alten und Neuen Testaments, Göttingen ³1984. 312 S.

3. Bibelarbeit – Fragen

1. Zwei der vier Evangelien enthalten einen sogenannten Stammbaum Jesu: Matthäus 1,1–17 und Lukas 3,23–38. Sie unterscheiden sich freilich nicht unerheblich voneinander. Sind sie damit für unser Verständnis der Person Jesu wertlos? Was würden Sie einem Menschen antworten, der in der Unvereinbarkeit der beiden Stammbäume Jesu einen Beweis für die Unglaubwürdigkeit der Evangelien sieht?

2. Die ersten Formeln, mit deren Hilfe die Urchristenheit ihren Glauben an Jesus als den Messias, d.h. den Christus, ausdrückten, betonten vor allem Jesu Auferweckung aus dem Tod und Jesu Erhöhung zu Gott (vgl. Röm 1,3f.; Apg 2,32–36; 13,32f.). Weshalb genügten diese Formeln den Christen dann doch nicht? Weshalb ergänzten sie diese im Laufe der Zeit durch die sogenannten Kindheitsgeschichten?

3. Die Geschichte im Licht ihrer Heiligen Schrift zu deuten, war für Juden *und* Judenchristen nichts Außergewöhnliches. Ihre Art, mit der Heiligen Schrift umzugehen, ist uns heute freilich fremd geworden. Versuchen Sie, sich dies auf folgendem Weg klarzumachen:

a) Lesen Sie Habakuk 1,5–11, und versuchen Sie dann, den Inhalt dieser Verse mit eigenen Worten wiederzugeben: *Wer* redet, und *wovon* ist die Rede?

b) Lesen Sie jetzt noch einmal, wie ein Schriftgelehrter Qumrans die Stelle Hab 1,5 auslegte (s. S. 47f.), und vergleichen Sie dann Ihre Auslegung mit der seinigen. Worin unterscheiden sich Ihre Auslegungen am meisten voneinander?

c) Schreiben Sie Hab 2,5f. aus Ihrem Alten Testament auf die linke Hälfte eines DIN-A4-Bogens, auf die rechte Hälfte hingegen den Text Hab 2,5f. in der Weise, wie ihn der Schriftgelehrte von Qumran zitierte. Wenn Sie nun die beiden Texte miteinander vergleichen – welche Unterschiede fallen Ihnen auf?

d) Wie würden die Theologen des Frühjudentums *ihre* Art und Weise, mit der Bibel umzugehen, rechtfertigen?

4. Auf einer christlich-jüdischen Tagung zum Thema »Nächstenliebe – Feindesliebe« war ein jüdischer Rabbiner durchaus bereit zuzugeben, daß Jesu Forderung der Gewaltlosigkeit und der absoluten Feindesliebe (vgl. Mt 5,38–48) *den* Ausweg aus dem Kreislauf der Gewalt darstellen würde. Nur – diese Forderung sei in der Praxis eben nicht durchführbar.

Was würden Sie darauf antworten? Weshalb müßten wir Christen bei dieser Frage – nach Ostern! – eigentlich einen anderen Standpunkt einnehmen (s. S. 299–301!)?

5. Welche Bedeutung hat das Vaterunser (Mt 6,9–13) nach dem Verständnis des Evangelisten Matthäus für das christliche Beten? Weshalb sollten wir, wenn wir das Vaterunser verstehen wollen, nicht von Jesu *eigenem* Beten absehen?

6. Versuchen Sie, die sogenannten Antithesen (Mt 5,22.28. 32.34.39.44) als Verdeutlichung der »Goldenen Regel« (7,12) zu erklären.

7. Vergleichen Sie bitte Mk 6,45–52; 7,1–23 mit Mt 14,22–33; 15,1–20. Notieren Sie die Unterschiede, die Sie dabei feststellen. Welch theologisches Anliegen hatte Matthäus bewogen, seine Markus-Vorlage in dieser Weise zu verändern? Glauben Sie, daß sein Anliegen auch für uns heute noch von Bedeutung ist?

8. Im Lichte von Jesu Beispiel und Botschaft lernte Matthäus, das Gesetz neu zu sehen und zu verstehen (s. S. 168–174; 249–255; 270–280). Wenn wir dieses sein *christliches* Gesetzesverständnis wirklich ernst nehmen würden – welche Konsequenzen hätte dies wohl für unsere Erziehung (zu Hause, in der Schule, in der Gesellschaft, in der Kirche)?

9. Wie würden Sie sich fühlen, wenn es *keinen* Menschen gäbe, für den Ihr Tun und Lassen irgendeine Bedeutung hätte? Könnte Ihnen diese Ihre Empfindung helfen, die Gerichtsgleichnisse unseres Evangeliums besser zu verstehen (s. auch S. 274!)?

10. Mt 23 wird uns nur so lange befremden, wie wir außer acht lassen, daß Matthäus mit diesem Kapitel *uns Christen* einen Spiegel vorhält. Ob dieser Spiegel wohl blind geworden ist? Oder könnten wir in ihm auch heute noch Wichtiges entdecken? Wie würden wohl heute des Matthäus Weherufe lauten?

Zum Verfasser

Meinrad Limbeck, geb. 1934, Studium der Philosophie und Theologie in Tübingen und Bonn, 1966–1974 wissenschaftlicher Assistent am Fachbereich Katholische Theologie der Universität Tübingen, 1972 Studienaufenthalt am Deutschen Evangelischen Institut für Altertumswissenschaften des Heiligen Landes in Jerusalem, 1974–1981 wissenschaftlicher Mitarbeiter des Katholischen Bibelwerks e.V., seit 1981 Akademischer Rat für Biblische Sprachen an der Katholisch-Theologischen Fakultät der Universität Tübingen.